奋进六十载 匠心铸未来

杭州职业技术学院校史

杭州职业技术学院
校史编写组 著

FENJIN LIUSHIZAI
JIANGXIN ZHU WEILAI
HANGZHOU ZHIYE
JISHU XUEYUAN
XIAOSHI

ZHEJIANG UNIVERSITY PRESS
浙江大学出版社
·杭州·

图书在版编目（CIP）数据

奋进六十载 匠心铸未来：杭州职业技术学院校史 /
杭州职业技术学院校史编写组著. -- 杭州：浙江大学出
版社，2022.10
ISBN 978-7-308-22945-6

Ⅰ.①奋… Ⅱ.①杭… Ⅲ.①杭州职业技术学院—
校史—1960-2021 Ⅳ.①G719.285.51

中国版本图书馆CIP数据核字（2022）第149712号

奋进六十载 匠心铸未来：杭州职业技术学院校史
杭州职业技术学院校史编写组 著

责任编辑	卢 川
责任校对	陈 欣
封面设计	周 灵
责任印制	范洪法
出版发行	浙江大学出版社
	（杭州天目山路148号 邮政编码：310007）
	（网址：http://www.zjupress.com）
排 版	浙江时代出版服务有限公司
印 刷	浙江全能工艺美术印刷有限公司
开 本	710mm×1000mm 1/16
印 张	34.5
字 数	497千
版 印 次	2022年10月第1版 2022年10月第1次印刷
书 号	ISBN 978-7-308-22945-6
定 价	88.00元

浙江大学出版社市场运营中心联系方式：（0571）88925591；http://zjdxcbs.tmall.com

2000 年 12 月 6 日，杭州职业技术学院下沙新校区开工典礼

2002 年 9 月，学校在下沙新校区举行第一届新生开学典礼

2003 年 7 月 29 日，学校召开一届一次工会会员暨教职工代表大会

2007 年 7 月 6 日，学校召开期末教职工学习会暨迎评创优攻坚推进会

2007 年 12 月 28 日，杭州职业技术学院实训基地暨杭州市公共实训
基地奠基仪式举行

2008 年 3 月 20 日，学校与杭州经济技术开发区管委会签订全面战略
合作协议

2008 年 4 月 11 日，学校与友嘉实业集团签约共建友嘉机电学院

2003 年 12 月 16 日至 19 日，学校通过省人才培养工作水平评估

2010 年 9 月 13 日，全国高等职业教育改革与发展工作会议代表参观考察学校

2006 年 6 月 23 日，杭州职业技术学院中央财政支持项目——杭州职业技术学院园艺技术实训基地挂牌暨校企合作签约仪式举行

2014 年 4 月 17 日，中国共产党杭州职业技术学院第一次代表大会胜利举行

2014 年 9 月 5 日，时任杭州市市长张鸿铭一行来学校调研考察

2015 年 9 月 17 日，国家骨干高职院校建设项目专家进校验收，次年学校以优秀成绩通过验收

2015 年 9 月 21 日，原省长吕祖善来校做浙江历史文化专题讲座并参观电梯实训基地

2016年12月28日，学校举行新学生宿舍改扩建工程项目启动会

2017年3月22日，第七期"我和党委书记面对面"在杭州动漫游戏学院举行

　　2017 年 11 月 3 日，时任杭州市市长徐立毅来学校调研考察并为师生宣讲党的十九大精神

　　2018 年 3 月 26 日，时任浙江省委常委、杭州市委书记赵一德来学校调研考察

2018 年 10 月 20 日，教育部原副部长鲁昕来学校调研考察并做辅导报告

2018 年 12 月 20 日，学校牵头发起成立全国跨境电商综试区职教集团

2019年3月19日，时任浙江省委书记车俊来学校调研考察

"一带一路"浙商坛
ZJ BUSINESS UNDER B&R

中国（浙江）－南非（东开普）经贸交流论坛
China (Zhejiang) – South Africa (Eastern Cape)
Economic and Trade Exchange Forum

2019年9月10日，在时任浙江省省长袁家军的见证下，学校院长贾文胜与南非高校签约共建"丝路学院"

2019年11月15日至18日,第十五届"振兴杯"全国青年职业技能大赛学生组决赛在学校举行,我校7名代表浙江省参加钳工、电工、计算机程序设计员赛项的选手均获得好成绩

2020年7月26日,时任浙江省委常委、组织部部长黄建发一行来校调研考察

2020 年 9 月 10 日，学校举行教师节暨双高推进会，与华为技术有限公司、友嘉实业集团、杭州西奥电梯有限公司等企业签署共建协议

2020 年 12 月 11 日，杭州市市长刘忻来校调研考察并做辅导报告

2020 年 12 月 16 日，学校举行首届科技成果拍卖会活动

2021 年 9 月 24 日，学校主办新时代工匠精神高峰论坛暨"浙江文化研究工程"重大项目"浙江工匠精神研究"启动仪式

序

"敬教劝学，建国之大本；兴贤育才，为政之先务。"

2019年3月18日，习近平总书记在学校思想政治理论课教师座谈会上引用明代朱舜水先生的这句话，并郑重指出：教育是民族振兴、社会进步的重要基石，是功在当代、利在千秋的德政工程，对提高人民综合素质、促进人的全面发展、增强中华民族创新创造活力、实现中华民族伟大复兴具有决定性意义。教育是国之大计、党之大计。

正是胸怀为党育人、为国育才的初心和使命，1960年，来自杭州机械系统的200余名师生，承载发展杭州职业教育的希望，肩负技术人才培养的使命，怀揣振兴机械工业的梦想，汇聚在杭州市体育场路333号。至此，一股名为杭州机械工业学校的涓涓细流，汇入滚滚钱塘江潮，汹涌澎湃，奔腾不息。

荀子曰："昔者江出于岷山，其始出也，其源可以滥觞；及其至江之津也，不放舟，不避风，则不可涉也。"恰是这一股滥觞于中华人民共和国成立初期的涓涓细流，从艰苦卓绝的企业办学到释放活力的政府办学，从鲜为人知的弄堂大学到声名赫赫的国家"双高"校，杭州职业技术学院一路跋山涉水、披荆斩棘，抖落六十二年的风霜雨雪而跻身全国高职院校第一方阵前列。几代杭职人踔厉奋发、笃行不息，为国家、为社会培养输送了一批又一批高素质技术技能人才，为杭州这座历史文化名城的职业教育改革创新增添了独特魅力，已然成为江南水乡、吴越大地上杭派职教的领头雁。

这是一部筚路蓝缕、艰苦奋斗的创业史。

六十二年来，杭职人始终秉持教育强国的拳拳之心，坚持扎根杭州这片文化沃土，上下求索、朝夕不倦，全力助推地方经济社会发展。自1959年杭州市重工业局着手筹建杭州机械工业学校，到1960年3月19

日杭州市人民委员会批复同意成立杭州机械工业学校；从1966年短暂停止招生，到1973年借用灵隐寺上天竺僧房为校舍恢复建设"杭州市机械工业局技工学校"，再到1978年浙江省人民政府发文批准同意在此基础上复建"浙江杭州机械工业学校"；从1983年浙江杭州机械工业学校由上天竺迁入卖鱼桥香积寺巷78号，到1996年12月28日杭州市经委系统所属的杭州机械、化工、纺织、丝绸、轻工、西湖电子等六所职工大学合并成杭州职工大学，再到2002年1月24日浙江省人民政府批准正式建立杭州职业技术学院，随后整体迁址下沙高教园区学源街68号……这一路走来，杭职人的心血和汗水，岂是一本书可以全部计量的？

这是一部立德树人、匠心璀璨的实践史。

六十二年来，一代代杭职人胸怀"国之大者"，有过起航探索的艰困，有过春风拂面的温暖；有过新世纪曙光照耀下的快进，有过大格局现实竞争中的紧张；有过追求卓越、深化改革的痛苦，有过华丽转身、蝶变升级的豪迈……但不管身处怎样的境遇，杭职为党育人、为国育才的初心不变，立德树人、培根铸魂的使命不变，服务地方、兼济天下的责任不变！

在感人至深、波澜壮阔的职教实践中，从杭职走出的高素质工匠型人才可谓群星闪耀：这里有优秀校友毛玉刚，他深耕技术、追求卓越，凭着对工作精益求精的韧劲，在平凡的岗位上完成了从一名普通钳工到全国劳动模范的飞跃。这里有全国技术能手刘明杰，他持之以恒钻研钳工技术，勇摘全国青年职业技能大赛钳工比赛桂冠，得到了中央电视台《新闻30分》《共同关注》栏目专题报道。这里有"大国工匠"徐旭锋，他主持开发的"SEBF"超高性能熔融结合环氧粉末涂装产品获国家级重点新产品称号，被应用于秦山核电公司、萧山国际机场管道等防腐工程。他与中科院金属研究所、美国3M公司等国内外专家一起，制定了港珠澳大桥桥梁耐久性标准和规范。这里有优秀校友徐泽耀，他参与C919国产大型客机研制工作，并作为唯一学生代表应邀参加了上海C919国产大型客机首飞观礼仪式……他们以精彩的实践和优异的成绩，演绎了一个个匠心筑梦、技能报国的职业教育强国故事，得到省、市领导乃至国家领导人的高度肯定和亲切接见。

这是一部敢于争先、流光溢彩的发展史。

六十二年来，杭职人始终坚持贯彻落实党的教育方针，以智克难、以勤补拙，不驰于空想、不骛于虚声，创造了一个又一个实实在在的精彩：全国黄炎培职业教育优秀学校奖、全国职工教育培训示范点、全国高职院校就业竞争力50强、全国高职院校创新创业示范校50强、全国创新创业典型经验高校50强、高等职业院校服务贡献50强……从2003年评估合格到2007年成为全国高职高专人才培养工作水平评估优秀学校，从2010年获评浙江省"示范性高职院校"到2015年以优秀等级通过教育部、财政部验收成为"国家骨干高职院校"，再到2019年入选国家"双高"校……杭职人艰辛不缩其志，浮目不易其心，破局谋新、笃行致远，以"黄沙百战穿金甲，不破楼兰终不还"的豪情壮志，谱奏了一曲曲荡气回肠、撼人心魄的职业教育奋进弦歌。

杭职的成功，是经年累月能量蓄积后的喷薄，是敢破敢立勇往直前中的涅槃。铭记立德树人的根本任务，坚守"校企合作、工学结合、文化育人"的办学理念，在全国首创"校企共同体"办学模式，推动产教融合校企合作迭代升级，杭职探索出了一条利益与共、文化相通、成果共享的职业教育"校企共同体"多元发展之路，成为全国职业教育快速发展的一道亮丽风景线。为培育优良校风，弘扬大学精神，杭职凝练了以"融"为核心、以"善"为价值取向的"融善"文化内核，倡导"学校融入区域发展、专业融入产业发展、教师融入学校发展、学生融入专业发展"，着力使企业全程参与育人过程、使校园文化与企业文化相互渗透、使学习情境与企业环境相互融通，让"融善"文化深入人心，在"建善校、出善师、育善生"的征途上大步迈进。

风劲帆满图新志，砥砺奋进正当时。在习近平新时代中国特色社会主义思想指引下，杭职提出了"数智杭职·工匠摇篮"的"十四五"发展目标，致力于培养经济社会发展需要的高素质技术技能人才、能工巧匠、大国工匠。在杭州争当浙江高质量发展建设共同富裕示范区城市范例、打造世界一流社会主义现代化国际大都市的新征程中，杭职上下正抢抓机遇、乘势而上、砥砺前行。"教育者，非为以往，非为现在，而专为将来。"站在新时代高等职业教育改革的潮头和两个一百年的历史交汇点上，全体杭职人坚持走类型化发展道路，以更宽广的视野、更高远的追求、更奋发的姿态力求再创佳绩、续写辉煌。我们坚信，深深植根江南古都的文化沃土，坚守产教融合校企合作办学特色，杭职也一定能够实现新的历史跨越，早日把学校建成与杭州城市地位相匹配、国内一流、国际上有较大影响力的"高职名校"，谱写出新时代职业教育新篇章！

　　"以史为鉴，可以知兴替。"2022 年是党的二十大召开之年，在这样一个有重大历史意义的时刻，《奋进六十载　匠心铸未来：杭州职业技术学院校史》经艰辛努力终于付梓，令人欣慰。这是学校文化建设中寻根索粹的一件大事，但愿能给学校继续探索高职教育规律、寻求改革发展创新、实现高水平跨越提供校本研究资料，给广大爱杭职、为杭职、盼杭职的师生、校友和各界朋友提供参考素材。作为校史编写组成员，我们诚惶诚恐，更要向所有为本书面世作出贡献的师生和朋友们致谢。

　　是为序。

杭州职业技术学院校史编写组

2022 年 5 月 1 日

凡 例

一、本史坚持实事求是原则，力求全面、客观、准确地记述杭州职业技术学院及其前身的发展历史，努力体现时代特征和学校特点，在存史求真基础上，为学校进一步发展提供镜鉴。

二、本史时间断限为：上限始于1960年3月，下限迄于2021年12月。

三、本史由序言、凡例、目录、正文和附录、后记组成。正文共三篇，每篇分设章、节。第一篇主要介绍杭州市机械、轻工、化工、丝绸、纺织、电子等六大行业、企业办学的发展历程和成就；第二篇主要介绍杭州职工大学面对不断变化的外部环境时，如何生存，如何抓住时机成功建立杭州职业技术学院的过程；第三篇主要展示了杭州职业技术学院建校20年来的发展过程及成果。全史以文字记述为主，辅以图片、表格。

四、本史称谓采用第三人称。人物直书其名，必要时冠以相关职务或职称。

五、本史采用公元纪年，月份、日期、统计数据等皆用阿拉伯数字，并按国家标准书写。

六、本史资料主要来源于浙江省档案馆、杭州市档案馆、杭州职业技术学院档案室以及有关文件、报刊和各二级学院、部门的文献资料。入史材料均经各参编部门核实。

目　录

第一篇　行业办学　争奇斗艳

第一章　杭州市机械行业办学情况 ………………………………… 003

第一节　历史沿革 ………………………………………………… 003

第二节　办学概况 ………………………………………………… 038

第三节　重大事件和主要领导 …………………………………… 053

第二章　杭州市轻工行业办学情况 ………………………………… 058

第一节　历史沿革 ………………………………………………… 058

第二节　办学概况 ………………………………………………… 069

第三节　重大事件和主要领导 …………………………………… 076

第三章　杭州市化工行业办学情况 ………………………………… 082

第一节　历史沿革 ………………………………………………… 082

第二节　办学概况 ………………………………………………… 095

第三节　重大事件和主要领导 …………………………………… 105

第四章　杭州市丝绸行业办学情况 ………………………………… 108

第一节　历史沿革 ………………………………………………… 108

第二节　办学概况 ………………………………………………… 117

第三节　重大事件和主要领导 …………………………………… 122

第五章 杭州市纺织行业办学情况……………………………… 125

第一节 历史沿革 ……………………………………………… 126

第二节 办学概况 ……………………………………………… 128

第三节 重大事件和主要领导 ………………………………… 133

第六章 杭州西湖电子集团公司职工大学办学情况………… 134

第一节 历史沿革 ……………………………………………… 134

第二节 办学概况 ……………………………………………… 140

第三节 重大事件和主要领导 ………………………………… 144

第二篇 资源重组 易地办学

第一章 多校合并……………………………………………… 149

第一节 合并背景 ……………………………………………… 149

第二节 合并过程与学校整合 ………………………………… 157

第三节 筹建学院 ……………………………………………… 164

第二章 办学概况……………………………………………… 168

第一节 办学思路 ……………………………………………… 168

第二节 人才培养 ……………………………………………… 170

第三节 队伍建设 ……………………………………………… 191

第四节 重大事件和主要领导 ………………………………… 193

第三篇 深化改革 创新发展

第一章 改革发展概述………………………………………… 198

第一节 发展历程 ……………………………………………… 198

第二节 政府支持与领导关怀 ………………………………… 204

第三节 重点建设项目 ………………………………………… 209

第二章　党的建设与思想政治工作……………………………… 213

　第一节　党建工作…………………………………………………… 213

　第二节　党风廉政建设……………………………………………… 223

　第三节　思想政治工作……………………………………………… 229

　第四节　校园文化…………………………………………………… 235

　第五节　统战群团…………………………………………………… 242

第三章　跨界融合与开放办学…………………………………… 248

　第一节　校企合作…………………………………………………… 248

　第二节　政校合作…………………………………………………… 277

　第三节　校校合作…………………………………………………… 281

　第四节　国际合作…………………………………………………… 285

第四章　人才培养…………………………………………………… 292

　第一节　专业动态调整……………………………………………… 292

　第二节　人才培养模式改革………………………………………… 294

　第三节　专业教学资源库…………………………………………… 297

　第四节　实习实训基地……………………………………………… 304

　第五节　教育教学成果……………………………………………… 310

第五章　综合体制改革……………………………………………… 314

　第一节　机构设置调整……………………………………………… 314

　第二节　二级管理探索……………………………………………… 317

　第三节　目标责任考核……………………………………………… 319

　第四节　职称评聘改革……………………………………………… 320

第六章　师资队伍建设……………………………………………… 325

　第一节　人才引进政策……………………………………………… 326

　第二节　教师队伍建设……………………………………………… 329

　第三节　兼职教师队伍建设………………………………………… 337

　第四节　师德师风建设……………………………………………… 339

第七章　科研与社会服务 …………………………………………… 342

第一节　科研工作 ………………………………………………… 342

第二节　基地建设 ………………………………………………… 350

第三节　社会服务 ………………………………………………… 351

第八章　办学基础保障 …………………………………………… 364

第一节　校园基础设施建设 ……………………………………… 364

第二节　内控体系建设 …………………………………………… 373

第三节　信息化建设 ……………………………………………… 376

第四节　图书馆建设 ……………………………………………… 384

第五节　平安校园建设 …………………………………………… 390

第九章　杭州职业技术学院大事记（2002至2021） ………… 394

附录

附录1　杭州职业技术学院历届领导班子成员
（2002—2021年） ……………………………………………… 439

附录2-1：杭州职业技术学院历年教学成果奖获奖情况汇总 …… 441

附录2-2：杭州职业技术学院省级教育教学改革项目
（2004—2021） ………………………………………………… 443

附录2-3：杭州职业技术学院省级及以上课程项目
（2004—2021） ………………………………………………… 450

附录2-4：杭州职业技术学院省级及以上教学能力类大赛获奖
汇总表 …………………………………………………………… 453

附录2-5：杭州职业技术学院学生国家级及省部级（一等奖）
以上获奖情况汇总表 …………………………………………… 457

附录3-1：杭州职业技术学院2008年以来省部级以上科研项目
情况汇总表 ……………………………………………………… 483

附录3-2：杭州职业技术学院科研获奖一览表 ………………… 495

附录3-3：杭州职业技术学院专利情况一览表 ………………… 496

附录 3-4：杭州职业技术学院专著一览表 …………………………… 504

附录 4：省部级以上各类荣誉、人才项目汇总 …………………… 513

后 记……………………………………………………………… 519

第一篇　行业办学　争奇斗艳

　　杭州市企业、行业办学孕育了杭州职业技术学院的气韵,杭州职业技术学院的血脉中蕴含着杭州市企业、行业办学的基因。

　　中华人民共和国成立之后,经过近十年的探索与发展,中国经济体制的演化逐步趋于稳定,即以国有经济为主导的计划经济体制诞生并延续了相当长一段时间。与之相对应的市场则一直处于供不应求的状态。各行业、企业为了完成计划任务指标,在生产资料、外部技术人才供给有限的条件下,通过开发单位内部劳动力资源的潜力来提高社会生产力,就成为各行业、企业开办职业学校的内生动力。最初各办学主体开小职业学校的目的主要是服务于本行业、本企业的生产目标。

　　杭州各行业、企业开办的职业学校,其产生与消亡、繁荣与衰落同样受到外部政治环境、经济环境、自然环境等因素的影响。20世纪50年代末至60年代初,中专、技校、工人大学兴办进入热潮期,如杭州机械工业学校(市重工业局主办)、杭州化工学校(市轻工局主办)等职业学校应运而生。60年代初,受国际政治环境(如中苏关系)及自然环境(如三年严重困难)等因素的影响,我国经济处于极度困难的状态,中共中央批转中央文教小组《关于1961年和今后一个时期文化教育工作安排的报告》提出文教工作必须贯彻执行"调整、巩固、充实、提高"的方针。杭州以撤并学校和调整专业设置等方式,对大、中专院校进行了较大规模的压缩,如杭州机械工业学校、杭州化工学校、杭州建筑工业学校三校合并,成立"杭州市工业学校"。60年代中期,随着我国国民经济的恢复发展,杭州机械技术学校、杭州轻工技术学校、杭州化工技术学校、杭州轻工机械技术学校等纷纷开始兴办。60年代中后期，因当时的社会运动导致众多职业学校面临关停并转的境遇，如1969年7月，杭州机械技术学校更名为"杭州市向阳中学"，由职业学校转为普通中学；1970年，杭州轻工技术学校被迫停办。70年代中期，随着我国政治格局的变化，国民经济开始复苏，各行各业开始恢复对生产的重视，新一轮行业、企业开办的职业学校又应运而生，这些学校为各行业、企业当时的发展做出了重要贡献。80年代后期至90年代初，随着我国经济体制的变化以及高等教育的发展，各行业、企业开办的面向企业招生的职工大学、职工中等专业学校面临着生源危机，一方面，各行业、企业对人才的需求可以通过外部渠道获取，这种从外部获取人才所耗费的成本远远低于行业、企业内部培养人才的成本；另一方面，因"十年动乱"被耽误的青年工人的培训任务已基本完成。

在市场经济逐步建立的环境下，企业选送职工带薪、脱产学习的动力已然不足。在全国性生源萎缩的情况下，国家教委对职工大学招生不足的情况做出规定，凡是三年内在校生不足100人的学校给予黄牌警告，再过一年仍达不到要求的，停止招生；同时国家教委还规定，专业开班人数必须达到15人，否则不允许开班。20世纪90年代中期，杭州市经济委员会所属的6所职工大学及其联办学校，开始谋划合并办学的相关事宜。

第一章　杭州市机械行业办学情况

先后由杭州市重工业局、杭州市机械工业局、杭州机械电子控股（集团）有限公司（杭州市经济委员会下属企业之一）主办、主管、代管的杭州市机械行业职业院校有杭州（市）机械工业学校（重工业局主办）、杭州重工业局技工学校、杭州机械技术学校、杭州市机械工业局技工学校、浙江杭州机械工业学校（原浙江省机械厅主办、原杭州市机械局代管）、杭州市机械工业局职工大学等，经过四十多年的发展，最终浙江杭州机械工业学校、杭州市机械工业局职工大学与杭州市经济委员会所属其他五大行业职工大学及其联合办学的中专、技校合并，共同组建了杭州职业技术学院（见图 1-1-1）。

第一节　历史沿革

一、独立办学阶段

1958 年，我国进入第二个"五年计划"发展时期，党的八大二次会议制定了"鼓足干劲，力争上游，多快好省地建设社会主义"的总路线。总路线提出的出发点是要尽快地改变我国经济文化落后的状况，在生产发展上追求高速度，以实现工农业生产高指标为目标。

1958 年 5 月 30 日，刘少奇在中央政治局扩大会议上的讲话中提出："我们国家应该有两种主要的学校教育制度和工厂农村的劳动制度。"即全日制学校和半工半读、半农半读学校两种教育制度；固定工制度和临时工、合同工制度并存，同时推行。前者为主，后者为辅，互相补充。

同年 9 月，中共中央、国务院下发《关于教育工作的指示》，就多样

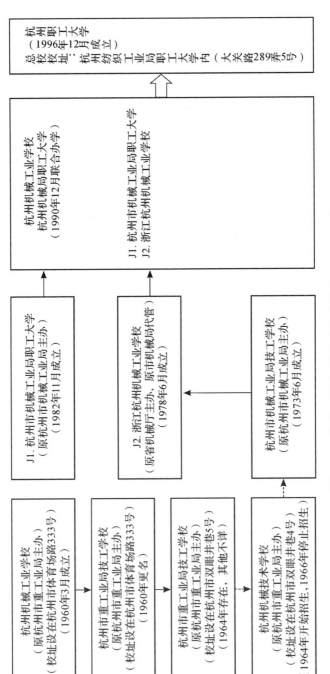

图1-1-1 杭州市机械行业办学演进图（1960—1996）

性办学提出了"五个并举"的方针，即"国家办学与厂矿、企业、农业合作社办学并举，普通教育与职业（技术）教育并举，成人教育与儿童教育并举，全日制学校与半工半读、业余教育并举，学校教育与自学（包括函授学校、广播学校）并举，免费教育与不免费教育并举"。

在当时国家政策的推动下，同时也为了满足快速发展的工业战线对专业技术人才的要求，杭州市各行业、企业和其他社会力量兴办的职业学校应运而生。

（一）浙江杭州机械工业学校

1. 杭州机械工业学校（市重工业局主办）

1959年6月，杭州市重工业局开始筹建杭州机械工业学校。

1960年2月，杭州市重工业局向杭州市人民委员会递交了"关于筹建杭州机械工业学校的报告"。

同年3月，杭州市人民委员会批复同意筹建杭州市机械工业学校。

同年12月，杭州机械工业学校报杭州市委备案（见图1-1-2）。

杭州市机械工业学校由杭州市重工业局主办。学校校址设在杭州市体育场路333号（电话25538），学校负责人为刘俊民。杭州市机械工业学校是一所全日制中等专业学校，学制有三年、五年。学校以机械制造专业为主，还设置了电机、热处理、无线电等专业。学校成立当年共招生两次，其中春季招生67人，秋季招生132人（见表1-1-1）。学校计划招收的生源一部分来自社会，一部分来自各厂抽调的优秀技工、学徒工，实际上招收的大多为具有初中文化程度的企业职工，学员完成学业后，返回原单位。

表1-1-1　杭州市机械工业学校专业设置及招生情况一览表（1960年报表）

（主办部门：杭州市重工业局）

年份	专业名称	学制/年	生源文化程度	招生人数/人	备注
1960（春）	机械制造	3	初中毕业	67	
1960（秋）	机械制造	3	初中毕业	38	
1960（秋）	机械制造	5	高小毕业	94	

注1：同一份文件上出现"杭州机械工业学校"和"杭州市机械工业学校"，由此推断应为同一所学校。

注2：1960—1961年统计报表显示，杭州机械工业学校已经更名为"杭州重工业局技工学校"，具体更名时间不详（见图1-1-3、图1-1-4）。

浙江省杭州市人民委員会

关于筹建杭州市机械工业学校的批复

议办字第186号

市重工业局：

你局重工办初字第337号关于筹建杭州市机械工业学校的报告悉。同意你局利用汽轮机厂北仓桥老厂房和附近宿舍建立杭州市机械工业学校，由你局直接领导，并受教育局业务指导。学生名额为800人，分上半年、第三季度招生入学。教职行政人员控制在35人以内，由人事处核定。所需家具设备和房屋修缮等开办费用43，000元及今后日常行政业务经费由你局自行解决。此复。

抄送：市计委、人事处、教育局、财政局、工交、基建办公室
经办基建办公室计划科所改群，电话：24911转

图1-1-2　杭州市机械工业学校成立批复文件（1960）

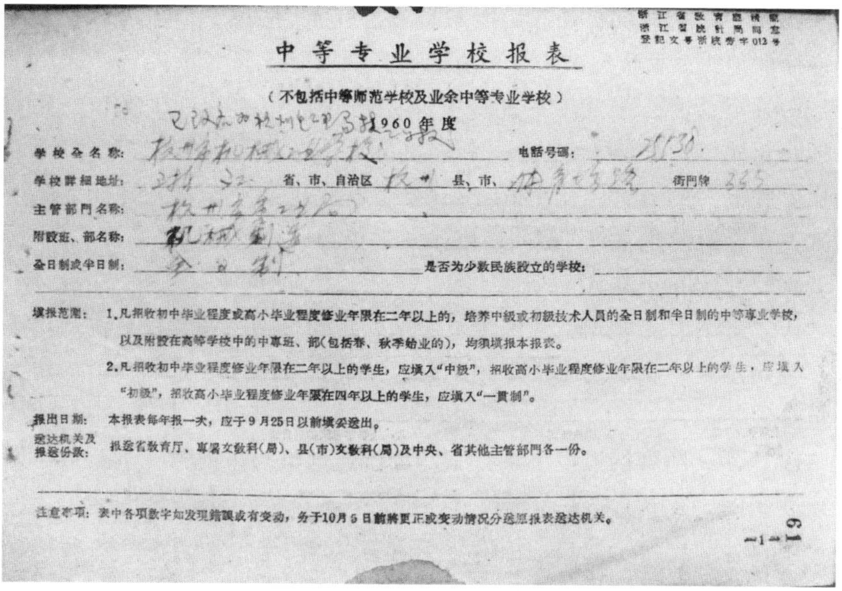
中等专业学校报表

（不包括中等师范学校及业余中等专业学校）

1960年度

学校全名称：　　　　电话号码：28130

学校详细地址：　　省、市、自治区　　县、市、　　街門牌

主管部門名称：

附設班、部名称：

全日制或半日制：全日制　　是否为少数民族設立的学校：

填报范围：1.凡招收初中毕业程度或高小毕业程度修业年限在二年以上的，培养中級或初級技术人員的全日制和半日制的中等专业学校，以及附設在高等学校中的中專班、部（包括春、秋季始业的），均須填报本报表。

2.凡招收初中毕业程度修业年限在二年以上的学生，应填入"中級"，招收高小毕业程度修业年限在二年以上的学生，应填入"初級"，招收高小毕业程度修业年限在四年以上的学生，应填入"一貫制"。

报出日期：本报表每年报一次，应于9月25日以前填妥送出。

送达机关及报送份数：报送省教育厅、專署文教科（局）、县（市）文教科（局）及中央、省其他主管部門各一份。

注意事项：表中各项数字如发現錯誤或有变动，务于10月5日前將更正或变动情况分送原报表送达机关。

图1-1-3　杭州市重工业（局）技工学校统计报表（1960）

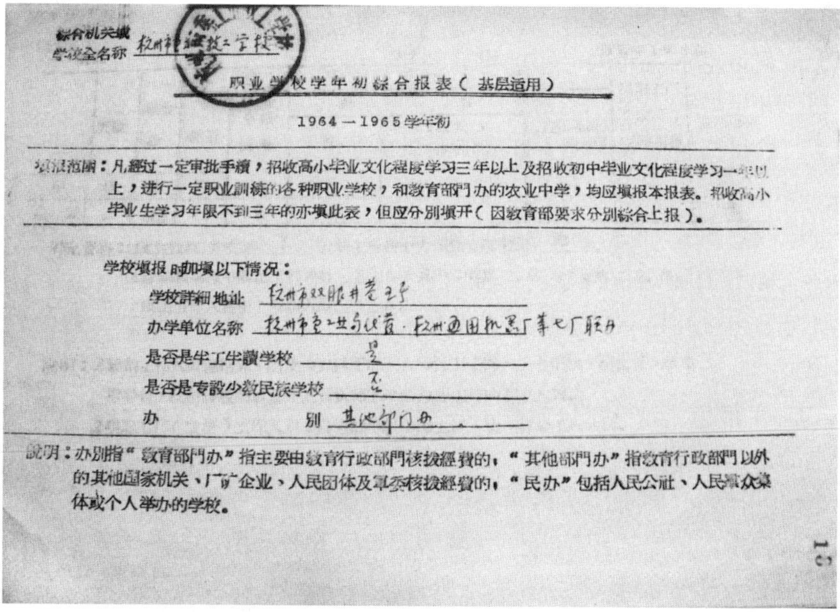
综合机关或学校全名称　杭州市　技工学校

职业学校学年初綜合报表（基层适用）

1964—1965学年初

填报范围：凡經过一定审批手續，招收高小毕业文化程度学习三年以上及招收初中毕业文化程度学习一年以上，进行一定职业訓練的各种职业学校，和教育部門办的农业中学，均应填报本报表。招收高小毕业生学习年限不到三年的亦填此表，但应分别填开（因教育部要求分别綜合上报）。

学校填报时加填以下情况：

学校詳細地址　杭州市双眼井巷三号

办学单位名称　杭州市重工业局代管·杭州通用机器厂等七厂联办

是否是半工半讀学校　是

是否是专設少数民族学校　否

办　别　其他部门办

說明：办别指"教育部門办"指主要由教育行政部門核撥經費的，"其他部門办"指教育行政部門以外的其他國家机关、厂矿企业、人民团体及軍委核撥經費的，"民办"包括人民公社、人民羣众集体或个人举办的学校。

图1-1-4　杭州市重工业（局）技工学校统计报表（1964—1965）

1958—1960 年间，大、中专院校盲目发展，严重违背了教育与经济协调发展的规律，导致许多院校人员猛增、管理混乱、质量下降。

1961 年 2 月，中共中央批转中央文教小组《关于 1961 年和今后一个时期文化教育工作安排的报告》提出文教工作必须贯彻执行"调整、巩固、充实、提高"的方针。从 1961 年开始，浙江省委、省人民委员会加强了对教育行业的调整力度。杭州市以撤并学校和调整专业设置的方式，对大、中专院校进行了较大规模的压缩。

1961 年 6 月，杭州市人民委员会通知杭州机械工业学校、杭州化工学校、杭州建筑工业学校三校合并，成立"杭州市工业学校"，由杭州人民委员会领导。

1963 年，随着国民经济调整工作的推进，杭州市的工业生产形势发生了显著变化。全市工业生产扭转了连续下降的态势，开始逐步回升。

1964 年，全市工业总产值增长 19.2%，次年增长 17.9%，达到 151152 万元（15.1152 亿元），为 1957 年的 248.47%。

工业生产的快速发展，使得各工厂人才匮乏，知识型技术人才严重短缺的问题尤其突出，杭州市重工业局所属的各中、小型企业在生产不断发展的情况下，迫切感到技术人才力量严重不足，纷纷要求办学。在此背景下，杭州市重工业局决定在杭州缝纫机厂等七家工厂开办半工半读的技工学校，开始培养人才。

2. 杭州机械技术学校（市重工业局主办）

1964 年 7 月，浙江省教育厅下发《关于浙江省新开办技工学校停止招生问题的通知》。根据通知要求，杭州重工业局技工学校停止招生（1964—1965 年的统计报表资料显示：杭州重工业局技工学校校址在杭州市双眼井巷 5 号，由杭州市重工业局主办，杭州通用机器厂等七厂联办，其他资料不详）。

1964 年 9 月，杭州机械技术学校开始筹建。杭州市重工业局下发《关于本局为杭州缝纫机等七个厂举办的半工半读学校有关经费问题的通知》中指出，杭州缝纫机厂、杭州电子管厂、鹿山电工器材厂、杭州工具厂、杭州农机厂、杭州通用机器厂、杭州链条厂等七家工厂举办的半工半读学校已准备就绪，并明确了办学经费、教职员工资和学生劳动收入等相关事项。

　　同年 10 月，杭州机械技术学校正式开学。开办杭州机械技术学校的主要目的是为解决杭州市重工业局所属各中、小型企业技术后备力量不足的困难。学校由杭州市重工业局领导，校址设在新华路双眼井巷 4 号（注：经查询市志办，双眼井巷 4 号与双眼井巷 5 号为同一地块）。校舍由杭州缝纫机厂的几间仓库、车间改建而成。陈佩玲任支部书记兼副校长。杭州机械技术学校实行半工半读的办学体制，机械制造工艺为学校的主要专业，同期，学校还开设了钳工（普钳、模具）、车工、铣磨、铸工、电镀等专业。学校秋季开始招生，共招收了 4 个班约 180 名初中毕业生；次年，又招收了 6 个班 226 名学生。8 名专任教师来自各工厂的相关部门，他们都是思想素质好、业务能力强的技术骨干或部门负责人（见图 1-1-5～图 1-1-13）。

　　由于学校实行半工半读的办学体制，又是针对企业需要设置的专业，培养的学生也是为各厂服务，杭州机械技术学校从开办之初就受到了各方关注，其办学方法和成效也受到了用人单位的赞扬，仅仅两年的时间就崭露头角。

图1-1-5　杭州机械技术学校学生证1

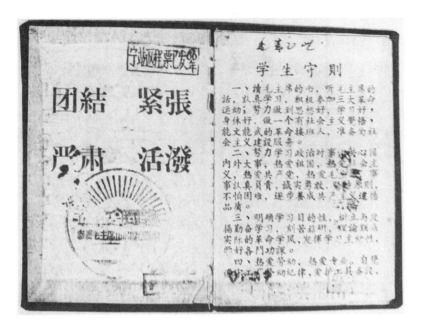

图1-1-6 杭州机械技术学校学生证2

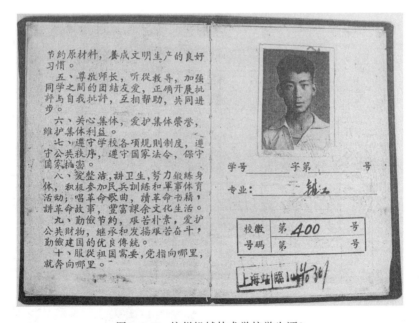

图1-1-7 杭州机械技术学校学生证3

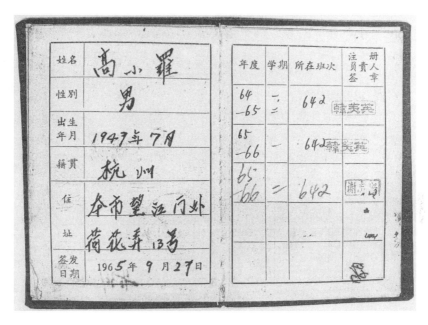

图1-1-8 杭州机械技术学校学生证4

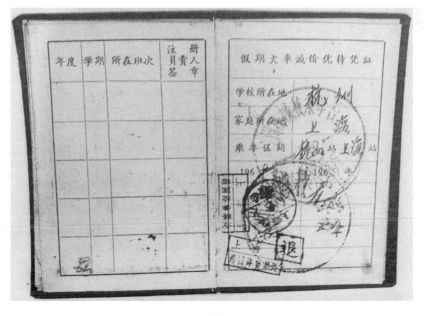

图1-1-9 杭州机械技术学校学生证5

图1-1-10　杭州机械技术学校座位表

图1-1-11　杭州机械技术学校学生成绩报告单

图1-1-12　杭州机械技术学校毕业证书1

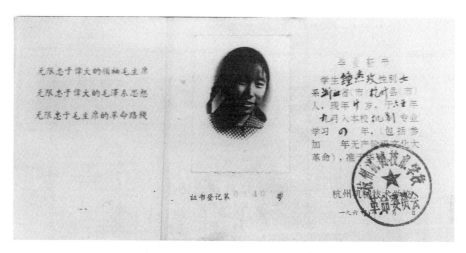

图1-1-13　杭州机械技术学校毕业证书2

1965年9月9日，《杭州日报》以《本市半工半读学校陆续开学》刊登了学校信息（见图1-1-14）。

同年9月22日，《杭州日报》以《半工（农）半读学校显示无比优越性》报道了学校办学成效（见图1-1-15）。

同年10月20日，《杭州日报》以《联合办学　统一领导　集中学习分散劳动——杭州机械技术学校受中小型工厂欢迎》为题，发表长篇通讯，肯定了学校所取得的成绩（见图1-1-16）。

同年年底，教育部在北京召开全国半工半读教育工作会议，杭州机械技术学校校长陈佩玲作为杭州市的唯一代表出席会议。

1966年，杭州机械技术学校停止招生。

1967年，杭州机械技术学校迁往弥陀寺。

1968年，杭州机械技术学校在校生229人，共9个班（见表1-1-2）。

图1-1-14　《杭州日报》报道（1965年9月9日）

图1-1-15 《杭州日报》报道（1965年9月22日）

图1-1-16　《杭州日报》报道（1965年10月20日）

表1-1-2　杭州机械技术学校统计情况一览表（1969年报表）
（主办部门：杭州市重工业局）

年份	招生人数 /人	毕业生人数 /人	在校生人数 /人	教职工人数 /人	
				合计	其中专任教师人数
1966			404	26	18
1967			404	26	18
1968		175	229	26	18
1969		229			

　　1969年7月，杭州机械技术学校全部学生毕业分配后，根据杭州市革委会批复市教育革命组的文件精神（教革组办〔69〕字第53号），将杭州机械技术学校更名为"杭州市向阳中学"，归杭州市教育革命组领导。

基础课教师全部并入向阳中学，专业课教师大部分调回各工厂。

3.杭州市机械工业局技工学校（市机械工业局主办）

20世纪70年代上半期，杭州市工业部门和企业党委加强了对生产的领导。

1973年6月11日，杭州市机械工业局革命委员会发文，恢复建设"杭州市机械工业局技工学校"（见图1-1-17）。学校由市机械工业局主办，学校校址设在西湖区灵隐寺上天竺，学校校舍借用灵隐寺上天竺僧房。当时学校有固定职工27人，市机械工业局拨款2.8万元做修迁费。杭州市机械工业局技工学校不对外招生，只负责对机械局所属各厂职工的培训（见图1-1-18）。

1974年11月12日，根据机械局党委第056号文，卢云忠任技校党支部书记，路洪秀、王树元任副书记。同时，卢云忠任革委会主任，路洪秀、王树元任副主任。

图1-1-17　杭州市机械工业局技工学校大校门（1973年）
1973年，杭州市机械工业局技工学校在上天竺挂牌当天，校领导王树元（右）和胡问经老师（左）在校门口合影。

图1-1-18　杭州市机械工业局技工学校首期训练班结业（1975年）

4.浙江杭州机械工业学校

　　党的十一届三中全会结束后，随着改革开放和社会主义现代化事业的不断推进，浙江杭州机械工业学校迎来了复建的契机，从此走上了正规化、规模化的发展之路。

　　1978年6月28日，针对杭州市机械行业对中等专业技术人才需求不断增长的现状，省政府下文（浙革〔1978〕65号）批准同意在杭州市机械工业局技工学校的基础上复建"浙江杭州机械工业学校"。杭州市机械工业局技工学校停办，其所有办学资源成建制转为浙江杭州机械工业学校的资源。浙江杭州机械工业学校由浙江省机械工业厅主管，委托杭州市机械工业局代管。学校校址设在西湖区灵隐寺上天竺（见图1-1-19）。浙江杭州机械工业学校是一所培养机械类中级技术人才的全日制中等专业学校，计划内招收的学生均要参加统一考试，学生修完全部课程并达到合格标准可获得中专学历。学校首任校党支部书记由孙俭担任，校长为张振华，副校长为钱莹、王树元。

同年 9 月，学校首次面向社会招收机械设计与制造专业（三年制）高中生约 150 人。

同年 10 月 15 日，学校正式开学。

1979 年 8 月 6 日，市机械局党组（机械局党组〔79〕429 号）任命龚惠民为浙江杭州机械工业学校副校长。

同年，为了适应社会经济发展的需要，学校在孙俭书记的主持下，为开设工业企业管理专业做了大量的准备工作（胡问经老师是主要的亲历者之一）。

1980 年，在浙江省教育厅和机械厅的同意下，学校在全国机械系统中专学校中率先开设了工业企业管理专业。

同年，由于校舍缺乏，学校先后租用过断桥小学、莫干山中学和煤炭工业学校的教室。

图1-1-19　浙江杭州机械工业学校宿舍（上天竺）

1981年2月28日，杭州市经济委员会〔1981〕11号文件任命丰光宇为浙江杭州机械工业学校校长，钱莹、龚惠民为副校长。

同年，学校为了满足社会需求，增设了工业企业电气化专业。

1982年，机械部在福州召开机械部企业管理专业教学计划研讨会，浙江杭州机械工业学校是唯一一所设置工业企业管理专业并招生的学校。

同年6月，学校受浙江省机械厅委托，前后举办了四期厂长、经理培训班。

同年10月15日，机械局党委〔82〕145号文件任命丰光宇为浙江杭州机械工业学校党支部书记，钱莹为校长，龚惠民、王仁龙为副校长。

1983年1月27日，浙江省人民政府（浙政函〔1983〕95号）发文，同意浙江杭州机械工业学校举办职工中专班，开设工业企业计划统计专业，学制两年半（脱产），于当年秋季起招收新生，办学经费由办学单位自行解决。

同年，杭州市机械局提出《要求为杭州机械工业学校迁址建校基建投资的报告》（机工基〔83〕113号）。

同年，根据杭州市城市规划要求，市委、市政府同意杭州市机械局的迁校计划，学校在卖鱼桥香积寺巷征地16.2亩（1亩=666.67平方米）建造新校舍，同年在新校址建简易食堂320平方米。

同年，由于宿舍短缺，学校租借部分民房，而81级和82级五个班学生仍住在山上旧址内。学生分处不同教学点的现状给学校工作和教学带来不便。

同年7月27日，浙江杭州机械工业学校团委建立（机工团〔83〕15号）。李德荣、王金方、章杰、姜萌、陈群英、王建平、周利华七位同志组成共青团（浙江）杭州机械工业学校委员会，李德荣（教师兼）任团委书记，王金方、章杰任团委副书记。

1984年初，浙江杭州机械工业学校开始建设学生宿舍。由于当时校舍有限，经教委同意停止招生一年。

同年8月13日，经省府（浙政发〔1984〕206号）批准，学校由杭州市机械局主管，教育经费由省财政拨款转市财政部门下达，其专业设置不变。

同年，李德荣任学校党支部书记（机械局党委〔1984〕253号），葛仲希任党支部副书记；戎百振任校长（机工组〔1984〕565号），葛仲希、龚惠民为副校长，丰光宇为协理员。

同年，为了提高教学水平，学校召开了第一次教学研究论文交流会，交流教学经验。

1985年12月，包括四层教学楼（4300平方米）、五层学生宿舍楼（2000平方米）在内的校区建设在拱墅区香积寺巷78号全面完工（见图1-1-20、图1-1-21）。学校办公室及教研室搬到新校址，在学生宿舍楼底层办公。

同年，经杭州市经济委员会的"杭经生〔85〕252号文件"批准，学校建立校办工厂"杭州机械电器厂"，作为学生金工实习的场地并生产产品。

同年，学校经过几年的筹备，增设了模具设计与制造专业。

同年，学校招机械设计与制造专业（三年制）高中生、工业企业电气化（三年制）高中生、工业企业管理（三年制）高中生约180人。其中机械设计与制造专业分为机械、模具两个方向。当年，学校招收的180名新生暂时仍在灵隐寺上天竺山上上课。

图1-1-20 浙江杭州机械工业学校宿舍（香积寺）

图1-1-21   浙江省杭州机械工业学校校门（香积寺）

同年，学校为"杭州综合中专"招收工业企业管理专业初中中专一个班40人，学制四年。

同年，学校受浙江省教委委托，先后举办了两期职业学校教师进修班，招收电子技术应用、机械制造两个专业的学员共126名。

同年，学校受杭州市乡镇企业局委托，招收机械设计与制造、工业企业电气化和工业企业管理三个专业的计划外学生130人，学制两年，于1987年春季结业。学生是通过招工被录取的高中毕业生，学习期满成绩合格发放结业证书，由乡镇企业局负责安排工作，享受中专生待遇。

从1978年到1985年，学校领导班子更换了4次，张振华、丰光宇、钱莹、戎百振先后出任校长。学校领导班子始终坚持对学校进行严格管理，并建立了校级领导办公会议和中层干部会议制度，理顺了内部关系。教职工从原有的30人增加到150人，教师从原有的10人增加到68人。

1986年3月21日，机械局党委〔86〕032号文任命陆成章为浙江杭州机械工业学校党支部书记，免去李德荣支部书记，龚惠民副书记职务。机工组〔86〕086号文任命孙祥林为浙江杭州机械工业学校校长，叶银松、李德荣为副校长。免去戎百振校长，葛仲希、龚惠民副校长职务。领导班子组成后，学校把强化师资队伍建设放在重要位置作为重点来抓。

同年3月底，学校由上天竺全部迁入卖鱼桥香积寺巷78号新校址。新校址占地面积33300平方米，校舍建筑面积19093平方米。

同年5月22日，市教委批复，学校规模定在校生640人。

1987年1月，学校成立校教育研究会，召开第二次论文交流会，编辑出版校内教育研究刊物《教育探索》。《教育探索》前后出版了6期，在校内印发，并在全国中专学校校际交流。教育研究的开展，大大提高了教师的教学水平。全校教师先后在《机械中专》（一级刊物）及其他刊物上发表的论文和在各专业会议（全国、省内）发表并宣读的论文共计40余篇。

同年，学校恢复职称评定工作。1989年以后，职称评定工作转入正常化，到1998年学校具有高级职称17人，中级职称43人（包括讲师、工程师及其他人员）。

同年，学校教工已经有7人加入中国农工民主党。

同年，学校开始招收初中中专班，学制三年或四年；高中中专班学制调整为两年。

同年，为了满足浙江省模具行业培养人才的需要，经省招办同意，学校增设了模具设计与制造专业。招收机械设计与制造（两年制）高中生、工业企业电气化（两年制）高中生、工业企业管理（两年制）高中生、模具设计与制造（两年制）高中生约110人；机械设计与制造（四年制）初中生、工业企业电气化（四年制）初中生、模具设计与制造（四年制）初中生90人。以后每年的招生基本稳定在6个班，根据具体情况有时会适当加以增减。

同年，经省招办同意，学校在全省招收模具专业2个班，名额分配至各县。同时受浙江省第二轻工业局的委托，举办了为期五个月的模具培训班，主要培养对象是在职模具工人。

同年12月，机械局党委〔1987〕136号文批复，同意浙江杭州机械工业学校建立中国共产党总支委员会，陆成章任党总支书记，全面加强党的领导。

1988 年 3 月 10 日，杭机校党〔88〕3 号文指示，学校组建三个党支部。同年 7 月 20 日，学校被中国模具工业协会聘为教育培训定点单位。

同年，学校招机械设计与制造（两年制）高中生、工业企业电气化（两年制）高中生、工业企业管理（两年制）高中生、模具设计与制造（两年制）高中生约 160 人；机械设计与制造（四年制）初中生、工业企业电气化（四年制）初中生、模具设计与制造（四年制）初中生约 128 人。

同年，学校招收两个自费班（财会和机电专业），学生因未参加统一入学考试，在学业完成后由学校发放结业证书。

同年 10 月，经中国农工民主党杭州市委员会批准，浙江杭州机械工业学校农工党支部正式成立，中共杭州市委统战部、中共机械局党政领导及党委统战部的同志，以及杭州农工党市委的领导及兄弟支部负责人参加了成立大会，从而推动了学校统战工作进入新的阶段。

同年 12 月 12 日，董娥任党总支书记，孙祥林任校长（机械局党委〔1988〕084 号），何伯恭、刘进成、董娥任副校长（机工组〔1988〕396 号）。

1989 年，学校安居工程第一期竣工建成 2000 平方米。

同年，学校召开了第二届教代会。教代会主要讨论了学校的建设与发展问题。教代会设立了常务机构，在闭会期间行使职权，从此，教代会每年召开一次，在学校的民主管理方面走出了较好的一步。

同年，学校招机械设计与制造（两年制）高中生、工业企业电气化（两年制）高中生、工业企业管理（两年制）高中生、模具设计与制造（两年制）高中生约 170 人。

同年，学校作为杭州电大教学点，招收一个电大班（机电专业），毕业后由电大负责安排工作。

1990 年 12 月 28 日，浙江杭州机械工业学校与杭州市机械工业局职工大学联合办学。

5. 杭州机械职工中等专业学校

1984 年 5 月 9 日，杭州机械职工中等专业学校成立（浙政发〔1984〕131 号）。职工中专校址设在艮山门打铁关（电话 42491），负责人李兆强。职工中专教职工 13 人（其中专任教师 9 人），兼职教师 14 人。职工中专招收来自企业的生源，学制为三年（全脱产）/四年（业余），学生修完全部课程获得中专学历，毕业后仍回到原单位。同年，学校招收工业企业管理（全脱产三年制）学生 37 人。

1985 年，职工中专校址在杭州大庆路杭州锅炉厂内（电话 42491），负责人朱康民。职工中专教职工 11 人（其中专任教师 9 人），兼职教师 12 人。同年，学校招收工业企业管理专业（业余四年制）学生 19 人。

1986 年，职工中专校址在东新路杭州锅炉厂内（电话 42491），负责人朱康民。职工中专教职工 13 人（其中专任教师 11 人），兼职教师 17 人。同年，学校未招生。另 85 级职工中专工业企业管理业余班 19 人，后来因各种原因中途陆续退学 8 人，到第一学年结束时仅剩 11 人。从 1986—1987 学年起，经市教育委员会批准，将 11 人转入电视中专班继续学习。

1989 年，杭州市机械工业局决定将杭州机械职工中专牌子归入浙江杭州机械工业学校，成为浙江杭州机械工业学校的一部分。学校校址迁到浙江杭州机械工业学校内（杭州市拱墅区香积寺巷 78 号）。学校的师资来源于浙江杭州机械工业学校，当年招收工业企业管理（成）班 1 个。

1991 年，学校为机床厂办了一期机电专业中专班。

1992 年，学校在社会上统招机电专业班。同年 11 月 23 日，浙教成办字〔92〕第 3 号文批复，同意设置业余班，招模具设计与制造专门化，学制业余三年，面向杭州市招生。

1993 年，学校在社会上统招机电专业班。学校招收机电一体化专业（三年半制）在职职工 27 人。同年，招收工业企业管理（成）班 1 个。

1995 年在缙云县招了一个班。

职工中专面向企业提供职工教育服务，招生并不连续。在为企业提供学历教育的同时，也为企业提供短期培训。如职工中专为企业连续举办了几期企业管理干部中专班（制动材料厂二期、重机厂一期）（见表 1-1-3）。

表1-1-3　杭州机械职工中等专业学校（部分）学年招生情况一览表
（主办部门：杭州市机械工业局）

年份	专业名称	学制 / 年	招生人数 / 人	备注
1984	工业企业管理	3	37	办学地点：艮山门外打铁关
1985	工业企业管理	业余 4	19	办学地点：杭州大庆路杭州锅炉厂内

续表

年份	专业名称	学制 / 年	招生人数 / 人	备注
1986			停招	办学地点：东新路杭州锅炉厂内
1989	企业管理干部专修	业余 1.5	50	办学地点：拱墅区香积寺巷 78 号
1991	企业管理	1.5 业余	19	
	工业企业电气化		36	委托培养
	机电技术应用	业余 3.5	19	为机床厂提供教学服务，中专班
1992	机电技术应用	业余 3.5	6	
	模具设计与制造	业余 3	不详	面向杭州市招生
1993	机电一体化	业余 3.5	27	委托培养
1994	机电技术应用	3	32	
1994	工业企业营销管理	2	143	
1995	市场营销	3	83	在缙云县招收一个班
1995	模具设计与制造	3	27	
1997	模具设计与制造	3	19	

注：数据来源于杭州市档案馆、杭州职业技术学院档案室。

（二）杭州市机械工业局职工大学

杭州市机械工业局职工大学建于 1982 年，它的前身是杭州市机械工业局系统内六所厂办的职工大学（即杭州制氧机厂、杭州汽轮机厂、杭州重型机械厂、杭州汽车制造厂、杭州锅炉厂和杭州工具厂等国营大厂的工人大学）。1981 年经省教育厅、省机械厅验收，以浙政发〔1981〕13 号文件同意建立六所职工大学；1982 年经省人民政府批准，省高教局转发教育部教工农〔1982〕042 号文件同意将以上六所厂办职工大学合并，建立杭州市机械工业局职工大学。杭州市机械工业局职工大学建校之初，由于没有校舍，体制不健全，举步维艰。校址几经变迁，直至 1990 年 10 月才正式迁入香积寺巷 79 号的新建校舍。

1. "工人业余大学"阶段

中华人民共和国成立后，由于经济发展的需要，党和政府非常重视从工人中培养技术人才，为此，杭州各工厂创办了不少业余学校，如夜大（不脱产）形式。和全国普通大学相比，工人业余学校的比例极小，而且只有条件好的工厂才有能力坚持办学。

1958 年，杭州制氧机厂开办了工人业余大学，以夜大形式为主，学员不脱产学习。

在此前后，陆续有其他工厂开办了自己的工人业余大学。

2. "七·二一"工人大学阶段

1968 年 7 月 21 日，《人民日报》刊载了《从上海机床厂看培养工程技术人员的道路》的调查报告，全国掀起了开办工人大学的高潮。杭州企业当时创办了不少"七·二一"工人大学。

杭州机械系统因为技术力量比较集中、办学条件较好、工人人数比较多，所以，很多工厂成功兴办了工人大学。

1970 年，杭州制氧机厂率先举办"七·二一"工人大学，首批招收学员 36 人。

1974 年，杭州汽轮机厂、杭州锅炉厂开办"七·二一"工人大学（见图 1-1-22、图 1-1-23）。

图1-1-22　《杭州日报》报道（1977年8月4日）

图1-1-23　杭州汽轮机厂"七·二一"工人大学首届毕业生毕业照（1977年7月21日）

1976年，杭州汽车制造厂开办"七·二一"工人业余大学。

1978年，杭州重型机械厂、杭州工具厂开办"七·二一"工人大学。

在特定的历史环境下，这些学校的学员主要是来自各厂的职工。当时入学不需要考试而是单位推荐，录取的主要标准是看家庭成分，即当时所谓的"红五类"子弟；学员修完每门课程后不进行考试，毕业文凭是由各厂发放"七·二一"工人大学文凭，毕业后仍回原厂工作。

工人大学筹建之初办学资源稀缺。以杭州汽轮机厂"七·二一"工人大学为例，初期办学的教学计划由西安交通大学拟订，全部采用西安交通大学的教材，教师主要是西安交通大学派遣，少部分教师从浙江大学、杭州大学聘请。教学管理负责人来自厂里专业能力强的技术人员。

当时学校管理者和教师凭着一腔热情，遵照毛主席的指示，为办好工人自己的大学而不懈奋斗。"七·二一"工人大学的学员毕业后回到原厂工作，大多数毕业的学员都成了工厂里的技术骨干，有的还担任了领导职务，成为社会主义现代化建设的栋梁之材。

"七·二一"工人大学毕竟是厂办大学，每所学校办学都是为了满足本厂及相关厂的生产需要，教学没有统一的标准，教学质量参差不齐。

3."职工大学模式"阶段

20世纪80年代后，伴随着改革开放的全面展开，为了迅速解决我国工矿企业科技人员匮乏的问题，国家决定采取普通高等院校与成人高等院校"两条腿走路"的方针。由此，各企业兴办的工人大学逐渐褪去了政治色彩，被赋予了新的历史使命，原来"七·二一"工人大学的称谓也相继改称为职工大学或职工学院。

1980年，省机械厅、教育厅开始对机械系统所属的"七·二一"工人业余大学进行了第一次整顿验收。

1981年1月，浙江省按国家标准，对杭州市机械局系统11所厂办电大、工人业余大学教学点进行复查验收，保留了杭州制氧机厂、杭州汽轮机厂、杭州锅炉厂、杭州汽车制造厂、杭州重型机械厂、杭州工具厂六所厂办学校，其他工人业余大学均改为电大教学点或职工文化技术培训班。

同年2月9日，浙江省人民政府发文（浙政发〔1981〕13号），同意建立杭州制氧机厂、杭州汽轮机厂、杭州锅炉厂、杭州汽车制造厂、杭州重型机械厂、杭州工具厂六所职工大学。

杭州重型机械厂职工大学1981—1982学年的统计报表显示，学校主管单位为浙江省机械局，学校校址设在杭州重型机械厂内，学校负责人为茅嗣潜。学校招收的生源为高中毕业生，脱产学习三年，授大专学历。当年招收工程机械专业学生26人，当年工程机械专业毕业生22人，在校生人数26人。

4.杭州市机械工业局职工大学

1982年4月，省教育厅对"七·二一"职工大学进行第二次整顿验收，针对六所职工大学规模小、起点低，专业重复程度高等问题提出解决方案，建议将六所职工大学合并为"杭州市机械工业局职工大学"。

同年5月，杭州市机械局成立学校教学工作班子，校长由机械工业局副局长郁龙泉兼任，下设行政、教务、总务专职人员，暂时在杭州市机械工业局宣教科办公。

同年9月15日，市机械局（机工教〔82〕第349号）决定，将原六所职工大学合并，成立"杭州市机械工业局职工大学"，学校为机械局下属单位，经济上独立核算。原六所职工大学改为职工大学分校，即原杭州汽轮机厂职工大学为一分校，原杭州制氧机厂职工大学为二分校，原杭州锅炉厂职工大学为三分校，原杭州汽车制造厂职工大学为四分校，原杭州重型机械厂职工大学为五分校，原杭州工具厂职工大学为六分校。旧章作废，即日起启用新印章。各分校在原有学生陆续毕业后即停止办学，从1986年起办学统一由总校负责。职工大学先后由市机械工业局副局长郁龙泉，市机械工业局局长张明光、任泰生、孙祥林兼任或担任校长。

同年10月，杭州市机械工业局职工大学校址设在杭州市上城区靴儿河下杭州工具厂内，各分校开始陆续迁往靴儿河下杭州工具厂校区（1982年09月—1983年07月）。学校设有汽轮机、机械制造、深冷、工业锅炉、液压、工程机械、工业企业管理等专业。

同年11月15日，浙江省高等教育局（浙高教中字〔82〕235号）转发教育部〔82〕教工农字042号文《关于职工大学备案的函》，同意建立"杭州市机械工业局职工大学"（见图1-1-24～图1-1-26）。

图1-1-24　杭州市机械工业局职工大学授牌（1982年9月）

图1-1-25 杭州市机械工业局职工大学首届开学典礼（1982年9月15日）

图1-1-26 杭州市机械工业局职工大学部分教师在校门口合影

　　1982 年，建校初期，学校的机构设置和人员配备以保障学校的日常教学需要为原则，力求精干。当时学校的组织机构设置为教务（教师 5 人、工作人员 2 人）、总务（工作人员 1 人、出纳 1 人）和办公室（工作人员 1 人）。

　　1983 年 4 月，杭州市机械工业局职工大学举办了机械工业局系统第一期企管干部（支书）短训班，培训时间两个月。

　　同年 7 月，职工大学由上城区靴儿河下杭州工具厂迁至上仓桥高士坊巷 35 号杭州标准件厂（1983 年 07 月—1984 年 07 月）。

　　同年 9 月 15 日，杭州市机械工业局党委（〔1983〕227 号）批准建立杭州市机械工业工业局职工大学临时党支部，陈瑶琦任支部书记。

　　1984 年 2 月 6 日，杭州机械工业局发文（机工教〔1984〕028 号），由机械工业局局长张明光兼任杭州市机械工业局职工大学校长。

　　同年 7 月，职工大学校舍迁到杭州拖拉机厂武林广场办事处（即后来的杭州大厦）（1984 年 07 月—1984 年 10 月）。

　　同年 10 月 22 日，市编制委员会（经杭编〔1984〕139 号）批复，杭州市机械工业局职工大学设事业编制 60 人，其中教师 40 人，行政人员 20 人。办学经费由市机械工业局系统自筹。

　　同年 10 月，因在职工大学教学场地兴建杭州大厦，职工大学校舍又迁至市机械研究所旧楼（官巷口中河路边）（1984 年 10 月—1986 年 09 月）。

　　1984 年，学校的组织机构调整为教务办公室（教师 11 人、函授站大专班班主任 1 人、电大班班主任 1 人、教务工作人员 1 人、图书管理员 1 人）和校办公室（管理人员 1 人、打字 1 人、出纳 1 人、会计 1 人、总务 1 人）。

　　1985 年，机械局发文（机工教〔85〕433 号）决定，设立机械工业部管理干部学院浙江杭州函授站，教学由杭州市机械工业局职工大学负责。站长由局教育科科长黄泰生兼任，副站长夏荣增。函授站为省市培养机械制造、工业统计、劳动人事和劳动工资管理等专业人才 111 人。

　　同年 6 月 18 日，机械局发文（机工教〔85〕290 号），建立机械工业部机电工程师进修大学分校。张明光兼校长，龚泽为分管负责人。教学由杭州市机械工业局职工大学负责。学校承担全省机电一体化专业本科段函授及继续教育、岗位培训等工作。至 1991 年，学校为全省培训学员共计210 人，单科结业生达 3981 人次。

　　同年 7 月 4 日，机械局发文决定，自筹资金 200 万元（后 100 万元划转给中专建校）迁建杭州市机械工业局职工大学新校舍（卖鱼桥香积寺巷79号），机械局拨款15万元。

1986年6月27日，机械局党委（〔86〕174号）决定建立杭州市机械工业局职工大学党支部，陈瑶琦任书记；同时成立杭州市机械工业局职工大学领导小组，由陈瑶琦任组长，戎百振、龚泽、叶长春为成员（机工组〔86〕237号文件）。

同年8月，职工大学租用杭州毛源昌眼镜厂新艮村3号楼1幢办学。

同年9月，职工大学租用杭州毛源昌眼镜厂（清河坊）旧厂房办学。

同年10月，职工大学建立培训科（夏荣增任科长），负责函授站的教学管理，主管工程师、技工进修教学。

1987年起，职工大学设置技师和高级技工培训班，并在结业考核中开创性地实行"课题考"，即以企业实际技术难题命题，组织学生攻克技术难关，以学生的表现、解决技术难题贡献的大小评定成绩。先后有651人经考核合格，获得由杭州市劳动局职教委（即职工教育委员会）颁发的技师、技工等级证书。

同年9月，职工大学因扩大招生，另增租天目山路杭州汽车发动机厂技校（武林门天目山路）、西湖台钻厂招待所（卖鱼桥余杭塘上）各一层楼房办学。

同年10月，职工大学租用艮山中学、体育场路中学部分教室开办机械系统技师、高级技工培训班。

1987年，职工大学开始面向全国招生。为了适应全国招生的需要，学校增设了工业锅炉、工业汽轮机、焊接工艺及设备等专业（1992年又增设机械设计与制造、营销与财会等专业）。根据国家教委下达的计划，职工大学招生范围扩大到新疆、甘肃、湖南、湖北、河南、河北、黑龙江、吉林、山东、山西、江苏、安徽、江西、广西、云南、四川、贵州、内蒙古、宁夏、青海和北京市等21个省、自治区、直辖市。学生毕业后回到原单位发展，很多成为企业的技术骨干，为当地经济发展作出了贡献。

1988年4月，机械局发文（机工组〔1988〕108号）决定建立杭州市机械工业局职工大学领导班子。领导班子由黄泰生、戎百振、叶长春、夏荣增组成。黄泰生任校长，戎百振任党支部书记（局党委〔1988〕026号）兼副校长，叶长春、夏荣增任副校长。

　　同年 8 月，学校租用中共浙江省委党校 8 号楼集中办学。

　　同年，学校的组织机构调整为办公室、教务科、总务科、培训科和团总支。

　　1989 年 3 月　杭州市机械工业局职工大学新校舍在卖鱼桥香积寺巷 79 号破土动工建造。

　　1990 年 6 月，杭州市机械局职工大学新校舍落成并交付验收。

　　同年 10 月，职工大学搬入新校舍卖鱼桥香积寺巷 79 号办学。

　　1990 年 12 月 28 日，浙江杭州机械工业学校与杭州市机械工业局职工大学联合办学。

二、联合办学阶段

　　1990 年 12 月 28 日，浙江杭州机械工业学校与杭州市机械工业局职工大学联合办学，并成立党委（杭经党委〔1990〕398 号）。学校实行"一套班子，两块牌子"的办学机制（见图 1-1-27）。

图1-1-27　联合办学阶段学校校门（香积寺）

　　同年 12 月 30 日，经杭州市经济委员会党委批准（杭经党委〔1990〕39 号），学校成立党委会，并实行党委领导下的校长负责制。由董娥任党委书记，戎百振任副书记兼纪委书记（局党委〔1990〕128 号）；孙祥林任校长，董娥、何伯恭任副校长（机工组〔1990〕378 号）。

　　1991 年 1 月，浙江杭州机械工业学校与杭州市机械工业局职工大学正式合并。学校的组织机构调整为党政办、组宣处、人保处、纪检委、团委学生处、教务处、教学研究室、基础教研室、专业教研室、培训处、图书馆、总务处、实习厂、基建处等 14 个部门。

　　同年 4 月 1 日，浙江杭州机械工业学校工会更名为"杭机校（浙江杭州机械工业学校）·杭州机械局职工大学（杭州市机械工业局职工大学）工会"（杭冶组〔91〕30 号）。

　　同年 5 月 27 日，杭州市机械工业局建立党校。机械局党校设在杭机校·杭州机械局职工大学内，并由校党委实施管理。机械局党校校长由机械局党委书记郁龙泉担任，董娥任常务副校长。机械局党校负责定期培训企业管理干部。

　　同年 9 月，学校成立校治理整顿验收工作小组，组长戎百振，副组长孙祥林、何伯恭，成员俞一江、胡国松、龚泽。对成人高等教育"专业证书"学员 59 人进行自查，录取 59 人，发结业证 52 人。

　　同年 10 月 10 日，学校召开浙江杭州机械工业学校·杭州机械局职工大学二届三次教代会（校党发〔91〕23 号）。教代会的主要议题是抓评估、验收，全力提高学校办学水平（注：中专合格评估、职工大学治理整顿验收）。

　　同年 11 月 6—8 日，由省机械厅人教处处长董洪达任组长的省工科中专第一评估专家组一行 13 人对学校进行了为期 3 天的实地考察和评估，综合评估结果为"基本合格"，要求学校在短期内进行整改，然后接受再评估。

　　同年 12 月，根据国家教委〔1991〕2 号文和省教委关于成人高校治理工作的若干意见，学校在自查工作的基础上形成"杭州机械职工大学治理整顿自查报告"。

　　1992 年 1 月，学校召开第三次论文交流会，并出版了《教育探索》论文集。教育教学研究的开展，提高了教师的科研教学水平。

　　同年 3 月 16 日，省教委中专教育评估工作领导小组书面通知：浙江杭州机械工业学校被评为"基本合格"学校。

同年 6—10 月，学校举办了首期机电类工人技师进修班。学员是来自市机械系统的 13 家大型企业的 42 名工人技师。在 6 月 3 日的开学典礼上，省劳动人事厅培训处、省机械厅人教处、市劳动局培训处等领导到会并做了重要指示。《杭州日报》记者进行了专访，并在 6 月 4 日《杭州日报》上做了新闻报道。

同年 10 月 28 日，根据学校发展需要，学校成立了四个学科委，即电气学科委、模具学科委、企管学科委、机制学科委。

同年，孙祥林任浙江杭州机械工业学校、杭州市机械工业局职工大学党委书记兼校长，詹红军任副校长（机工干〔92〕32 号）。

自两校联合办学以来，学校在多层次、多形式办学方面拓宽了路子。如校内办学和校外办学并举，在中等技术教育的基础上发展了高等职业技术教育等措施，充分发挥了联合办学的优势。但也出现了新的困难：市机械局拨给职工大学的办学经费逐年递减，三四年后不再拨付了。原来杭机校本身经费已是十分紧张，学校的基本教学设施始终没有改善，而学校合并后人员编制增加，招生规模扩大，教室和学生宿舍严重不足，给办学带来极大的困难。面对学校存在的困难，全校师生员工共同努力，克服重重困难，使学校仍获得了较大的发展。学校建成拥有 250 米跑道的田径运动场（占地 17.4 亩）及可供 1000 名师生用餐的食堂。学校安居工程第二期建成 2000 平方米，至此教职工的安居工程基本完成，教职工队伍也稳定了。

1993 年 5 月 18 日，经杭州市总工会机械冶金工会（机冶组字〔1993〕44 号）批复，学校召开了第三届教代会。

同年，学校把简易餐厅改修为校办工厂，扩大了校办工厂的经营规模。同时，学校又申办了五星工贸公司，实现多渠道筹集办学经费。

同年 8 月 11 日，学校成立杭州机械工业局职工大学教师系列初评委员会，负责评审本校教师系列初级职称任职资格和评议推荐中级职称（机工教职社〔97〕44 号）。

同年，学校受市机械局委托办起了"市机械局业余党校"。

1994 年 4 月，浙江杭州机械工业学校接受浙江省教委的再次评估。4 月 26 日，浙教职字〔94〕193 号文公布浙江杭州机械工业学校等普通中专合格评估结果的通知，学校被评为"合格"中专学校。

同年 6 月 29 日，机工教〔94〕117 号文批复，杭机校（职工大）实行校长负责制。

1994 年，学校与电大联合办学，招电大"普专"班，挂靠在电大，纳入普通专科的招生计划内。

同年，杭州机械局职工大学经省教委批准进行高等职业技术教育试点。学校成为全省首批招收高职学生的九所院校之一。自 1994 年至 2001 年，学校连续招收高职班，为学校向高职教育发展创造了条件。

1995 年 7 月 10 日，机械局党委〔95〕11 号文批复，孙祥林（在 1995—1996 年）任浙江杭州机械工业学校、杭州市机械工业局职工大学党委书记兼校长，詹红军任副校长。

同年 10 月，为加强对大中专学生进行党的基本知识宣传教育工作，学校成立了业余党校，校长孙祥林，常务副校长王桂荣（校党〔95〕10 号）。

同年 12 月 1 日，学校增设实习处，目的是更好地贯彻省教委关于加强职工大学高职班实践环节的文件精神，切实推行职工大学及中专毕业生的"双证制"。

1996 年 7 月 3 日，詹红军任浙江杭州机械工业学校、杭州市机械工业局职工大学校长。

同年 10 月 17 日，丁学恭任浙江杭州机械工业学校、杭州市机械工业局职工大学副校长。

同年 12 月 26 日，杭州市经济委员会所属的六所职工大学（杭州市机械工业局职工大学、杭州市轻工职工大学、杭州市化工系统职工大学、杭州市丝绸工业公司职工大学、杭州市纺织工业局职工大学和西湖电子集团公司职工大学）合并办学，成立"杭州职工大学"（浙政发〔1996〕245 号《关于杭州机械职工大学等 6 所市属成人高等学校实行合并办学的通知》）。

1997 年 1 月 24 日，杭州市人民政府办公厅发出《关于我市经委系统 6 所职工大学实行合并办学的通知》文件，杭州市经济委员会发出《关于建立杭州职工大学机械等分校的通知》（杭经办〔1997〕27 号）。按照通知要求，杭州市机械工业局职工大学更名为"杭州职工大学机械分校"。

由于浙江杭州机械工业学校与杭州市机械工业局职工大学是联合办学，属于一套班子，所以作为杭州职工大学机械分校的一个组成部分，受杭州职工大学领导管理。

1997 年 12 月，浙江杭州机械工业学校被评为杭州市中等职业技术教育"十佳学校"之一（杭人〔97〕18 号）。

第二节 办学概况

一、浙江杭州机械工业学校办学概况

（一）专业设置及招生情况

学校在建校之初就有明确的教学目标，即以为服务社会为宗旨，培养行业、企业所需的中级技术人才。围绕这个教学目标，学校在初创阶段就积极调研，把握人才需求脉搏，并不断积累办学经验，根据社会需求，逐步增设新的专业。经过调整和充实，学校逐步形成了相对稳定、合理的专业结构，为学校的后续发展打下了基础（见表1-1-4）。

表1-1-4 浙江杭州机械工业学校历年专业设置及（计划内）招生情况一览表
（主管部门：杭州市机械工业局）

年份	专业名称	学制/年	招生人数/人	备注
1978	机械设计与制造	3	150	
1979	机械设计与制造	3	100	
	自动控制	3	40	学校是浙江工学院杭州分校教学点，大专学历
1980	机械设计与制造	3	50	
	工业企业管理	2	50	
1981	机械设计与制造	3	49	
	计划统计	2	50	
	工业企业电气化	3	50	
1982	机械设计与制造	3	40	
	工业企业管理	3	40	
	工业企业电气化	3	40	
1983	机械设计与制造	3	41	

续表

年份	专业名称	学制/年	招生人数/人	备注
1983	工业企业管理	3	41	
	工业企业电气化	3	40	
1985	机械设计与制造	3	92	学校开始招收委培生、自费生
	工业企业管理	3	46	
	工业企业电气化	3	46	
	工业企业管理	4	40	学校与杭州综合中等专业学校合办
1986	机械设计与制造	3	60	
	工业企业管理	3	32	
	工业企业电气化	3	34	
1987	机械设计与制造	2	41	学校高中中专班学制开始调整为两年
	工业企业管理	2	36	
	工业企业电气化	2	40	
	模具设计与制造	2	92	
	机械设计与制造	4	25	学校开始招收初中中专班
	工业企业电气化	4	40	
	模具设计与制造	4	25	
1988	机械设计与制造	2	44	
	工业企业管理	2	36	
	工业企业电气化	2	40	
	模具设计与制造	2	40	
	机械设计与制造	4	40	
	工业企业电气化	4	40	
1989	机械设计与制造	2	48	
	工业企业管理	2	30	
	工业企业电气化	2	47	
	模具设计与制造	2	46	

续表

年份	专业名称	学制/年	招生人数/人	备注
1990	机械设计与制造	2	68	
	工业企业管理	2	81	
	工业企业电气化	2	49	
	模具设计与制造	2	44	
	工业企业管理	4	40	
1991	机械设计与制造	2	67	
	企业管理（财会、营销）	2	40	
	工业企业电气化	2	36	
	模具设计与制造	2	36	
	机电	4	39	
	企业管理	3	31	
1992	机械设计与制造	2	39	
	企业管理（营销）	2	34	
	工业企业电气化	2	37	
	模具设计与制造	2	38	
	企业管理（财会）	3	31	
	机电一体化	4	39	
1993	机械设计与制造	2	82	
	企业管理（营销）	2	43	
	工业企业电气化	2	44	
	模具设计与制造	2	44	
	企业管理（财会）	3	42	
	机电一体化	4	37	
1994	机械设计与制造	2	46	
	企业管理（营销）	2	41	
	工业企业电气化	2	90	
	模具设计与制造	2	46	

续表

年份	专业名称	学制/年	招生人数/人	备注
1994	企业管理（财会）	3	50	
	机电一体化	4	48	
1995	机械设计与制造	2	42	
	工业企业电气化	2	41	
	模具设计与制造	2	42	
	计算机及应用	2	36	
	机电技术应用	4	56	
	企业财会电算化	3	48	
	三墩分校：企业管理（财会）	3	48	
	兰溪分校：企业管理（财会）	3	45	
	兰溪分校：模具设计与制造	4	46	
1996	机械设计与制造	2	45	
	工业企业电气化	2	47	
	模具设计与制造	2	47	
	计算机及应用	2	47	
	机电技术应用	4	90	
	工商计划与统计	3	49	
	企业管理（营销）	3	42	
	财会电算化	3	50	
	工商贸易	3	49	
1997	模具设计与制造	2	48	
	机电技术应用	4	111	
	工业企业电气化	4	99	
	电气计算机应用	4	50	
	机械制造设备维修管理	2	48	
1998	机械设计与制造	2	45	
	机电技术应用	4	131	

续表

年份	专业名称	学制/年	招生人数/人	备注
1998	电气计算机	4	46	
	模具设计与制造	4	87	
	企业管理（营销）	2	38	
	市场营销	3	47	
1999	机电技术应用	4	66	
	工业企业电气化	4	45	
	电气计算机应用	4	78	
	模具设计与制造	4	76	
	市场营销	3	43	
2000	机械设计与制造	2	30	
	模具设计与制造	4	35	
	机电技术应用	4	45	
	电气计算机应用	4	37	
	企业管理（营销）	3	47	
	电子商务	3	18	
	电子应用	3	17	
	化工工艺	4	19	
	环境监测	3	23	

注：数据来源于杭州市档案馆。

1. 根据社会需要和学校自身资源设置、调整专业

1978 年 9 月，学校首次面向社会招收机械设计与制造专业（三年制）高中生约 150 人。

1980 年，在浙江省教育厅和机械厅的同意下，学校在全国机械系统中专学校中率先开设了工业企业管理专业，招收高中毕业生，学制两年。

1981 年，学校为了满足社会需求，增设了工业企业电气化专业。

1987 年，学校开始招收初中中专班，学制三年或四年；高中中专班学制调整为两年。

1987年，为了满足浙江省模具行业培养人才的需要，经省招办同意学校在原有专业的基础上增设了模具设计与制造专业。

1990年3月23日，学校新增机电一体化专业（杭教职〔90〕字第5号），招收初中毕业生，学制四年，列入国家招生计划。

2. 抓住市场机会，挖掘自身优势，积累教学经验

1979年，学校被定为浙江工学院（今浙江工业大学）杭州分校教学点，当年招收电气自动化专业大专班（1982年1月毕业）40人，学制三年。为此，学校熟悉并积累了相关教学资料和经验。

1988年，学校开始招收自费班（财会和机电专业），因未参加统考，学生学业完成后由学校发放结业证书。

1989年，学校作为杭州电大教学点，招收一个电大班（机电专业），毕业后由电大负责安排工作。

1995年，学校为扩大办学规模，培养更多的中等专业技术人才，学校分别在三墩、兰溪建立了教学点。其中三墩教学点设置企业财会专业，兰溪教学点设置模具设计与制造、企业财会、机电技术应用三个专业，共招收学生173人。

1997年，兰溪教学点继续招生约99人。

1998年，学校增设诸暨教学点。

1999年，兰溪、诸暨教学点继续招生约97人。

2000年，兰溪、诸暨教学点继续招生约54人。

3. 根据社会需求，提供定制教学服务

1981年，学校为余杭仪表厂举办了一期机电专业自学中专班，学制一年半，由学校发放结业证书。这些学生中的大部分人后来成为所在厂的技术骨干。

1987年，经省招办同意在全省招收模具专业两个班，名额分配至各县。

1993年3月25日，校职教〔93〕11号文批复，同意学校设职业高中班。职业高中班开设模具钳工、机电一体化、工商设计各一个班，学制三年，招收杭州市区应届初中毕业生。职业高中班仅招收一次。

浙江杭州机械工业学校自1978年建校以来，招生范围由杭州地区逐渐扩展到宁波、绍兴、湖州、金华、衢州等地区。1989年，学校开始招收部分委培生和少数自费生。1983年，学校开始招收成人中专生。1995年，学校开始设立校外教学点与其他单位或部门联合办学。多年来，学校不断开拓办学路子，开展多形式、多层次办学。截至 2000 年，学校共培养各类中专生上万名。

（二）社会服务

学校在完成计划内教学任务的同时，还承担了大量的社会服务工作。

1982 年 6 月，学校受浙江省机械厅委托，前后举办了四期厂长、经理培训班。

1983 年 1 月 27 日，浙政函〔1983〕95 号文同意学校举办职工中专班，开设工业企业计划统计专业，于当年秋季招收新生。

1985 年，学校受浙江省教委委托，先后举办了两期职业学校教师进修班，招收电子技术应用、机械制造两个专业的学员共 126 名。

1985 年，学校受杭州市乡镇企业局委托，招收机械设计与制造、工业企业电气化和工业企业管理三个专业的计划外学生 130 人，学制两年，于 1987 年春季结业。

1987 年，受浙江省二轻局的委托，举办了为期五个月的模具培训班，主要培养对象是在职模具工人。

1988 年 7 月 20 日，学校被中国模具工业协会聘为教育培训定点单位。

1996 年 4 月，杭州市钳工职业技能鉴定站在浙江杭州机械工业学校内挂牌（杭劳培〔96〕53 号）。鉴定站承担市劳动局安排的各地、各部门、各企事业单位（包括职高、技校）各等级钳工的技术等级考核、鉴定任务。学校在推进杭州市职业技能鉴定社会化管理方面做了大量工作。

1997 年，学校提供资格培训，接受服务 58 人。

1998 年，学校提供证书教育，接受服务 30 人。

（三）师资队伍建设

学校的发展离不开教师，浙江杭州机械工业学校始终把师资队伍建设放在首位。经过几年的努力，一支稳定的、有一定业务水平的教师队伍已经形成。

办学初期，专业师资力量极为缺乏。1978 年学校建校之初有教职工 30 人，其中教师仅 10 人。建校初期，为了解决教师不足的问题，校领导在组织部门的支持下，从市直各区大胆引进了 11 名政治上曾受过不公正待遇、具有真才实学且已落实政策的同志到学校任教，使学校在很短的时间内拥有了一支较强的师资队伍。除此之外，学校还动员鼓励校内教师改行任课，在系统内挖潜、引进有实力的管理技术人员到学校任教，创造性地邀请省内的相关专家到校兼课。

原浙江省省长吕祖善曾应邀担任浙江杭州机械工业学校的兼职教师。吕祖善当时在浙江省机械厅质量管理处工作，学校邀请其担任"质量管理"课程的教学工作。当时的条件非常艰苦，吕祖善每次都是从家里骑自行车到上天竺给学生上课。据胡问经老师回忆，下雨天也经常能看到吕祖善骑着自行车披着雨披到学校上课的情景。据学生回忆，吕祖善讲课信息量大、形象生动，非常受学生欢迎。

1981年，学校教师队伍已发展到63人，而且大多数教师都是名牌高校毕业生。

1985年，教职工队伍发展到150人，其中教师68人。

1984年开始，学校成立了教育研究会，之后多次召开论文交流会，促进了教师教学水平和研究水平的提高。

1986年后，为了提高师资水平，学校组织教师学习了"心理学"和"教育学"等相关课程，对未达到大专学历的教师提供进修机会，使其在一定期限内达到大专及以上水平。当时攻读在职研究生的教师有5人，同时，选送了4位优秀中专毕业生上大学继续深造，毕业后回校任教，这些教师后来都成为学校的教学骨干或行政领导。

1987年开始，学校恢复了职称评定工作。1989年以后，职评工作转入正常化，到1998年学校具有高级职称的教职工17人，具有中级职称的教职工43人（包括讲师、工程师及其他）。学校在挖掘内部教学资源的同时，还积极主动从外部引进人才。

短短几年，浙江杭州机械工业学校已经拥有一支较强的师资队伍。

（四）教学保障

1. 基础设施保障

浙江杭州机械工业学校在创立初期，教学场所极为简陋，当时的校舍原为僧侣所住的几间破旧木结构房屋，占地不足5亩。除了灵隐寺上天竺的几间教室之外，学校还先后租用过断桥小学、莫干山中学和煤炭工业学校的教室。同时，学校积极扩建校舍，并提出学校迁址的申请。

1981年，学校拆除了山上部分平房，用上级拨款建造了一幢有五间教室的二层楼房。这一时期，学校教师每天要走 30 分钟山路到学校，有的教师晚上要摸黑翻过一个山头到校为学生做辅导。学校没有自来水，师生们自己动手将山上泉水引入学校，到了少雨季节，只能到一里外的另一座山上挑水。但在各种困难面前，广大教师能安心教书，学生能刻苦学习。这一时期毕业的学生，后来大多走上领导岗位，一部分成为企业技术骨干。他们经常自豪地说：我们是上天竺培养出来的，所走的路是"天竺之路"。

1983 年，根据杭州市城市规划要求，市委、市政府同意市机械局的迁校计划，在卖鱼桥香积寺巷征地建造新校舍。

1985 年 12 月，包括四层教学楼、五层学生宿舍楼在内的新校区建设全面完工。

1986 年 3 月，学校由上天竺全部迁入新校址卖鱼桥香积寺巷 78 号新校址办学，这时学校已初具规模。学校建有电工、电子、微机、公差、物理和金相 6 个实验室；随后增建了电机、电器、计算机、液压等 9 个实验室以及电化教学室、企管资料室；添置了 C618 车床、铇床、铣床等设备，建立了电工实习场地，满足了实验实习的要求。

1990 年，两校（浙江杭州机械工业学校和杭州市机械工业局职工大学）联合办学以后，能够实现资源共享，为学校的发展创造了有利条件，学校在多层次、多形式办学方面拓宽了路子。如校内办学和校外办学并举，在中等技术教育的基础上发展了高等职业技术教育，充分发挥了联合办学的优势。但两校合并后也出现了新的困难，如人员编制增加，招生规模扩大，教室和学生宿舍严重不足，杭州市机械局拨给职工大学的办学经费逐年递减，三四年后不再拨付了，浙江杭州机械工业学校的经费已经非常紧张，学校的基本教学设施满足不了学校发展的需要，给办学带来极大的困难。

1992 年，在全校师生员工的共同努力下，学校克服重重困难，仍获得了较大的发展。学校建成了 250 米（占地 17.4 亩）跑道的田径运动场及可供 1000 名师生用餐的食堂。

到 1998 年，学校已经发展成为占地 42.363 亩、建设面积 27048 平方米、实验室（含英语语音实验室）15 个、实习工厂 372.75 平方米、校办工厂（机械电器厂）353 平方米、第三产业"五星工贸公司" 1 个的规模，并设有杭州市钳工劳动技能鉴定站，以及 2 个校外教学点。当年在校学生 1035 人，职工 142 人（其中教师 72 人）。从 1978 年建校到 1998 年年初，学校已有毕业生 4539 人（其中普通中专 4157 人、职工中专 382 人）。

2.组织机构保障

为了满足学校的发展，学校的组织机构也随之进行了调整。

1978 年，学校组织机构设置为三科一室（即教务科、总务科、生产实习科和校办公室）和学生工作组。

1984 年，学校组织机构调整为办公室、教务科、总务科、学生科、实习工厂。其中教务科下设有 6 个教研室，即第一基础教研室、第二基础教研室、基础技术教研室、机械制造教研室、工企电气化教研室、工业企业管理教研室。

1986 年，学校的组织机构调整为党办、校办、组织、宣传科、保卫科、学生科、团委、教务科、总务科、实习、工厂、基建办、图书馆、资料室和 6 个教研室。开设有机械制造、工企、电气化企业管理专业。

1989 年，学校的组织机构调整为校办、组织人事科、保卫科、团委、学生科、教务科、总务科、实习厂、培训部、科技开发部、基建科。专业科室包括基础科、技术基础教研室、工企电气化教研室、工业企业管理教研室、机制专业科、模具专业科。

1991 年 1 月，两校正式合并。学校机构调整为党政办、组宣处、人保处、纪检委、团委学生处、教务处、教学研究室、基础教研室、专业教研室、培训处、图书馆、总务处、实习厂、基建处等 14 个部门。

3.教学保障

（1）教工安居工程

为了稳定教职工队伍，学校有针对性地推出了一系列举措。

1987 年，学校建造 800 平方米的过渡房以解决还居住在上天竺的教职工的住房问题。随后，学校在新校舍旁香积寺巷 70 号征地 3.8 亩兴建了教工宿舍。1989 年第一期 2000 平方米教工宿舍竣工，1992 年第二期 2000 平方米教工宿舍竣工。教职工安居工程基本完成，稳定了教职工队伍。

（2）管理科学民主

为了实现更为妥当的科学管理，学校迈入了民主管理的进程。

1980 年年初，学校召开了首届教职工代表大会（简称"教代会"），教代会集群众智慧，商学校大事，与会代表为共同推动学校各项工作前进提出了宝贵的建设性意见。

1989年，学校召开了第二届教代会。教代会代表主要讨论学校的建设与发展问题。教代会设立了常务机构，在闭会期间行使职权，从此，教代会每年召开一次，在学校的民主管理方面走出了较好的一步。

二、杭州市机械工业局职工大学办学概况

（一）专业设置及招生情况

职工大学的专业设置以社会和企业需要为依据，招生规模与学校的教学资源相匹配。职工大学先后开设了机械制造、工业锅炉、工业汽轮机、焊接工艺及设备、模具设计与制造、营销与财会等专业（见表1-1-5）。

办学初期，学校秉承择优录取的原则，在招生通知中明确招生对象、条件及方法。1982年，杭州市机械工业局曾发《关于今年秋季局职工大学招生的通知》（机工教〔82〕175号）明确招生条件。招生对象须具有高中毕业或相当于高中毕业文化水平，同时具有两年工龄的正式职工，年龄要求不超过30岁，确有培养前途的各级干部和生产骨干年龄可适当放宽到35岁。报考以自愿为原则，须经领导批准后参加考试，考试科目为数学、物理、化学、语文。达到录取分数线的考生还需经过原单位政审和体检，择优录取。

表1-1-5　杭州市机械工业局职工大学部分学年招生情况一览表
（主办部门：杭州市机械工业局）

年份	专业名称	学制	招生人数 / 人	备注
1982	机械制造	3	56	
	工业企业管理	3	41	
1983	机械制造	3	43	
	工业企业管理	3	不详	
1984	机械设计与制造	2	18	
1985	工业锅炉	2	210	
	工业汽轮机	2	76	
	焊接工艺及设备	2	23	
	机械设计与制造	2	22	
1986	工业锅炉	2	49	

续表

年份	专业名称	学制	招生人数 / 人	备注
1986	机械设计与制造	2	16	
1987	工业锅炉	2	42	面向全国招生，其中有新疆学生 8 人
	机械设计与制造	2	22	面向全国招生，其中有新疆学生 7 人
1988	工业锅炉	2	19	
1989	工业锅炉	2	11	
	焊接工艺及其装备	2	12	面向全国招生
1990	工业汽轮机	2	14	
	工业锅炉	2	26	
	焊接工艺及其装备	2	11	面向全国招生
1991	工业汽轮机	2	14	
	工业锅炉	2	19	
	机械设计与制造	2	8	
1992	工业汽轮机	2.5	16	
	工业锅炉	2.5	44	
	机械设计与制造	2.5	9	
1993	工业汽轮机	2.5	10	
	工业锅炉	2.5	13	
	机械设计与制造（双招班）	2.5	28	
1994	工业汽轮机	2.5	9	
	工业锅炉	2.5	27	
	机械与模具（高职班）	3	46	
	机械与模具（联合办学）	2.5	14	
	营销与财会（联合办学）	不详	24	
1996	工业汽轮机	2.5	29	
	工业锅炉	2.5	14	

1982—1984年，学校主要为本省、本市机械系统的企业培养机械制造与企业管理人才。

1985年起，全国开始推行成人高校统一招生考试。由于全国性生源萎缩，学校采取了一系列应对措施。一方面，学校陆续开始筹备开设新的专业，如工业锅炉专业、工业汽轮机专业、焊接设备与工艺专业等，其中工业锅炉在全国需求量很大，化工、机械、轻工、纺织、食品、制药、电力等行业都需要熟悉动力设备（锅炉）的人才，当时，全国成人高校中还没有开设此专业；另一方面，学校开始调整招生的地域范围，招生地域逐渐扩大到新疆、甘肃、河南、河北、黑龙江、山东、江苏、安徽、江西、贵州、内蒙古、宁夏和北京市等13个省份。

1993年，杭州市机械工业局职工大学机械制造专业面向杭州及周边地区招收中学应届毕业生，当时简称为"双招班"，即所录取的学生既是学校招收的学生，毕业分配后也是工厂招收的工人。1993年机械设计与制造双招班共有28名学生，都是当年参加全国高考，但考试得分稍低于本科分数线的落榜学生。他们中大部分毕业后回到家乡工作，为家乡发展做出了贡献。

1993年以后的几年中，杭州市机械工业局职工大学还曾通过省教委统一考试联合招收各县的历届高中毕业生。并在上塘中学设立教学点，先后开设了6个班，这批学生相继于1996、1997年毕业。

1994起，学校已经具有一定规模和完整的教学设施。根据国家教委下达的计划，杭州市机械工业局职工大学被浙江省教委列为高等职业技术教育试点学校之一，每年招收企管、机模等专业的高职班。首届招收机模专业学生46名，这部分学生全部来自浙江省内，以技校、职高应届毕业生为主。杭州市机械局职工大学也成为全省首批招收高职学生的九所院校之一。

（二）社会服务

职工大学属于社会成人教育体系，其生命力在于能够适应社会经济发展的需要，为企业和社会培养人才，同时其提供的教育服务具有成人教学的特点。自1984年起，学校根据这一特点，坚持"抓优势，抓重点，抓应用"的原则，紧紧把握面向企业、服务地方的大方向，按社会发展的需要，开展多层次办学。

1984年12月，杭州市机械工业局职工大学挂牌成立机械工业部机电工程师进修大学分校，承担全省机电一体化专业本科段函授及继续教育、岗位培训等工作，至1991年，学校为全省培训学员共计210人，单科结业生达3981人次。

1985年7月，学校设立机械工业部管理干部学院浙江杭州函授站，相继为省市培养了机械制造、工业统计、劳动人事和劳动工资管理等专业人才111人。

1987—1993年，学校设置技师和高级技工培训班，经应知应会考核合格后，获得市劳动局职教委技师、技工等级证书的有651人。

1991—1994年，学校还为市机械局系统举办各类干部短训班12期共432人（其中：中小型厂长、经理59人，大中型企业党支部书记49人，哲学班179人，入党积极分子145人），自1992年起成立市机械局党校，学校负责系统内每年干部和企业骨干的定期轮训、培训工作。

（三）师资及教学管理

专兼结合的师资队伍是职工大学的一大特色。建校初期，职工大学缺乏专职教师。学校先后聘请浙大、浙农大、浙江工学院等院校的相关专业的具有高级职称的教师，以及在工厂生产实践中具有制造、设计、工艺等岗位经验的工程师来校任教，暂时弥补了师资紧张的困难。

在后续的办学过程中，学校在建设专职教师队伍的同时，仍然保留一定比例的兼职教师。来自企业一线的企业技术人员在实践教学中，能够把企业、行业正在使用的设备、技术和方法第一时间导入教学活动中。企业技术人员充实到学校师资队伍中来，有力支持了实践性教学，促进了理论教学和实践教学的有机结合。

杭州市机械工业局职工大学一直视教学质量为生命线。学校经历了由分散到集中、由集中到统一、由统一到完善的办学历程。学校采取多项措施确保教学质量。学校的课程安排包括基础课、专业基础课和专业课三阶段，课程安排遵循循序渐进的原则，加强基础理论教学，促进实践技能提升。学校严格执行省教委下达的三年总学时和各阶段学时分配的指导性文件精神，制定的教学大纲编制完成后一律报省教委批准后执行。学校依照省教委颁发的教学日程表安排教学，依照国家教委制定的学生学籍管理条例管理教学。

省教委为保证教学质量，规定对几门基础理论课实行全省统考，由省教委根据每门课教学大纲命题，各校调换教师进行监考，并由省教委组织集中阅卷。统考科目有高等数学（上）、理论力学、材料力学、物理学及各类专业的统考科目。后来省教委为减轻学生负担，统考课程确定为高等数学（上）、理论力学，其他科目改为抽考。当时省教委推行的统一考试制度大大提高了浙江省成人高校的教学质量，为成人高校的教学水平赢得了声誉。

在教学方法方面，职工大学十分注重理论联系实际。在对学生的培养中，既加强基础理论的教学，又重视教学与生产劳动相结合。杭州汽轮机厂首届职工大学开学后第二天，学生就下总装车间，分成两组，在工人师傅的指导下，各安装了一台 1500 千瓦单级背压式汽轮机。在协助工厂完成生产任务的同时，也使学生对生产一线的产品有了感性认识，对学生日后的学习具有良好的促进作用。

在教材建设方面，学校的教师们重视选用适合职工教育的教材，更是根据需要编写了很多校本教材。1980 年 5 月，原杭州汽轮机厂职工大学编写出版了一本《汽轮机专业英语》（ *Special English for Steam Turbines* ）教材，先是在本校教学中使用，后因效果优秀，声名远播，受到了全国有汽轮机专业的学校、汽轮机制造厂以及火力发电厂的欢迎，发行量达 7000 余本。

在实践教学方面，学校结合实践教学任务，积极为企业开展技术服务。例如在学完理论力学和材料力学课程后，学生们在老师的指导下，结合生产实际，为铸造车间设计了一台小型吊车。毕业设计环节更是接受工厂的生产任务，在老师和企业师傅的共同指导下，分小组完成毕业设计，同时为企业解决了技术难题。其中最有特色的是原杭州汽轮机厂职工大学第一届毕业设计，师生于 1976 年至 1977 年间历时 8 个月完成了 "8000kW 变转速工业汽轮机" 产品的方案设计，系 48 万吨 / 年尿素装置驱动 CO_2 压缩机的配套设备。1977 年 4 月在杭州召开 "48 万吨 / 年尿素装置工业汽轮机设计方案审查会"，参加会议的有一机部、各高等学校、化工设计院及配套工厂的专家，经评审后该设计方案通过审查。

保证教学质量的另一个措施是紧抓毕业设计环节。学校每年向省教育厅报送每个毕业班学生的设计课题和指导教师名单，省教育厅根据设计期限和设计工作量等硬性规定进行审核。学校每年成立答辩委员会，主任委员一般由浙江大学的资深教授担任，并聘请浙江大学的教授或工厂的高级工程师任答辩委员会委员。

第三节　重大事件和主要领导

一、重大事件

1. 企业开办职工业余大学

杭州市机械工业局职工大学起源于杭州市机械系统的几所大型企业所兴办的职工业余大学，萌发点是 1958 年成立的原杭州制氧机厂。1974 年，杭州汽轮机厂、杭州锅炉厂开办"七·二一"职工大学。1976 年，杭州汽车制造厂开办"七·二一"职工大学。1978 年，杭州重型机械厂、杭州工具厂开办"七·二一"职工大学。

1980 年，省机械厅、教育厅对六所"七·二一"职工大学进行第一次整顿验收。1981 年 1 月，市机械局系统 11 所厂办电大、工大教学点经复查验收，保留汽轮、杭氧、汽车制造、锅炉、重机、工具等六所厂校，其他均改为电大教学点或职工文化技术培训班。1981 年 2 月 9 日，浙江省人民政府（浙政发〔1981〕13 号）批准同意建立杭州制氧机厂、杭州汽轮机厂、杭州重型机械厂、杭州汽车制造厂、杭州锅炉厂、杭州工具厂六所职工大学。

2. 浙江杭州机械工业学校复建

1978 年 6 月 28 日，省政府发文（浙革〔1978〕65 号）批准同意在杭州市机械工业局技工学校的基础上复建"浙江杭州机械工业学校"。杭州市机械工业局技工学校停办，其所有办学资源成建制转为浙江杭州机械工业学校的资源。浙江杭州机械工业学校由浙江省机械工业厅主管，委托杭州市机械工业局代管。学校校址设在西湖区灵隐寺上天竺。浙江杭州机械工业学校是一所培养机械类中级技术人才的全日制中等专业学校，计划内招收的学生均参加统一考试，学生修完全部课程并达到合格标准可获得中专学历。

3. 六所职工业余大学合并办学

1982 年 4 月，省教育厅对"七·二一"职工大学进行第二次整顿验收，建议将六所职工大学合并为杭州市机械工业局职工大学。同年 5 月，市机械局专门建立机械局职工大学教学工作班子，校长由副局长郁龙泉兼任，下设行政、教务、总务专职人员。起初在局宣教科办公，同年9月转到杭州工具厂职工大学办学。9月15日，市机械局以机工教〔1982〕349号文件决定：原六所厂职工大学合并成立杭州市机械工业局职工大学，六厂职工大学改为分校。11月15日，教育部〔1982〕教工农字042号文备案批复同意建立杭州市机械工业局职工大学。

合并办学的最初几年，杭州市机械工业局职工大学因没有固定校舍，连年迁址，但学校教职工办好教育之心矢志不渝。1983年7月，校舍从杭州工具厂迁至杭州标准件厂上仑桥高士坊巷55号办学。1984年7月又迁到杭州拖拉机厂武林广场办事处（即后来的杭州大厦）。同年10月，校舍拆迁建杭州大厦，学校又迁到市机械研究所旧楼（官巷口中河路边）。1986年9月，校舍租用杭州毛源昌眼镜厂（清河坊）旧厂房办学。1987年9月，因扩大招生，增租天目山路杭州发动机厂技校、西湖台钻厂招待所办学。同年10月，租用艮山中学、体育场路中学部分教室开办机械系统技师、高级技工培训班。1988年9月1日起租用中共浙江省委党校8号楼集中办学，直至1990年10月搬入香积寺巷新校舍。

4. 杭州市机械工业局职工大学与浙江杭州机械工业学校合并办学

1990年12月28日，杭州市机械工业局决定：杭州市机械工业局职工大学与浙江杭州机械工业学校实行"一套班子，两块牌子"的办学体制。经杭州市经委党委批准（杭经党委〔1990〕39号），学校成立党委会，并实行党委领导下的校长负责制。董娥任党委书记，戎百振任副书记兼纪委书记；孙祥林任校长，董娥、何伯恭任副校长。

5. 中专合格水平评估

1991年3月1日，浙江省教委转发国家教委《关于开展普通中等专业学校教育评估工作的通知》，国家教委决定自1991年始，针对全国中等专业学校展开为期2到3年的教育水平评估。接到省教委通知后，学校立即启动"迎评促建"工作，学习国家教委的通知和中专学校合格评估标准，成立学校教育评估工作领导小组和评估工作小组，领导小组由孙祥林校长任组长，董娥书记、何伯恭副校长和詹红军、俞一江为成员。学校召开各教研室、科（室）负责人会议和全校评估工作动员大会，布置落实评估责任工作。

1991年6月1日起，学校各部门按照省教委制定的《浙江省普通中等专业学校合格评估标准》的要求，结合国家教委下发的《普通中专学校办学水平评估指标体系》展开全面自评。

1991年9月1日起，为了更有效地促进评估工作的展开，把握好评估质量，所有校级领导下到基层，主持其分管部门的评估工作，加速资料的收集与完善工作。

1991年9月18日，浙江省教委再次发文《关于成立省中专教育评估组的通知》并随文下发了中专合格评估复评日程安排。

1991年11月6日—8日，由省机械厅人教处处长董洪达任组长的省工科中专第一评估专家组一行13人对学校进行了为期3天的实地考察和评估，综合评估结果为"基本合格"，要求学校在短期内进行整改，然后接受再评估。

1992年3月16日，省教委中专教育评估工作领导小组书面通知学校：浙江杭州机械工业学校被评为"基本合格"学校。

第一次评估没有达标是因为学校还存在两个亟待解决的问题，其一是师资学历结构未达标，其二是实验实习设备欠完善。这两个问题皆因学校经费不足导致。

学校除了市县财政拨款外，只能靠自身来筹措经费，自1987年以后，市机械局不再给予经费；与机械职工大学合并后，原来机械局给职工大学的每年12万元经费也逐年递减，三四年后不再给了，办学经费皆由两校自己解决。所以，在引进、稳定教师队伍和添置教学设备方面确实存在困难。

在引进教师方面，学校在1985年以后引进得少，部分教师先后调走，学校留不住他们。1986年以后从中学调入部分教师，学历大多是大专学历，因此学校师资队伍总的学历水平不高。虽经多年的努力，至1991年尚有一部分教师还处于攻读大专或本科阶段，致使第一次评估时没能满足指标要求。

针对以上两方面存在的问题，学校党委专门召开了党委扩大会，在总结评估工作的基础上，依据专家组的意见制定了整改方案：一是加强对在职教师的学历培训，积极引进师资，合理调整师资结构；二是积极筹措资金，加强实验室和实习工厂的建设。

在此后的两年时间里，全体师生通过努力，多方面筹措教育经费，推进了学校的各项建设工作，不仅在硬件设施上新添置了计算机、注塑机、冲床、液压试验台等实验实习设备，满足了学生在校内实验、实习的需要，而且在师资队伍建设上也出台了多项积极措施，如鼓励在职教师通过攻读大专、本科、在职研究生取得相应的学历，既达到了中专学校合格评估标准（复评时学校大学本科以上学历的教师占比为66.6%，高于评估指标60%），也保证了教师队伍能够适应教学需要。除此之外，普通文化课的实验开出率为92%（标准为80%以上），专业及专业基础课的实验开出率为83.96%（标准为70%），校内实习工种开出率为100%。

1994年4月，浙江杭州机械工业学校接受浙江省教委的再次评估。4月26日，浙教职字〔94〕193号文，公布浙江杭州机械工业学校等普通中专合格评估结果，学校被评为"合格"中专学校。

6.1994年首届招收高职学生（94机模班）

1994年，杭州市机械工业局职工大学响应全国教育工作会议提出的"三改一补"方针，即"通过现有的职业大学、部分高等专科学校和独立设置的成人高校改革办学模式，调整培养目标来发展高等职业教育。仍不满足时，经批准利用少数具备条件的重点中等专业学校改制或举办高职班等方式作为补充来发展高等职业教育"的基本方针，开始举办高职班。杭州市机械工业局职工大学被浙江省教委列为高等职业技术教育试点学校之一，成为全省首批招收高职学生的九所院校之一。学校首届招收机模专业学生46人，全部来自浙江省内，以技校、职高应届毕业生为主。学制三年，1997年毕业时就业率达100%，主要从事企业的技术岗位，后大多数成为技术骨干，50%以上自行创办企业，对社会有较大贡献。

二、主要领导

1. 浙江杭州机械工业学校

孙 俭　党支部书记　1978年06月—1982年

丰光宇　党支部书记　1982年10月—1984年

李德荣　党支部书记　1984年—1986年

陆成章　党支部书记　1986年—1987年

陆成章　党总支书记　1987年—1988年

董 娥　党总支书记　1988年—1990年

张振华　校长　　　　1978 年 06 月—1981 年 02 月
丰光宇　校长　　　　1981 年 02 月—1982 年 10 月
钱　莹　校长　　　　1982 年—1984 年
戎百振　校长　　　　1984 年—1986 年
孙祥林　校长　　　　1986 年—1990 年

2. 杭州市机械工业局职工大学

陈瑶琦　党支部书记　1982 年—1988 年
戎百振　党支部书记　1988 年—1990 年
郁龙泉　校长　　　　1982 年—1984 年
张明光　校长　　　　1984 年—1988 年
黄泰生　校长　　　　1988 年—1990 年

3. 浙江杭州机械工业学校与杭州市机械工业局职工大学联合办学阶段

董　峨　党委书记　　1990 年—1995 年
孙祥林　党委书记　　1995 年 07 月—1996 年 12 月
孙祥林　校长　　　　1990 年 12 月—1996 年 07 月
詹红军　校长　　　　1996 年 07 月—1996 年 12 月

（撰写　袁月秋　刘霞羽）

第二章　杭州市轻工行业办学情况

先后由杭州市轻工业局、杭州轻工控股（集团）有限公司（杭州市经济委员会下属企业之一）主办主管的杭州市轻工行业职业院校有杭州轻工技术学校、杭州化工技术学校、杭州轻工机械技术学校、杭州市轻工技工学校、杭州市轻工职工大学（包括电大班）、杭州轻工职工中等专业学校等，经过三十余年的发展，最终杭州市轻工职工大学与杭州市经济委员会所属其他五大行业职工大学及其联合办学的中专、技校合并，共同组建了杭州职业技术学院（见图1-2-1）。

第一节　历史沿革

1957年3月至1966年5月，杭州市轻工业局设有教育科，并建立了职工业余学校。为此，市轻工业局配备了5名教师，统一管理市轻工系统的职工教育工作。

1958年，市轻工业系统共开办职工业余学校24所，在校参加学习的职工达6416人，占职工总数（当时轻工、化工没分开，共有职工18312人）的35%，其中学习大专课程的学员有86人，学习高中课程的学员有320人，学习初中课程的学员有2245人。

1959年5月，杭州市轻工业局建立了杭州化工学校，学校开设有机化工、无机化工两个专业，于1960年春季开始招生，共培养130名毕业生，12名结业生。学校于1962年停办。

1963年，随着国民经济调整工作的推进，工业生产开始快速发展。在此大背景下，杭州市轻工业局决定在杭州热水瓶厂、扬伦造纸厂等六家工厂开办半工半读职业学校，培养技术人才。

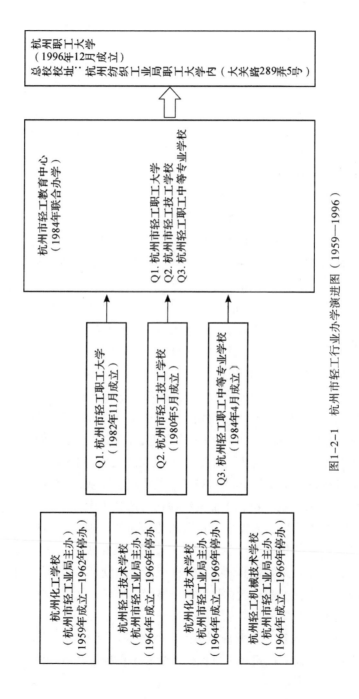

杭州职工大学
（1996年12月成立）
总校校址：杭州纺织工业局职工大学内（大关路289弄5号）

杭州市轻工教育中心
（1984年联合办学）

Q1. 杭州市轻工职工大学
Q2. 杭州市轻工技工学校
Q3. 杭州轻工职工中等专业学校

Q1. 杭州市轻工职工大学
（1982年11月成立）

Q2. 杭州市轻工技工学校
（1980年5月成立）

Q3. 杭州轻工职工中等专业学校
（1984年4月成立）

杭州化工学校
（杭州市轻工业局主办）
（1959年成立—1962年停办）

杭州轻工技术学校
（杭州市轻工业局主办）
（1964年成立—1969年停办）

杭州化工技术学校
（杭州市轻工业局主办）
（1964年成立—1969年停办）

杭州轻工机械技术学校
（杭州市轻工业局主办）
（1964年成立—1969年停办）

图1-2-1 杭州市轻工行业办学演进图（1959—1996）

一、杭州轻工技术学校

1964 年年初，在国家"两种教育制度"和"两种劳动制度"方针的指引下，杭州市轻工业局所属的杭州热水瓶厂、扬伦造纸厂、新华造纸厂、大同电化厂、杭州模具厂、杭州小河机械厂等六家企业开办了半工半读的职业学校。同年春季招生 234 人，学生分散在杭州热水瓶厂、扬伦造纸厂、新华造纸厂、杭报印刷厂、杭州印刷厂等五家企业的教学点学习，其中四年制玻璃专业 47 人，四年制造纸（扬伦）专业 22 人，四年制造纸（新华）专业 49 人。生源主要来自轻工行业的职工子弟，毕业后全部留在轻工企业就业。当时，刚从浙江大学物理系调来的教师管和池任教务负责人，负责各厂职业学校的教学管理工作。

1964 年，杭州市轻工业局把六所半工半读的职业学校调整为"杭州轻工技术学校""杭州化工技术学校""杭州轻工机械技术学校"，三所学校由市教育局统一组织管理，学制四年。杭州轻工技术学校设置硅酸盐、造纸、印刷三个专业；杭州化工技术学校设置化工工艺和设备、化学分析、化工仪表等专业；杭州轻工机械技术学校设置轻工机械、模具、机修等专业。同年，杭州市计划经济委员会将原热水瓶厂职业学校的 21 名制壳、机修专业的学生划给杭州轻工机械技术学校。三所学校于 1964 年春季、秋季和 1965 年春季进行了三次招生，先后培养毕业生 669 名。

1965 年秋季，杭州轻工技术学校秋季招生 150 人，其中硅酸盐（玻璃）专业 50 人，造纸专业 50 人，印刷专业 50 人；杭州化工技术学校秋季招生 130 人，其中无机化学专业 60 人（大同电化厂 30 人，龙山化工厂 30 人），化学分析专业 40 人（硫酸厂 20 人，小化厂 20 人），粮食化工专业 30 人；杭州轻工机械技术学校秋季招生 85 人，其中模具专业 50 人，机修专业（小河机械厂）35 人。杭州市轻工业局所属的三所技术学校共招生 365 人。

杭州轻工技术学校的校址设在杭州热水瓶厂厂内，其两所分校分别设在扬伦造纸厂和新华造纸厂。杭州轻工技术学校校长由轻工业局副局长陈贤达兼任，学校党支部副书记由马祖良担任，副校长由张建坤担任。

1966 年，市轻工业局教育科编制被撤销，所有文化技术学校全部停办。杭州轻工技术学校在招收两届学生后停止招生。

1967 年，杭州市轻工业局所属的三所技术学校（杭州轻工技术学校、杭州化工技术学校、杭州轻工机械技术学校）在校生共有 599 人。

1968年，三所学校64级学生毕业。

1969年，三所学校65级学生毕业。随后杭州轻工技术学校、杭州化工技术学校、杭州轻工机械技术学校停办。

二、杭州市轻工技工学校

1978年，党的十一届三中全会确立以经济建设为中心，并实行改革开放的基本路线后，经济建设走上了快速发展之路，职业教育迎来了蓬勃发展的春天。1981年9月，杭州市轻工业局恢复教育科编制（1986年10月改为教育处）。在此基础上，杭州市轻工系统先后创办了技工学校、职工大学、职工中专等职业学校。

1980年5月14日，浙江省人民政府批准同意建立杭州市轻工技工学校。浙江省劳动局发文（浙劳培〔80〕189号）称："经浙江省人民政府批准，同意建立杭州市轻工技工学校，由杭州市一轻局领导管理，办学经费由市自行落实解决。"杭州市轻工技工学校校址设在杭州手表厂内，学校设置精密仪器制造专业。管和池出任杭州市轻工技工学校副校长，当时学校与杭州手表厂教育科（教育科科长钟德昌）合署办学。

同年9月，学校招收精密仪器制造专业学生100人，学制两年，生源全部是高中毕业生。学校办学是为新筹建的手表厂培养高水平的技术工人。经过两年的学习，94名技校毕业生全部输送到手表装配一线，成为杭州手表厂的生产技术骨干。

同年11月15日，杭州市轻工业局发文《关于委托杭州手表厂筹办"杭州市轻工技工学校"的通知》（杭轻办〔80〕391号）。该通知指出，将杭州市轻工技工学校委托给杭州手表厂筹办，学校在杭州手表厂党委统一领导下开展教学工作；学校校长由手表厂党委副书记、副厂长何寿林兼任。学校首期招生主要培养手表制造技术工人，学制两年，经考试合格，由学校颁发毕业证书，毕业生由手表厂分配在本厂工作，待遇按有关规定执行。

1981年，学校招收精密仪器制造专业两个班。

1984年9月，杭州市轻工技工学校迁至杭州市轻工教育中心，即环城北路6号（原表壳厂厂址）。

1988年12月15日，杭州市轻工技工学校经过省劳动厅专家组检查验收，验收合格。

1997年1月24日，杭州市经济委员会所属六所职工大学合并办学，成立"杭州职工大学"。杭州市轻工技工学校作为杭州职工大学轻工分校的一个组成部分，受杭州职工大学领导管理。

1999年6月10日，受丁德明副市长委托，杭州市劳动局局长王斯舜邀请市经委党委副书记王大安、市教委副主任周训亮、市职工大学副校长詹红军、徐永赤，以及市经委、教委、劳动局有关处室负责人，在市劳动局召开"在杭州职工大学轻工分校地块办好杭州市轻工技校"的专题会议。与会同志一致认为，市府办发布的《关于筹建杭州职业技术学院有关问题会议纪要》（市府办纪要〔1999〕32号）中所说"将轻工分校地块用作技工学校"是正确的，在现有杭州市轻工技工学校、杭州市化学工业技工学校、杭州丝绸技工学校三所技校的基础上保留一所技校是很必要的。

同年7月12日，杭州市劳动局、杭州市经济委员会、杭州市教育委员会联合下发杭劳培〔1999〕155号文，下发了《关于在筹建杭州职业技术学院过程中办好技工学校的会议纪要》。丁德明副市长在该文件中批示："办好技校一定要从市场需要出发，因地制宜，不求大，但求好，有特色，能为我市工业经济发展培育所需的技术工人。"

同年，根据市府办文件精神，杭州市轻工技工学校、杭州市化学工业技工学校、杭州丝绸技工学校合并为一所新的"杭州市轻工技工学校"。

2000年6月26日，杭州轻工控股（集团）有限公司发文（杭轻控劳〔2000〕190号），成立新的"杭州市轻工技工学校"。杭州市轻工技工学校的主办单位为杭州市轻工控股（集团）公司，校址仍在杭州市轻工教育中心，即环城北路6号（原表壳厂厂址）。原杭州职工大学轻工分校的师生陆续从环城北路6号杭州市轻工教育中心迁往杭州职工大学化工分校（三校区）校址。

2003年12月1日，杭州市人民政府决定（市府简复第15124号）将杭州市轻工技工学校成建制从杭州市工业资产经营公司划转杭州市劳动和社会保障局。

三、杭州市轻工职工大学

1979年前后，杭州市轻工业局为了进一步提高职工的业务素质，报请省政府批准，结合电视教育的手段，采取基础课利用电视教育，专业课各自开设的办法，先后办起了五所职工大学，即杭州缝纫机厂职工大学、杭州手表厂职工大学、杭州圆珠笔厂职工大学、杭州人民玻璃和搪瓷厂职工大学、杭州华丰造纸厂职工大学，设置了轻工机械、硅酸盐（玻璃）、电子技术、日化工艺、包装印刷等专业。

以杭州缝纫机厂职工大学为例。1978 年，杭州缝纫机厂职工大学成立，学校办学场所设在杭州缝纫机厂内。学校由骆君明主持教学工作。当年仅招收轻工机械制造专业学生，学制为脱产三年。生源来自杭州缝纫机厂、杭州自行车厂、杭州圆珠笔厂、杭州宝石轴承厂及浙江省内部分缝纫机零部件厂且具有两年以上工龄的职工，首批学员都是"老三届"，学生毕业后返回原工作单位。学校师资主要通过聘请浙江大学机械系教师解决。该级毕业生达 29 人，这些学员学成返厂后，受到用人单位的欢迎。其中，秦择一参与研制激光打孔机，在技术攻关中做出突出贡献，为企业创造显著效益，后担任杭州宝石轴承厂厂长。

1979 年，缝纫机厂职工大学等继续面向轻工企业内部，招收轻工机械制造专业第二届学生。修完三年大专课程后，毕业生达 32 人。

1980 年 5 月 14 日，缝纫机厂职工大学继续面向轻工企业内部招生，经过三年学习后，毕业生为 12 人。

1980 年起，各厂独自办学面临办学经费没有保障、师资缺乏、各教学点分散、校舍简陋、设备不全等困境。针对改革初期成人高等教育事业的发展情况，省革委会根据国务院批转教育部的《关于举办农民、职工高等院校审批程序的暂行规定》文件，开始对各类职工大学进行审批和整顿，并决定从 1981 年起将成人高校纳入全省统一招生。

1982 年 3 月，浙江省人民政府批准省高教局《关于省属职工大学和职工业余大学复查调整意见的报告》。杭州市轻工业局根据浙江省教育厅关于成人高校办学条件的规定，决定对职工大学的布局进行调整，将杭州缝纫机厂、杭州手表厂、杭州圆珠笔厂、杭州人民玻璃和搪瓷厂、杭州华丰造纸厂等五所职工大学合并，命名为"杭州市轻工职工大学"。建校之初，学校从各教学点集中到杭州缝纫机厂内，利用该厂新华路厂房的车间做教室。当年仅开设轻工机械制造专业，聘请浙江大学机械系教师来校授课。

同年 6 月，浙江省人民政府发文（浙政函〔1982〕67 号）批准成立杭州市轻工职工大学（见图 1-2-2），并报请教育部备案。

图1-2-2   杭州市轻工职工大学校门

同年 11 月 15 日，经国务院教育部下发教工农字〔82〕042 号文件，正式通过杭州市轻工职工大学的备案。

同年 11 月 22 日，杭州市轻工业局党委以杭轻委组〔82〕239 号文《关于杭州市轻工职工大学组织机构和干部任职的通知》任命：杭州市轻工业局副局长王道广兼任杭州市轻工职工大学校长；杭州缝纫机厂党委副书记朱贞祥兼任校党支部书记、副校长；骆君明任专职副校长。当时，学校的组织结构比较简单，只设置了教务组（教师 5 人）和后勤组（工作人员 3 人）。

1983 年，学校迁至杭州电池厂，租用（局出资两万元）该厂综合办公楼的一个楼层，设置了四间教室和一间办公室，暂时满足学校办学发展的需要。

1984 年 9 月，职工大学迁至杭州市轻工教育中心，即环城北路 6 号（原表壳厂厂址）。

1988 年 12 月 30 日，杭州市轻工职工大学召开首届一次教职工代表大会，会议听取了 1988 年工作总结及未来的工作计划，并选举产生了杭州市轻工职工大学第一届工会委员会。

1990 年 10 月 10 日，教育中心党总支根据杭轻工教党字〔90〕4 号文通知，任命徐永赤为轻工职工大学党支部书记。同年 12 月 24 日、25 日，职工大学召开一届二次教职工代表大会。

1992 年 6 月 16 日，杭州市轻工职工大学举办建校十周年校庆。

1993 年 1 月 14 日，杭州市轻工职工大学召开二届一次教职工代表大会。

1996 年 12 月 26 日，杭州市轻工职工大学与杭州市经济委员会所属的其他五所职工大学合并办学，成立"杭州职工大学"。

1997 年 1 月 24 日，杭州市人民政府办公厅发出《关于我市经委系统六所职工大学实行合并办学的通知》文件，杭州市经济委员会发出《关于建立杭州职工大学机械等分校的通知》（杭经办〔1997〕27 号）。按照通知要求，杭州市轻工职工大学更名为"杭州职工大学轻工分校"。

四、杭州轻工职工中等专业学校

1984 年 4 月 19 日，浙江省教育厅以浙教函成字〔84〕第 117 号文转发浙江省人民政府《关于同意举办杭州轻工、电子仪表、舟山商业石油、金华商业等四所职工中等专业学校的批复》（浙政发〔1984〕101 号），正式批准举办"杭州轻工职工中等专业学校"。批复中指出："杭州轻工职工中专学生规模为 600 人，设置工业企业管理、轻工机械、造纸、印刷等四个专业，学制三年（脱产）"，"新生入学条件应严格按照国务院和省人民政府有关文件规定。办学经费由各办学部门自筹解决"。杭州轻工职工中等专业学校为杭州市轻工职工大学的中专部，首任校长由王道广兼任，副校长为管和池。

同年 9 月，职工中专落户杭州市轻工教育中心，即环城北路 6 号（原表壳厂厂址）。

1997 年 1 月 24 日，杭州轻工职工中等专业学校作为杭州职工大学轻工分校的一个组成部分，受杭州职工大学领导管理。

1999 年，杭州轻工职工中等专业学校并入新成立的"杭州市轻工技工学校"，校址仍在杭州市轻工教育中心，即环城北路 6 号（原表壳厂厂址）。

杭州轻工职工中等专业学校首任校长为王道广，第二任校长为徐永赤。历时 16 载的杭州市轻工职工大学的中专部——杭州轻工职工中等专业学校，为轻工系统培养 630 名毕业生，毕业生中很多人成为行业骨干。

五、杭州（市）轻工教育中心

1983 年 12 月，杭州轻工业局党委意识到，轻工行业要发展，人才是关键，兴办教育十分必要，于是决定筹建杭州市轻工教育中心。

1984 年初，教育中心筹备小组选定因亏损而停办的表壳厂厂址作为杭州轻工教育中心的办学场地。

同年 8 月 18 日，杭州市经委、杭州职工教育管理委员会联合批复杭州市轻工业局，同意建立杭州轻工教育中心。

同年 8 月 22 日，教育中心设中共杭州轻工教育中心总支委员会和杭州轻工教育中心管理委员会，统一管理杭州市轻工职工大学（包括电大教学班）、杭州轻工职工中等专业学校、杭州轻工技工学校和杭州市轻工业局干部培训班。

同年 9 月，原分散在系统各厂的职工大学（缝纫机厂、电池厂）、电大教学班（缝纫机厂）、干部培训班（电池厂）及技工学校（手表厂）的干部、教师、教工和部分教学设备陆续迁至轻工教育中心，从此进入教育中心统一领导各校（班）集中办学时期。教育中心成为具有独立法人地位的教育事业单位。

教育中心初期，职工大学校长由王道广兼任，副校长为徐永赤、骆君明；职工中专校长由王道广兼任，副校长为管和池；技工学校校长由王道广兼任，副校长为陈立民；干部培训班主任为朱世林。

1985 年 1 月，职工大学、中专、干训班相继成立党支部。

1986 年 3 月 13 日，杭州市轻工业局根据杭轻干〔86〕80 号文通知，决定由副局长吴一华兼任管委会主任、职工大学校长、技工学校校长等职。

同年 6 月 19 日，杭州市轻工业局根据杭轻干〔86〕218 号文通知，决定由徐永赤兼任杭州轻工职工中等专业学校校长职务。

同年 7 月 7 日，杭州市房地产管理局以杭房局地〔86〕第 163 号文批复教育中心，同意将下城区环城北路 6 号原螺钉厂厂基 7.119 亩土地调拨给杭州市轻工教育中心使用，用于建造教学用房，不得移作他用。

1987 年 3 月，教育中心开始为轻工技校验收做准备。

同年 4 月 7 日，教育中心管委会以杭轻教中办字〔87〕第 10 文批复职工大学，同意建立日用化工、食品工程、轻工机械、基础理论等四个教研组。

在 1984 年到 1987 年期间，中共轻工教育中心总支部委员会和轻工教育中心管理委员会统一领导轻工技校、轻工职大、职工中专、轻工干训班的党政、行政后勤、教学教务工作。为适应轻工系统不同行业人才培养的需要，职工大学从单一专业（即轻工机械）增加到四个专业（即轻工机械、食品工程、日用化学工程、印刷工程）；职工中专设置了工业企业管理、轻工机械、造纸工程、印刷工程等四个专业；轻工技校设置了手表制造、酿酒、造纸等三个专业。

1988 年 1 月 29 日，轻工业局教育中心进行体制改革。市轻工业局决定调整轻工教育中心为轻工职工大学和轻工技工学校两个实体。杭轻组〔88〕53 号文，下达了《关于调整杭州市轻工教育中心机构和干部任免职务的通知》。决定对杭州市轻工教育中心的机构做如下变动：原杭州市轻工教育中心所属轻工职工大学、职工中专、轻工技校和干部培训班，分为杭州市轻工职工大学和杭州市轻工技工学校两部分；原杭州市轻工教育中心名称不变，党总支不变；撤销教育中心管理委员会；原中专和干训班归职工大学管辖；实行党政分开的校长负责制。干部变动如下：任命邱柏松兼任杭州市轻工教育中心主任，蒋鸿春、徐永赤、陈立民任副主任。徐永赤任杭州市轻工职工大学校长，免去吴一华杭州市轻工职工大学校长和杭州市轻工教育中心主任职务。陈立民任杭州市轻工技工学校校长。

1988 年 6 月 14 日，教育中心第二届党总支委员会组成。局党委根据杭轻委组〔88〕37 号文批复，同意由朱世林、徐永赤、陈立民三位同志组成中共杭州市轻工教育中心第二届总支委员会，朱世林同志任书记。

1989 年 12 月 29 日，杭州市轻工教育中心教学实验综合楼开工。

1990 年 2 月 8 日，局干部培训班更名为"杭州市轻工业局干部学校"。市轻工业局以杭轻组〔1990〕27 号文批复职工大学，同意建立轻工业局干部学校，并决定不另增加编制和干部配备；由徐永赤任校长，朱世林任校党支部书记；干部学校仍由杭州市轻工职工大学管辖。

1991 年 1 月 31 日，职工大学教学实验综合楼竣工，这项工程成为当年环城北路东端上的标志性建筑。

1992 年 12 月，局党委对局机关进行机构调整，决定成立局教育中心。局教育中心负责管理本系统的教育工作及对所属两所学校的管理与协调。局教育中心办事机构设在局机关内。

1993年3月20日，局党委调整充实校务委员会。由徐永赤任主任委员，吕彦斌、吴文琴任副主任委员。聘请张松文、朱世林、骆君明为校委会顾问。

同年3月24日，市轻工业局党委以杭政委组〔1993〕11号文下达通知。该通知称："经局党委研究决定，撤销中共杭州市轻工教育中心总支部委员会，分别建立中共杭州市轻工职工大学总支部委员会，杭州市轻工技工学校支部委员会。"

同年4月1日，杭州市轻工业局党委以杭轻委组〔1993〕14号文下发《关于中共杭州市轻工职工大学总支部委员会人员的批复》。批复称："经研究同意由徐永赤、吕彦斌、吴文琴三位同志组成中共杭州市轻工职工大学总支部委员会；徐永赤同志任书记。"

同年11月30日，市轻工业局党委做出加强技工学校建设的重要决定。杭州市轻工业局党委下发杭轻委组〔1993〕81号文《关于建立中共杭州市轻工技工学校总支部委员会的通知》。通知称："经局党委研究：决定撤销原局属中共杭州市轻工技工学校支部委员会，建立中共杭州市轻工技工学校总支部委员会，由徐永赤、吴文琴、陈立民、吕彦斌、傅善诚、王丽君、郑珊芬等七位同志组成。徐永赤任书记，陈立民、吴文琴两位同志任副书记。原中共杭州市轻工技工学校支部委员、书记也同时免去。"杭州市轻工技工学校并入杭州市轻工职工大学，成为一个实体（对内）两个学校（对外）。同时，轻工业局以杭轻委组〔1993〕472号文下达《关于徐永赤等同志职务任免的通知》。通知称："经局研究决定：徐永赤任杭州市轻工技工学校校长；陈立民、吴文琴、吕彦斌、傅善诚等四位同志任杭州市轻工技工学校副校长；免去陈立民同志杭州市轻工技工学校校长职务。"

1994年1月，为了适应轻工职工大学和轻工技工学校合并办学（一套班子两块牌子）的新形势，学校成立四处两室，即政治处、教务处、财务处、总务处、校长办公室和招生就业办公室。

同年5月，杭州市人事局、编制办同意增加轻工技工学校编制。轻工技校人员编制数从原有的31名增加到120名。

同年11月，杭州轻工技工学校经费获得市财政局支持。学校争取到了教职工工资财政退库面和退库总额双增大。

1996年10月28日，"杭州市轻工业局党委党校"成立。同时，杭州市轻工业局党委党校首期党委书记研讨班开学。

同年 11 月，杭州市轻工业局党委党校举办由轻工系统 49 名企业领导干部参加的"学邯郸企业管理"培训班。

第二节　办学概况

一、专业设置及招生情况

杭州市轻工技工学校（见表 1-2-1）、杭州市轻工职工大学和杭州轻工职工中等专业学校的专业设置都经历了从单一专业到多个专业的变化，其培养的学生数量也随着行业调整、市场需求变化有增有减。

表1-2-1　杭州轻工技工学校（部分学年）专业设置与学生规模一览表
（主办部门：杭州市轻工业局）

年份	专业名称	学制	毕业人数／人	备注
1982	精密仪器	2	99	
1986	酿酒	2	36	
1988	精密仪器	2	35	
	酿酒	2	36	
	造纸	2	48	
1989	精密仪器	2	30	
	酿酒	2	36	
	造纸	2	34	
1990	精密仪器	2	30	
	酿酒	2	23	
	造纸	2	30	
	食品	2	25	
	印刷	2	20	

注：数据来源于《杭州市轻工业志》。

杭州市轻工职工大学从开办之初到 1996 年经历了 18 年的历程。学校从开始挂靠工厂到成为独立的法人；从校舍简陋到初具规模；从利用电大及普通大学的教育资源到拥有一支具有中高级职称的专职教师队伍；从单一专业到多个专业；从单纯大专班到集大专部、中专部、干部培训部和技工学校部于一体；从只面向本地轻工业企业招生到面向全国轻工系统，面向社会招生，走出了一条逐步适应经济发展需求、迎合轻工企业发展需要的成人高等教育办学路子（见表1-2-2）。

表1-2-2　杭州市轻工职工大学专业设置与学生规模一览表
（主办部门：杭州市轻工业局）

年份	专业名称	学制	毕业人数／人	备注
1982	轻工机械制造工程	3	109	杭州市轻工职工大学成立之前，各厂办职工大学招收的学生。
	电子技术	3	23	
	硅酸盐	3	30	
1983	轻工机械制造工程	3	72	
	电子技术	3	20	
	硅酸盐	3	20	
1984	轻工机械制造工程	3	40	
1985	轻工机械制造工程	3	57	
1986	轻工机械制造工程	3	36	
	食品工程	3	14	
	日用化工工程	3	8	
1987	轻工机械制造工程	3	34	
	食品工程	3	35	
	日用化工工程	3	27	
1988	轻工机械制造工程	3	51	
	食品工程	3	42	
	日用化工工程	3	24	
1989	轻工机械制造工程	3	9	
	食品工程	3	53	
	日用化工工程	3	18	
	食品工程	3	62	
	日用化工工程	3	16	

续表

年份	专业名称	学制	毕业人数／人	备注
1989	食品工程	3	56	
	日用化工工程	3	9	
1992	轻工机械制造工程	3	13	
	食品工程	3	7	
	日用化工工程	3	4	
1993	轻工机械制造工程	3	30	
	食品工程	3	37	
	日用化工工程	3	8	
1994	轻工机械制造工程	3	20	
	食品工程	3	40	
	印刷	3	17	
	日用化工工程	3	25	
1995	轻工机械制造工程	3	32	
	食品工程	3	33	
	印刷	3	7	
	日用化工工程	3	17	
1996	轻工机械制造工程	3	12	
	轻工机械制造工程	2	20	
	食品工程	3	12	
	食品工程	2	7	
	日用化工	2	7	

注：数据来源于《杭州市轻工业志》、杭州市档案馆、杭州职业技术学院档案室。

以适应轻工业行业发展需要、适应经济体制改革需要为目标的办学理念是杭州市轻工行业各个学校自始至终坚持的办学方向。第一，在专业设置上具有适应性。职工大学在开办之初，仅开设了轻工机械专业，聘请浙江大学机械系的老师来校讲课。为了适应杭州轻工食品行业、日用化学工业的人才需求，职工大学经省教委批准，从1983年起增设了食品工程、日用化学工程两专业。1986年，又根据食品工厂的需要，将食品工程分为食品工艺和发酵工艺两个方向，使来自不同食品厂家的学员毕业后能更好地用其所学，发挥专长。之后，职工大学根据轻工印刷企业人才短缺的现状，开设了大专层次的印刷工程专业；根据新疆维吾尔自治区轻工业厅下属企业的要求，将日用化学工程专业分成日化工艺和油脂加工工艺两个方向，以满足该地区油脂加工方面的人才需求。第二，在办学层次上具有适应性。为适应企业对中专层次的职工培训需求，学校经省教育厅批准，建立了杭州轻工职工中专，设置工业企业管理、轻工机械制造工程、造纸、印刷四个专业。后来轻工技校恢复招生，以满足企业对技术工人的需求（见表1-2-3）。第三，在办学形式上增强适应性。学校在提供学历教育的同时，为适应企业经济体制改革和提高干部素质的需求，还适时地举办各类岗位培训班，受到了企业的欢迎。

表1-2-3　杭州轻工职工中等专业学校专业设置与学生规模一览表
（主办部门：杭州市轻工业局）

年份	专业名称	学制	毕业人数／人	备注
1987	造纸	3	47	
	印刷	3	30	
	轻工机械制造工程	3	48	
	工业企业管理	3	68	
1988	造纸	3	34	
	印刷	3	34	
	轻工机械制造工程	3	55	
	工业企业管理	3	25	
1989	造纸	3	13	
	印刷	3	64	
	轻工机械制造工程	3	17	
1990	印刷	3	43	
1991	印刷	3	51	
1992	印刷	3	11	
1993	印刷	3	29	
1994	造纸	3	8	

续表

年份	专业名称	学制	毕业人数／人	备注
1994	印刷	3	5	
	轻工机械制造工程	3	21	
1995	造纸	3	8	
	印刷	3	12	
	轻工机械制造工程	3	7	

注：数据来源于《杭州市轻工业志》、杭州职业技术学院档案室。

杭州市轻工技工学校、杭州市轻工职工大学和杭州轻工职工中等专业学校的生源与企业、行业的发展目标及现状有较大的关联。办学之初，学校的办学目标是满足本地企业、行业生产的需要，学校对招生对象的界定和选拔方式非常具体。随着市场需求和竞争环境的变化，学校由办学之初的限制招生人数过渡到开始开发招生人数，目的是维持学校的生存发展。

1982 年秋季，职工大学计划招收轻工机械制造工程（1982）专业学生 80 人（缝纫机厂和手表厂教学点各 40 人），学制为脱产三年。招生对象为具有两年以上工龄，年龄在 30 周岁以下杭州市本系统正式职工。考生需参加全省职工大学统考，学校择优录取；学生完成全部学业并达到标准，可获得大专毕业文凭。

1983 年秋季，职工大学增加招收食品工程（1983）专业新生 20 人、日用化学工程（1983）专业新生 20 人，学制均为脱产三年。

1984 年秋季，职工大学计划招收轻工机械制造工程（1982）专业新生 40 人、食品工程（1983）专业新生 30 人、日用化学工程（1983）专业新生 35 人。同年，轻工职工大学接受轻工业部、省轻工业厅、市轻工局所属各厂委托代培学生共 32 人。其中轻工机械制造工程专业 10 人、日用化工工程专业 5 人、食品工程专业 12 人、玻璃专业 2 人、电镀专业 3 人。

1986 年，教育中心办学规模已相当可观。全学年共开办 32 个班，在校学生（包括学员）达 1158 人。其中大专部有轻机、日化、食品三个专业 11 个班，在校生 326 人；中专部有轻机、印刷、造纸、工业企业管理四个专业 12 个班，在校生 449 人；技校部有酿酒、手表两个专业 4 个班，在校生 150 人。

1991年1月，省教委成字〔91〕15号批准职工大学增设大专学历印刷工艺专业，学制为脱产两年。省教委计财处批准可在浙江、广西、广东、黑龙江、贵州、河北、陕西、四川、新疆等地招收60名印刷工艺专业学员。

同年6月，杭州市轻工职工大学派出8名干部分赴10个省区落实生源。经艰苦努力，共录取大专生77名，中专生22名。

1995年，学校调整学历教育结构。技校部（杭州市轻工技工学校）扩大招生并增加专业，大专部（杭州市轻工职工大学）争取到开办普通全日制大专班资格。同年6月，技校部招收新生149名（技校招生历史最高峰）。同年8月，大专部招收普通全日制大专班新生60名、成人大专班新生18名。

1996年6月，技校部招收新生160名。

同年9月，经省劳动厅批准，同意学校招收"农转非"技校生计划。同年10月，杭州市轻工职工大学与杭州啤酒厂和萧山农垦啤酒厂签订了委托代培协议，为1997年度"农转非"新生招生打下基础。

1997年6月，技校部招收发酵工艺"农转非"新生78名，招收微机应用、电脑文秘、轻工机械、市场营销、宾馆服务等五个专业新生256名，总计招收技校新生达334名。

同年8月，大专部招收高职班轻工机械专业新生38名，招收成人大专轻工机械、食品贸易两个专业新生40名，总计招收大专新生78名。中专部招收微机应用、轻工机械、服装设计等三个专业联合办学预科生110名。

1998年6月，技校部招收8个班新生；中专部招收1个班新生；大专部招收2个班新生。全校在校生达918人，其中技校部18个班755人、中专部1个班27人、大专部5个班136人。

二、社会培训

从1984年至1989年，学校连续举办九期杭州厂长经理国家统考培训班。

1986年，学校在提供学历教育的同时，还举办了多种社会培训项目。其中干部培训6个班，厂长经理班学员103名，中层管理干部班学员126名。

同年3月24日至6月23日，学校受轻工业部委托，成功举办第一期对外经济贸易干部进修班。为提高培训质量，从上海外贸学院等高校聘请了22名教授、高级工程师到校讲课。教学效果良好，学校扩大了社会影响，获得了办学的社会效益。

同年 9 月 16 日至 12 月 25 日，受轻工业部委托，学校成功举办第一期出口食品工艺干部进修班。聘请了在焙烤与糖果工艺、食品营养与卫生、食品机械、包装与装潢设计等方面有专长的教授、高级工程师、经济师来校讲学。办班效果受到好评。

1993 年 10 月 12 日，受杭州市经济委员会委托，杭州市第一期工业企业厂长（经理）岗位任职资格培训班在杭州市轻工职工大学开班。参加第一期培训的 44 名学员，分别来自本市 7 个系统、4 个县区的中小型企业。

1995 年，学校培训部举办了轻工系统党支部书记培训班两期，入党积极分子培训班三期。承办"建设有中国特色社会主义理论"和"党章"培训班四期，共培训了 196 名学员。此项培训工作受到局党委表扬。

三、师资培养

为保障学校的教学任务，学校十分重视教师队伍建设。一方面通过引进有经验的老师，吸纳应届大学毕业生进入教师队伍；另一方面通过进修培养，提升在校教师的业务水平。学校先后派出 11 名教师到北京轻工业学院、天津轻工业学院、浙江大学、北京印刷学院、轻工业部经济管理干部学院等院校去进修，使一些青年教师很快担负起主讲教师的重任。

到 1996 年，学校共有专职教师 50 人，其中具有高级职称的教师 7 人。

四、社会评价

1989 年 1 月，杭州市轻工职工大学被评为浙江省厂长经理国家统考培训先进单位，被浙江省计划经济委员会授予先进培训单位称号。

1989 年 1 月，干训班党支部书记朱世林被评为杭州市经委系统优秀思想政治工作者。

1989 年 9 月，轻工业部发出表彰全国轻工业系统教育工作先进个人和先进单位的通知。杭州市轻工职工大学校长徐永赤被评为轻工业部先进教育工作者；杭州市轻工技工学校教师贝国泉被评为轻工业部先进教师。

1990 年 3 月，杭州市轻工职工大学工会被杭州市轻工业工会评为 1989 年度市轻工业工会先进集体，授予先进职工之家光荣称号。

1990 年 8 月 22 日，省轻工业厅根据轻人字〔90〕373 号文发出《关于表彰轻纺职工教育先进培训企业、先进培训单位、重视教育的领导者和先进教育工作者的决定》。杭州市轻工职工大学被评为省轻工系统职工教育先进培训单位，校党总支书记朱世林、副校长骆君明被评为省轻工系统职工教育先进教育工作者。

1990 年 9 月 8 日，杭州市轻工职工大学被市轻工业局评为先进培训单位。

1992 年 10 月 29 日，杭州市轻工职工大学被评为区级卫生文明单位。

1993 年 3 月，杭州市轻工职工大学被评为杭州市关心下一代工作先进集体（1991—1992 年度）。朱世林被评为杭州市关心下一代工作先进个人。

1993 年 9 月 1 日，杭州市轻工职工大学被评为杭州市职工教育先进单位。杭州市教委、杭州市经委、杭州市劳动局、杭州市人事局、杭州市总工会等五部门联合发文，下达《关于表彰 1991—1992 年度杭州市职工教育先进单位和先进个人的决定》。其中，杭州市轻工职工大学被评为杭州市职工教育先进单位；凌加驹、刘晓愉两位教师被评为职工教育先进教师；郑珊芬、傅善诚两位同志被评为职工教育先进管理干部。

1997 年 9 月，徐永赤被评为全国轻工系统职业教育优秀教育工作者。

1997 年 12 月，徐永赤被评为杭州市中等职业技术教育"十佳教育工作者"。

第三节　重大事件和主要领导

一、重大事件

（一）杭州市轻工职工大学首届毕业生毕业

1979 年，来自杭州缝纫机厂、杭州自行车厂、杭州圆珠笔厂、杭州宝石轴承厂及省内部分缝纫机零部件厂的首批轻工机械制造专业学生，经过三年的专业学习，达到了机械工程专业的大专水平。

1982 年 7 月，首届毕业生进行毕业论文与毕业设计答辩。毕业答辩邀请浙江大学马骥等多名教授担任评委，杭州市轻工业局领导前来检查指导。毕业答辩评委表示：职工大学学生在基础知识和专业知识的掌握与运用上，不比普通大学培养的学生逊色。由于职工大学的学生具有两年以上的生产经验，在动手能力和适应能力方面优于普通高校的学生。

该批毕业生普遍受到用人单位的欢迎。如机械专业八二届毕业生、原杭州宝石轴承厂厂长秦择一，在校期间学习刻苦，成绩优异，毕业后潜心钻研，1988年参与研制激光打孔机，在技术攻关中做出突出贡献，为企业创造了显著的经济效益。如机械专业八二届毕业生、杭州自行车总厂技术开发办主任徐建强，由他组织开发的安琪儿轻便自行车，先后在中国妇女儿童用品四十年展览会、中国首届轻工展览会、第二届北京国际展览会、全国新产品新技术展销会上荣获金奖和银奖，被评为1991年全国五大名牌自行车，排名第三，仅次于"凤凰""永久"牌自行车。该车投放市场后销量大增，使企业迅速转亏为盈，仅半年时间即实现税利916万元，利润居全国同行业第四。

（二）杭州市轻工职工大学成立

1982年，杭州市轻工业局党委根据浙江省教育厅关于成人高校办学条件的规定，决定将杭州缝纫机厂职工大学、杭州手表厂职工大学、杭州圆珠笔厂职工大学、杭州人民玻璃和搪瓷厂职工大学、杭州华丰造纸厂职工大学合并为一所职工大学。

同年11月15日，经国务院教育部以教工农字〔1982〕42号文件批准备案，正式将其命名为杭州市轻工职工大学。杭州市轻工业局党委发文（杭轻委组〔1982〕239号《关于杭州市轻工职工大学组织机构设置和干部任职的通知》）任命杭州市轻工局副局长王道广兼任杭州市轻工职工大学校长；杭州缝纫机厂党委副书记朱贞祥兼任副校长，骆君明任专职副校长。由朱贞祥担任校党支部书记。

（三）三所学校获得市编制委员会批准编制

1984年5月29日，杭州市编制委员会以杭编〔1984〕37号文批复杭州市轻工业局《关于杭州（市）轻工职工大学、杭州（市）轻工职工中学专业学校、杭州市轻工技工学校、杭州轻工干部培训班编制的报告》。批复中确定："杭州市轻工职工大学人员编制84名，杭州轻工职工中等专业学校人员编制50名，杭州轻工技工学校人员编制31名，杭州市轻工干部培训班人员编制5名，以上编制人员的经费开支，由市轻工系统自筹解决。"

（四）杭州轻工教育中心建立

1983年12月，杭州市轻工业局党委根据党中央、国务院〔82〕2号文件及国家经委关于建立培训中心的指示精神，决定筹建杭州轻工教育中心，抽调7位同志组成教育中心筹备小组，由局教育科科长张泰生任组长，杭州火柴厂党委委员郭起鹏任副组长，组员有邱柏松、骆君明、朱世林、袁国勇、管和池。

1984年初，教育中心筹备小组在局领导带领下，走遍杭城选择校址，最后决定将因亏损而停办的表壳厂厂址作为杭州轻工教育中心的办学场地。1984年8月18日，杭州市经委、杭州职工教育管理委员会联合批复杭州市轻工业局，同意建立杭州轻工教育中心。同年8月22日，杭州市轻工业局以杭轻教〔84〕389号文正式下达建立杭州轻工教育中心的通知。其中规定教育中心是轻工业局下属的教育事业单位，是局属各校（班）的联合体，是受局委托对局属各校（班）实施领导的管理机构。其主要任务是为局属各单位培养德、智、体全面发展的工程技术人才和管理人才；并力所能及地为全国和全省轻工系统承担代培任务。教育中心设中共杭州轻工教育中心总支委员会和杭州轻工教育中心管理委员会，统一管理杭州市轻工职工大学（包括电大教学班）、杭州轻工职工中等专业学校、杭州轻工技工学校和杭州市轻工业局干部培训班。局党委决定，由张泰生同志任中共杭州轻工教育中心总支委员会书记，徐永赤、朱世林同志任总支委员；由杭州市轻工业局副局长王道广同志兼任主任，徐永赤同志任副主任，骆君明、管和池、陈立民同志为管委会委员。下设办公室、教务处、总务处，并任命邬寿玲为教务处主任，夏玉树为总务处主任。

同年9月，原分散在系统各厂的职工大学（缝纫机厂、电池厂）、电大教学班（缝纫机厂）、干部培训班（电池厂）及技工学校（手表厂）的干部、教师、教工和部分教育设备陆续迁至轻工教育中心，从此进入教育中心统一领导各校（班）集中办学时期。教育中心成为具有独立法人地位的教育事业单位。

教育中心初期，职工大学校长由王道广兼任，副校长为徐永赤、骆君明；职工中专校长由王道广兼任，副校长为管和池；技工学校校长由王道广兼任，副校长为陈立民；干部培训班主任为朱世林。

1985年1月，职工大学、中专、干训班相继成立党支部。职工大学党支部书记为张泰生，委员为骆君明、徐永赤、杨顺安；中专党支部书记为刘贵先，委员为傅善诚、陈建中、陈月敏；干训班党支部书记为朱世林。

教育中心成立后，工作十分紧张，一手抓教学，一手抓建设，两项任务统筹安排穿插进行。校舍的改建是以旧厂房为基础，本着精打细算的原则进行的。从1984年10月至1985年8月，将原表壳厂主厂房的主楼及副楼进行分割装修、屋面加层，改建成18间标准教室和8间教师办公室，保证了多层次、多专业、多规格办学的需要。1985年10月至1986年4月，又对原冲压车间进行加层改造，建成一幢三层学生宿舍楼，可安排400名学生住宿。与此同时，将原表壳厂的伙房、锅炉房进行扩建，并建立了校医室，及时解决了师生员工的就餐、就医问题，上述基建项目，都是在不停课、不断炊的情况下夜以继日抢时间完成的。

（五）学校组织杭州市9期厂长经理培训

为促进企业干部学习，加强企业管理，提高经济效益，1983年8月，国务院决定对全国企业领导干部实行国家统一考试。根据要求，全民所有制的工业、交通、基建、财贸等行业的公司和企业正副经理、厂长都要参加国家统考。统考的重点内容是对党和国家关于现代化建设的路线、方针、政策的理解和企业管理的基本知识。从1984年至1989年，轻工职工大学连续举办9期厂长经理国家统考培训班，共有472人参加了培训。通过培训，先后有451人参加国家统一考试，及格率在99%以上。学校连续10次被评为浙江省先进办学单位，被浙江省经济委员会授予优秀培训单位称号。

学校先后举办了48期中层以上管理干部岗位职务培训班。

为适应企业推行经济责任制和加强经济核算的需要，学校举办了计划、统计人员及劳资干部培训班；为配合沿海经济外向型发展战略实施，学校举办了2期对外经济贸易干部进修班、2期出口食品工艺工程师进修班及3期外向型经济管理干部进修班；为配合开展全民普法教育，学校举办了法制教育师资培训班；为配合企业思想政治工作的计划，学校先后举办党委书记、车间支部书记岗位培训班和干部社会主义理论培训班等。为保证培训质量，学校不惜花大力气从外地聘请专家学者来校讲学，受到学员的好评和轻工业部的肯定。通过培训，涌现出了一批优秀学员。如对外贸易干部进修班毕业生、合肥市永康食品厂的费维健，1987年负责本厂与西德合作的一项技术设备引进项目，由于设备在运输中受损，外商提出索赔13

万马克。费维健运用所学知识，多次与外商交涉，据理力争，终于达成只赔偿 3 万马克的协议。不仅在经济上使国家减少损失，而且在政治上维护了国家的主权与尊严。如出口食品工艺干部进修班的结业生、湖北省沙市糖果饼干厂的刘武华，他在生产实践中注意运用所学的知识研究开发新产品获得成功。他所研制的香橙饼干被评为湖北省饼干食品第一名，被列为省优质产品。

（六）轻工职工大学综合楼建设竣工

1984 年 10 月 3 日，学校向市轻工业局上报修建教学综合楼的项目建议书。

1987 年 5 月 16 日，杭州市轻工业局根据杭轻基〔87〕199 号文，正式批准学校危房翻建项目，即新建 4000 平方米教学综合楼。

1988 年 6 月，可行性设计方案经市规划局会审，获得通过；同年 7 月，学校委托设计单位进行施工图设计；同年 8 月，完成地质勘探工作。

1989 年 2 月 25 日，学校以杭轻工大基字〔89〕第 11 号文向杭州市计委申请开工；同年 7 月 7 日，杭州市轻工业局将学校 4000 平方米教学综合楼列为 1989 年第 581 号建设项目；同年 8 月，学校完成一系列建设手续的审批事宜；同年 10 月，经公开招标，全面论证，审慎决策，完成定标工作；同年 12 月 14 日，领取建设工程施工许可证；同年 12 月 23 日，学校会同施工单位、设计单位进行施工图会审，同时领到施工许可证；同年 12 月 29 日，建设工程正式进行开工打桩。

经过一年的施工，学校自筹资金建设的教学综合楼于 1991 年 1 月 31日胜利竣工。经有关部门联合验收，该项工程被评为优良工程。

（七）学校首届一次教职工代表会议召开

1988 年 12 月 30 日至 31 日，学校召开首届一次教职工代表会议。出席会议的代表共 38 人。会议完成两项议程：一是听取并审议通过了徐永赤校长关于 1988 年工作回顾及 1989 年工作设想的报告；二是选举产生了由孙阿顺、陈佛喜、郑珊芬、谢洪彪、沈祖炎五位同志组成的杭州市轻工职工大学第一届工会委员会。首任工会主席沈祖炎，副主席郑珊芬。

二、主要领导

杭州市轻工职工大学

王道广　校长　　　　1982 年 11 月—1986 年 03 月

吴一华　校长　　　　1986 年 03 月—1988 年 01 月

徐永赤　校长　　　　1988 年 01 月—1996 年 12 月

朱贞祥　党支部书记　1982 年 11 月—1984 年 08 月

张泰生　党支部书记　1984 年 12 月—1990 年 10 月

徐永赤　党支部书记　1990 年 10 月—1993 年 04 月

徐永赤　党总支书记　1993 年 04 月—1994 年 06 月

陈立民　党总支书记　1994 年 06 月—1996 年 12 月

（撰写：袁月秋　朱琳佳）

第三章　杭州市化工行业办学情况

先后由杭州市化工局、杭州市化学工业公司（杭州市经济委员会下属企业之一）主办的杭州市化工行业职业院校有杭州市化工局"七·二一"职工大学、杭州市化工系统职工大学、杭州市化学工业技工学校、杭州市化工职工中等专业学校、杭州市综合中等专业学校化工分校等，经过了二十多年的发展，最终杭州市化工系统职工大学、杭州市化工职工中等专业学校、杭州市综合中等专业学校化工分校与杭州市经济委员会所属其他五大行业职工大学及其联合办学的中专、技校合并，共同组建了杭州职业技术学院（见图1-3-1）。

第一节　历史沿革

一、杭州市化工系统职工大学

（一）杭州市化工局"七·二一"职工大学

1975年，杭州市化工局根据当时化工系统对在职人员教育和培养的实际需要开始筹建职工大学。同年12月26日，经浙江省革命委员会批准，杭州市化工局"七·二一"职工大学成立。杭州市化工局"七·二一"职工大学由杭州市化工局主办，校址设在下城区羊千弄杭州市化工研究所内。化工局副局长张承炎任主要负责人，刘锦波任直接负责人并主持校务工作。办学初期，学员主要来自杭州市化工系统各厂推荐的职工，学员毕业后返回原单位。

1975年至1979年是学校的初创时期，学校教学资源缺乏（无教学场所、缺教师、无教材）。上课无教室，学校先后借用杭州化工研究所、杭州红

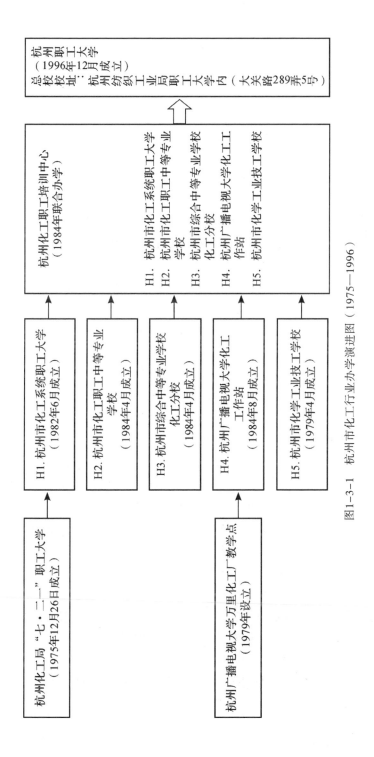

图1-3-1　杭州市化工行业办学演进图（1975—1996）

卫化工厂、杭州红星化工厂和杭州万里化工厂的会议室、汽车室、厂房；教室无桌椅，学校用砖块木板替代；教师资源不足，学校通过外聘浙江大学、杭州大学、浙江工学院、杭州化工研究所及杭州化工系统内有关企业的工程技术人员来校兼职上课；教材无处买，学校通过教职工自编和翻印解决，先后编印过《政治经济学》《化工常规仪表》《化工日语》《工业企业财务会计》和《土建建筑设计电算》等 11 种教材。

1977 年，学校开办了首届全脱产两年制化工机械专业班，招生 21 人。

1979 年，杭州市化工局在拱墅区日晖坝附近借用日晖坝化工实验厂的土地，投资 18 万元（其中学校自筹资金 3 万元）修建了一幢二层简易教学楼（约 1000 平方米）、食堂和操场。化工局副局长张承炎任校长，刘锦波任党支部书记、副校长并主持校务工作。

同年 7 月，学校从下城区羊千弄搬迁至拱墅区日晖坝。这时，学校办学条件有了改善，拥有了一支 30 余人的教职工队伍。学校正式建立了党支部、教务处、总务处和团总支，并建立了基础教研室、公共教研室和专业教研室，还成立了校工会和学生会。

1980 年，学校开始举办全脱产三年制化工机械专业大专班，招收新生 40 人。

1981 年，学校增设化工工艺专业，招收新生 45 人。

（二）杭州市化工系统职工大学

1982 年 6 月 16 日，经浙江省人民政府（浙政函〔1982〕年 6 号）批准，杭州市化工局"七·二一"职工大学更名为"杭州市化工系统职工大学"。职工大学主办单位为杭州市化工局。办学经费来源于主办单位拨款、在校生学费收入、短期培训收费及校办工厂运营收入。校址设在拱墅区日晖坝（见图 1-3-2～图 1-3-4）。化工局副局长张承炎任校长，刘锦波任党支部书记、副校长并主持校务工作。

同年 11 月 15 日，经教育部备案（教工农字〔1982〕042 号），杭州市化工系统职工大学成为浙江省首批被国家确认的成人高校之一。

1983 年，杭州市化工系统职工大学的发展进入了一个新的阶段。当年秋冬，经上级研究决定，学校在杭州橡胶厂建立了杭州市化工系统职工大学橡胶厂分校，把原杭州橡胶厂职工大学的教学工作纳入学校管理。分校当年招收橡胶机械专业新生 20 名。

图1-3-2　杭州市化工系统职工大学校门

图1-3-3　杭州市化工系统职工大学实验楼

图1-3-4   杭州市化工系统职工大学操场

1984年2月，杭州市化工局改制为杭州市化学工业公司，职工大学的主办单位随之变更为杭州市化学工业公司。张承炎任校长，刘锦波任党支部书记、副校长并主持校务工作。当年职工大学开始招收住校生。当时学校面临的主要问题：一是教学上头绪多。各种类型的班级有各种不同的要求，不同的教学计划，需要不同的教材，要采用不同的教育方式与方法。二是生活上困难多。学校底子薄、校舍小、人手紧、困难多，全校师生员工在杭州化学工业公司党委的领导下，继承和发扬了建校初期的艰苦创业精神，克服了重重困难，为学校的发展奠定了基础。

1986年5月，洪芳柏任职工大学校长，刘锦波任党支部书记。

同年9月，职工大学从拱墅区日晖坝迁至原江干区保安桥直街1号（现上城区保安桥河下5号）杭州市化学工业公司职工培训中心（也称"杭州市化工职工培训中心"）。

1989年3月，刘锦波任职工大学党支部书记，裘曼华任职工大学校长，并主持校务工作。

1992年7月，化学工业公司党委对学校领导班子进行了调整和充实。

陈水陆任职工大学校长，裘曼华任副校长，并主持校务工作。

1996年12月26日，杭州市化工职工大学与杭州市经委系统所属的其他5所职工大学合并办学，成立"杭州职工大学"。

1997年1月24日，杭州市人民政府办公厅发出《关于我市经委系统6所职工大学实行合并办学的通知》文件，杭州市经济委员会发出《关于建立杭州职工大学机械等分校的通知》（杭经办〔1997〕27号）。按照通知要求，杭州市化工系统职工大学更名为"杭州职工大学化工分校"。

二、杭州市化学工业技工学校

1979年4月30日，浙江省人民政府批准成立杭州市化学工业技工学校（以下简称"化工技校"）。杭州市化工局党委立即组织人力筹建技工学校。化工技校主办单位为杭州市化工局（1984年变更为杭州市化学工业公司），学制两年，主要招收初中毕业生。校址设在拱墅区日晖坝，与职工大学在一处。当时化工局副局长张承炎任校长，刘锦波任党支部书记、副校长并主持校务工作。化工技校当年下半年按时招生（见图1-3-5）。

图1-3-5　杭州市化学工业技术学校毕业留念（1994）

1984年2月，化工技校的主办单位变更为杭州市化学工业公司。张承炎任校长，刘锦波任党支部书记、副校长并主持校务工作。同年，学校开始招收住校生。

1986年5月，何鑫炎任化工技校党支部书记。

1986年9月，化工技校从拱墅区日晖坝迁至原江干区保安桥直街1号（现上城区保安桥河下5号）杭州市化学工业公司职工培训中心（杭州市化工职工培训中心）。化工技校迁到职工培训中心后归入中专部，钱春堂任副校长，并主持校务工作。

1987年，杭州市财政局落实了杭州市化工技工学校的办学经费。

1988年12月2日，杭州市化工技校以高分通过了省市专家组的教学检查，验收合格。专家组对化工技校办成杭州市先进技工学校寄予了厚望。

1989年3月，何鑫炎任化工技校党支部书记，蔡建忠任化工技校校长。

1992年，经杭州市劳动局培训部审批，杭州市化工技校建立了杭州市化工技工考核站。

1997年1月24日，由于杭州职工大学成立之前，杭州市化学工业技工学校与杭州市化工系统职工大学是联合办学，故杭州职工大学成立之后，杭州市化工技校作为杭州职工大学化工分校的一个组成部分，受杭州职工大学领导管理。

1999年3月，市府办纪要〔99〕32号文提出"轻工分校地块用作技工学校"。同年7月12日，市劳动局、市经委、市教委联合发文〔99〕155号，下发《关于在筹建杭州职业技术学院过程中办好技工学校的会议纪要》，在把杭州职工大学轻工分校并入杭州职业技术学院的同时，把杭州化工技校、杭州丝绸技校并入杭州市轻工技工学校。

三、杭州市化工职工中等专业学校

1984年4月，经浙江省和杭州市教育工委批准，杭州市化工职工中等专业学校（以下简称化工职工中专）成立，学校由杭州市化学工业公司主办。校址设在原江干区保安桥直街1号（现上城区保安桥河下5号）杭州市化学工业公司职工培训中心（杭州市化工职工培训中心）内。创办初期，钱春堂任杭州市化工职工中专校长，并主持校务工作。

化工职工中专学制三年，开设有化工分析、化工工艺、企业管理、化工涂料四个专业，面向全省化工厂在职职工招生。化工职工中专制度健全、管理严格、办学质量较好，是当时杭州市成人中专中办得较好的学校之一（见图1-3-6）。

1986年5月，钱春堂任化工职工中专副校长，并主持校务工作。

1989年3月，裘曼华任化工职工中专校长，并主持校务工作，钱春堂任副校长。

1991年10月，化工职工中专顺利通过了杭州市教学评估，验收合格。

1997年1月24日，由于杭州职工大学成立之前，杭州市化工职工中专与杭州市化工系统职工大学是联合办学，故杭州职工大学成立之后，杭州市化工职工中专作为杭州职工大学化工分校的一个组成部分，受杭州职工大学领导管理。

2000年，市政府召开专题会议（《关于杭州职业技术学院移交市教委管理有关问题的协调会纪要》府办纪要〔2000〕9号）明确了杭州职工大

图1-3-6　杭州市化工职工中等专业学校毕业答辩（1987）

学六所分校及其所属的化工职工中专、轻工职工中专、丝绸职工中专、纺织技工学校、化工培训中心等单位撤销后，原单位法人证书、印章收缴工作由杭州职工大学负责。

四、杭州市综合中等专业学校化工分校

1984年4月，经浙江省和杭州市教育工委批准，杭州市综合中等专业学校化工分校成立。杭州市综合中等专业学校化工分校隶属于杭州市化学工业公司。校址设在原江干区保安桥直街1号（现上城区保安桥河下5号）杭州市化学工业公司职工培训中心（杭州市化工职工培训中心）内。创办初期，钱春堂任杭州市综合中专化工分校校长，并主持校务工作。

杭州市综合中等专业学校化工分校学制四年，开设有化工分析、化工工艺、企业管理、化工机械四个专业，面向全省应届初中毕业生招生，为杭州市化工企业输送合格的中等专业人才。

1986年5月，钱春堂任副校长，并主持校务工作。

1989年3月，裘曼华任校长，并主持校务工作，钱春堂任副校长。

1990年10月，杭州市财政局落实了杭州市综合中等专业学校化工分校的办学经费，确保了学校稳定地向前发展。

1991年12月，杭州市综合中等专业学校化工分校顺利通过了杭州市教学评估，验收合格。

1997年1月24日，由于杭州职工大学成立之前，杭州市综合中等专业学校化工分校与杭州市化工系统职工大学是联合办学，故杭州职工大学成立之后，杭州市综合中等专业学校化工分校作为杭州职工大学化工分校的一个组成部分，受杭州职工大学领导管理。

2000年3月25日，杭州市综合中专化工分校已经并入杭州职业技术学院（筹），当年杭州市综合中等专业学校化工分校的招生计划被纳入浙江杭州机械工业学校的招生计划，当年招收学生的毕业证书由浙江杭州机械工业学校统一颁发。化工分校原以杭州市综合中等专业学校化工分校名义招收的学生仍由杭州市综合中专学校颁发毕业证书，直到这部分学生毕业后，撤销杭州市综合中等专业学校化工分校校名（杭教职〔2000〕13号）。

五、杭州市广播电视大学杭州化工系统工作站

1979 年，杭州市化工局开始试办电视教育，并在杭州万里化工厂内设立教学点，杨灿负责电大教学点的管理。首批招生两个班共 70 人。

1984 年 8 月，经杭州市广播电视大学审核，杭州市广播电视大学化工系统工作站成立，并入驻拱墅区日晖坝与杭州市化工系统职工大学合署办学，业务上受浙江省电视大学指导，行政上受杭州市化工系统职工大学管理。吴玉书被任命为浙江广播电视大学杭州市电大化工工作站副站长，主持站务工作。

1986 年 5 月，裘曼华担任电大工作站站长，并主持站务工作。

1986 年 9 月，杭州市广播电视大学化工系统工作站从拱墅区日晖坝迁至原江干区保安桥直街 1 号（现上城区保安桥河下 5 号）杭州市化学工业公司职工培训中心（杭州市化工职工培训中心）。

电视教育属远程教育，教材先进，师资水平高，教学质量好。自开办以来，杭州市广播电视大学化工系统工作站共培养了数百名大专毕业生，其中不少后来成了企业的领导或技术骨干。

六、杭州市化学工业公司职工培训中心（杭州市化工职工培训中心）

1984 年 1 月 27 日，为加速对青工的培训，满足企业对基层技术工人的培训需求，杭州市化学工业公司（原杭州市化工局）开始筹建杭州市化学工业公司职工培训中心（杭经职〔84〕22 号、杭财企〔84〕26 号）。杭州市化学工业公司职工培训中心地址在原江干区保安桥直街 1 号（现上城保安桥河下 5 号），杭州市化学工业公司高层领导洪芳柏兼任培训中心筹建领导小组组长，袁振海任培训中心筹建领导小组副组长、党支部书记。

1984—1986 年期间，杭州市化学工业公司职工培训中心筹建领导小组完成了筹建使命，即一期基础设施建设完工，杭州市化工职工中等专业学校和杭州市综合中等专业学校化工分校已落户培训中心并正常运行。

1986 年，杭州市化学工业公司职工培训中心正式成立。职工培训中心是杭州市化工系统青工培训和教育的基地。职工培训中心的主要任务是对杭州市化工系统在职职工进行培训，后来发展到面向全省化工系统的在职

职工进行培训（见图 1-3-7 ～图 1-3-9）。许海春任培训中心党总支书记，刘锦波任培训中心主任，钱春堂任培训中心副主任。

职工培训中心根据当时化工企业对人才的需求开展培训工作。先后开办过钳工、电工、分析工、制图、司炉工等短期班培训；开办过化机操作工、工艺操作和维修电工技师班；开办过化工工艺初级工、中级工、高级工，化机中级工、高级工，化工分析中级工、高级工，电工中级工、高级工等培训。同时还有初中文化补课，当时培训最多的是中级工。培训中心教学方式多样，有脱产、半脱产、业余等形式，基本满足了当时化工系统职工培训的要求。

1986 年 9 月，杭州市化工系统职工大学、杭州市化学工业技工学校和杭州市广播电视大学化工工作站相继迁入职工培训中心。职工培训中心实行了"一套班子，五块牌子"（五块牌子即市化工系统职工大学、市化学工业技工学校、市化工职工中专、市综合中专化工分校和市电大化工系统工作站）"集中领导，分校教学"的联合办学模式。学校当时坚持"三个有利于"的办事原则，做任何事、做任何决策、制定任何制度，都要有利于提高学校办学综合实力，有利于提高教育质量，有利于提高教师积极性和改善教师生活，学校的"三个有利于"思想贯彻整个办学过程。经过两年时间的改建、扩建，培训中心教学和生活条件有了很大改善。校园占地面积由原来的不到 3 亩发展到占地面积 13 亩，各类校舍建筑面积超过了10000 平方米，新建教学楼 7400 多平方米（22 间教室）、图书阅览室 200平方米、学生活动场地 2000 平方米和 6 间教师办公室。此外，还新建了实习工坊，改造和扩建了实验室（实验楼一幢约 1500 平方米），建造教工宿舍 400 余平方米，校外还有 600 多平方米的校办工厂等教学场地。化工职工培训中心建立后，杭州市化工职工教育有了较大的发展，不仅学生数量增加，学校教职工增加，办学规模扩大，而且形成了多层次、多形式的办学格局（如有面授、有远程、有脱产、有业余等），充分满足了生产企业广大职工的求学需求。联合办学实现了资源共享、优势互补，最大限度地发挥了职工培训中心教学资源的潜能。

同年，杭州市化学工业公司职工培训中心（杭州市化工职工培训中心）被评为化工部教育工作先进单位，袁振海被评为化工部职工教育先进工作者。

图1-3-7　杭州化工职工培训中心第四届田径运动会

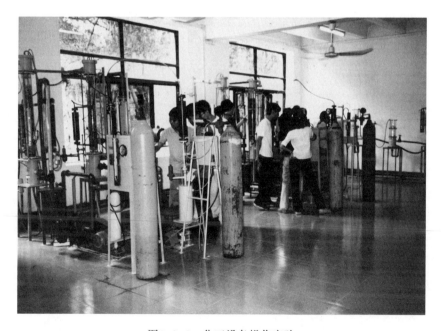

图1-3-8　化工设备操作实验

图1-3-9　学生实习动员

　　1987 年起，职工培训中心开发了"带教下乡"培训项目，先后组织教师到磐安县橡胶厂、建德新安江化工厂等送教上门，为企业开展员工培训。如为磐安县橡胶厂开办橡胶工艺、化工分析中级工半脱产班，为建德新安江化工厂开办了化工工艺培训班。教师与学员们打成一片，企业员工学习积极性高，培训效果好，这种培训形式很受企业欢迎。同时化工培训中心的培训项目和工种还拓展到了其他行业，如杭州市统计局（会计与统计核算专业）岗位培训就设在化工职工培训中心培训部。截至 1996 年职工培训中心共培训了 40000 多人次的青工。

　　1989 年 3 月，陈水陆任培训中心党总支书记，刘锦波任培训中心主任。

　　1992 年，7 月，杭州市化学工业公司对化工职工培训中心主要领导进行了调整，由陈水陆任培训中心主任、党总支书记，何鑫炎任培训中心党总支副书记。

　　同年 9 月，化工职工培训中心和各校真正实现了"一套班子，五块牌子"的集中领导、分校办学的联合办学方式。结束了五所学校、多个教学管理机构（如大专教务处、中专教务处、技校教务处）的局面，大大提升了管理效率。学校实施了一系列改革措施,如校长负责制、教师聘任制、教学工作量制、教工岗位责任制、食堂社会化等。与此同时,还建立了教职工大会制。至此,一所具有一定规模、比较正规的工科成人高校基本定型。

同年,经杭州市劳动局培训部审批,职工培训中心成立了杭州市化工技工考核站。

1994年12月,杭州市人事局根据(杭政〔1992〕3号和杭人〔1992〕274号)文件精神,对化工职工培训中心进行了审核评估,批准了将杭州市化工职工培训中心作为杭州市化工系统继续教育办学基地。

同年,章乐琴被评为浙江省优秀教师。

1996年,杭州市经委系统所属的六所职工大学合并成立杭州职工大学。杭州市化工系统职工大学更名为杭州职工大学化工分校。由于化工职工培训中心与杭州市化工系统职工大学是联合办学,一套班子,因此作为杭州职工大学化工分校的一个组成部分,受杭州职工大学领导管理。

同年,裴曼华被评为浙江省优秀教师。

1998年,杭州市化学工业公司职工培训中心(杭州市化工职工培训中心)被评为化工部教育工作先进单位。

同年,陈水陆被评为化工部职工教育先进工作者。

第二节 办学概况

一、杭州市化工行业各学校的办学情况

(一)杭州市化工局"七·二一"职工大学、杭州市化工系统职工大学办学情况

1.专业设置及招生情况

1977年起,杭州市化工局"七·二一"职工大学开办了首届全脱产两年制化工机械专业班;1980年,职工大学开始举办全脱产三年制大专班,开设化工机械专业;1981年,学校增设化工工艺专业。1982年,杭州市化工局"七·二一"职工大学更名为杭州市化工系统职工大学,1983年,职工大学增设橡胶机械专业、橡胶工艺专业;1984年,职工大学开设环境

保护专业；1985 年，职工大学增设精细化工专业。1986 年，职工大学已经开设了化工机械、化工工艺、环境保护、精细化工、橡胶机械、橡胶工艺等六个专业。

杭州市化工系统职工大学最初招收的学生均是杭州市化工系统工厂选送的具有两年以上工龄的在职员工，学生一般带薪学习，毕业后回原单位工作，这些学员后来大多成为杭州化工系统各工厂技术和管理的中坚力量。

20 世纪 80 年代末，随着各大高校毕业生数量的增加，工厂直接从外部获取技术人员的成本远远低于选送本厂职工参加脱产学习的成本，工厂选派脱产学习的人越来越少，工厂基于经济效益的选择造成了职工大学招生的困境。1989 年，职工大学环境保护、化工工艺和精细化工三个专业只招收了 11 人。为了解决生源偏少问题，职工大学从四个方面做了尝试：

第一，扩大招生地区。从最初面向杭州市化工系统招生，逐步扩大到面向杭州地区招生，面向全省招生，面向全国招生。扩大招生后，学生规模保持在几百名。

第二，缩短学制。为了吸引更多生源，把有些专业的学制由三年缩短到两年。

第三，调整生源的报名条件。由最初具有两年以上工龄的在职职工，放宽到只要有高中学历均可以报考。

第四，采取"联合办学"的形式，充分借助合作方的资源拓展生源。

1985 年，职工大学与上海复旦大学生命科学院联合开办发酵工程专业，在全国招生，连续招收了几届发酵工程专业的学生，为全国啤酒厂输送了几批发酵工程专业人才；1988 年，职工大学与浙江大学化工系联合开办化工机械专业，又与上海橡胶职工大学联合开办橡胶工艺专业。这种合作不仅开发了生源，也为学生后续的专业课学习、实习、毕业设计、毕业论文等教学活动提供了场地和师资方面的帮助（见表 1-3-1）。

表1-3-1　杭州市化工局"七·二一"职工大学

杭州市化工系统职工大学

专业设置与招生情况一览表

（主办部门：杭州市化工局、杭州市化学工业公司）

年份	专业名称	学制	招生人数／人	备注
1977	化工机械	2	21	
1980	化工机械	3	40	
1981	化工工艺	3	45	
	橡胶工艺	3	45	分校
1983	化工工艺	3	38	
	橡胶机械	3	20	分校
1984	橡胶机械	3	16	分校
	化工机械	3	50	
	环境保护	3	30	
1985	化工机械	3	41	
	环境保护	3	25	
	橡胶工艺	3	50	分校
	精细化工	3	23	
	发酵专业		36	与上海复旦大学生命科学院联合办学
1986	精细化工	3	21	
	环境保护	3	34	
1987	精细化工	3	38	
	环境保护	3	30	
1988	精细化工	3	26	
	环境保护	3	18	
	橡胶工艺	3	12	
1989	精细化工＋化工工艺	3	6	
	环境保护	3	5	
1990	化工工艺	3	28	

续表

年份	专业名称	学制	招生人数 / 人	备注
1990	环境保护	3	13	
1991	化工工艺	2	27	
	环境保护	2	15	
1992	化工工艺	2	27	
	精细化工	2	20	
	环境保护	2	14	
1993	化工工艺	2	23	
	精细化工	2	28	
	环境保护	2	9	
	精细化工	3	13	双招班
1994	化工工艺	2	32	
	精细化工	3	30	普通班
1995	化工机械	3	28	
	精细化工	3	18	
1996	精细化工	3	25	

注：数据来源于杭州市档案馆、杭州职业技术学院档案室。

2. 师资队伍建设与教学管理

从1975年杭州市化工局"七·二一"职工大学初创到1996年化工系统各校并入杭州职工大学止，在长达20年的办学历程中，学校始终坚持"办学为企业服务，教学与生产结合"的办学指导思想，积极为化工系统企业培养应用型、技能型人才。许多学生后来都走上了工厂的领导岗位或者成为工厂的生产、技术骨干。如新安化工集团副总经理刘侠、杭华油墨油化集团公司总经理裘鸣华、杭州磁带厂厂长宋小春（后任大自然股份有限公司总裁）、建德香料厂副厂长吴经建等都是化工职工大学毕业的学生。化工职工大学还为新疆、广东、湖南、河北等近10个省市，培养了数百名大专毕业生。同时，学校师生结合生产实践，先后主持和参与了十余个技术革新项目，如"光电自动跟踪温度控制化""麦芽废水处理"等。

提高教学质量是职工大学办学的指导思想，为了确保教学质量的不断提升，职工大学提出了"一个中心，三个加强"，即学校所有的工作都要以提高教学质量为中心，为此要加强师资队伍建设，加强教学管理，加强实践教学环节。

职工大学办学之初，教师资源严重不足。学校通过外聘各高校、杭州化工研究所及杭州化工系统内有关企业的工程技术人员来校兼职上课。同时，也加快了引进教师和提升校内在职教师素质的步伐。对校内在职教师的培养有两种途径，一是选派教师到高校对口专业进修，二是通过"以老带新"提高新教师的专业水平。

1986年，学校拥有教职工30余名，在编教师20余名，其中副教授2名、讲师10名、助教8名。学校已然形成了认真办学、严谨治教的校风。在保证学校教师质量和数量的同时，学校在教师职业生涯规划及调动教师教学积极性方面也做了有益的尝试。如通过双方交流，学校为每位教师确定专业方向及所教授的课程；不断为教师提供进修的机会；要求所有的教师都参加教育学、心理学、计算机等课程的进修；出台了教师工作量制度；鼓励教师参加教研活动、院校之间交流、论文交流等；做好职称评定工作。1992年，职工大学高级职称占比9%，中级职称47.7%，到了1996年职工大学高级职称占比16.7%，中级职称67.7%，教师职称结构有了较大改善。

学校按浙江省教育工委批准的教学计划安排教学任务。在教学实施过程中，学校不折不扣地严格执行教学计划，同时做好教学档案。如化工工艺专业开设"化工工艺学"等24门课程；精细化工工艺专业开设"化学反应过程"等23门课程；环境保护专业开设"环境化学""环境监测"等25门课程。学校选用的教材符合浙江省统一规定的有关教材。学校对教学质量的监控通过两种途径。第一种途径是通过听课，召开学生座谈会，开展专题讨论，检查作业的批改情况等方法，了解教师执行教学计划的程度及存在的问题；另一种途径是通过考核学生来监测学生对所学知识的掌握情况，包括学校组织的考试和参加省教委组织的统考。

当时浙江省教委为了监控全省33所职工高校的教学质量，除了通过验收评估来控制学校的教学管理，还每年组织这些学校参加省教委规定的统考。统考的课程有基础课，也有专业课。化学职工大学每年组织学生按规定参加浙江省教育工委的统考，历届统考成绩都名列前茅。1995年的高等数学统考，学校28位学生全部合格，其中90分以上的有16人。

办学之初，学校不具备开设实验课的场地，学校利用当时校址还在化工研究所里以及周边高校的有利条件，借用化工研究所、浙江工学院、浙江大学的实验资源，完成了大纲规定的全部实验和教学环节。如有机化学实验、物理化学实验借用浙江工学院的实验资源，分析化学、无机化学实验在化工研究所做，部分有机化学实验借用浙江大学的实验资源。后来，学校建设了自己的试验场地，逐渐完善了校内的教学条件。同时，由于学校是杭州化工行业系统所属的学校，学校和系统内的化工工厂建立了相对稳定的实习基地，学生3年学习中有3次下厂实习的机会。

（二）杭州市化工技工学校办学情况

1. 专业设置及招生情况

1979年9月，杭州市化工技工学校（简称"化工技校"）完成筹建，按时开学，当年招收两年制初中生100人。

1982年和1983年两年，由于杭州市化工行业的快速发展，各企业对新员工的培训有迫切需要，经市劳动部门同意，化工技校的主要任务转向了为在职青工提供技术培训。

1984年，化工技校恢复招收三年制的初中毕业生，此后，每年招新生1至2个班。同时，化工技校继续开展针对新员工的岗位培训工作，不断为企业输送新生力量。

2. 师资队伍建设与教学管理

化工技校在办学之初，利用了职工大学在教学、管理方面积累的经验和优势，很快完成了筹建工作。但在之后的办学过程中，仍遇到不少困难，特别是师资和资金问题。化工技校是杭州市化学工业公司主办，但是没有固定的办学经费。为了迎接化工技校的检查验收，钱春堂和於芷玲做了大量的工作。

1987年6月，杭州市财政局落实了杭州市化工技校的办学经费。在杭州市化学工业公司领导的协调下，在技校老师们的努力下，杭州市20多家化工企业同意为化工技校各专业的实习提供场地。同时，企业技师也被聘为化工技校的专业教师，学校建立起了一支技师型的专业教师队伍。

1988年12月2日，化工技校以高分通过了省市专家组的教学检查，验收合格。

（三）杭州市化工职工中等专业学校、杭州市综合中等专业学校化工分校办学概况

杭州市化工职工中等专业学校（简称"化工职工中专"）和杭州市综合中等专业学校化工分校同属于杭州市化工职工培训中心的中专部，两所学校同时成立。在开办之初，两校教务管理、师资都是同一团队。

1. 杭州市化工职工中等专业学校办学概况

化工职工中专开设化工工艺、化工分析、化工机械、企业管理四个专业，学制三年，面向全省化工企业职工招生。

1984年，化工职工中专招录新生数量达到了历史最高水平，包括广东省选送的6名职工。之后化工职工中专招生规模开始快速递减。

1989年，化工职工中专因招生人数过低而未开班。

1991年10月，化工职工中专因制度健全、管理严格、教学质量好，顺利通过了杭州市教学评估，验收合格，成为杭州市成人中专中办得较好的学校之一。

化工职工中专面临的最大问题是职工生源不足，导致学校每年招生情况不稳定，开班情况不稳定（见表1-3-2）。

表1-3-2 杭州市化工职工中等专业学校专业设置与招生情况
（主办部门：杭州市化学工业公司）

年份	专业名称	学制	招生人数 / 人	备注
1984	化工分析	3	29	中专841
	化工工艺	3	46	中专842
	企业管理	3	43	
	化工涂料	3	16	中专844
1985	化工工艺	3	20	
1987	化工工艺	3	21	
1988	化工分析	3	8	中专881
1989	化工工艺	3	12	当年未入校
	化工分析	3	5	当年未入校

注：数据来源于杭州市档案馆、杭州职业技术学院档案室。

2.杭州市综合中等专业学校化工分校办学概况

1984年，杭州市综合中等专业学校化工分校成立，开设有化工分析、化工工艺、企业管理、化工机械四个专业，学制四年，面向全省应届初中毕业生招生，为杭州市化工企业定向输送人才。

1985年起，学校四个专业每年共招收200名新生，是杭州市化学职工培训中心学生人数最多的学校。

1990年10月，学校顺利通过了杭州市教学评估，验收合格。

杭州市综合中等专业学校化工分校生源充足，其招生人数受制于学校有限的硬件配套设置（如学生宿舍、食堂等）。

在做好学历教育的同时，学校还先后开办了职业技术教育班，培训了上千名职业技术教育培训生，为开拓中学生升学、就业渠道，推动中等专业教育，发展职业技术教育发挥了积极作用。

表1-3-3　杭州市综合中等专业学校化工分校专业设置与招生情况
（主办部门：杭州市化学工业公司）

年份	专业名称	学制	招生人数／人	备注
1984	化工工艺	4	54	中专846
	化工分析	4	47	中专845
	化工企业管理	4	50	中专847
	化工机械	4	51	中专848
1985	化工机械	4	54	
1986	工业分析	4	46	
	化工机械	4	46	
1988	化工工艺	4	44	
1989	化工工艺	4	41	
1990	化工机械	4	32	
1991	化工工艺	4	44	
1992	化工工艺	4	38	
	工业分析	4	34	
1993	化工工艺	4	48	开始招收自费生
	工业分析	4	49	

续表

年份	专业名称	学制	招生人数／人	备注
1993	企业管理	4	56	
1994	化工工艺	4	30	
	企业管理	3	39	财务方向
	化工机械	4	39	
	分析与监测	3	48	
1995	企业管理	3	47	
	分析与监测	3	48	
1996	化工工艺	4	46	
	化工机械	4	43	
1997	化工工艺	4	44	
	化工机械	4	51	
	统计与核算	3	47	
	分析与监测	3	49	
1998	分析与监测	3	43	

注：数据来源于杭州市档案馆、杭州职业技术学院档案室。

二、教学保障

（一）教学场地与设施

1975年至1979年，是杭州市化工局"七·二一"职工大学初创时期。学校初建时，人心不安，办学条件差。学校没校舍、没教师、没教材，教学经验、教学设备更是缺乏。上课无教室，只能临时借用杭州化工研究所、杭州红卫化工厂、杭州红星化工厂和杭州万里化工厂的会议室、汽车室、厂房代替，学生无桌凳，只能用砖块木板凑成。

1979年，杭州市化工局"七·二一"职工大学自筹资金3万元，借用日晖坝化工实验厂的土地，建起了一幢二层约1000平方米的简易教室，同年7月，学校从下城区羊千弄搬迁至拱墅区日晖坝。

1984年，杭州市化学工业公司为了改善办学条件，整合教育资源，加强全系统职工教育和系统内各学校工作的统一领导，由杭州市化学工业公司投资、企业集资、化工部教育司赞助筹集资金 147 万，在原江干区保安桥直街 1 号（现上城区保安桥河下 5 号）杭州永固橡胶厂旧址新建了教学大楼，改建了食堂、学生宿舍和实验室，平整了操场。

1986 年 9 月，各校从拱墅区日晖坝迁至当时的江干区保安桥新校区。新校区占地面积 13 亩，校舍建筑面积 10000 余平方米，实验楼一幢约 1500 平方米，图书馆资料和阅览室 200 平方米，学生活动场地 2000 平方米，新建了实习工坊改造和扩大了实验室，并在校外建造教工宿舍 400 余平方米。

1988 年，在无外界财力支援的情况下，化工职工培训中心自力更生，培训中心"二期工程"开始动工。

1991 年，经过三年努力，化工职工培训中心先后建起学生公寓、教工宿舍、食堂饭厅和钳、焊工坊，整修了实验室、操场，并初步进行了校园绿化，校园面貌焕然一新。

1992 年，随着在校生人数和职工培训人数的不断增加，化工职工培训中心的教学设施及教学场所极为紧张，教学矛盾日益突出，于是，化工职工培训中心又建造了 2520 平方米的综合性教育培训楼。

（二）思想政治与师生管理

杭州市化学工业公司领导和学校各级领导，自办校之日起，就明确了学校办学要坚持社会主义办学方向，始终把德育工作放在首位。学校成立了党总支（党支部）书记、校长、学生科长、团委书记等组成的德育工作领导小组。校级、中层干部每周安排学习马列主义，教职工按学校计划以教研室为单位组织学习社会主义理论。同时积极发挥党员的先锋模范作用，发动大家制订"创优规划"，在学校中较早地开始建立党组织。学校有 8 人参加的思想政治研究会，每季召开一次会议，针对实际提出思想工作的研究课题。坚持在教职工中开展"三育人"活动，做到教书育人、管理育人、服务育人。坚持严格管理，从新生入学教育开始，"严"字当头，认真执行"学生学籍管理制度""考勤制度"、住校生规则、大学生行为规范和奖学金发放制度等规章制度。全校订有行政系统岗位职责、党群系统岗位职责，其中包含行政管理、教学管理、班级管理、后勤管理等七个方面的管理制度，保证了学校各个方面工作的顺利进行。

在培养和教育学生的过程中，学校坚持把思想政治工作放在首位，从成立学校之日开始，就设立了学校党支部，配备了党支部书记，积极努力为企业培养合格技术工人，使受教育者在德、智、体、美、劳诸多方面都得到全面发展，成为有理想、有道德、有文化、守纪律、懂技术、会管理的技术人才。1979年，杭州市化工局"七·二一"职工大学正式建立了学校党支部、教务处、总务处和团总支，并建立了基础教研室、公共教研室和专业教研室，还成立了校工会和学生会，一个初步完善的教学实体基本确立。通过德育课、政治课及其他形式的教育，学生逐步树立了正确的世界观、人生观和价值观。学校遵循"办学为企业服务，教育与生产结合"的办学指导思想，为企业培养应用型人才。学校一切工作坚持以教学为中心，坚持以生产实习为重点的原则。在智育上，学校根据学生所学专业的特点，通过生产实习，增加动手实践机会，增强学生体质。举办各类社会活动，丰富学生生活，陶冶学生的情操，提高学生的审美能力，经过努力，教学效果明显提高，为企业输送了大批生产骨干和生力军。

第三节　重大事件和主要领导

一、重大事件

1.1975年12月26日，杭州市化工局"七·二一"职工大学成立。

2.1979年4月，杭州市化学工业技工学校成立。

3.1979年7月，学校从下城区羊千弄迁至拱墅区日晖坝新址。

4.1982年6月16日，市化工局"七·二一"职工大学更名为杭州化工系统职工大学并进入了浙江省首批成人高校的行列。

5.1984年4月，杭州市化工职工中专和杭州市综合中专化工分校成立。

6.1984年8月，杭州市电大化工工作站成立。

7.1984年，化工职工培训中心成立，"一套班子，五块牌子""集中领导，分校教学"的联合办学职业教育有了新发展。

8.1986年，化工职工培训中心被评为化工部教育工作先进单位。

9.1986年9月，学校从拱墅区日晖坝迁至江干区保安桥新校区。

10.1987年，市财政局落实了杭州市化工技工学校的办学经费。

11.1988 年 12 月，杭州市化工技工学校顺利通过合格评估。

12.1990 年，市财政局落实了杭州市综合中专化工分校的办学经费。

13.1991 年 10 月，杭州市职工中专顺利通过合格评估。

14.1994 年 12 月，化工职工培训中心成为继续教育办学基地。

15.1998 年，杭州市化工职工培训中心被评为化工部教育工作先进单位。

二、主要领导

1. 杭州市化工局"七·二一"职工大学

张承炎　主要负责人　1975 年 12 月—1979 年 03 月

刘锦波　直接负责人　1975 年 12 月—1979 年 03 月

张承炎　校长　1979 年 04 月—1982 年 05 月

刘锦波　党支部书记　1979 年 04 月—1982 年 05 月

2. 杭州市化工系统职工大学

张承炎　校长　　1982 年 06 月—1984 年 01 月（学校由化工局主办时期）

张承炎　校长　　1984 年 02 月—1986 年 04 月（学校由化工公司主办时期）

洪芳柏　校长　　1986 年 05 月—1989 年 02 月

裘曼华　校长　　1989 年 03 月—1992 年 06 月

陈水陆　校长　　1992 年 07 月—1996 年 12 月

刘锦波　党支部书记　1982 年 06 月—1984 年 01 月（学校由化工局主办时期）

刘锦波　党支部书记　1984 年 02 月—1986 年 04 月（学校由化工公司主办时期）

刘锦波　党支部书记　1986 年 05 月—1989 年 02 月

刘锦波　党支部书记　1989 年 03 月—1992 年 06 月

3. 杭州市化工职工中等专业学校

钱春堂　校长　　1984 年 04 月—1989 年 02 月

裘曼华　校长　　1989 年 03 月—1992 年 06 月

4. 杭州市综合中等专业学校化工分校

钱春堂　校长　　　　　1984 年 04 月—1989 年 02 月

裘曼华　校长　　　　　1989 年 03 月—1992 年 06 月

（撰写：袁月秋　俞卫阳）

第四章 杭州市丝绸行业办学情况

先后由杭州丝绸工业局、杭州市丝绸工业公司（杭州市经济委员会下属企业之一）主办的杭州市丝绸行业职业院校有杭州市丝绸工业局职工大学、杭州市丝绸工业公司职工大学、杭州丝绸职工中等专业学校、杭州丝绸技工学校、杭州丝绸职工业余联校，这些院校经过了十多年的发展，最终杭州市丝绸工业公司职工大学、杭州丝绸职工中等专业学校与杭州市经济委员会所属其他五大行业职工大学及其联合办学的中专、技校合并，共同组建了杭州职业技术学院（见图1-4-1）。

第一节 历史沿革

杭州自古以来就是"丝绸之府"，丝绸业的发展具有传统优势。然而，十年动荡动摇并严重冲击了以丝绸为代表的杭州传统产业的发展，尤其是造成了丝绸行业技术人才严重缺乏和结构不合理的状况。1978年后，特别是党的十一届三中全会以后，丝绸行业全面复苏和快速发展，亟须解决人才培养问题。为此，杭州市丝绸工业局决定通过系统内的职工教育来培养和提高在职职工的技术能力和水平，培养一批具有相当于大专水平的工程技术人员。

1978年，国家纺织工业部下发《关于纺织工业系统办好"七·二一"大学若干问题的暂行规定》，对纺织系统内"七·二一"职工大学的专业设置和教学要求做出了明确规定。按照这个规定，杭州丝绸系统下属的一些企业纷纷在厂内开办职工大学，开展人才培养工作。

然而，当时系统内大多数企业在开展职工教育时遇到了不少困难，尤其是教学场地和师资问题。如果等待条件改善了再办显然是行不通的，必

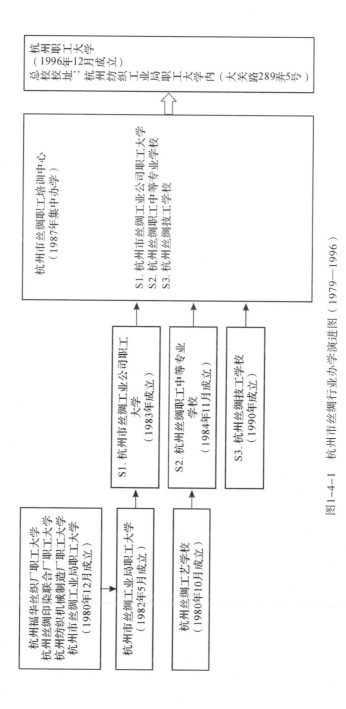

图1-4-1　杭州市丝绸行业办学演进图（1979—1996）

须采取积极的态度，本着因陋就简、自力更生的原则，充分利用各种有利时机，推进职工教育事业的发展。

一、杭州市丝绸工业局职工大学

1979 年初，中央广播电视大学正式创办。同年 2 月，杭州市丝绸工业局成立杭州丝绸工业局电大工作站，并决定充分利用电视大学的教学条件，把广播电视大学教学形式和"七·二一"职工大学结合起来，即与杭州丝绸印染厂联合创办广播电视大学"杭州丝绸工业局联合教学班"，简称"电大教学班"。同时成立的还有由杭州福华丝织厂、杭州丝绸印染联合厂、杭州纺织机械制造厂开办的"电大教学班"。电大教学班由丝绸工业局及相关企业领导，受同级教育部门指导，校长由所属企业副厂长或总工程师担任。

杭州丝绸工业局联合教学班校址设在杭州丝绸印染厂内，场地、师资、经费都十分紧缺，办学条件相当困难。办学初期只有教室两间 72 平方米，辅导室 24 平方米，办公室 24 平方米，课桌椅 75 套，办公桌 6 套，24 寸黑白电视机两台，20 寸彩色电视机一台，收录机一只，制图仪器 26 副，参考书 100 多册。同年 10 月，迁至市青云街 2 号市丝绸局家属宿舍二楼办学。

杭州纺织机械制造厂职工大学开设纺织机械专业，校址设在杭州市半山石桥杭州市纺织机械制造厂，学校负责人朱渭祥。1981 年在校生 30 人（见表 1-4-1）。

表1-4-1 杭州纺织机械制造厂职工大学统计报表（1981—1982学年）

入学时间	专业	学制/年	学习形式	招生人数/人	招生对象	学历
1980	纺织机械	3.5	全脱产	30	高中或相当于高中在职职工	大专
1981						

资料来源：杭州市档案馆。

1980 年 12 月，浙江省人民政府下发《关于同意建立杭州缝纫机工业公司等十四所职工大学的批复》（浙政发〔1980〕50 号），批准将杭州丝绸工业局所属 4 个电大教学班都转为职工大学的办学模式。

1982 年 5 月，根据浙江省批转教育部《关于举办农民、职工高等院校审批程序的暂行规定》中提出的"改变一厂一校、一校一班的办学状况"的要求，杭州市丝绸工业局研究决定，将系统所属"杭州福华丝织厂职工大学""杭州丝绸印染联合厂职工大学""杭州纺织机械制造厂职工大学""杭州市丝绸工业局职工大学"进行调整合并，在青云街2号成立新"杭州市丝绸工业局职工大学"，以此作为杭州市丝绸系统职工高等教育的主要基地。当时有教学用房690平方米，辅助用房200平方米。同时明确杭州市丝绸工业局职工大学为丝绸工业局下属的一个独立的事业单位。同年，学校收到教育部《关于职工大学备案的复函》（教育部〔1982〕教工农字0142号），正式通过教育部的复查备案，开始招收首批职工大学学生，并继续招收"电大班"学员。

杭州市丝绸工业局职工大学组建校务委员会，校务委员会由在校生较多的几个单位领导组成，市丝绸工业局分管教育的领导担任主任，凡学校重大问题均需经校务委员会讨论决定。第一届校务委员会由施林才担任主任，高大毛、杨炳荣、徐惠文等担任副主任，廖美英、邵焕成、潘爱东、周一谔等担任委员。校长是学校行政负责人，由局分管教育的领导担任；学校配备专职副校长，主持学校的日常工作。

1983年，杭州市丝绸工业局职工大学更名为"杭州市丝绸工业公司职工大学"（简称"丝绸工大"）。同年学校建立职工大学党支部，在教师和学生中开展建党工作。

自建校以来，兼任历届校长的有魏茂芬（原中共杭州市丝绸工业局委员会副书记）、陈尧柏（杭州市丝绸工业局副局长）、高丕芝（原杭州市丝绸工业局副局长）、施林才（中共杭州市丝绸工业总公司委员会书记）、周全君（杭州市丝绸工业总公司副经理）、王鹏（杭州市丝绸工业总公司教育处长）。专职中共党支部书记周兴乾，副校长徐惠文。

学校先后开设丝绸机械、丝绸电子自动化、丝织工艺三个专业，主要招生对象为省、市丝绸企业在职职工，学制三年。

1988年，学校迁址到杭州市机场路40-2号杭州市丝绸职工培训中心集中办学（见图1-4-2、图1-4-3）。

1990年后，学校面向社会招生。

1993年7月，经省教委批准，学校增设丝绸工业贸易专业，招收参加普通高考的学员。同年年底，学校校舍8589平方米，累计毕业生510人。

图1-4-2   杭州市丝绸工业公司职工大学办公教学楼

图1-4-3   杭州市丝绸工业公司职工大学课堂教学

1996 年 12 月 26 日，杭州市丝绸工业公司职工大学与杭州市经委系统所属的其他 5 所职工大学合并办学，成立杭州职工大学。

1997 年 1 月 24 日，杭州市人民政府办公厅发出《关于我市经委系统 6 所职工大学实行合并办学的通知》文件，杭州市经济委员会发出《关于建立杭州职工大学机械等分校的通知》（杭经办〔1997〕27 号）。按照通知要求，杭州市丝绸工业公司职工大学更名为"杭州职工大学丝绸分校"。

二、杭州丝绸职工中等专业学校

20 世纪 80 年代初，杭州市丝绸系统具有中专以上学历的各类工程技术人员仅占职工总数的 1.52%，不仅技术人员少，而且结构比例失调，特别是有些杭州丝绸行业的特色工艺面临着后继乏人的危机。

为了改变这种状况，1980 年 10 月，杭州市丝绸工业局和中国民主建国会省、市委员会以及省、市工商联联合创办了杭州丝绸工艺学校。建校初期，学校租借杭州第一中学、艮山中学空闲的场地开班，后来由省、市民建、工商联多方筹措资金，并经杭州市丝绸工业公司协调在艮山门艮山上 36 号杭州丝绸研究所三楼建设校舍。新校舍面积 538 平方米，共有四间教室、两间办公室。

杭州丝绸工艺学校先后开设丝绸品种设计（包括花色品种、小样、意匠）、原料管理、力织机修、准备机修等专业，学制分全脱产一年、半年和半脱产学习 3 种。

由于学校场地紧缺，学校采取集中统一领导，分散设点办学的策略。学校本部及丝绸品种设计专业设在校本部；丝织专业设在福华丝绸厂学校，可用校舍面积约 100 平方米（不包括办公室、实验室和活动场地）；染整专业设在杭州丝绸印染联合厂学校，可用校舍面积约 100 平方米（不包括办公室、实验室和活动场地）。所有专业的教学计划、课程设置、学籍管理、教师授课归属学校统一安排和领导，专业班的日常管理由设点企业指派专人负责。

1984 年 11 月，杭州丝绸工艺学校更名为"杭州丝绸职工中等专业学校"。原杭州丝绸工艺学校所有资产移归杭州丝绸职工中等专业学校使用。杭州市丝绸工业公司另拨款 4 万元作为学校开办经费，以后学校每年做经费开支预算，并报丝绸公司批准后，学校可按规定向送培单位收取学费。

收取的学费作为学校主要经费来源，不足部分由公司筹措。杭州丝绸企业和丝绸研究机构为学校提供了技术信息来源和供学生参观、实习的良好条件。

1985年4月，杭州丝绸职工中等专业学校经省计经委、省教育厅（浙教发成字〔85〕第199号）批准成立，学校仍由杭州市丝绸工业局和中国民主建国会的省、市委员会，省、市工商联三家联合主办，并由三方选派负责人组成学校的校务管理委员会指导校务工作，具体行政工作由杭州市丝绸工业公司负责，工作人员由杭州市丝绸工业公司委派。杭州丝绸职工中等专业学校先后开设丝织工艺、丝织染整等专业，学制三年，学生修完全部课程合格后，可获得职工中专毕业文凭（见表1-4-2）。学校先后为本省、市和省外11个地区培养了丝绸行业专业人才。学校历届兼任校长有陈尧柏、周全君、王鹏，沈利民为专职副校长，省工商联副秘书长求良儒、市工商联副秘书长姚润身均曾兼任过副校长。

同年，杭州市丝绸工业公司党委决定将职工中专的党员与职工大学的党员合为一个党支部。学校设教务处、总务处、学生科，后增设校办公室。学校设立一个由团支部书记、组织委员、宣传委员三人（均为学生）组成的支委会，下设两个团小组。

1988年，学校迁址到杭州市机场路40-2号杭州市丝绸职工培训中心集中办学。

1997年1月24日，由于杭州职工大学成立之前，杭州丝绸职工中等专业学校与杭州市丝绸工业公司职工大学是联合办学，故杭州职工大学成立之后，杭州丝绸职工中等专业学校作为杭州职工大学丝绸分校的一个组成部分，受杭州职工大学领导管理。

2000年，市政府召开专题会议（《关于杭州职业技术学院移交市教委管理有关问题的协调会纪要》府办纪要〔2000〕9号）明确了杭州职工大学六所分校及其所属的化工职工中专、轻工职工中专、丝绸职工中专、纺织技工学校、化工培训中心等单位撤销后，原单位法人证书、印章收缴工作由杭州职工大学负责。

表1-4-2　杭州丝绸职工中等专业学校专业设置与招生一览表（1985—1991）
（主办部门：杭州市丝绸工业局）

年份	专业名称	学制	招生人数／人	学历	备注
1985	丝织工艺		32		
	丝绸品种设计		19		
1986	丝绸染整		18		
1987	丝织工艺		24		
	丝绸品种设计		16		
1988	丝织工艺	3年	15	成人中专	
	丝绸品种设计		15		
	丝绸染整		8		
1989					未招生
1990	丝织工艺		12		
1991					未招生

资料来源：杭州市档案馆。

三、杭州丝绸技工学校

杭州丝绸技工学校筹建于1991年4月，1992年4月经浙江省劳动厅正式批准建校。学校设丝织保全、纺机装配、化纤设备维修、丝绸服装等专业。校长王鹏（兼），副校长严培祖。校舍与杭州市丝绸工业公司职工大学共用。

1992年8月，经杭州市编制委员会同意，学校设置教职工编制72人，同年9月，获准成立校办工厂——杭州天一丝绸时装厂。

1993年，学校有9个班级，在校学生105人，教职人员43人，累计毕业生298人。

1997年1月24日，由于杭州职工大学成立之前，杭州丝绸技工学校与杭州市丝绸工业公司职工大学是联合办学，故杭州职工大学成立之后，杭州丝绸技工学校作为杭州职工大学丝绸分校的一个组成部分，受杭州职工大学领导管理。

1999年，根据市府办《关于筹建杭州职业技术学院有关问题会议纪要》

（市府办纪要〔1999〕32号）的精神，杭州市轻工技工学校、杭州市化学工业技工学校、杭州丝绸技工学校合并为一所新的杭州市轻工技工学校。

2000年6月26日，杭州轻工控股（集团）有限公司发文（杭轻控劳〔2000〕190号），成立新的杭州市轻工技工学校。杭州市轻工技工学校的主办单位为杭州市轻工控股（集团）公司，校址仍在杭州市轻工教育中心，即环城北路6号（原表壳厂厂址）。原杭州职工大学轻工分校的师生陆续从环城北路6号杭州市轻工教育中心迁往杭州职工大学化工分校（三校区）校址。

四、杭州市丝绸职工培训中心

经过近十年的发展，杭州市丝绸工业公司职工大学和杭州丝绸职工中等专业学校为丝绸企业培养了一大批具有大、中专学历的工程技术人才和管理人才，一定程度上缓解了"十年动荡"造成的企业技术、管理人才青黄不接的问题，使丝绸行业职工教育基地有了初步的恢复。

1987年，为了使丝绸行业有限的职工教育资源在人力、物力、财力上产生更好的效益，丝绸公司决定在职工大学和职工中专的基础上成立丝绸职工培训中心。丝绸职工培训中心除了继续抓好学历教育外，同时根据行业需求，组织开展各类岗位培训。同年，中国丝绸工业总公司、浙江省丝绸公司和杭州市丝绸工业公司共同投资130万元，在杭州市机场路40-2号建设3500平方米的教学大楼及附属设施。

1988年，丝绸职工培训中心成立后，学校的机构设置趋于稳定。职工大学和中专在机构设置上实行"两块牌子，一套班子"。学校机构包括教务科（下设基础教研组、技术基础教研组、专业教研组等）、总务科、财务室、校办公室。设有校长、副校长、党支部书记各一名。教务科接受所属行业（系统）主管部门和教育行政管理部门的教学指导，及时报送相关教学计划和总结等教学资料，交流工作情况，参加相关教学研究活动，设正科长一名、副科长两名；总务科设正、副科长各一名；财务室、校办公室设主任一名。

1989年9月，大楼竣工并投入使用，杭州市丝绸工业公司职工大学、杭州丝绸职工中等专业学校相继迁入新教学大楼。

1990年，杭州市丝绸工业公司投资10万元新建小型实习工厂。

1992年，杭州市丝绸工业公司又投资近300万元，新建3000平方米生产实习大楼，为合并后的丝绸培训中心实现教育、生产、科研一体化打下了基础。在此期间，许多企业也慷慨资助，提供教学仪器和实习设备。通过各方面的支持，职工培训中心的教育场地和教学设施得到很大的改善。

第二节　办学概况

杭州市丝绸工业局职工大学始终遵循"办学为企业服务，教育与生产相结合"的指导思想。学校历尽艰辛，从无到有，从小到大，顺应时代发展要求，走出了一条特色办学之路。杭州市丝绸工业局职工大学在实现为企业培养合格技术工人，为企业输送生产骨干和生力军的历程中，充分发挥行业办学独特优势，做出了卓有成效的重要贡献。

一、专业设置及招生情况

1979年，广播电视大学"杭州市丝绸工业局联合教学班"第一期设有电子和机械2个专业各1个班，每班约20名学生，学制为全日制脱产三年。

1980年，新创办的杭州丝绸工艺学校以短期培训为主，先后开设品种设计（包括品种、小样、意匠3个班），原料管理、力织机修、准备机修、制丝等5个班。学制有全脱产一年制、半年制和半脱产半年制等。

1982年，合并后的杭州市丝绸工业局职工大学除了保留原已批准设立的丝绸电子自动化、丝绸机械两个专业外，增设丝织工艺专业，学制为全脱产三年。

1983年，更名后的杭州市丝绸工业公司职工大学，增设工业会计、工业统计、企业经营管理专业，学制为全脱产三年。

1985年，更名后的杭州丝绸中等专业学校开设丝绸品种设计、丝织工艺、丝绸染整3个专业，学制为全脱产三年。

1990年后全脱产教学班减少，主要开办短期技能培训班。

1995年，杭州市丝绸工业公司职工大学开始招收"高职"专业学生，第一届开设"服装设计与表演"专业。第一届高职生的培养目标定位为能够使学生实现自己设计、自己制作、自己表演。

1996 年，杭州市丝绸工业公司职工大学第二届高职生的培养调整了专业名称和定位目标，专业变更为"服装设计与制作"，其定位于培养懂设计、精制作、会管理的应用型人才（见表1-4-3）。

表1-4-3　专业设置情况

学校名称	设置时间（年份）	专业名称	学制/年	学历情况
广播电视大学"杭州市丝绸工业局联合教学班"	1979	丝绸电子自动化	3	成人大专
		丝绸机械		
杭州市丝绸工业局职工大学（1982 年）	1982	丝绸电子自动化		
		丝绸机械		
		丝织工艺		
杭州市丝绸工业公司职工大学（1983 年）	1983	工业会计	3	成人大专
		工业统计		
		企业经营管理		
	1993	丝绸工业贸易	3	成人大专
	1995	时装设计与模特表演		高职
	1996	服装设计与制作		高职
杭州丝绸工艺学校（1980 年）杭州丝绸职工中等专业学校（1984 年）	1980	丝绸品种设计	有的 1 年，有的 0.5 年	短期培训
		原料管理		
		力织机修		
		准备机修		
		制丝		
	1985	丝绸品种设计	3	成人中专
		丝织工艺		
		丝绸染整		
	1995	丝绸工程		
	1996	文秘与档案		

二、生源及选拔情况

学校在确定招生计划时，从各单位长期人才培养和短期人才亟需两方面加以考虑。尽量听取企业在开班日期、学习时间等方面的意见，使学员做到生产、学习两不误。

电大教学班的学生为杭州市各丝绸企业在职职工，通过电大招考择优录取。

杭州市丝绸工业公司职工大学的主要招生对象为省、市丝绸企业在职职工，经过统一招考择优录取，为行业企业培养具有大专水平的技术人才。1990年向社会公开招生，1995年开始招收普通应届高中毕业生。

丝绸职工中等专业学校主要招收杭州市丝绸系统具有初中毕业实际文化程度，有两年以上工龄，年龄一般不超过35周岁，身体健康的职工。

杭州市丝绸职工培训中心的生源来自各地职高、技校、中专具有中级技术等级的学生，入学经全省统一考试，择优录取。

职工大学和职工中专除招收本省、市丝绸系统职工学生外，还应外省、市丝绸系统的要求，在中国丝绸工业总公司的统一协调下，面向四川、重庆、新疆、辽宁等省、市招收学生，培养丝绸行业急需的应用型技术人才。

三、师资及培训情况

师资建设经历了三个阶段。学校在初创期，师资主要来源于外聘高校教师和企业技术人员；自1982年起，学校开始有目的地培训、引进专职教师；第三个阶段是为了适应高职教育需要，学校开始建设"双师"队伍。采用了"两师"过渡到"双师"的策略。

电大教学班的专职教师主要聘用系统内各单位专业技术人员。专职教师按工程技术人员编制，其各类待遇与企业技术人员等同。同时学校还向浙江大学、杭州大学、浙江丝绸工学院等高校聘请教师作为学校的兼职教师。

职工大学进行调整合并后，学校节省了办学经费，改善了教学条件。合并办学使专职干部和专职教师的力量相对集中并得以加强，配备了熟悉业务的校长和教务主任，保证教学管理的科学性，出台了一系列政策措施，使教师能集中精力从事教学研究，为日后成立统一的教育中心创造了条件。

丝绸职工中专成立后，教师队伍逐步增加。特别是通过民建、工商联聘请了既有丝绸专业传统技艺，又热心于教育事业的人士充实学校教职工队伍，如求良儒、姚润身、杨志明等。

　　丝绸职工培训中心成立后，依据上级有关职工大学验收标准等文件精神，配备专职教师，达到了每班配备专职教师4～5名，平均每班配备班主任1名（验收标准为学生与专职教师之比为6：1）。学校从大中专院校毕业生、企业技术人员、管理人员、科研人员中选择政治思想好，具有一定教学能力的人员充实教师队伍。同时，学校还向浙江大学、浙江工学院（现浙江工业大学）、杭州大学、浙江丝绸工业学院（现浙江理工大学）等高校聘请兼职教师，建立了一支较为稳定的兼职教师队伍。此外，学校还常年聘请从事丝绸设计、丝绸加工等工作多年、身怀绝技的行业企业老前辈作为学校的顾问。

　　为了提高教师的水平，学校制定了教师学习制度、班主任责任制等规章制度，并抽派专职教师去企业生产管理一线进行见习，鼓励教师参与丝绸行业企业的科研开发、产品改造等工作，逐步形成一支较为稳定、热衷于教育事业，教学效果良好的专兼职教师队伍，这些措施大大促进了教学质量的提升。

四、教学及培训情况

　　学校在制定教学计划时，充分考虑了企业的需求。学校根据学员工作时间安排学员的学习时间；学校根据企业的生产需求，设置教学内容。尤其对技术类学员加强了动手能力的训练，制定了学生在脱产学习期间必须利用部分寒暑假时间进行实习的制度。

　　学校在教学安排中，坚持理论联系实际的原则。除寒暑假和国家法定节假日外，三年按143周计算，其中，政治理论课、体育课、业务课程的理论教学与实践环节、毕业设计和考试等约计128周；形势教育、政治活动、入学及毕业教育、公益劳动等约计15周。学校尤其重视加强基础课的教学，基础课由电大杭州分校统一安排，专业课则由聘请的兼职教师承担。

　　在毕业设计等课题的安排上，要求学生尽量选用与企业实际生产有联系的内容。同时，学校也重视各类教材的建设，在教材的选用和编写中坚持针对性、实用性，重视加强实践环节的教学。

　　丝绸公司职工大学在办学过程中，在办好本行业企业内全脱产教学班的同时，还针对不同时期浙江省、杭州市丝绸企业对人才的不同需求，紧紧围绕企业生产发展的当前需要和长远需要培养人才，承办电视大学党政干部、经济管理类专业班，以及各类岗位培训班、技术培训班。比如"金工""机修工"中级技术培训班、"电工"培训班、外贸业务培训班等。培训形式有业余、脱产和半脱产培训。特别是1986年以后，随着经济体制改革的深入，职工教育的重点也从学历教育逐步转移到对在职职工的岗位培训。学校在继续抓好学历教育的同时，着重开展多层次、多种类、多规格、多形式的短期培训。并于1987年举办浙江省丝绸系统计划经营科科长岗位职务培训试点班取得成功后，先后举办了财务、设备、技术、车间主任等岗位职务培训班。学校最多时一年举办了16种不同层次类型的岗位培训班。为了适应外贸体制改革的需要，丝绸职工大学举办了外贸业务、外贸英语等培训班，有130多人接受了专业培训。1988年，学校为全省丝绸系统举办了全省丝绸企业中层干部岗位职务培训，这种培训采用多种实践性教学手段，加强和提高学员分析问题、解决问题的能力，取得了较好的培训效果。截至1998年，学校为全行业企业培训人员超过1.5万人（次）。

职工大学通过多种形式的岗位培训，提高了工人的技术理论水平和实际操作水平，使行业系统逐步形成一支以中、高级技术工人为主体，技术等级结构比较合理，具有较高政治、文化、技术素质的丝绸工人队伍。

五、社会评价

杭州市丝绸工业局职工大学、杭州丝绸职工中等专业学校是浙江省杭州市丝绸系统职工教育的重要基地。学校经过多年努力，在多层次、多形式办学方面取得了显著成绩，多年来为本省市丝绸行业企业培养了一大批工程技术人员和管理人员，同时也完成了其他省丝绸企业的代培任务，毕业、结业的学员中有许多人后来成为企业领导或中层干部，在工作中做出了许多业绩。

1986年，学校被评为"杭州市职工教育先进集体"。

1988年9月，杭州市丝绸工业局职工大学被纺织工业部评为"全国纺织工业部职工教育先进单位"。

1989年被浙江省计划经济委员会、杭州市人民政府分别授予"职工教育先进集体"称号。同年，王鹏、徐惠文、沈利民、陈柏松、郭迪明等教职工分别受到国家教委、中国丝绸工业公司、省、市人民政府的表彰和奖励。

1989 年、1991 年和 1992 年学校所在的市丝绸职工培训中心被分别评为"省级先进培训单位""省级职教工作先进单位""全国纺织系统职工教育先进单位"等称号。

第三节　重大事件和主要领导

一、重大事件

（一）成立杭州丝绸工业局联合教学班

1979 年 2 月，杭州市丝绸工业局成立杭州丝绸工业局电大工作站，与杭州丝绸印染厂联合开办了广播电视大学杭州市丝绸工业局联合教学班，"教学班"由丝绸工业局及相关企业领导，受同级教育部门指导，校长由所属企业副厂长或总工程师担任。当时本着因陋就简、自力更生的原则勤俭办学，在第一期经过电大招考择优录取学生，学制为脱产三年。教学中以电大"机械类""电子类"的教学内容为参考，以电大规定的课程为基础，同时通过走访浙江大学、浙江工学院、杭州大学、浙江丝绸工学院（现浙江理工大学），重新制定教学计划，适当增加了适合丝绸系统工作需要的专业课程。学校在教学中坚持理论联系实际的原则，尤其重视加强基础课的教学。如电大设置的基础课由电大杭州分校统一安排，增设的专业课则由聘请的兼职教师承担。教学班脱产学习的学员，其行政关系仍属本单位。学员在校期间均予计算工龄，在定级、调资方面和本单位职工相同，寒暑假期间工资照发。学习期间对各科考试合格者发给毕业证书，并且在使用上与普通大专院校毕业生同等对待，毕业后由办学单位根据用其所学的原则进行分配，充实本单位系统的技术力量。教学班的办学费用、办学设备均按照当时"关于厂办'七·二一'大学经费开支试行办法"中有关规定办理，师资方面主要是向系统内单位聘用专业技术人员作为专职教师，专职教师按工程技术人员编制，其各类待遇与企业技术人员等同，职称晋升方式与普通大学教师一样，同时还聘请了冯士清等 8 人为教学班的兼职教师。当时教学地点设在杭州丝绸印染厂，办学条件十分艰苦。

（二）成立杭州市丝绸工业局职工大学

1980 年 12 月经浙江省人民政府批准，杭州丝绸工业局联合教学班正式改建为"杭州市丝绸工业局职工大学"。1982 年 5 月杭州福华丝织厂职工大学、杭州丝绸印染联合厂职工大学、杭州纺织机械制造厂职工大学和杭州市丝绸工业局职工大学调整为新杭州市丝绸工业局职工大学，合并后的学校校址设在杭州青云街 2 号，有教学用房 690 平方米，辅助用房 200平方米。杭州福华丝织厂职工大学、杭州丝绸印染联合厂职工大学和杭州市丝绸工业局职工大学三所学校的学生仍在原校址学习，直至毕业。

除了保留原已批准设立的丝绸电子自动化、丝绸机械两个专业外，当年还增设了丝织工艺专业。职工大学进行调整合并后，节省了办学经费，同时改善了教学条件。合并办学使专职干部和专职教师的力量相对集中并得以加强。当时由企业领导组成了校务委员会，第一届委员会由工业局分管教育的施林才同志担任主任，由高大毛、杨炳荣、徐惠文等同志担任副主任，由廖美英、邵焕成、潘爱东、周一谔等同志担任委员。凡学校的重大问题均经校务委员会讨论决定。学校校长由施林才同志兼任，周兴乾同志为党支部书记，徐惠文同志任副校长，主持学校的日常工作。

（三）成立杭州丝绸职工培训中心

杭州丝绸职工培训中心是在杭州丝绸工业公司职工大学和杭州丝绸职工中等专业学校的基础上建立的。十余年来两校为丝绸企业培养了一大批具有大中专学历的工程技术人才和管理人才，一定程度上缓解了由于"文革"而造成的企业技术、管理人才青黄不接的问题。两校的建立使行业职工教育基地有了初步的恢复。1987 年为了使企业有限的职工教育在人力、物力、财力上产生更好的效益，丝绸公司决定在职工大学和职工中专的基础上联合成立职工培训中心。丝绸职工培训中心除了继续抓好学历教育外，还把工作重点转移到各类岗位培训上，实行多功能办学。当年由中国丝绸工业总公司、浙江省丝绸公司和杭州市丝绸工业公司共同投资 130 万元，在杭州市机场路 40-2 号建设教育大楼，次年 9 月杭州丝绸工业公司职工大学、杭州丝绸中等专业学校迁入新教育大楼，组成杭州市丝绸职工培训中心。职工培训中心成立后，不断总结经验教训，大力开展岗位培训，采用多种实践性教学手段，加强和提高学员分析问题，解决问题的能力，取得了较好的培训效果。

二、主要领导

1. 杭州市丝绸工业局职工大学

魏茂芬	校长	1979 年—1982 年（兼任）
施林才	校长	1982 年—1983 年（兼任）
高丕芝	校长	1983 年—1984 年（兼任）
陈尧柏	校长	1985 年—1986 年（兼任）
周全君	校长	1986 年—1989 年（兼任）
王　鹏	校长	1990 年—1996 年（兼任）
周兴乾	党支部书记	1982 年—1996 年

2. 杭州丝绸职工中等专业学校

陈尧柏	校长	1981 年—1982 年（兼任）
周全君	校长	1983 年—1984 年（兼任）
王　鹏	校长	1985 年—1987 年（兼任）
沈利民	校长	1988 年—1999 年
周兴乾	党支部书记	1982 年—1996 年

（撰写：余晓红　刘航　袁月秋）

第五章　杭州市纺织行业办学情况

　　杭州市纺织工业局职工大学在 16 年的办学历程中，秉承为纺织工业企业培养应用型技术人才和管理人才的宗旨，克服了办学条件、办学经验、师资力量等多方面的困难，在为杭州纺织企业培养大量人才的同时，也为杭州职业技术教育的发展积累了经验，探索了道路。经过 16 年的发展，最终杭州市纺织工业局职工大学、杭州纺织技工学校与杭州市经济委员会所属其他五大行业职工大学及其联合办学的中专、技校合并，共同组建了杭州职业技术学院（见图 1-5-1）。

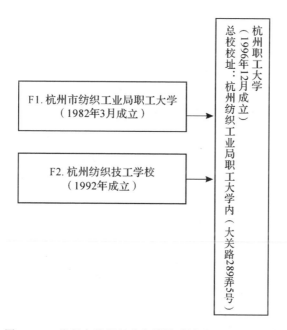

图1-5-1　杭州市纺织行业办学演进图（1982—1996）

第一节　历史沿革

20世纪80年代，伴随着企业经营自主权的不断落实，经济体制改革进入一个即将全面展开的新时期，全国各地尤其是工业企业的人才短缺问题也日益突出。

1981年2月，中共中央、国务院下发《关于加强职工教育工作的决定》，第一次对职工教育的地位、作用、方针政策和一些重大措施等问题做出全面决定。根据这一文件精神，杭州市纺织工业局针对杭州纺织企业人才缺乏的现状，开始筹备系统内的职业培训教育机构。

在改革开放初期，纺织工业受到国家扶持，系统内各企业都得到较快的发展。统计数据显示，当时整个纺织系统上交的财政收入占杭州市财政收入的三分之一以上。杭州市纺织工业局下属企业包括浙江麻纺织厂、杭州第一棉纺厂、杭州第二棉纺厂等27家企业，共4.3万多名职工。然而，纺织行业作为传统的劳动密集型产业，系统内人才严重缺乏，在全系统4万余名职工中，工程技术人员的占比仅为1.1%，只有457名，这个比例在杭州市各行业中排名位居倒数第一。从全国纺织系统来看，也不乐观。

1982年3月，为了改善系统内人才严重缺乏的问题，杭州市纺织工业局开始筹办杭州市纺织工业局职工大学（简称"纺织工大"）。同年，学校收到教育部《关于职工大学备案的复函》（教育部〔1982〕教工农字042号），正式通过教育部的审查备案，并于当年开始正式招收首批学生。学校校址位于太庙巷紫阳山脚下原纺织工业局人防基地，利用原2000平方米左右的人防指挥楼作为教学楼（见图1-5-2、图1-5-3）。

学校属于成人高等学校，最初隶属于杭州市纺织工业局，后来变更为隶属于杭州市纺织工业公司。纺织工大设校长、书记各一名，下设行政办公室、教务科、学生科、财务科、培训科等。

1990年，为改善办学条件，学校在大关路和绍兴路交叉口附近征地9亩新建校舍，具体地址为大关路289弄5号。

1991年，纺织工业公司与化纤工业公司合并成纺织化纤工业公司，学校主办单位改为杭州市纺织化纤工业公司。同年，第一期教学楼约3000平方米竣工，有教室25间，可同时容纳600名学生上课，学生宿舍可安

图1-5-2　杭州市纺织工业局职工大学校园

图1-5-3　杭州市纺织工业局职工大学课堂

置300名在校学生。此外，学校还配有微机室，物理、化学实验室等。同年，纺织工大迁入新校址，一度与丝绸工业局职工大学开展联合办学。

1992年8月，第二期附属用房1200平方米完工。学校办学所需经费主要靠主办单位的拨款及学费收入，年平均拨款4万元；后来的几年，由于纺织工业效益滑坡，主办单位拨款减为2万元。学校合理使用有限的经费，购置一些急需的设备及图书资料。当时共有图书7844册，刊物37种，配备有化工、物理、机械制图、服装、机织、针织等方面的实验仪器、资料及设备。

1996年12月26日，杭州市经委系统所属的6所职工大学（杭州市机械工业局职工大学、杭州市轻工职工大学、杭州市化工系统职工大学、杭州市丝绸工业公司职工大学、杭州市纺织工业局职工大学和西湖电子集团公司职工大学）合并办学，成立"杭州职工大学"。

杭州市纺织工业局职工大学成为"杭州职工大学纺织分校"（浙政发〔1996〕245号《关于杭州机械职工大学等6所市属成人高等学校实行合并办学的通知》）（杭经办〔1997〕27号《关于建立杭州职工大学机械等分校的通知》）。

第二节　办学概况

杭州市纺织工业局职工大学始终贯彻党的教育方针，对学生进行思想政治理论和专业知识教育，培养具有大专毕业水平的专业技术人员。在十多年的办学历程中，学校为纺织工业企业培训了大量应用型的技术人才和管理人才，推进了杭州纺织业的现代化建设。

一、专业设置及招生情况

1982年，纺织工大设置当时行业急需的棉纺、机织、针织三个专业，学制为全日制脱产三年。

1985年，鉴于当时服装行业的快速发展，学校增设服装专业，培养服装行业的紧缺人才，并于当年招收了服装专业的学生，学制为全日制脱产三年。

1991 年，学校增设化纤专业，学制为全日制脱产三年。

1992 年，杭州市出台资助"知青子女返城"的政策，为了响应政府，纺织工大恢复杭州纺织技工学校的办学工作，招收电工专业和服装制作、纺织机械保全专业技校生（见表 1-5-1）。

表1-5-1　专业设置

学校名称	设置时间（年份）	专业名称	学制 / 年	学历情况
杭州市纺织工业局职工大学	1982	棉纺	3	大专
		机织		
		针织		
	1985	服装		
	1991	化纤		
杭州纺织技工学校	1992	电工		
		服装制作		
		纺织机械		

二、生源及选拔情况

1982 年，纺织工大招收大专学历学生（在职脱产学员），同年根据省级教育主管部门的建议，将 1979 年创办的杭州第一棉纺织厂职工大学在读学员收归学校统一管理。

1987 年 3 月，因之江高等学校停办，该校 85 级服装（艺术）专业班共 17 名在校生转入纺织工大就读，纺织工大特地为此扩充师资，购置设备，保证其正常就读。

三、师资及培训情况

纺织工大的师资主要源于三方面：一是从企业专业技术人员中选调；二是从其他学校调入；三是从应届高校毕业生中选招。至 1992 年初，纺织工大共有教师 23 名，其中基础课教师 9 名，技术基础课教师 5 名，专业课教师 9 名。他们的学历都是本科以上，其中包括讲师、副教授、工程师、高级工程师，兼职教师的中高级职称比例为 91.46%。学校领导十分关心教师的成长，经常与教师谈心，许多教师递交了入党申请书。为帮助教师在业务上得到提高，学校有计划地选派、资助教师参加专业进修和继续教育。

在日常教学中，学校充分发挥教师的主导作用，重视教师的意见和建议，经常邀请教师参加办公会议。在安排教学任务前，教务人员先与教师充分沟通，让教师参与学校管理；教师在思想上、工作上、生活上出现问题，学校会尽力给予帮助。教师的受尊敬、被重用，大大调动了他们的积极性，使他们都能一心扑在教学上，用心授课，耐心指导，得到学生们的普遍好评，同时也大大保证了教育质量，提高了学生素质，满足了企业对学生的需求。

为提高教师的讲课艺术，学校还经常开展必要的教研活动，定期组织由学生、教务管理人员及教师参加的教学分析会，及时弥补教学上的不足。学校领导还不定期地亲临课堂听课，与教师坦诚交流沟通，及时把学生的意见反馈给他们。由于学校的重视和教师的努力，学生学习兴趣十分浓厚，学习十分刻苦。

此外，面向教职工，学校还建立定期理论学习制度，通过学习不断增强教职工的事业心和责任感。

四、教学及培训情况

学校对基础课程教学管理严抓不懈，通过一年多的基础教学，学生的基础知识较为扎实，一般都能跟上教学进度。同时，学校也注重理论联系实际，适应形势发展，把生产实践中的业务技术问题带到课堂上来研究。教学过程中，尽可能与纺织行业的实际情况及发展中出现的一些新问题相联系开展教学，提高学生的知识水平和运用能力。业务课程中重视实践性教学环节，加强学以致用、理论联系实际，提高学生的动手能力。学期结束时，学生的基础课和技术基础课统考合格率在80%以上，个别科目的合格率达到94%。

在重视基础课与专业课教学的同时，纺织工大十分重视思想政治教育，在录取新生时，严格选拔条件，并在新生入学时集中数天进行学前教育，从而帮助学生明确学习目的、端正学习态度。

在实习安排上，学校专门制定实习计划和要求，有针对性地选择实习场地，授课教师带领学生下厂实习，邀请具有丰富实践经验的工程技术人员进行指导，力求使理论知识与感性认识相结合。实习结束后进行总结，由厂方给出实习报告评语。

纺织工大背靠企业行业的办学特色，一方面，使学员能够得到实际的锻炼，也使企业得以了解学员的能力。譬如，学生的毕业设计项目和毕业论文的课题都会针对企业行业的生产实际和亟待解决的问题进行；另一方面，企业行业也能给专业教师提供不断提高、更新知识、技能的机会，增加专业教学内容的吸引力。

学校还对完成学业，即将返回工作岗位的毕业生开展职业道德教育，开展如何为四化作贡献等主题讨论。由于思想政治教育的有效开展，学生思想政治觉悟大大提高，讲文明，有礼貌，守纪律；人人朴素大方，作风正派，勤奋好学，为人师表已形成风气。学校违纪现象大为减少，十年来没有因违纪而被开除的学生。

在完成职工大专学历教育的同时，学校还接受省轻工业厅委托的全省纺织企业各类中层干部岗位培训的任务，并承担公司系统内科技人员的继续教育、干部岗位培训任务。同时，还举办干部大专专业证书班，如车间主任、设备科长、劳资科长、财务科长等企业管理干部岗位培训班与工艺美术大专专业证书班（见表1-5-2）。截至1992年，共有1248人参加了培训。经过专业岗位培训的学员大都成为企业生产、技术和业务管理岗位的骨干，走上车间、科室和厂级领导岗位，如第二毛纺厂副厂长邵立升、杭州服装厂厂长陈书玉、化纤工艺车间副主任邵慧军等。此外，还有学员在技术革新、新产品开发等方面取得突出成绩、作出重要贡献。

表1-5-2　其他开班及招生情况

设置时间（年份）	专业名称	学制	学历情况	招收年级／人数
1984	BAsIc语言	20天	适应性	84级/17，85级/15
	机织进修班	1年	岗位培训	84级/1，85级/17，86级/3，87级/1
1985	针织英语	3个月	适应性	85级/10
	棉纺进修班	1年	岗位培训	85级/5，86级/1，87级/5
	针织进修班			85级/10，86级/1
1986	服装进修班	1.5年		86级/1

续表

设置时间（年份）	专业名称	学制	学历情况	招收年级/人数
1989	制图国家新标准	11个月，1个月	岗位培训	89级1月/34，89级12月/27
	服装	1年	专业证书	89级/14，90级/11
	工艺美术			89级/10
	车间主任	1.5个月		89级/45，90级4月/53，90级10月/36，91级/27，92级/21
1990	纺织工程企业管理	2年	岗位培训	90级/29
1991	省纺系统劳资科长	91级1.5个月，92级2个月		91级5月/33，91级10月/23，92级/30
	自考辅导班（统计）			91级/41
1992	科技英语	3个月	适应性	92级/40

五、毕业生情况

截至 1992 年，纺织工大共培养了 249 名大专毕业生，他们在各自的岗位上作出了不同的贡献。1991 年，学校对本校 1985 届、1986 届的毕业生进行了较全面的调查。调查结果中，专业完全对口、基本对口两项合计 87.3%；其中有 34 人取得助理工程师以上职称任职资格，占 53.97%；19 人取得科员级任职资格，占 30%；担任中小企业中层以上领导的占 14.29%；不满意的毕业生仅占 9.52%。毕业生中有杭州市纺织优秀新产品二等奖的获得者，有全国优秀图案评比二等奖获得者，有省轻纺工业优秀四新产品奖获得者，有杭州市纺织公司科研成果二等奖、三等奖获奖者，有设计产品填补我省空白的，另有一名毕业生被国家质量管理协会聘为《全国质量管理基本知识》电视讲座的辅导员。纺织工大培养的学生能够在理论知识、实践动手能力各方面符合当时"四有"人才的条件。毕业生中有很多已经成为技术骨干、车间副主任，成为各个企业里面的精英。

第三节 重大事件和主要领导

一、重大事件

（一）成立"杭州市纺织工业局职工大学"

1982 年 3 月，为了改善系统内人才严重缺乏的问题，杭州市纺织工业局开始筹办杭州市纺织工业局职工大学，同年，学校收到教育部《关于职工大学备案的复函》（教育部〔1982〕教工农字 042 号），正式通过教育部的审查备案，并于当年开始正式招收首批学员。校址位于太庙巷紫阳山脚下原纺织工业局人防基地，利用原 2000 平方米左右的人防指挥楼作为教学楼。

（二）从"纺织工业局人防基地"到"大关桥下"

1990 年为改善办学条件，学校在大关路和绍兴路交叉口附近征地 9 亩新建校舍，但因资金不到位，工地一度停工，当时的校长王行至和书记韩时林一次又一次出去集资，一点一滴地将资金聚集起来，使得第一次和第二期工程分别在 1991 年和 1992 年完成。校舍搬迁的时候虽然资源条件不到位，没有搬家公司，只能从企业借汽车，但教职工内部团结一致。由党员带头，教职工们把老校舍的课桌椅，一个一个地扛进新教室，没有动用国家一分钱。

二、主要领导

杭州市纺织工业局职工大学

姜礼钧　校长　1982 年—1991 年

傅维先　校长　1991 年 03 月—1991 年 05 月

王行至　校长　1991 年 05 月—1994 年

姜庆林　校长　1994 年—1997 年

王明高　书记　1982 年—1989 年

张爱仙　书记　1989 年 02 月—1991 年

韩时林　书记　1991 年 06 月—1996 年 12 月

（撰写　刘航）

第六章 杭州西湖电子集团公司职工大学办学情况

　　西湖电子集团公司职工大学是浙江省电子行业唯一的一所成人高等学校。在十多年来的办学历程中艰苦奋斗、孜孜以求，始终坚持教学与社会、企业的需要相结合，坚持大专学历教育与多层次教育并举，为杭州职业技术教育事业的早期发展作出突出贡献。学校发展经历没获政府批准的"杭州电视机厂职工业余大学"、获批后的"杭州市广播电视工业公司职工大学"，以及"西湖电子集团公司职工大学"三个阶段。经十余年的发展，最终杭州西湖电子集团公司职工大学与杭州市经济委员会所属其他五大行业职工大学及其联合办学的中专、技校合并，共同组建了杭州职业技术学院（见图1-6-1）。

第一节　历史沿革

　　1978年，国家百废待兴，急需发展国民经济。此时的杭州电视机厂（今杭州数源科技股份有限公司）也处于企业振兴和发展的关键时期。但由于特定时代原因造成人才培养断层，电子专业人才早已无以为继，企业从初级、中级到高级技术人才面临全面匮乏，严重制约了企业的发展。在此困境中唯一的出路是自力更生，由企业自己来培养急需的技术人才。时任厂长的温湖和党委书记李嘉才当机立断，决定创办"杭州电视机厂'七·二一'工人大学"，以培养企业急需的初、中级技术人才，解决企业发展的技术瓶颈。电视机厂党委委派厂总工程师陈增琪高级工程师兼任校长，同时委派周关根、吕宁芳、潘婉君等6位同志具体负责学校的筹建，并在资金和

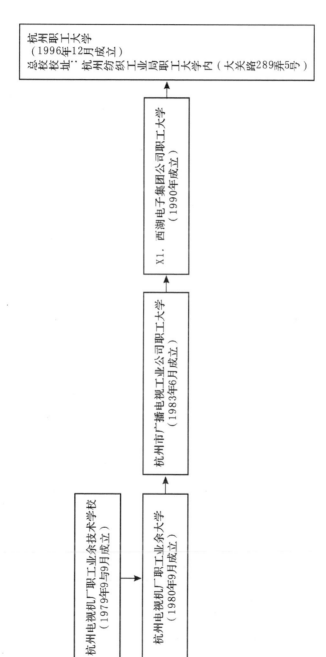

图1-6-1 杭州西湖电子集团公司职工大学办学演进图（1979—1996）

人员上给予了最大的支持。

一、杭州电视机厂职工业余大学

1978 年，为支持企业快速发展的急需，杭州电视机厂"七·二一"工人大学在获得政府正式批准之前，决定先行开课，以天目山路市电子仪表局仓库为上课场地，开创了企业自办的大专层次学历教学的办学历史。及时委派周关根、吕宁芳等着手授课，开始了为期半年的半脱产科技人员培训班，接着，又为企业新进厂的工人（均为接近高考录取分数线 1～3 分的优秀生源）进行应知、应会的上岗培训和考核，从而迈出了企业自办职工大学的第一步。与此同时，随着广播电视大学的兴起，企业开办电大教学点成为进行职工教育的一条捷径。在筹建人员的积极努力下，学校争取到广播电视大学教学点的办学资格。

1979 年 9 月，为了尽快提升职工的文化素质和职业技能，学校开办了"杭州电视机厂职工业余技术学校"，由当时的副厂长俞志龙兼任校长，教学场地设在教工路 2 号新建的杭州电视机厂厂区内，使得职工教育面进一步扩大。

1980 年 9 月，学校更名为"杭州电视机厂职工业余大学"，校舍迁往灵隐斋堂厢房（原杭州电视机厂旧厂址）。

1981 年 4 月，学校迁到道古桥农民住宅。

1982 年初，又迁回教工路 2 号杭州电视机厂厂区内。尽管当时学校尚未获得政府正式批准，但教学紧密联系工厂实际，培养的人才全部充实到生产部门和技术部门，有的走上了厂长、主任、科长等重要职位，为广播电视工业公司的超常快速拓展、技术管理及技术后方支持系统的健全发挥了显著的作用。

二、杭州市广播电视工业公司职工大学

1983 年初，市委批准以杭州电视机厂为主，筹建杭州市广播电视工业公司，与此同时，开始兴办杭州市广播电视工业公司职工大学。同年 5 月，校舍迁至黄龙洞村 3、4 组仓库，校部办公地址设于天目山路花园旅馆内。这一辗转迁徙中的艰难办学，实际也是正规办学前的预热，这几番预热，也为职工大学的诞生创造了较好的条件。

1983年6月4日，经浙江省人民政府批准（浙政函〔1983〕81号），杭州市广播电视工业公司职工大学正式成立。同年9月13日，学校经原教育部备案（原教育部〔1983〕教成字058号）正式核准，成为浙江省电子行业唯一的一所成人高等学校（见图1-6-2）。

图1-6-2　西湖电子集团公司职工大学部分教师合影

1984年，学校办学体系逐步完善，经上级主管部门批准，办学形式从企业、行业内部招生，转变为向社会开放。

1984年11月，学校在古荡镇67号建立校办工厂，由副校长鲁玉毛兼任厂长。同年12月，建立工会委员会及团总支委员会。

1985年2月，校舍搬迁到曙光路46号杭州市第十五中学一号楼，使用面积1050平方米。3月组建科技科，4月成立学生会，5月建立党支部委员会和共青团委员会。至此，职工大学党政工团组织建立健全，各项工作迅速展开（见图1-6-3）。1987年9月又成立校培训科。

图1-6-3　杭州广播电视职工大学电视机培训班第二届学员合影（1985）

　　1987 年，杭州市广播电视工业公司职工大学迎来开拓、创新的一年。公司领导为适应电子工业发展对人才培养的需要，改善办学条件，经杭州市计委批准，学校在黄姑山路 2-2 号征地 10.8 亩，新建校舍 4000 平方米，总投资 100 万元。4 月 1 日，新校舍开始建造。9 月，成立校培训科。

　　1988 年 3 月新校舍交付使用，从此结束了辗转办学的历史。自此以后，学校展开了一系列的改革实施和部署，理顺关系，明确了培养目标、课程设置、专业方向，制定了完善的教学计划。针对当时"工学矛盾"突出，成人高校普遍生源不足的问题，学校充分发挥企业办学的优势，变等学生上门为主动去工矿企业招生，做好专业培养方向的宣传。当年学校的平均录取分数线比省录取分数线高出 93.6 分，既保证了办学的连续性和稳定性，也满足了省内许多中、小企业对人才的需求。

　　在机构设置上，学校按照公司的职工教育体制实行一套班子、三位一体（职工大学、教育中心和教育处）的组织形式，对全公司职工的全员培训、学历教育等实行全面管理。学校设有校部办公室、教务处（含图书阅览室和文印室）、电子技术教研室、机械制造教研室、基础教研室、实验室、培训部和政治教研室等部门；教育中心主要开展职工技术等级培训、岗位适应性培训和党员培训；职工政治学校、业余党校负责全公司各类人员的政治教育。公司教育处负责制定面向全公司的职工教育规划，并提出具体方针目标、制定职工教育管理细则和奖惩条例等。

三、西湖电子集团公司职工大学

1990年，随着学校主办单位杭州市广播电视工业公司的改组，学校正式更名为"西湖电子集团公司职工大学"。

1991年，学校面积共10.8亩，建筑面积共2379平方米，其中有实验室4个、计算机机房1个、各种型号录像机5台、黑白和彩色电视机各20台、仪器仪表439台等，总价值计40.1万元，大多来自西湖电子集团公司。此外，学校拥有图书12600余册，各种期刊130余种，还有多种教学模具、教学挂图、教学器材等。

为了扩大教学实践场所，学校创办了实验工厂，不仅为在校学生提供了实训基地，也为学校积累了创业资本，用于添置教学设备，加强基础建设。校办工厂创办第一年生产了"佳乐牌"电视机10024台，创产值400.96万元，创税利58.45万元。

1994年，学校被确定为浙江省首批高职试点学校（教成司〔1994〕61号），并于同年9月招收了第一届27名高职电子专业的学生，从此学校开始了对高等职业教育的探索。结合社会对实用型人才的迫切需要，学校在专业设置、培养目标上，对第一届高职班定位为培养具有家用声像类电器产品生产、调试与维修能力，具有大专学历，能从事一线生产管理的高级职业技术人才，并且制定了学制、学历和技能水平的要求。

从1994年开始，学校连续4年承办高职应用电子技术专业单考单招专业理论和实践技能的命题工作，并组织了入学考试、阅卷及录取工作。按照当时高职教育"必需、够用"的教学原则，经过广泛的企业调研，编写了高职教学计划和课程大纲，西湖电子集团公司所属各企业、电视机二厂则作为专业实习基地。

第二节 办学概况

西湖电子集团公司职工大学办学以来，坚持德、智、体、美全面发展的教育方针，注重理论与实践相结合的教学方法，致力于培养学生的专业理论知识及实际创造能力。为社会培养应用型人才，提高企业职工的素质，推动企业文化建设，作出了积极的贡献。

一、专业设置及招生情况

1979 年 2 月学校开设第一个电大电子专业教学班，招收学员 16 名。同年 9 月"杭州电视机厂业余技术学校"成立，开办电子专业甲、乙两个班，学员 110 人。

1980 年，学校招收 80 级电大班及夜大电子机械两个班，学制四年，职工业余技术学校增办了"电子丙班"。

1985 年 7 月开始，每年招收电子、机械各一个班。

1991 年，为适应电子工业发展，结合公司"八五"规划和十年发展纲要的要求，培养企业需要的各种专门人才，学校对电子技术和机械制造两个专业进行了重新规划和设置，各分设三个方向。

电子技术专业设置了家用声像电器调试与维修、电子产品营销、机电一体化三个方向。分别培养家电设计、制造人才，以及既懂电子技术又会电子产品经营，既懂机又懂电的复合型人才。其中，家用声像电器调试与维修和电子产品营销专门化，学制为全脱产两年半；机电一体化学制为业余三年。

机械制造专业设置了家用电器结构设计与造型、模具设计与制造、无线电专用机械设备三个方向，学制均为全脱产两年半。主要培养家电产品结构设计、模具设计与无线电专用机械设备设计、工业产品造型与装潢等方面的技术人才（见表 1-6-1）。

表1-6-1　专业设置

学校名称	设置时间（年份）	专业名称	学制
广播电视大学教学点	1979	电子	
		机械	
杭州电视机厂职工业余技术学校	1979	电子甲、乙班	
	1980	电子丙班	
杭州电视机厂职工业余大学	1980	电子技术	4
		机械制造	
杭州市广播电视工业公司职工大学	1984	电子	
	1985	机械	
	1991	家用声像电器调试与维修	2.5
		电子产品营销专门化	
		机电一体化	业余3年
		家用电器结构设计与造型	2.5
		模具设计与制造	
		无线电专用机械设备	

二、生源及选拔情况

杭州电视机厂"七·二一"工人大学电大教学点的学生为杭州广播电视工业公司各部门选拔上来的优秀青年工人，通过中央广播电视大学浙江省统一招生考试录取。

杭州市广播电视工业公司职工大学在建立之初的生源为企业、行业内部员工。1984年，学校办学体系逐步完善，经上级主管部门批准，同意向社会开放招生。同年7月，学校第一次面向全市招收学生。1985年7月，学校开始面向全省招生。

1991年，更名后的西湖电子集团公司职工大学经浙江省教委批准，开始面向全国招生。在后来的几年中，学校先后从新疆、内蒙古、吉林、河南、湖南、江西、海南、云南等省份招收电子技术、家用声像电器调试与维修、电子产品营销、模具设计与制作等专业的学生。

三、师资及培训情况

杭州市广播电视工业公司职工大学自办学以来一直非常注重师资队伍建设。1986 年，学校开始建立教师考绩档案，实行教师工作量考核制度，规定每年每个教师工作量为 1680 小时。此外，开展以各教研室为单位的教学活动及校际学术交流活动，研究教学方法，交流教学经验，并且开展老教师对新教师的传、帮、带工作。

1987 年成立校学术委员会，开展教师教学评估、学术研讨、教师职称评审工作，实行教师新开课试讲制度，调整师资结构。在教学实践的基础上，学校举办首次大型学术论文交流会，历时 3 天收到论文 23 篇，其中 11 篇在会上交流。

1993 年开始，为了提高师资队伍的学历水平，学校每年选派教学骨干到浙江大学研究生院进修研究生课程，还专门引进了一批学有专长的高学历、高职称教师。

为了实现理论知识与实际技能在教学中的有机融合，学校一方面聘请企业的工程技术人员来校讲课，另一方面也从企业调进工程师作为学校的专职教师。

四、教学及培训情况

实行学历教育与非学历教育相结合，兴办新型职大，一直是学校多年来所坚持的办学方针，也是学校所努力实践的企业职业教育发展之路。为此，学校十分重视实践性教学环节，对学生的毕业实习和毕业设计精心组织，既讲究质量，又符合规范，不仅聘请西湖电子集团有限公司研究所、总工程师办等设计生产部门的工程技术人员担当毕业实习、毕业设计的指导老师，也从浙江大学、杭州大学等院校聘请陈偕雄、毛培法、顾玉林等专家教授担任毕业设计（论文）答辩委员会的主任和副主任（浙教成办字〔1991〕第 20 号，浙教成办字〔1993〕第 13 号，浙教成办字〔1993〕第 16 号），以指导和促进学校的专业建设。

学生的毕业实习与企业的科研和生产实践相结合，毕业设计的所有课题都来自企业技术攻关项目和企业技改项目，由企业高级工程师和产品主设计师担任指导教师。毕业论文技术含量高、涉及面广、实用性强，84 级、

85 级两届学员毕业论文优良率达 69.5%，时任毕业设计答辩委员会主任的杭州大学物理系张森教授予以较高的评价。同时，学生的理论水平和实践能力得到企业广泛的认可，大部分学生毕业后被实习单位所录用，成为企业的技术骨干。

学校在办好全脱产教学班的同时，充分利用现有的教育设施和师资力量，急企业所需，为企业开展各种类型的岗位培训。1978 年开始，学校除办好大专学历教育外，先后为企业开办了青年工人上岗培训班 10 余期，培训学员 1000 多人。1985 年开始，举办了 40 多期黑白、彩色电视机维修培训班，面向全国培训学员近 2000 人；开办 10 多期 BASIC 语言、微机原理、计算机操作等实用技术培训班，培训了公司各级工程技术和厂级、各厂（所）中层干部及部分骨干 180 余人；举办了 4 期中层干部、企业管理培训及中级（工程师）的进修，培训学员 107 人次，使中层干部掌握的企业管理知识也得到了更新。1987 年，学校为公司各企业举办职称晋升"科技英语"辅导班，有 57 名学员参加学习。1988 年，杭州市在西湖电子集团公司进行试点，开展现代化管理基本知识培训。1992 年，学校承办了电子工业部电子工程师进修大学教学点的教学工作，向企业的工程技术人员教授与电子专业有关的现代化科学技术知识，经统一考试成绩合格后，颁发电子工程师进修大学继续教育证书，为社会培养了一大批专业技术人才。

五、毕业生情况

经过公司与学校的多年努力，西湖电子集团公司职工大学取得了丰硕的办学成果。自 1984 年到 1991 年，职工大学为西湖电子集团公司培养大专生 275 人，其中有 83 人成为企业技术、管理骨干，有 12 人提拔为中层以上干部，有 1 人被选为部、省劳模。

自 1986 年到 1991 年，培训中、高级工 900 余名，班组长培训 152 人，中层干部现代化管理培训 63 人，企业职工政治轮训 3518 人次，举办安全质量教育培训班，使企业员工安全质量教育受教育面达到 99%。学校为促进企业的物质文明和精神文明建设、为提升企业职工的学历层次和职业素质、为 90 年代电子工业的腾飞作出了卓有成效的贡献。

第三节　重大事件和主要领导

一、重大事件

（一）杭州电视机厂职工业余大学成立

1979 年 9 月，杭州电视机厂开办了"杭州电视机厂职工业余技术学校"，教学场地设在教工路 2 号新建的杭州电视机厂厂区内。

1980 年 9 月，学校更名为"杭州电视机厂职工业余大学"，校舍迁往灵隐斋堂厢房（原杭州电视机厂旧厂址）。

（二）杭州市广播电视工业公司职工大学成立

1983 年 6 月 4 日，经浙江省人民政府批准（浙政函〔1983〕81 号），杭州市广播电视工业公司职工大学正式成立。同年 9 月 13 日，经原教育部备案（原教育部〔1983〕教成字 058 号）正式核准，成为浙江省电子行业唯一的一所成人高等学校。

（三）西湖电子集团公司职工大学被确定为浙江省首批高职试点学校

1994 年，学校被确定为浙江省首批高职试点学校（教成司〔1994〕61 号），并于同年 9 月招收了第一届 27 名高职电子专业的学生，从此学校开始了对高等职业教育的探索。结合社会对实用型人才的迫切需要，学校在专业设置、培养目标上，对第一届高职班定位为培养具有家用声像类电器产品生产、调试与维修能力，具有大专学历，能从事一线生产管理的高级职业技术人才，并且制定了学制、学历和技能水平的要求。

二、主要领导

1. 杭州电视机厂职工业余技术学校

俞志龙　校长　　　　　　　1979 年—1980 年（兼任）

2. 杭州电视机厂职工业余大学

陈增琪　校长　　　　　　　1980 年—1983 年

娄守礼　党支部书记　　　　1980 年

严根松　党支部书记　　　　1981 年—1983 年

3. 杭州市广播电视工业公司职工大学

余泽和　校长　　　　　　　1983 年—1989 年

严根松　校长　　　　　　　1989 年—1990 年
严根松　党支部书记　　　　1983 年—1985 年
王在铃　党支部书记　　　　1986 年
蔡成林　党支部书记　　　　1987 年
谭恢月　党支部副书记　　　1987 年—1990 年

4.西湖电子集团公司职工大学

严根松　校长　　　　　　　1990 年—1992 年
吴震方　校长　　　　　　　1992 年—1996 年
谭恢月　党支部书记　　　　1990 年—1996 年

（撰写　刘航　刘杰）

第二篇　资源重组　易地办学

20世纪90年代前期，浙江紧跟国家政策导向，结合本省实际情况，开始探索发展高等职业教育。这一探索起步的标志性事件是1993年杭钢职工大学试办高等职业技术教育。1994年，浙江省人民政府在《加快浙江教育改革与发展的若干意见》中提出要积极发展高等职业教育，浙江高等职业教育试点工作的序幕由此拉开。

自1996年起，国家相继出台了《中华人民共和国职业教育法》《高等职业教育法》《中华人民共和国高等教育法》《关于实施高等职业教育的意见》等政策文件后，着力推进高等职业院校发展，鼓励、支持职工大学整顿提升，并对进一步开展高等职业院校的相关工作提出了办学基本要求，强调要多渠道、多规格、多模式发展高等职业教育，鼓励本科高等学校或与企业合作举办职业技术学院等多种形式积极发展高等职业教育。这年12月26日，《关于杭州机械职工大学等6所市属成人高等学校实行合并办学的通知》（浙政发〔1996〕245号）发布，杭州职工大学诞生（见图2-1-1）。

杭州市委、市政府坚决贯彻落实国家和浙江省关于大力发展高等职业教育的政策，结合杭州市职业教育改革发展实际，准确把握职业教育面临的形势任务，大力支持高等职业教育发展。杭州市政府提出了"科教兴市"目标，筹建杭州职业技术学院，发展高等职业教育，培养基层急切需要的技能型、应用型人才。1997年1月24日，杭州市下发《关于我市经委系统6所职工大学实行合并办学的通知》（杭政办发〔1997〕23号），明确杭州市经委系统六所职工大学实行合并办学，学校更名为杭州职工大学，

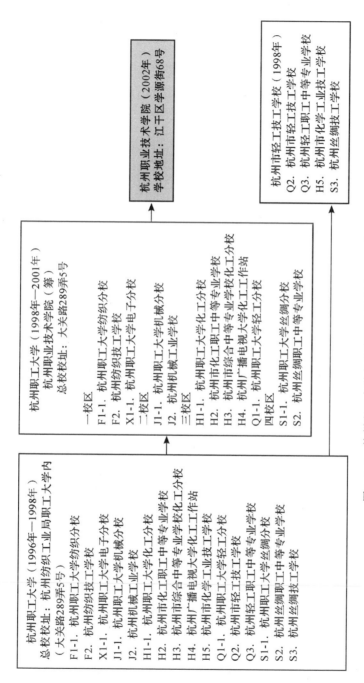

杭州职业技术学院（2002年）
学校地址：江干区学源街68号

杭州市轻工技工学校（1998年）
Q2. 杭州市轻工职工中等专业学校
Q3. 杭州市化学工业技工学校
H5. 杭州市化学工业技工学校
S3. 杭州丝绸技工学校

杭州职工大学（1998年—2001年）
杭州职业技术学院（筹）
总校校址：大关路289弄5号

一校区
F1-1. 杭州职工大学纺织分校
F2. 杭州纺织技工学校
X1-1. 杭州职工大学电子分校
二校区
J1-1. 杭州职工大学机械分校
J2. 杭州机械工业学校
三校区
H1-1. 杭州职工大学化工分校
H2. 杭州市化工职工中等专业学校
H3. 杭州市综合中等专业学校化工分校
H4. 杭州广播电视大学化工工作站
Q1-1. 杭州职工大学轻工分校
四校区
S1-1. 杭州职工大学丝绸分校
S2. 杭州丝绸职工中等专业学校

杭州职工大学（1996年—1998年）
总校校址：杭州纺织工业局职工大学内
（大关路289弄5号）
F1-1. 杭州职工大学纺织分校
F2. 杭州纺织技工学校
X1-1. 杭州职工大学电子分校
J1-1. 杭州职工大学机械分校
J2. 杭州机械工业学校
H1-1. 杭州职工大学化工分校
H2. 杭州市化工职工中等专业学校化工分校
H3. 杭州市综合中等专业学校化工分校
H4. 杭州广播电视大学化工工作站
H5. 杭州市化学工业技工学校
Q1-1. 杭州职工大学轻工分校
Q2. 杭州市轻工职工中等专业学校
Q3. 杭州轻工技工学校
S1-1. 杭州职工大学丝绸分校
S2. 杭州丝绸职工中等专业学校
S3. 杭州丝绸技工学校

图2-1-1 杭州职工大学办学演进图（1996—2001）

隶属于市经委。1997 年，杭州职工大学开展高职教育试点工作，当年共计招生 195 人，占全省试点的 28.3%。

以杭州职工大学为基础筹建杭州职业技术学院，离不开国家与地方的政策支持，更经历了先后 8 次选址。在此阶段，杭州职业技术学院（筹）高度重视办学质量，梳理办学思路，重视人才培养，加强队伍建设，力争又好又快地建立杭州职业技术学院。

第一章　多校合并

第一节　合并背景

杭州职业技术学院（筹）在政策支持与自身发展需求的双重背景下应运而生，在国家层面契合中央指示精神，符合国家对职业教育发展的支持，更是得到了浙江省与杭州市的重要肯定。

一、政策背景

（一）时代召唤：高等职业教育政策立法满足国家战略需求

1978 年召开的十一届三中全会决定把社会主义经济建设作为党和国家的工作中心，这也使社会对高素质劳动力和技术技能型人才的需求越来越强烈。随着经济建设的不断进步，职业教育在国家各项事业发展中的地位越来越重要。高等职业教育培养高素质高技能人才，为国家输送优质劳动力的使命越来越紧迫。

1985 年，教育改革文件《中共中央关于教育体制改革的决定》指明了职业教育改革方向，提出要充分调动企事业单位和业务部门的积极性，并且鼓励集体、个人和其他社会力量办学。教育体制全面改革的序幕就此拉开。党的十三届七中全会再次提出要大力发展职业教育。1991 年，《国务院关于大力发展职业技术教育的决定》指出，国家职业技术教育必须采取大家来办的方针，要在各级政府的统筹下，发展行业、企事业单位办学和各方面联合办学。

1994 年《中国教育改革和发展纲要实施意见》的颁布对推进高职教育发展具有里程碑意义。该意见第一次提出"三教统筹"的概念，即通过改革现有的高等专科学校、职业大学和成人高校以及举办灵活多样的高等职业班等途径，积极发展高等职业教育。在同年的全国教育工作会议上，多位相关部门领导也同样强调要大力发展高等职业教育，培养技艺、应用型人才。会议进一步提出"三改一补"。即通过现有的职业大学、部分高等专科学校或独立设置的成人高校改革办学模式，调整培养目标来发展高等职业教育。仍不满足时，经批准利用少数具备条件的重点中等专业学校改制或举办高职班作为补充来发展高等教育。

1996年，《中华人民共和国职业教育法》正式施行。文件以法律形式规定："企业可以单独举办或者联合举办职业学校、职业培训机构"；"政府主管部门、行业组织应当组织、协调、指导本行业的企业、事业组织举办职业学校、职业培训机构"。

1998年，《高等职业教育法》和《中华人民共和国高等教育法》颁布。这两部法律明确将高等职业教育纳入高等教育体系。同年制定的《面向21世纪教育振兴行动计划》明确了高等职业教育的培养目标，指明了高等职业教育发展的方向。还是这一年，教育部等部委根据新的管理模式和运行机制发布了《关于实施高等职业教育的意见》，提出了多渠道、多规格、多模式发展高等职业教育。在这一文件的指导下，教育部等部委为20个省市发展高等职业技术教育核拨了11万个招生指标，通过鼓励本科高等学校或与企业合作举办职业技术学院等多种形式积极发展高等职业教育。

1999年1月，教育部推出了《试行按新的管理模式和运行机制举办高等职业技术教育的实施意见》，中国高等职业教育从此进入快速发展时期。

2000年，教育部发布《关于加强高等职业技术教育人才培养的意见》，首次以公文的形式阐述了高等职业技术教育人才培养模式的基本特征。

2002年，国务院颁布了《关于大力推进职业教育改革与发展的决定》，推进职业教育的各项改革工作。2004年，教育部发布了《以就业为导向深化高等职业教育改革的若干意见》，提出逐步将高等职业教育的发展转向质量提升和内涵建设。

（二）市场导向：高等职业教育改革契合浙江经济社会发展

1993年，杭钢职工大学试办高等职业技术教育，迈出了浙江高职教育的新步伐。第二年，浙江省人民政府在《加快浙江教育改革与发展的若干意见》中指出要积极发展高等职业教育。浙江高等职业教育的试点工作就此开始。

1998 年底，浙江省人民政府在全国率先制定了《关于鼓励社会力量参与办学的若干规定》。随后，一批民办高等职业技术学院在全省各地相继崛起。

1999 年，《关于浙江省试点高等职业教育的实施意见》发布后，全省高等职业教育进入了大发展时期。通过对成人高等教育机构的改制、改革和重组，升级改造部分条件较好的中等专业学校，浙江以政府投资、旧校区土地置换、社会企业参与、银行贷款等方式，新建了一批职业技术学院。

1999 年后，浙江规定所有新建的高等职业技术学院必须按照 3500 人以上在校生规模的标准进入高等教育园区或选址新建校区。这种"高起点、高标准"的建设要求，为浙江高职院校的后续发展奠定了坚实的基础。

2000 年，浙江省教育厅发布《关于加强我省高等职业教育的若干意见》，进一步明确了高等职业教育的发展思路。

2002 年，浙江省教育厅又出台《关于鼓励和支持民办职业教育发展的若干意见》。全省各地普遍加大对民办职业学校的扶持力度，使得民办高等职业技术院校规模迅速扩大。改革开放以来，浙江经济与高职教育之间形成了良好的"互动"关系，经济的快速发展为浙江高等职业教育发展提供了必要的物质支持，高职教育也为浙江经济社会建设提供了人才和智力支撑。

1998 年到 2005 年间，浙江抓住政策机遇，通过省级层面的宏观调控，有力推进多途径、多形式、多类型发展高等职业教育。这一时期，浙江高职教育发展的重点在扩大规模、提升容量。其中高职学校数量迅速扩大，招生人数大大提升，对浙江教育事业以及社会发展产生了积极影响：一方面，高等职业院校的建立在一定程度上缓解了人才供求矛盾，改善了高校布局，调整了办学层次和学科结构；另一方面，21 世纪高校扩招扩大了高职教育的学生规模，在一定程度上推迟了适龄就业人口进入劳动力市场的时间，暂时缓解了就业市场压力，发挥了劳动力储备作用。

（三）现实需求：成立杭州职业技术学院符合"科教兴市"战略

杭州市坚决贯彻落实国家和省内有关大力发展高等职业教育的政策，结合杭州市职业教育改革发展实际，深刻把握职业教育面临的形势任务，大力支持高等职业教育发展。1997 年 1 月 24 日，《关于我市经委系统 6 所职工大学实行合并办学的通知》（杭政办发〔1997〕23 号），明确市经委系统 6 所职工大学实行合并办学，学校更名为"杭州职工大学"，由市经委领导。原杭州机械、轻工、化工、丝绸、纺织、西湖电子等 6 所职工大学存在的办学经费来源不足、规模较小、学校继续发展有较大困难等问题开启了逐步解决模式。这为积极开展职工教育、高等职工教育和种类岗位培训、努力提高劳动者的素质、实现"科教兴市"也开了个好头。

1997 年 6 月，《关于解决杭州职工大学当前办学有关问题的会议纪要》（府办纪要〔1997〕41 号）明确提出：杭州职工大学属全民事业单位。原 5 所职工大学核定的人员编制全部划归杭州职工大学（西湖电子职工大学原属企业编制）。为了实施"科教兴市"战略，发展职工教育事业，提高职工队伍素质，培养科技人才，1997 年 10 月，《批转市财政局等五部门关于杭州市职工统筹经费实施办法的通知》（杭政〔1997〕12 号）指出，职工教育统筹经费实行"比例统筹、定向使用、略有结余"的原则，并明确职工教育统筹经费用于杭州职工大学办学与发展和职工教育业务。

1999 年 4 月，《关于筹建杭州职业技术学院有关问题的专题会议纪要》（府办纪要〔1999〕32 号）提出，为了加快发展杭州市的高等职业技术教育，培养社会急需的高层次应用型专业技术人才，杭州职工大学要认真研究确定在市场经济条件下的办学思路，要按照国有民营机制，吸引外部资金，形成多元投资主体，办成有特色的学院。杭州职工大学机械、轻工、化工、丝绸、纺织 5 个分校（包括合署办学的中专、技校等教育单位）的土地和资产，成建制地划拨给杭州职工大学；盘活机械、化工、丝绸 3 所分校地块，盘活资金用于职业技术学院新校址的建设；纺织分校地块用作杭州经济管理培训中心的培训场地；轻工分校地块用作技工学校。

2000 年 1 月，《关于杭州职业技术学院移交市教委管理有关问题的协调会议纪要》指出：从 2000 年 1 月 13 日起，杭州职业技术学院由市经委移交市教委管理，学校为市属高校，办学体制为国有民营。2001 年 10 月，《关于成立杭州职业技术学院的请示》（杭政发〔2001〕221 号）认为杭州职业技术学院（筹）的办学条件已达到高职院校设置标准，请求省政府批准成立杭州职业技术学院。正式建校的目的是深化科技与教育体制改革，大力推进科技进步，积极构筑人才高地，提高和发挥杭州作为全省科技教育中心的作用，增强城市综合创新能力。

2001 年，《杭州市国民经济和社会发展第十个五年计划纲要》明确提出，将杭州职业技术学院列为重点发展的 4 所市属高校之一。

2002 年 6 月，《关于杭州职业技术学院经费问题的协调会议纪要》（杭府纪要〔2002〕88 号）明确提出：杭州职业技术学院的经费预算形式按财政适当补助（定额补助）的事业单位执行。2003 年 5 月，《关于杭州职业技术学院老校区土地盘活有关问题的专题会议纪要》（杭府纪要〔2003〕77 号）明确了杭州职业技术学院香积寺路和保安桥河下地块的出让问题，杭州职业技术学院从以上两块出让土地中净得资金约 9850 万元。2004 年 7 月，《关于杭州职业技术学院办学性质的批复》（杭政函〔2004〕107 号）明确杭州职业技术学院在办学体制上为资产国有、财政适当补助、按民办机制运作的市属高校。

二、发展需求

（一）顺应杭州市的发展需要

为加速老企业改造，发展支柱产业和高科技产业，适应杭州市两个根本性转变和产业结构战略性调整的需要，在 1996 年之后的 5 年内，杭州市工交系统（含 7 县 5 区）需净增 2 万名具有高等学历的应用型人才，须培养 400 余个技师和 47000 余名中、高级技工，必须对系统近万名企业领导干部进行国家规定的岗位轮（培）训。

同时，市科委、市人事局等部门对全市各类专业人员现状调查资料表明：20 世纪 90 年代中期，杭州市现有各类专业人员在专业知识深度、广度、能力适应及基础知识掌握情况等方面都存在一定问题。杭州市职业技术人才严重匮乏，行业急需职业技能培训、职业技术的继续教育。为了适应时代和经济发展的需要，加强对企业各类人员的继续教育，成为摆在全市工交战线的一项重要任务，迫在眉睫。要完成这一大数量、多层次、高规格和多工种的培训任务，仅仅依靠普通院校短期内是较难实现的，必须依靠各行各业大力开展成人教育。因此，杭州市经委系统急需一个具有较高水平的学校作为培训基地。

（二）顺应六校生存发展需要

时至 1996 年，杭州市经委系统已经拥有杭州机械工业学校和机械局职工大学、杭州化工系统职工大学、杭州市轻工职业大学、杭州市丝绸工业局职工大学、杭州市纺织工业局职工大学、杭州电子集团公司职工大学六所职工大学（简称"六校"），它们分别由杭州机械、化工、轻工、丝绸、纺织、电子六大行业系统管理。这六大行业系统涵盖了全市工业经济的重要领域与大半个江山，也是 1949 年以后杭州工业发展的传统支柱产业。

这些学校在艰苦创业、办学的十几年历程中，主动适应杭州市社会经济发展的需要，为社会输送了 5000 余名大专毕业生，系统培训了 5 万余名在职职工，为各自的行业、系统培养了大批出色的技术和管理人才，对缓解改革开放初期出现的人才紧缺状况作出了重要贡献。

"六校"不仅代表了这个时期杭州职工技术培训、职业素质培养与成人高等教育的辉煌成就，更代表了新中国成立以来杭州成人教育事业发展的较高水平。20 世纪 90 年代以来，"六校"发扬了艰苦奋斗、勤俭办学的精神，适时走上了多种形式办学的道路，开展了以提高干部、职工业务和技术素质为目标的多种培训。

自 80 年代以来，各校在办学条件和外部条件均不理想的情况下，千方百计克服各种困难，在坚持发展成人高等教育的同时，也锻炼出了一支事业心强、艰苦奋斗、熟悉成人教育规律的干部、教师队伍。但是，在根本上仍旧没有走出发展困境，各职工大学办学条件差、投入少、办学经费没有稳定渠道、生源不足、教师队伍亟待充实与提高等问题仍然没得到根本解决。有的职工大学发展甚至到了难以为继的地步，迫切需要转型升级或融合发展，纳入高等职业教育类型健康发展轨道上，继续为本地区经济社会发展作出更大贡献。

90 年代初期开始，针对生产第一线对高素质、高技能业务人员的需求，杭州部分职工大学积极主动应对职业教育发展形势，开始了高等职业技术教育的实践探索。经积极申报和浙江省教委批准，杭州机械职工大学、杭州丝绸职工大学和杭州西湖电子职工大学 3 所职工大学取得了高等职业教育试点单位资格。同时，试点工作取得了较好效果，初步积累了经验。还有部分职工大学经国家教委批准，成了成人高等职业技术教育的试点单位。

各行业职工大学分散办学时，人力、财力、物力有限，投入经费既短缺又分散，教学设施更新滞后且较差。因为互不隶属，管理体制条块分割，不利于宏观调控，专业设置类同、重复，办学规模普遍偏小，社会综合效益较低。这既不符合国家教委对成人高校合格评估的要求，又不能满足杭州市经济建设发展的要求。办学场地狭小和经费投入不足，成为长期限制

"六校"发展的困境和瓶颈（见表2-1-1）。

表2-1-1　杭州职工大学合并前六校校舍情况一览表

项目	机械	轻工	化工	西湖电子	纺织	丝绸	总计
占地面积／亩	45.26	7.11	13	11	8.9	5.47	90.74
建筑面积／平方米	23000	10336	7418	4528	5375	4500	55157
用于教学面积／平方米	16100	6170	4868	1437	3375	4053	36003

数据来源：1997年8月6日报国家教委"学校基本情况表"。

（三）顺应社会发展需求

国家政策利好的指引、杭州产业发展的需求与"六校"摆脱自身发展困境的需要都急切呼唤杭州高等职业技术教育的产生。20世纪90年代初期，针对生产第一线对高素质、高技能业务人员的需求，"六校"开始了对高等职业技术教育的探索。这些探索不仅为各校的发展争得了生机与活力，也为建立全市统一的杭州高等职业技术教育机构奠定了基础。经过多年的探索与发展，职业技术教育在杭州已有所发展和积累，建立全市统一的职业技术教育、培训基地的条件已经基本完备。一方面，在杭成人高校根据经济社会发展对人才素质提高的新要求进行优化、整合；另一方面，作为职业培训最高层次的职工大学从行业办学体制向跨系统集中办学过渡。1996年末，"六校"合并，成立了全市统一的职工大学——杭州职工大学，杭州职业技术教育发展进入新阶段。

"六校"合并是贯彻《中国教育改革和发展纲要》关于高等教育的发展坚持走内涵发展为主道路的精神，目的是提高杭州市成人高校的办学效益，使其既符合国家教委的评估要求，又能更好地适应杭州经济建设和社会发展的需要。1996年12月26日，浙江省人民政府发出《关于杭州机械职工大学等6所市属成人高校等学校实行合并办学的通知》（见图2-1-2），同意杭州机械职工大学、杭州化工职工大学、杭州轻工职工大学、杭州纺织职工大学、杭州丝绸职工大学及杭州西湖电子集团公司职工大学合并成立杭州职工大学。根据杭州市经济委员会（杭经干〔1997〕2号）文件，任命王鹏为杭州职工大学校长，詹红军为杭州职工大学常务副校长，韩时林、吴震芳、陈水陆、徐永赤为副校长。学校实行党委领导下的校长负责制。为了确保不同产业公司所属职工大学的顺利合并，市经委领导在学校合并

图2-1-2　浙江省人民政府关于建立杭州职工大学的文件（1996）

初期兼任了杭州职工大学党委书记、党委副书记等职务。学校设立6所职工大学分校，1997年起统一对外招生，原6所学校成为分校。合并后的杭州职工大学为全民所有制事业单位，隶属杭州市经委领导，并实行总校对分校的统一管理。学校性质任务不变，原有6所职工大学的专业可予保留，但相同或相近的要适当调整。

为进一步加强对联合办学的领导，杭州市政府成立了由副市长胡克昌为组长、市各有关部门负责人参加的联合办学筹备领导小组，统一协调和决定联合办学中的重大事项。领导小组下设办公室，负责联合办学筹备中的各项具体问题和工作。筹备领导小组首先就联合办学的经费问题做出决定，明确要求联建初期，各分校原有经费渠道和投入保持不变，由市财政拨款50万元作为开办经费，总校工作人员工资福利费用按事业单位核准批发。以后随着总校规模的扩大，学校经费将通过建立职工大学基金会，多渠道筹措解决。

杭州职工大学在办学过程中积极进行统筹规划，合理调整校区布局，尽可能盘活现有各分校地块的资产存量，积累资金。初期首先解决纺织、西湖两分校地块，其中，纺织分校作为市工交系统开展岗位培训的基地；西湖分校因西湖电子集团的需要另作他用。两分校地块的补偿金由总校妥善安排，作为学生异地教学和学校发展的经费。从1998年开始，总校逐年招生的部分学费收入、各类培训和第三产业的收入用于日常教学开支。学校用于硬件设施建设的投资，由市政府、市经委给予资金投入。

在市政府和有关职能部门的关心和支持下，1997年初，杭州市经济委员会下发文件，杭州职工大学开始运转。学校成立了党委行政领导班子和纪委班子，并建立了职能处室。在合并后的5个月中，杭州职工大学开始了 1997 年的招生工作，并做好了迎接省教委评估的准备工作，积极参加了杭州市第八届大学生运动会等。在合并过程中，杭州市经委和职工大学对 6 所分校加强组织领导，加强政治思想工作，健全和完善了总校的机构设置并开展相应的工作。在杭州职业技术学院筹建的过程中，通过不断加强党的领导，学校实现了健康快速发展。

1999 年 6 月，为贯彻中央指示精神，中共杭州市委、市政府提出"动员社会各方面的力量，大力支持、积极兴办多种形式、多种层次、多种规格的成人高等教育，特别是要把开展高层次的岗位培训、大学后继续教育作为成人高等教育的重点，进一步增加和拓宽社会成员接受高中后教育的机会和渠道，使成人高等教育为经济和社会发展提供更加广泛的服务"，这一系列政策加速推动了杭州成人高等教育的快速发展。

第二节　合并过程与学校整合

"六校"合并后的杭州职工大学——杭州职业技术学院（筹）面临着诸多问题。在重重困难面前，学校并没有止步不前，而是迎难而上，集中人力物力、多方整合，不断解决发展中存在的问题。

一、选址过程

杭州职工大学首先需要解决制约学校生存发展的瓶颈——合并办学的场地问题。在市政府和各部门的积极支持下，学校最终确定在下沙高教园区办学。

1996 年 12 月"六校"合并后，杭州职工大学［杭州职业技术学院（筹）］发展面临诸多困境。其中最大瓶颈是六校分散办学且单体占地面积较小，尽快选址集中办学成为首要任务。为此，学校一直积极向市政府、市经委极力争取政策和支持，物色集中办学场地，先后共进行了八次选址。

第一次选址为杭州机械职工大学（杭州机械工业学校）校区。该校区占地面积约 50 亩，是"六校"中占地面积最大的一个。当时初步考虑将其附近周边土地盘活起来，扩展建设新校舍。但临近的杭州锁厂为杭州市拱墅区重点出口企业，动迁成本较大，会影响出口创汇。而且，选该址还会对香积寺周围文物保护产生一定影响。基于以上两方面主要原因，该选址方案被放弃。

第二次选址为杭州无线电二厂（上文山）。该厂位于余杭县（现余杭区），当时考虑将其旧址改造和扩建。但扩建涉及余杭县县属用地，土地划拨存在一定难度。同时，还存在无法妥善安顿杭州无线电二厂退休职工等问题。该选址方案被放弃。

第三次选址为滨江区杨家墩村地块。此地块为省属用地，且正在被多家省属高校争取为新校园建设用地中，故虽经多方争取，该校址方案未能通过。

第四次选址为江干区九堡地块。因当地部分客观原因，该选址也被放弃。

第五次选址为滨江区市属教育科研规划用地。学校对该地址进行了反复实地考察论证，提供可行性方案供市领导和有关部门对比决策。经努力，于1997年12月16日经市府办公厅批复，校址定于滨江区市属教育科研地块内。后因该地并入杭州师范学院，该选址被放弃。

第六次选址为原省邮电职工大学，即为现在的浙江大学城市学院。前期已经做了多项准备工作，但后来杭州市政府最终决定将此地块用于与浙江大学合作办学，并规划建立浙江大学城市学院，该选址被放弃。

第七次选址为下沙东区土地。该地块当时周边道路交通、基础设置等社会配套功能尚未开发，无法满足当时建校与师生生活的基本需求，综合考虑后选址被放弃。

第八次选址为下沙高教园区。省、市领导明确要在下沙建设高教园区后，学校积极参与并争取了杭州职业技术学院（筹）的校址，这就是如今杭州职业技术学院所在的位置——学源街68号。省市领导考虑到学校培养人才的性质和办学特点，将学校地址定在下沙经济技术开发区的大学城，这样学校可依托开发区内企业和高新技术产业，及时吸取高新技术信息和人才需求，提高教育质量，更有效地培养人才为企业服务。当时，学校按在校生规模1万人、规划土地1000亩的标准建设。

1998年12月16日，经市政府办公厅确定，学校在杭州经济技术开发区文教新区建设新校区。学校计划一期工程征地200亩，同时预留土地200亩，以供后续发展；建造学校用房63000平方米，总投资1.1亿元。

规划近期学校规模为 3000 人，力争在 1999 年内完成第一期基本建设任务（200 亩地，63000 平方米建筑），并做好第二期（300 亩地，150000 平方米建筑）的前期工作。

二、筹建过程

浙江省人民政府《关于杭州机械职工大学等 6 所市属成人高等学校实行合并办学的通知》（浙政发〔1996〕245 号）、1997 年 1 月 30 日市政府办公厅《关于我市经委系统 6 所职工大学实行合并办学的通知》（杭政办发〔1997〕23 号）（见图 2-1-3、图 2-1-4）这两个文件正式开启了"六校"合并组建杭州职工大学的进程。

1997 年 3 月，国家教委于发布了《普通高等学校设置暂行条例》和《关于高等职业学院设置问题的几点意见》（教计〔1997〕95 号）。同年 5 月

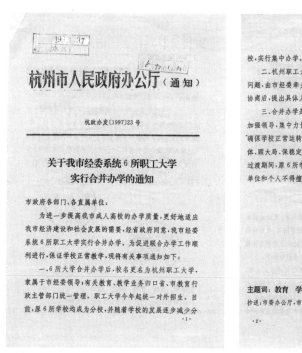

图2-1-3　杭州市人民政府关于成立杭州职工大学的通知1（1997）

图2-1-4　杭州市人民政府关于成立杭州职工大学的通知2（1997）

16日，根据《浙江省独立设置成人高校办学水平评估组对杭州职工大学的评估意见》，浙江省独立设置成人高校办学水平评估组对学校合并建校的经费、人事等提出了意见和建议。8月，杭州职工大学在省、市有关部门领导支持下，开始申请转报成立杭州职业技术学院工作。10月，全国高等学校设置评议委员会建校评议完成。1998年3月20日，国家教育委员会以教计函〔1998〕10号文同意在杭州职工大学的基础上筹建杭州职业技术学院，筹建期限为两年，学校近期发展规模为2000人。筹建期内，可继续举办成人高等教育（见图2-1-5、图2-1-6）。

图2-1-5　国家教育委员会关于同意筹建杭州职业技术学院的通知

1998年8月底，前纺织分校并入杭州职工大学后建制即予撤销。原纺织分校的教职员工（包括已退休的教职员工）原则上进入杭州职工大学编制。1998年8月31日，根据杭州职工大学办学发展需要和本人意愿，原西湖分校教职工在经市人事局编委办批准同意调入杭州职工大学。待人事局正式办妥人员调动手续后，西湖分校建制正式撤销。鉴于杭州职工大学当时办学的实际情况，西湖分校撤并后，声像电器调试与维修专业暂时仍在原址办学，待市政府确定落实搬迁措施后再进行迁校。在此期间，西湖电子集团有限公司仍一如既往支持学校工作，继续提供各种办学条件，以保证正常教学秩序。

1999年4月14日，杭州市副市长丁德明主持召开了关于盘活杭州职工大学存量土地资产，筹建杭州职业技术学院的专题会议。市政府副秘书长俞炳林，市教委、经委、国资局、财政局、劳动局、土地储备中心，杭州机电控股公司、化工控股公司、轻工控股公司、丝绸控股公司、市纺织化纤工业公司及杭州职工大学等部门和单位的负责人参加了会议。会议传

图2-1-6 杭州职工大学——杭州职业技术学院（筹）校门

达了3月29日市政府常务会议精神，听取了市经委关于在杭州职工大学的基础上筹建杭州职业技术学院前期准备工作情况的汇报，并对盘活杭州职工大学各分校存量土地资产有关事宜进行了认真的讨论。会议认为，市政府关于在杭州职工大学的基础上筹建杭州职业技术学院，加快发展杭州市的高等职业技术教育，培养社会急需的高层次应用型专业技术人才的决策，是符合杭州市经济社会发展和科教兴市战略需要的，是十分必要的。它有利于改善杭州市的高等教育结构，有利于提高杭州市学生接受高等教育的比例，有利于减缓社会就业压力，同时对改变目前的分散办学状况，合理配置教育资源，增强学校的综合实力具有重要意义。

1999年12月，杭州职工大学［杭州职业技术学院（筹）］经市政府决定正式移交市教委主管，成为杭州市人民政府21世纪初要重点办好的三所市属高校之一。学校面向地区经济建设和社会发展，适应就业市场的实际需要，培养生产、服务、管理等第一线需要的应用型实用人才。学校实行国有民营办学机制符合国家采用的新机制加速发展高等教育的宏观决策，使学校逐步摆脱传统的完全靠国家办教育、养教育的模式，真正与市场需求结合，开启以教养教、自我经营、自我积累、自我发展的模式。

2000年1月13日，受杭州市副市长叶德范、丁德明委托，市政府副秘书长陈利卿主持召开杭州职工大学［杭州职业技术学院（筹）］移交市教委管理有关问题的协调会议。市教委、经委、财政局、国资局、人事局、劳动局、杭州职工大学等有关部门和单位的负责人参加了会议。会议指出，杭州职业技术学院自1998年3月批准筹建以来，市经委、教委和有关部门做了大量工作，各项筹建工作已基本就绪。从2000年1月13日起，杭州职工大学［杭州职业技术学院（筹）］由市经委移交市教委管理。杭州职工大学［杭州职业技术学院（筹）］为市属高校，办学体制为国有民营。

2001年是学校机遇与挑战并存的一年，也是学校把握机会、较有成效的一年。1月19日，市政府召开杭州职业技术学院移交市教委管理有关问题的协调会议（府办纪要〔2000〕9号），决定将杭州职业技术学院移交市教委管理，学校为市属高校。根据省、市政府及市编委文件精神，原各系统职工大学养老保险关系也应统一转入杭州职工大学。

三、学校整合

（一）人员整合

"六校"合并成立的杭州职工大学由总校与各分校组成。总校最后设在原杭州纺织职工大学内，原6所职工大学分别改建为机械、纺织、化工、丝绸、轻工和电子分校。合并初期，在编制上，总校单独列编，分设办公室和教务处两个内设机构，各分校的人员编制单列保留。

学校设校务委员会，由市政府领导任名誉主任，市经济委员会领导任主任，成员由市有关部门负责同志、专家学者及优秀企业家组成。学校实行党委领导下的校长负责制。党委由9人组成，市经委党委副书记兼任学校党委书记，另设专职副书记。

杭州职工大学首任领导班子共10人，其中党委书记为王大安（兼），校长为王鹏，副书记为高直民、徐慧萍（兼），纪委书记为李国庆（兼），副校长为詹红军（常务）、韩时林、吴震芳、陈水陆、徐永赤。

合并后的杭州职工大学有教职工370人。其中专任教师195人，有高校教师职务的119人，开设的高等职业技术教育试点专业都配备了2名以上副高级专业技术职务的专任教师。学校从企业中选拔部分技术骨干担任教师，逐步建立"双师型"队伍。同时，还利用市经委系统办学的有利条件，建立了一支由企业及科研机构专家组成的稳定的兼职教师队伍。

根据学校总体发展规模，学校计划在 5 年内使教职工总数增至 432 名。其中专任教师 240 名，行政教辅人员 192 名，专任教师与行政人员之比达到 1∶0.8，专任教师与在校生之比为 1∶8.3。为了实现这一计划，学校决定每年引进本科以上毕业生 10 人左右。拟从科研单位企业引进专业技术人员每年 10 人左右，同时持续聘任优秀兼职教师。

学校不断加强师资队伍建设，通过分层次、有计划地组织各种形式的进修，提高现任教师的综合素质；对青年教师按照专业对口原则，安排进企业学习和实践，不断补充新工艺、新技术、新设备等知识，提高教师自身实践能力和职业技能水平，适应高等职业技术教育的要求。与此同时，各分校校舍与设备的合并调整也基本落实。

（二）资产整合

当时，国家教委对高等职业技术学院有明确的建设要求：建筑物按理工科和文科要求人均总面积为 26.7 平方米，其中教室 3.53 平方米，宿舍 6.5 平方米，图书馆 3.53 平方米，实验室及用房 6.17 平方米。教学仪器设备总值不少于 1000 万元。为成功达标，杭州职工大学积极按照相关硬件要求加快建设。

杭州职工大学原 6 所分校共占地 90.47 亩，建筑面积 57739 平方米。学校有 22 个实验室，服装生产和机械加工实验工厂 3 所，计算机 195 台。对比国家教委的要求，杭州职工大学的硬件差距主要表现在两个方面：一是分校地块分散，占地面积小，且 4 所分校是与中专、技校合址办学，各层次在校生总数多，校舍极为紧张。据调查统计，条件好的机械分校人均建筑面积不足 20 平方米，而条件较差的化工分校和丝绸分校人均建筑面积还不足 10 平方米。二是教学仪器设备少，且设备落后。据统计，当时 6 所分校教学仪器设备总值不足 500 万元。

针对学校办学地块分散、教学设备投入不足的问题，市政府和市经济委员会一方面以正式文件的形式，明确规定学校合并后原 6 所学校的资产均按原渠道管理和运行，任何单位和个人不得擅自转移和挪作他用，从而保证了学校正常合并及运行。另一方面，制定了分年投入的计划：计划在 5 年内，投入资金 2000 万元以上，使学校教学仪器设备总值达到 1500 万元，藏书 13 万册，并要求学校在盘活现有教育资源和扬长避短的基础上，扩大办学基地，实行集中办学。

第三节　筹建学院

2002 年，学校整体迁址下沙，6 所分校完成了光荣使命，奠定了杭州职业技术学院（筹）发展壮大的基础。这一年，是杭州职业技术学院（筹）继往开来、赓续梦想的新纪元，具有重大意义。

一、杭州职业技术学院（筹）迁址下沙

杭州职业技术学院（筹）是一所在原杭州职工大学基础上，经国家教委批准筹建的全日制普通高等职业院校，隶属于杭州市人民政府。学校的日常管理由市教委负责，学校的主要任务是开展多学科的高等职业技术教育，为地区经济发展培养面向基层生产、服务、管理第一线岗位的高等技术应用型专门人才。同时开展在职人员的继续教育和高新技术的应用推广培训。学校属专科层次，以后将逐步发展到本科、专科并存。

根据国家教育委员会《关于同意筹建杭州职业技术学院的通知》以及时任浙江省委书记张德江的指示，杭州经济技术开发区与省教委合作，在下沙开发区建设一个浙江高教城，杭州职业技术学院的规划选址就在其中的 2 号路以北、3 号大堤以西地块。

二、杭州职业技术学院校址规划

根据杭州计划委员会《关于上报杭州职业技术学院建设项目可行性研究报告的请示》（杭计投资〔2000〕731 号），拟定了杭州职业技术学院的雏形。

（一）办学规模

杭州职业技术学院是在原杭州职工大学基础上，于 1998 年 3 月经国家教委批准筹建的全国首批全日制普通高职院校。原杭州职工大学分设 6 个校区，场地小而散，不利于教学管理和学校发展，急需易地集中新建。规划新建的杭州职业技术学院在校生规模达 1 万人，规划占地 1000 亩。

（二）建设规模

学校校舍总建筑面积 19.37 万平方米，总用地 45.02 公顷。实行社会化投资建设的生活后勤配套用房及用地在浙江高教科研城内统一平衡。学校建设实行一次规划，分期实施，其中一期工程建设校舍 157660 平方米，二期建筑面积 48000 平方米。

（三）建设地点

学校选址于下沙浙江高教科学城内，为首期开发建设的 6 所院校之一。供水供电等公用设施配套在高教科研城统一平衡解决。

（四）总投资及资金来源

项目总投资估算 35802 万元，其中一期工程投资 28347 万元。建设资金由学校通过盘活存量土地及银行贷款解决。二期建筑投资 7455 万元。

三、建设规划内容

一期工程建设期为 2001—2005 年，建设内容包括 1—5 号教学楼、现代教育中心、行政楼、实验实训楼等（见图 2-1-7、图 2-1-8、图 2-1-9、图 2-1-10）。

图2-1-7　杭州职业技术学院下沙新校区开工典礼1

图2-1-8　杭州职业技术学院下沙新校区开工典礼2

图2-1-9　开工建设中的杭州职业技术学院

图2-1-10　2002年杭州职业技术学院的新生开学典礼

在此基础上，二期工程建设期为2006—2008年，总建筑面积22.59平方千米。教学楼的总平面布局以学校总体规划布局为依据，与一期教学楼基本对称，同时在面向内院的部分做天井庭院，与学校总体规划相协调，为学校创造宜人的学习和工作环境。

针对校区已有的中心广场及教学楼东侧的园林，在新建的教学楼中设计天井庭院，有利于通风、采光、气流循环。同时通过连廊，与东侧的园林相结合，形成校园空间园林绿化。另外，在教学楼之间利用花架连廊，使教学楼间相互联系，丰富园林空间形态，为学生提供休憩场所。在集中绿化中布置一些雕塑小品，以及学生交流、休息空间，既可美化校园，又促进学生间交流。

第二章　办学概况

第一节　办学思路

合并后，杭州职工大学［杭州职业技术学院（筹）］校务委员会和学校领导班子始终紧扣教育教学不放松，采取多项措施，加强对学生的素质教育与技能训练。

一、重视思想建设

在思想建设方面，学校领导和全体教职工一致认同物质文明与精神文明一起抓的方针。机械分校在办学经费较为紧张的情况下仍拿出近2万元专款建造学生阅报栏，在全校范围内提出精神文明建设"从我做起，从小事做起"及做到"语言文明、行为文明、行为规范、环境整洁"的具体要求。

在组织上，学校建立了一整套思想政治工作网络。学校党组织通过学生支部来考察培养对象、发展培养对象；通过校长—学生处—班主任抓好学生日常思想工作；通过校长—教务处长—学科委—教研室—教师落实日常的思想政治理论教育工作。

二、加强教学管理

具体到教学环节，一方面认真上好政治理论课。学校按省教委要求开设"哲学""政治经济学"等课程，从理论上讲解马克思主义唯物论、方法论、世界观和社会主义的含义及特点，帮助学生树立崇高的革命理想和科学的世界观。另一方面，各分校按照各自的实际情况积极开展形式多样、卓有成效的思想政治工作。许多分校通过业余党校、军训、离退休老干部演讲等有效形式，营造了良好的校园文化。

同时，学校逐步健全了各项制度。各分校按照国家教委的规定，结合实际先后制定和完善了各项规章制度。在具体实施中，做到每周一小评，一月一总结。如机械分校制定并实施了《学生素质综合测评量化考核办法》《学生操行评分细则》《学生奖学金制度实施办法》《学生违纪处分条例》等制度。

三、提升教学质量

经过一段时间的磨合与过渡，杭州职工大学的各项工作走上了正常轨道。在校学生的政治素质普遍得到提高，许多学生在假期里用所学的专业技术参与家乡社会经济建设。在教学和学生技能学习方面，在校学生总体上能做到学习态度端正，学习目标明确，上课出勤率和作业完成率均在95%以上。尤其是全国成人班和高职学生，入校后能积极克服原中学阶段文化基础课不扎实的困难，一方面提高理论知识，另一方面又提高实践能力。丝绸分校高职班在服装制作方面已具有一定的水平；机械分校90%的毕业生达到五级钳工水平；西湖电子分校的学生连续数年在省教委系统考试中全部合格。

四、夯实办学基础

1997年5月16日，浙江省独立设置成人高校办学水平评估小组对杭州职工大学进行了评估。评估小组在肯定学校成立后的各项工作及取得成就的同时，也对学校的发展提出了增加投入、加强领导、进一步调动教职工积极性的宝贵意见，促进了学校尽快走上健康发展的道路。

岁月流金。在杭州高等职业技术教育的发展史上，杭州职工大学只存在了短短数年时光。但是，它结束了杭州市职业技术教育长期分散办学、办学资源匮乏的初级阶段，推动了全市职业技术教育的正规化、规模化和现代化建设，也为杭州职业技术学院的建立奠定了坚实的基础。

第二节 人才培养

一、总体目标

（一）1996 年工作目标

1996 年，主要目标是落实省市政府的合并办学要求，促进联合办学工作顺利进行，保证学校正常教学，确保学校正常运转和如期招生，不断提高办学质量，以更好地适应杭州市经济建设和社会发展的需要。

从 1996 年底到 2003 年底，拟通过 8 年左右时间的积极努力，使杭州职工大学〔杭州职业技术学院（筹）〕到 2003 年秋季计划实现在校生规模 1 万人的目标，同时全部实现集中办学。

（二）1997 年培养目标

1997 年，经省教委批准后，学校先后开设的大专学历教育专业（含成人大专）总计 33 个，有在校生的专业 16 个（成人大专学历专业 13 个，高等职业技术学历专业 3 个）。1997 年 6 月，全日制在校生 863 名（其中成人大专 551 名，占 63.8%，高职学历 312 名，占 36.2%）。1997 年新增 4 个高职专业，下半年全日制学历在校生超过 1000 人，高职学生比例达 50% 以上。

（三）1998 年培养目标

1998 年，学校努力学习和贯彻党的十五大精神和邓小平理论，坚持社会主义初级阶段和解放思想、实事求是这两个基本点。以此作为学校改革发展工作思路，制订切合实际的计划基点。努力适应需求，加快高职学历教育的发展。1998 年学校计划招生成人高职 150 名，普通高职 500 名，成人大专 30 名，总计招生 680 名。高职招生的比例占 95.6%。1998 年 9 月，在校生总数达 1270 名，其中高职在校生 1013 名，占在校生的 80%。学校积极组织各类岗位培训，1998 年总校培训达 1000 人次。加快形成以上文山新校址开展高等职业技术学历教育的新格局，1998 年新学期有部分学生在新校址实施教学。实施结构调整，减少两所分校。提高教学质量，各专业统考、抽考合格率达到 80% 以上。

（四）1999 年培养目标

1999 年，学校坚持以教学为中心，处理好学校长远发展和稳定目前教学秩序、提高教学质量两个基本任务的关系。同时致力于学校新校址、新体制、新机制三方面的建设,力求学校在综合实力、教学质量、师生凝聚力、知名度四个方面有较明显的提高。

(五)2000年培养目标

2000年,学校坚持一个中心:以教学为中心。完成两大任务:一是稳定教学秩序,进一步提高教学质量;二是加快学院基本建设进程。搞好三项建设,即:新格局——以高职为主、中职为辅,高、中职贯通;新机制——国有民营,全员聘任制,后勤社会化;新体制——从三个统一、三个二级管理体制过渡到学院持续发展的科学管理体制。落实四项保证:一是干部队伍思想和组织保证。二是制度保证,理顺关系,建章立制,规范管理。三是师资保障,培养学科带头人和"双师"型师资队伍。四是实训基地保证,设立专业委员会、校内、校外实习基地。促进五个方面的提高,即综合实力、教学质量、师生凝聚力、生源市场和人才就业市场的占有率、学院的社会知名度。

(六)2001年培养目标

2001年,杭州职业技术学院以培养生产、管理、服务第一线需要的高等技术应用性人才为目标,坚持以社会经济发展需要为导向,以地方经济的支柱产业为依托,以"团结、奋进、求实、创新"为校训。自1994年成为浙江省首批开展高职教育的院校以来,已有5届高职毕业生。毕业生就业率达到100%,专业对口率达90%以上。学院设4个系(机电工程系、化学工程系、管理工程系、艺术系)17个专业,有全日制在校生近6000名。按学院发展规划,2003年秋季将达到在校生1万人。为适应国内经济与国际经济的接轨融合,产业结构优化升级和传统产业技术升级及高新技术的涌现,社会对应用型、技术型人才提出了新的需求和新的要求。

二、办学模式

(一)从成人高等教育为主转向高等职业教育为主(1996—1998)

1996年6月,第三次全国职业教育工作会议召开。原国家教委对高等职业教育发展提出"积极发展高等教育,加快发展步伐与结构调整,健全职业教育体系"的任务。

1997年9月,学校迎来了第一批高职生。其中普通高职191名,成人高职 159 名。招生由主要招收中专生源逐渐转变为招收职高生源，培养适合浙江、适合杭州各个行业经济发展的技能应用型人才。

（二）大力发展高职教育，大中专并存发展（1998—2001）

1998 年，教育部提出了高职教育的新要求，并在 20 个省市用于试点发展高职教育。这一时期的探索初步形成了以职业能力教育为中心的人才培养模式，初步开创了有中国特色的高等职业教育之路。之后，中国高职高专教育迎来发展春天，中国高等职业教育也进入快速发展时期。学院高度重视国家、省市高职高专教育人才培养工作。2000 年，杭州职业技术学院首届高职教育教学论文交流会召开。交流会共收到教育教学论文 160 余篇，在各校区交流评选的基础上，选送 68 篇参加学院评选。事实证明，这次的大学习、大讨论对广大教职工转变观念、找准市场定位、明确培养目标、加强专业建设、完善培养模式、促进教育教学改革起到了巨大的推动作用。

同年，杭州市政府决定杭州职业技术学院（筹）归口市教委管理，性质为市属高校。浙江杭州机械工业学校由杭州职业技术学院（筹）管理，顺利完成了与技校的分流，进一步理顺了关系。同年，学校组织力量完成了机械制造工艺与设备、电子商务等 9 个新开设专业的申报工作。其中电子商务、机电一体化技术应用、财务会计已通过论证。至此，杭州职工大学［杭州职业技术学院（筹）］开设的专业增至 14 个。为进一步拓宽办学领域，学校又在原有的"3+2"专业教学计划基础上，根据国家教委文件精神，向省教育厅申报了 8 个五年一贯制专业教学计划。

1998 年，学校建立了服装初、中级技能考核站和英语三、四、六级考核站等与各专业相关的技能考核站，为学生取得"双证""多证"提供有力支持。还建立了学院自考工作站，开通了自考本科专业 11 个、专科专业 12 个，为在校生向更高层次发展提供了便利条件。

当年，学校积极与企业合作建立校外实习基地。先后与杭州链条厂、西湖电子集团公司、汽轮动力集团公司、喜得宝集团公司等签约，共建了校外实习基地。

同年，杭州职工大学［杭州职业技术学院（筹）］被列入杭州市"十五"规划"一号工程"和《政府工作报告》中，并作为市重点发展的四所高职教育委员会成员之一。这使学校在省、市政府和社会上的影响大为增强，地位进一步提高。这一时期学校逐步加大了高职教育的发展力度和投入力度，普通高职生和成人高职生招生规模逐年增加，同时逐步减少中专生的招生规模。

2001年暑期，浙江省教育厅下发〔2001〕40号文件，要求凡是欲去"筹"摘"帽"的高职院校，必须在第三季度提出申请，10月份浙江省将进行检查评估。9月12日，校领导詹红军召集学校评估领导小组第一次会议。会上传达了浙江省教育厅精神，同时成立了由詹红军任组长的迎评估领导小组和迎评估工作小组。9月15日，学校向杭州市教委递交了《关于要求正式成立杭州职业技术学院的请示》。10月13日，学校正式搬迁进入下沙高教园区。此时，杭州职工大学〔杭州职业技术学院（筹）〕已建有机电工程系、化学工程系、管理工程系和艺术系4个系，高职专业17个，全日制在校生近6000名。

三、招生就业规模和专业开设情况

（一）招生就业规模

杭州职工大学成立之时，学校占地面积共60461.75平方米，各类建筑总面积为57739平方米，用于教学的建筑面积36003平方米，截至1997年，学校总藏书100789册。

1997年，共招收195名成人大专生。毕业普通高职181人，成人高职83人。

1998年，共招收9个专业498名高职生、126名成人大专生。毕业普通高职生264人、成人高职生25人。

1999年，共招收普通高职生499人，报到率95%；成人高职生155人；中专生（本部）350人，报到率87%；中专生（教学点）200人。毕业普通高职生189人，成人高职生119人。

2000年，共招收普通高职生948名，成人高职生335名，报到率94%；中专生本部招收272人，教学点129人。毕业普通高职生191人，成人高职生159名，中专478名毕业生。毕业生一次就业率达81%，其中符合杭州市紧缺专业校级优秀毕业生的，大大专生40人，留杭就业学生32人；中专生66人，留杭就业学生40人。

2001年，共招收普通高职生1900余名（含五年一贯制），成人高职生 400 名，"3+2"高职生 300 名，报到率达 85% 以上。2001 届成人高职毕业生 146 人。

（二）专业开设情况

1996 年，学校开设声像电器与维修、计算机及应用、机械模具、轻工机械、精细化工、服装设计与制作、丝绸工业贸易共 7 个普通高职专业。成人高职教育开设财务会计、财会电算化、工业汽轮机、工业锅炉、服装设计、轻工机械、食品贸易共 7 个专业。1996 届，开设丝绸工业贸易共 1 个普通高职教育专业。成人高职教育开始电子技术、服装设计、化工工艺、环境保护、精细化工、机械制造与模具设计、企管、轻工机械、日用化工、食品工程共 10 个专业。

1997 年，学校开设声像电器调试与维修、计算机及应用、机械模具、轻工机械、精细化工、服装设计与制作共 6 个普通高职专业。成人高职教育开始计算机及应用、财会电算化、轻工机械、食品贸易、服装设计共 5 个专业。1997 届开设机械模具、家用声像电器维修与调试、电子技术、精细化工、轻工机械、食品工程共 6 个普通高职专业。成人高职教育开设轻工机械、工业汽轮机、工业锅炉、机械制造与模具设计、企管、环境保护、化工工艺、电子技术共 8 个专业。

1998 年开设涉外文秘（公关与文秘）、市场营销、房地产经营与管理、计算机及应用等普通高职专业。1998 届普通高职教育开设机械模具、计算机及应用、声像电器调试与维修、家用声像电器、丝绸工业贸易、精细化工、轻工机械、食品工业贸易、时装设计共 9 个专业。成人高职教育开设电子技术、化工工艺、精细化工、轻工机械共 4 个专业。

1999 年开设服装设计、计算机应用与维护、精细化工、秘书、模具设计与制造、轻工机械制造与维修、市场营销、文秘、应用电子技术共 9 个普通高职专业。成人高职教育开设会计共 1 个专业。1999 届普通高职教育开设声像电器调试与维修、计算机及应用、机械模具、轻工机械、精细化工、服装设计与制作、丝绸工业贸易共 7 个专业。成人高职教育开设财务会计、财会电算化、工业汽轮机、工业锅炉、服装设计、轻工机械、食品贸易共 7 个。

2000 年开设公关文秘、应用电子技术、计算机应用、物业管理、机械制造模具、精细化工、环境保护、服装设计与制作等普通高职专业。2000 届开设声像电器调试与维修、计算机应用、机械模具、轻工机械、精细化工、服装设计与制作、服装生产与营销共 7 个普通高职专业。成人高职教育开设计算机及应用、财会电算化、食品贸易、服装设计共 4 个专业。

2001 年开设服装设计、财务会计、应用电子技术、电子商务、市场营销、文秘、计算机技术与应用、机械制造工艺及设备、模具制造技术、机电一体化技术应用、模具制造技术、精细化工工艺、环境保护与治理、环境监测与评价、财务会计、物业管理、实用英语、土地评估与管理、应用生物技术、园艺、企业经营管理、机电技术应用等普通高职专业。2001 届普通高职教育开设涉外文秘、市场营销、房地产经营与管理、计算机及应用共 4 个专业。成人高职教育开设财会电算化、计算机及应用、服装设计与制作共 3 个专业（见表 2-2-1）。

表2-2-1 杭州职工大学历届毕业生一览表（1996—2004）

年份	专业	学制 /年	学历	人数 /人	备注
1996	丝绸工业贸易	2	普通高职	33	杭州市丝绸工业公司职工大学
	电子技术	3	成人高职	27	西湖电子集团职工大学
	服装设计	3（业余）	成人高职	12	杭州市纺织工业局职工大学
	化工工艺	2	成人高职	8	杭州市化工系统职工大学
	环境保护	2	成人高职	1	
	精细化工	2	成人高职	21	
	精细化工	3	成人高职	13	
	机械制造与模具设计	3	成人高职	30	杭州市机械工业局职工大学
	企管（市场营销与财会）	3	成人高职	22	
	轻工机械	2	成人高职	20	杭州轻工职工大学
	轻工机械	3	成人高职	12	
	日用化工	2	成人高职	7	
	食品工程	2	成人高职	7	
	食品工程	3	成人高职	12	

续表

年份	专业	学制/年	学历	人数/人	备注
1997	机械模具	3	普通高职	46	
	家用声像电器调试与维修	3	普通高职	26	
	电子技术	3	普通高职	25	
	精细化工	3	普通高职	27	
	轻工机械	3	普通高职	28	
	轻工机械	2	成人高职	6	结业换毕业
	工业汽轮机	3	成人高职	9	
	工业锅炉	3	成人高职	27	
	机械制造与模具制造	3	成人高职	11	其中4人结业换毕业
	企管（市场营销与财会）	3	成人高职	22	其中2人结业换毕业
	环境保护	2	成人高职	1	结业换毕业
	化工工艺	2	成人高职	2	其中1人结业换毕业
	电子技术	2.5	成人高职	4	结业换毕业
1998	机械模具	3	普通高职	39	
	计算机及应用	3	普通高职	28	
	声像电器调试与维修	3	普通高职	29	
	家用声像电器	3	普通高职	29	
	丝绸工业贸易	3	普通高职	29	
	精细化工	3	普通高职	25	
	轻工机械	3	普通高职	26	
	食品工业贸易	3	普通高职	28	
	时装设计	3	普通高职	31	
	电子技术	2.5	成人高职	1	结业换毕业
	化工工艺	3	成人高职	9	

续表

年份	专业	学制/年	学历	人数/人	备注
1998	精细化工	3	成人高职	6	
	轻工机械	3	成人高职	9	其中2人结业换毕业
1999	声像电器调试与维修	3	普通高职	30	
	计算机及应用	3	普通高职	20	
	机械模具	3	普通高职	29	
	轻工机械	3	普通高职	16	
	精细化工	3	普通高职	25	
	服装设计与制作	3	普通高职	30	
	丝绸工业贸易	3	普通高职	2	
	财务会计	3	成人高职	18	
	财会电算化	2	成人高职	18	
	工业汽轮机	3	成人高职	14	
	工业锅炉	3	成人高职	31	
	服装设计	2	成人高职	17	
	轻工机械	3	成人高职	11	
	食品贸易	3	成人高职	4	
2000	声像电器调试与维修	3	普通高职	33	
	计算机及应用	3	普通高职	26	
	机械模具	3	普通高职	31	
	轻工机械	3	普通高职	36	
	精细化工	3	普通高职	15	
	服装设计与制作	3	普通高职	49	
	计算机及应用	3	成人高职	11	
	财会电算化	2	成人高职	105	
	轻工机械	3	成人高职	5	
	食品贸易	3	成人高职	10	

续表

年份	专业	学制/年	学历	人数/人	备注
2000	服装设计	3	成人高职	17	
2001	涉外文秘（公关与文秘）	3	普通中专	81	本年度根据1998年入学资料统计
	市场营销	3	普通中专	40	
	房地产经营与管理	3	普通中专	55	
	计算机应用	3	普通中专	50	
	涉外文秘（公关与文秘）	3	高职大专	40	
	房地产经营与管理（物业管理）	3	高职大专	23	
	应用电子技术（声像电器调度与维修）	3	高职大专	29	
	计算机及应用	3	高职大专	50	本年度根据1998年入学资料统计
	机械设计与制造（机械模具）	3	高职大专	35	
	机械设计与制造（轻工机械）	3	高职大专	30	
	精细化工	3	高职大专	30	
	服装设计与制作（服装类）	3	高职大专	35	
	财会电算化	2	成人大专	59	
	计算机及应用	3	成人大专	59	
	服装设计与制作	2	成人大专	28	
2002	服装设计	3	普通大专	35	
	计算机应用与维护	3	普通大专	50	
	精细化工	3	普通大专	71	
	秘书	3	普通大专	34	
	模具设计与制造	3	普通大专	44	
	轻工机械制造与维修	3	普通大专	36	
	市场营销	3	普通大专	87	

续表

年份	专业	学制 /年	学历	人数 /人	备注
2002	文秘	3	普通大专	41	
	应用电子技术	3	普通大专	64	
	会计	2	成人大专	44	
2003	环境保护与治理	3	高职大专	45	
	环境艺术设计 （园林设计）	3	高职大专	70	
	精细化工工艺	3	高职大专	125	
	模具设计与制造	3	高职大专	44	
	物业管理	3	高职大专	69	
	应用电子技术	3	高职大专	42	
	文秘	3	高职大专	84	
	市场营销	3	高职大专	158	
	服装设计	3	高职大专	71	
	计算机技术与应用	3	高职大专	45	
2004	涉外义秘	3	高职大专	82	
	物业管理	3	高职大专	17	
	应用电子技术	3	高职大专	206	
	计算机技术与应用	3	高职大专	290	
	模具制造技术	3	高职大专	109	
	机械制造工艺与设备	3	高职大专	85	
	精细化工工艺	3	高职大专	60	
	服装设计	3	高职大专	126	
	财务会计	3	高职大专	92	
	市场营销	3	高职大专	117	
	环境保护与治理	3	高职大专	121	
	环境艺术设计	3	高职大专	114	
	环境监测与评价	3	高职大专	249	

续表

年份	专业	学制/年	学历	人数/人	备注
2004	电子商务	3	高职大专	171	
	机电一体化技术应用	3	高职大专	126	
	应用电子技术	2	高职大专	104	
	计算机技术与应用	2	高职大专	39	
	市场营销	2	高职大专	72	
	旅游管理与服务	2	高职大专	40	
	环境保护与治理	2	高职大专	40	
	环境艺术设计	2	高职大专	38	
	汽车检测与维修	2	高职大专	38	
	消防工程	2	高职大专	32	
	园艺	3	高职大专	47	
	土地评估与管理	3	高职大专	29	
	企业经营管理	3	高职大专	70	
	应用生物技术	3	高职大专	65	
	实用英语	3	高职大专	65	
	计算机信息管理	3	高职大专	85	
	房地产经营	3	高职大专	25	
	装潢艺术设计	3	高职大专	49	
	建筑装饰技术	3	高职大专	21	
	计算机应用	3	成人大专	40	
	机电技术应用	3	成人大专	31	
	财务会计	2	成人大专	24	
	旅游管理	2	成人大专	2	
	会计（电算化）	3	成人大专	107	
	企业管理	3	成人大专	15	
	计算机应用技术	4	成人大专	17	
	计算机信息管理	2	成人大专	42	

续表

年份	专业	学制/年	学历	人数/人	备注
2004	环境监测	3	普通中专	14	
	服装设计与制作	3	高职大专	（缺）	

注：根据杭州职业技术学院档案室资料整理。

四、优化教学管理

（一）健全教学组织和管理制度

1. 教学组织设置

1999年，为适应学校的进一步发展，开展正常的教研活动，进一步提高教学质量，学校建立了杭州职工大学［杭州职业技术学院（筹）］数学、政治、外语、体育、计算机5大课程大组。

（1）数学课程组

组　长：陈　健

副组长：唐志丰

教师成员由沈昌年、徐洁、杨乃如、邹定亮、才景芬、郭海元、陈恩爱、朱莲琴、金水珍、秦念歌、陈志民、童宏胜、纪华霞、刘冶陶组成。

（2）政治课程组

组　长：陈燕萍

副组长：姚燕雨

教师成员由周霓华、鲁国良、张爱仙、刘伟杰、杨旭组成。

（3）外语课程组

组　长：陈慧卿

副组长：刘佳真

教师成员由丁志妹、蔡明、忻苗、仲瑞娟、顾凌、於芷玲、余晓红、詹燕萍、顾林刚组成。

（4）体育课程组

组　长：付文军

副组长：程利群

教师成员由贺水金、赵红勤、刘可、赵一刚、黄宗基、何掀宇、陆俊敏、傅淑燕组成。

（5）计算机课程组

组　长：何　钧

副组长：谢　川

教师成员由吴伟、金望正、孙萍萍、陈加明、邵立东、黄杭美、姜萌、申毅、张俊、林燕、陈启项、曹天汉、潘承恩、王为、张雪娟、范敏、张洪宪、陈宇枫、丁学恭、周光理、蒋国松组成。

2000年，为深入贯彻《教育部关于加强高职高等教育工作培养工作的意见》和浙江省教育厅《关于加强我省高等职业教育的若干意见》文件精神，加强学校高等职业教育教学工作，学校以教育思想、观念改革为先导，以教学改革为核心，以教学基本建设为重点，努力提高教学质量，办出高职特色。在学期最后一周及下学期开学一周，以校区为单位，组织全体教师开展高职教育教学思想的学习和讨论。重点学习《教育部关于加强高职高等教育人才培养工作的意见》（教高〔2000〕2号）和《关于加强我省高等职业教育的若干意见》（浙教高教〔2000〕1号）。

2.管理制度

为了保证学校的教学质量，在硬件条件有限的情况下，学校坚持"硬件不足软件补、条件不够管理补"的办法，十分重视教学管理。同时，学校把一批年富力强、有开拓精神、业务水平高的中青年教师充实到教学管理领导岗位，使学校教学管理更有效地运行。为此，学校制定了一系列的管理规章制度，包括管理部门及工作人员的岗位职责、工作制度和具体教学工作业务制度。如《教师工作量计算方法》《教师教学工作常规制度》，做到教学管理有章可循。

同时，学校对学生也施行规范化管理，制定了《学生守则》《学生操行评分细则》《违纪处分条例》和先进评比方法，并采取各种方式进行广泛的宣传，形成良好的学风。

（二）以满足市场需求为中心，不断提高教学质量

1.专业设置与调整

学校紧跟社会经济发展形势，在原有基础上新开设了市场营销、企业管理、工业贸易等多个专业，有效提高了企业在职干部的素质和管理水平。同时又新培养了一批既懂专业，又掌握经贸知识的企业急需人才。学校根

据杭州市发展和完善职业技术教育体系的需求，开设了高等职业技术教育试点班；根据行业、企业的需求设置、调整专业。专业调整适应了企业和社会的需要，给学校带来了活力，受到了社会各界的肯定。

2. 课程设计与调整

学校坚持"削枝强干，突出能力培养""理论课以必须、够用为度"的原则，大胆地增添和改革必修课程的内容及其体系，删去与职业岗位不相符的课程和内容，重构了一个新的课程体系。

如机械模具专业，将原来的夹具、刀具及量具设计的内容恰当地组合成一门新课"工艺装备设计"，将"金属切削机床"中的标准刀具、通用机床等内容和"工艺"课程中的工艺规程、加工精度分析等内容重新组合成"机械加工基础"等。

如"服装设计"课程包括款式设计、结构设计、工艺设计三部分。款式设计蕴含着服装结构关系的可行性，三者缺一不可，互相制约。但对于服装高职学生来讲，根据目前企业岗位的需要，主要掌握的是打样、推板、排料、计料、设计工艺流程等与结构设计和工艺设计相关的技能。因此，在内容上加大了结构设计和工艺设计的比例，增加了学生在打样、推板以及工艺设计实训环节的训练要求，使学生重点掌握了结构和工艺设计的内容，使课程更具有针对性和实用性。

如"素描"课程，考虑到该课程主要是为服装设计环节中绘制服装效果服务的，故将"素描"定名为"服装素描"，以突出重点。在课程大纲中明确指出该课程是为"时装画技法"课程服务，内容主要为人体素描部分，重点在人体比例、轮廓的掌握上。从而在课时不多的情况下，保证突出了人体素描基本知识和绘画技能的加强，满足了"时装画技法"课程教学的需要以及在后续的采风实习、服装设计课程和毕业设计环节中能熟练绘制时装效果图的教学要求。

3. 强化实践性教学

在严格完成教学计划外，学校特别注重教学计划中的实践性教学环节（如实验、实习等）的教学及教学计划外的实践。在组织学生毕业设计的工作中，选题上尽可能与生产第一线结合。通过调研，选择与生产、科研、管理有直接联系的课题；在时间安排上增加了调研和实习的期限；在课题指导和论文答辩人员构成上，组成由学校、专家和企业人员三结合的班子；

在评定上严格把关，有的还确定了有关毕业生必须通过一定技术等级的考工要求。这些举措很大程度上提升了实践教学效果。学校每逢假期都安排学生走向社会进行调研和实习。

实践性教学是保证高职教学具有强大生命力的关键，多年来学校给予充分的重视。一方面，学校投入较大资金加强和改善校内实习基地。另一方面，学校加强与企业挂钩，在杭州链条总厂、杭州西湖电子集团公司、杭州丝织总厂、杭州喜得宝集团公司等单位建立了稳定的校外实习基地，为学生实习提供了条件。在实践教学中，学校制定了技能培养计划和考工计划，注意科学安排、合理分布，并贯穿于三年教学的全过程。如服装设计与表演专业将学生的实践教学分为课内实习环节、课外实践环节、社会实践环节、模拟生产实践环节、采风实践环节、现场实践环节、毕业设计实践环节、等级考核实践环节等8个阶段，有效提高了学生的能力。服装设计与表演专业第一届高职毕业生的毕业考核内容是为全校教职工手工定制西服。应用电子技术专业的学生从第二学期起即进入专业技能训练，第五学期参加中级技术等级培训考核及全国家电维修人员岗位培训考核。

学校与杭州人事局、劳动部门密切配合，建立起钳工、计算机、服装、电子、化工等中、高级技工考核站，规范学生技能考核，各专业学生在毕业时都实行"双证"或"多证"考核。

为了实现高职教育为社会培养急需的高层次、技术型应用人才的培养目标，使学生能更多地接触社会、接触实际，同时充分利用学校现有教学资源、提高学院办学社会效益，学校开始筹划建设一系列实训基地。2000年，杭州职业技术学院（筹）和杭州安居物业管理有限公司、浙江恒励物业管理有限公司、杭州经济技术开发区北杭物业管理有限公司、杭州安裕物业管理有限公司等企业合作建立"物业管理专业"实训基地。2000年，杭州职业技术学院（筹）和杭州利民中式服装厂等企业合作建立"服装设计与制作"实训基地。

4. 融入就业教育培养

为使学生更好地适应现实岗位之需求，必须充分重视建立就业岗位教育培养体系，并在第三学年实施目标教育计划。主要做好以下两项工作：

（1）学校采用"走出去，请进来"的办法，与用人单位挂钩，充分了解企业对就业人员的意见和要求，及时将意见反馈给教学实施部门，使企业积极参与学生最后阶段的培养计划。这既解决企业对人才的需要，同时也为学生的就业奠定了基础。

（2）在初步确定用人单位的同时，分不同培养方向制定岗位就业技能培训计划。如九七机模高职班，就是根据企业的要求，制定和明确了两个现场实践技能培训计划：一是塑料成型模设计，二是冷冲模设计。学校请企业工程技术人员结合生产实际需要提出设计课题，并指导学生直接参与企业的实际项目。通过企业具体课题设计、制作，学生既了解了目前企业的情况，为以后进入企业适应岗位打下了坚实基础，又体现了知识向生产力的转化过程，加强了产教之间的结合。学生普遍反映收效大，同时也得到了企业的肯定和好评。

（三）加强教师队伍整体业务素质建设

教师是保证教学质量的决定因素。在多年的办学实践中，学校充分认识到提高教师素质的重要性，并相应采取了一些有效措施。

1. 努力提高教师队伍学历层次

学校坚持关心培养与严格要求相结合，对于尚未达到本科学历的专任教师，学校为其提供进修机会，并在时间上和经费上尽可能予以保证。经过几年的推进，许多专业教师通过进修获得了本科学历。学校对专业学科带头人和学校教务领导提出了更高的学历要求。如机械分校支持学科带头人和教务处负责人在职攻读硕士学位，化工分校则与浙江大学、杭州大学开展国内访问学者活动，收到较好效果。

2. 重视提高教师业务水平，支持教师参与教学科研活动

为提高教师教学水平，学校采用"请进来，走出去"的办法，专门聘请专家开设"教育学""教育心理学"讲座或送教师去高校参加教师培训。学校又以"结对子"的方法安排富有教学经验的老师"传、帮、带"，把教学经验传授给年轻老师，以提高学校整体的教学水平。学校支持和鼓励教师参加教学科研，组织教师撰写教学论文、参加教材编写。通过这些活动，教师素质有了提高，教师从教积极性也调动了起来。

3. 组织和支持教研活动竞赛

2000年，学校举办了首届高职教育教学论文评选工作，10人获奖（见表2-2-2）。

表2-2-2　2000年首届高职教育教学论文获奖情况一览表

序号	奖项等级	获奖教师	论文名称
1	二等奖	郑健壮	杭州职业技术学院近期教师队伍建设初步设想
2	二等奖	施慧莉	"特色"是高职生存之本
3	二等奖	汪吾金	教师要努力把握距离美
4	二等奖	潘志峰	高职教育也应有售后服务
5	三等奖	沈海娟	抓住机遇创一流高职、高专教育品牌
6	三等奖	沈黎嫣	浅谈高职生基本情况及管理
7	三等奖	楼晓春	新校区实验（训）基地建设的几点想法
8	三等奖	刘讨米	高职教育、能力为本
9	三等奖	孙祥林	学习文件　明确目标　认真实践　办好高职
10	三等奖	杨　强	关于在企业管理教学中借鉴CBE职教模式的思考

（四）做好高等职业技术教育试点工作

经省教委批准，学校开展高等职业教育的试点工作，先后开设了"声像电器调试与维修""机械模具""服装设计与制作"等专业的高等职业教育试点班。1997年，学校高职在校生达312人。

1. 研究高职教育的特点，采取措施，保证质量

在开设高职专业前，学校组织干部和教师认真学习有关开展高职教育的文件，向国家教委试点学校取经学习。围绕高职教育的特点、开设专业的特性，进行认真研讨。在统一思想的基础上，坚持培养目标职业性原则、教学计划针对性原则、教学内容实用性原则、教学方法实践性原则来设计和实施教学。同时又对教学各环节做了大胆的改革尝试与调整，加强了实践环节和设计了实习方式。学校还选送教师进修以提高自身的技能，从而保证了试点教学班的质量。

2. 突出实践性教学环节，培养应用型人才

学校根据培养应用型人才这一特点，重视实践性教学环节。各分校结合自身条件和特点，组织实践教学能力提升活动。如"声像电器调试与维修"专业实验开设率达90%以上，平时通过大作业、课程设计、实习等环节提高学生发现问题、分析问题的综合能力。在学习过程中，组织学生进行5次下厂实习——装配工艺4周、电子琴调修实习4周、彩电调试维修实习

8周、考工实习4周、毕业实习18周,让学生在生产现场学习,锻炼动手能力。1997年初,1994级高职班27人全部通过中级技术等级考核并获得相应证书,还通过了全国家电维修企业技术人员上岗证的考试,毕业时拿到了"双证"。机模专业3年教学过程中,每学期都安排了实践环节。94机模班于1996年参加技术工人等级证书考试,全班46人近90%的同学拿到了五级钳工证书。服装专业将服装设计与生产技能进行详细分解,确定每学期实践能力的达标要求,并让学生进入市场,了解服装市场的变化,千方百计为学生创造实践机会,有组织、有意识地让学生试接服装生产订单,组织学生到机关、社会开展义务服装加工服务。这些安排使学生经受了多方面的锻炼,提高了专业技能和经营管理能力。

3.组织学习国外职业教育的先进方法,寻找差距,开拓思路

在组织高职教育的同时,学校组织干部、教师对如何提升高职教育的质量进行了认真的研讨。通过学习国外的先进教学方法,组织教师学习CBE教学法等手段,为学校发展高等职业教育奠定了良好的基础。

五、社会服务

杭州职工大学各分校以学历教育为基本任务,在办好全日制学历教育的同时,充分利用各学校的办学条件,扩大办学规模和社会服务范围,主动面向基层、企业,提供了多层次、多规格的教学服务。学校初步建立了教育、生产、科研相结合的办学体制,既扩宽了学校办学路子,又创造了较好的社会效益和经济效益。

(一)培训门类多样,生源覆盖面广

在培训教育的办学过程中,各分校结合自身特点和条件,根据行业系统的需要,因地制宜,对培训时间、是否脱产、培训地点、生源范围都能灵活调整。主要有以下几类培训。

1.专业技术培训

各分校专业技术培训紧紧围绕企业、行业生产经营目标,急生产之所急,努力为企业行业服务。如化工分校开办了初、中、高级化工技术工人应知培训、工程技术人员继续再教育培训、化工分析培训。轻工分校开办了高级技术工人培训、职业技术培训。机械分校开办了工程技术人员培训。丝绸分校开办了丝绸行业技师培训、业务员培训、行业管理干部计算机培

训等一系列培训。

2.岗位培训

岗位培训是培训工作的重点，对提高在岗职工的整体素质发挥了主要作用。学校开设了多种岗位培训班。如化工分校开办了上岗资格培训、统计专业人员上岗培训、化工系统企业适应性培训、企业中层干部管理培训。机械分校的机械系统厂长经理考前培训、企业中层干部培训、企业经营管理培训。轻工分校开办的全国轻工系统厂长经理国家统考资格培训。丝绸分校举办的丝绸企业关键部门（主要是动力科科长、财务科科长、劳动工资科科长、教育科长、车间主任职位）的岗位培训。

3.各类进修班、辅导班

如化工分校开办了化工分析班、橡胶工艺班、经济类统考辅导班、经济师考前辅导班等。这些进修辅导班为杭州市的企业提供了大批急需人才。有不少培训班还为全国、全省有关企业培养人才，如轻工分校的全国系统外贸干部进修班、全国轻工系统出口食品干部进修班等。

（二）培训形式多样，讲究实效

在培训工作中，为了充分发挥教育对经济建设服务的作用，学校在保证教学质量的前提下，采取各种不同的办学形式，效果显著。如化工分校采取开门办学、送教上门的形式。1992年初，学校接受了贫困地区磐安橡胶厂的请求，上门开设业务初级橡胶工艺培训班。其间，学校克服了路途远、时间长、经费不足的困难，毅然送教下乡、教育扶贫，为该厂送去教材，选派好教师去上课。经过大半年时间，为该厂培训了35名合格的初级技术工人。又如轻工分校1996年前后派出干部、教师去萧山坎山镇举办乡镇企业厂长经理岗位职务培训班，去余杭平山乳品厂举办技术培训班，去东南化工厂举办企业管理干部专修班，等等。学校从这类下厂办班的培训中得到的经济效益十分有限，但其社会效益却不可低估。它促进了学校与企业之间的交流，缓解了企业中长期存在的工学矛盾，为各地区企业的经济发展作出了贡献。

有的分校在办学中十分注意实行学校教育资源的优化组合和充分利用，急企业之所急，想企业之所想，积极开展与行业、企业联合办学的形式。如轻工分校根据系统内部加强企业干部队伍建设的需要，先后开办了轻工业局干校、轻工业局党校，担负起培训本系统党员、干部的任务。1996年前后，已举办七期党的知识培训，培训本系统入党积极分子 330 名；已举办一期党委书记研讨班，培训企业党委书记 30 名；开办了两期"学邯钢，学党章"培训班，培训厂级干部 196 名；开办了五期"五大体制改革"培训班，培训企业管理干部 245 名；开办了一期中青年后备干部培训班，培训管理干部 37 名。在培训中，重视把思想政治教育和专业知识教育相结合，促进了企业的理论教育和思想建设。又如机械分校根据系统内人才市场需求的特点，先后与杭州锅炉厂、杭州电子工学院联合办班，还与市机械工业局合办了每期脱产学习半年的企业后备干部培训班及计算机培训班。

此外，根据社会发展的需要和企业的需求，轻工分校和纺织分校开办了相关专业的大专证书班。机械分校开办了省机电一体化专升本函授班。这种办学方式既提高了教育资源的利用率，又扩大了学校的影响，增强了办学活力。

2000 年，杭州职工大学和杭州新世纪专修学校以及浙江通用职业技术培训学校开展了成人高职复习班，主要为文秘、市场营销、旅游管理等专业提供成人高职复习班。

（三）参与科研开发，教学与生产紧密结合

各分校越来越重视参与到本行业、企业技术革新和新产品的开发研制工作中去，并取得了一定成果。如轻工分校食品教研室主任贝国泉老师，自 1994 年始，与余杭南湖酒厂联合进行"黄酒 AADY（耐高温酒精活性干酵母应用技术）在加饭酒生产中的应用"课题研究。经过一年多的试验，成功获取了 Y-AADY 活化工艺确定及减曲、加糖化酶、加蛋白酶和加 Y-AADY 的试验结果。综合发酵过程、理化微生物测定、品酒员意见及经济成本核算等指标，认定在加饭酒中引入 AADY 新技术是完全可行的。贝国泉老师与南湖酒厂厂长杨建明合写的《黄酒 AADY 在加饭酒生产中的应用》一文，被中国酿酒科技协会评为推广国家 95 重点科技项目，是具有一定学术水平和实用价值的作品。自 1994 年以来，贝老师撰写了数十篇学术文章，分别在《中国轻工职教》《酿酒科技》《职业技术培训教学》等刊物上发表。

丝绸分校积极探索将教学和生产科研相结合的方法。在主管公司的支持下，分校与科研、生产单位结合，成立了杭州丝绸生产力促进中心。1996 年前后，学校积极参与国家"八五"重点攻关科技项目，研制普及型挠性单剑杆织机。学校专业教师参加的"国外单剑杆织机"测绘和新织机调试等工作受到好评，教师也得到了锻炼。学校还接受纺织部的委托，主持全国丝绸行业中、高级培训的培训计划和大纲的编写工作。王鹏、周增福、刘冶陶、何钧老师参与计划、大纲和教材的编写及组稿。此套计划及教材被纺织部确认为全国丝绸行业中、高级培训专用教材。丝绸分校的教师还参加了 1996 年市社科院软课题、重点课题的研究，并负责该课题第一子课题"国内外提高职工素质"的研究工作。撰写论文《国内外提高企业员工素质的经验分析——浅析人力资源开发理论的实践及影响》，获得市职教论文评选一等奖、市成教论文评选二等奖。何钧老师参加了丝绸工业系统的国家"八五"重点攻关课题"丝绸清洁洁净匀度仪"的研制工作，具体负责生丝黑板检测图像信息自动采集装置（含图像数据采集、机械自动控制装置和数据传输）的设计、制作和调试工作。

机械分校在积极探索教育与生产科研相结合的过程中，也取得了一些成绩。1994 年至 1996 年，机械分校校办工厂先后研制接近国际水平的全自动卷簧机、连续式弹簧强压机、连续热风式回火电炉、小型连续式热风电炉等产品。产品销往全国各地，深受用户好评。

化工分校在科研方面也主动做了一些工作。如为东风农药厂做了环境质量评价，进行了废水成分分析，并确定了治理方案；为萧山麦芽厂处理发酵废水；为东风汽车厂处理电镀废水，等等。这些工作产生了一定的社会效益和经济效益。

在深化改革、社会主义两个文明建设快速推进的时代，职工教育作为工业化、生产社会化、现代化的重要支柱和现代教育的重要组成部分，面临着一个崭新的局面。杭州职工大学作为杭州市经委所属的成人高校，坚持"办学为企业服务，教学与生产相结合"的指导思想，在多层次、多功能、多方位的办学道路上继续探索。学校不断总结经验、扩大视野、开拓思路，根据新形势和全社会需求，开办新专业，为浙江省以及杭州市企业服务，为经济建设服务。

第三节　队伍建设

师资队伍建设是学校最基本的建设任务之一,也是全面提高教育质量,办出高职特色的关键。学校抓好现有教师队伍的培养、提高,使之符合高职教学、科研相关的学历要求和能力要求。

一、基础建设

杭州职工大学为开设的高等职业技术教育试点专业配备了 2 名以上具有副高专业技术职称的专职教师。从企业中选调部分技术骨干、科技人员担任教师,逐步培养建立"双师"型教师队伍。借助市经委系统行业办学的有利条件,建立了一支由企业高级技师及科研机构专家组成的稳定兼职教师队伍,实现由"两师"过渡到"双师"的师资队伍建设策略。各门主要课程均有中级以上专业技术职称的教师任课。截至 1997 年,杭州职工大学有教职工 370 人。其中专任教师 195 人。学校具有高校教师职称系列的教职工 119 名,其中讲师 71 名,占 59.7%;副教授 30 名,占 25.2%。兼职教师 121 名。学校校级领导中,6 人具有高级职称,占 66.6%;3 人具有中级职称,占 33.3%。

学校为改善师资队伍结构,有计划、有重点地引进副高及以上职称的教师和研究生及以上学历的高层次人才。2000 年至 2001 年间,学校引进各类专业人才 40 名。针对高职教育的特点,学校注重从企事业单位中引入具有"双师"型素质的专业人员。仅 2000 年就引进高级工程师 3 人、工程师 6 人。经过这一阶段的调整,教师队伍在数量和质量上均得到发展和提高,基本满足了当时的需要,并为学校今后的发展奠定了基础。

二、提质强基

建院初期,学校重视师资队伍结构的优化和质量的提高。学校在积极引进人才、充实骨干力量的同时,重视原有教师队伍专业能力的提高。学校要求在编本科学历的教师,在晋升专业技术职称时,必须进修本专业或相近专业 4～6 门研究生骨干课程。对 1977 年恢复高考制度后入学、毕业未取得岗前三门课程的在编教师,由学校教务处统一安排,分期分批进行培训，促成其取得教师资格。岗位培训合格证书作为教师转正、定级、晋升教师职务的必备条件。学校出台了教师深入职业岗位锻炼制度，鼓励教师考取与本专业相关的岗位证书或技术等级证书。学校为每个专业都配备学科带头人，重点专业有教授主持教学和学术研究、科研项目开发。

1999 年后，学校相继制定并实施了《关于加强师资队伍建设的工作意见》《教师业务考核实施细则》《开展教师年度教学考评的工作意见》《关于选送教师参加研究生课进修班的有关规定》等。提出师资队伍建设工作指导意见，明确工作目标，规范了工作秩序，细化了考核标准，确保了学院师资队伍建设工作正常开展，取得较好成效。

三、完善机制

加强师德教育，明确各级教师的教学工作规范和教学岗位职责分工，建立健全教学岗位责任制。对教师的政治表现、业务水平和工作业绩每学年考核一次，考核情况载入教师业务档案，作为教师转正、定级、晋升职务的依据。

学校制定了各种激励政策和措施，保证教师的收入超过学院其他职工平均收入水平。对学科带头人及有突出贡献的中青年教师，经上级主管部门批准可试行协议工资制。学校鼓励在编教师职攻读硕士、博士学位，在经费上给予一定比例的奖励；鼓励仍属中专教师职务系列或其他职务系列的教师积极转评高校教师职务系列；鼓励专业教师考取本专业相关的岗位证书和技术等级证书，做到80%以上的专业教师具备"双师型"素质。专业技术职务聘任逐步试行低职高聘、高职低聘——对教学、学术研究、科研开发有突出贡献的中、青年教师可高聘一级技术职务；对教学态度差，不能为人师表，教学效果差又不愿改进者可实行待聘、解聘直至转换岗位；对违反教学纪律、造成教学事故者，视情节轻重进行批评教育或给予必要的行政处分。

结合学院的专业建设，组建专业指导委员会9个，聘请社会知名专家、学者、企业家担任专业指导委员会成员，参与学校教学大纲、教学计划的制定和修订，指导专业教学活动、实训、实习，开设学术讲座、观摩课等活动。

第四节 重大事件和主要领导

一、重大事件（1996年12月—2001年12月）

1996年12月，浙江省人民政府发布《关于杭州机械职工大学等6所市属成人高等学校实行合并办学的通知》（浙政发〔1996〕245号）。

1997年1月30日，杭州市人民政府《关于我市经委系统六所职工大学实行合并办学的通知》（杭政办发〔1997〕23号）同意杭州机械职工大学、杭州丝绸职工大学、杭州纺织职工大学、杭州西湖电子职工大学、杭州化工职工大学、杭州轻工职工大学等6所市属成人高等学校实行合并办学。学校更名为"杭州职工大学"。

1997年1月6日，杭州市经济委员会宣布王大安同志兼任杭州职工大学党委书记，徐慧萍同志兼任副书记。任命王鹏为杭州职工大学校长，詹红军为常务副校长，韩时林、吴震芳、陈水陆、徐永赤为副校长。

1997年1月28日，杭州职工大学成立大会并揭牌仪式在原杭州机械职工大学举行。

1997年2月，杭州市经济委员会发布《关于建立杭州职工大学机械等分校的通知》（杭经办〔1997〕27号）。杭州职工大学实行总校分校制。合并前6所学校分别更名为"杭州职工大学机械分校""杭州职工大学纺织分校""杭州职工大学丝绸分校""杭州职工大学西湖电子分校""杭州职工大学化工分校""杭州职工大学轻工分校"。杭州职工大学总校设在杭州职工大学纺织分校内。

1997年2月24日，任命詹红军为杭州职工大学机械分校校长，丁学恭、刘德明为副校长；任命陈水陆为杭州职工大学化工分校校长，裘曼华为副校长；任命徐永赤为杭州职工大学轻工分校校长，吕彦斌为第一副校长，陈立民、傅善诚为副校长。

1997年5月，浙江省教委批准杭州职工大学试点招收高职学生195名，占全省成人高校试招高职学生名额总数的28.3%。

1997年5月12日，市政府办公会议确定了编制和经费问题。全市企业职工教育经费由原来的额度工资总额的1.5%提高0.5百分点，即提高到工资总额的2%，增长的教育附加费的0.25%用于杭州职工大学的发展。

1997 年 5 月 16 日，浙江省独立设置的成人高校办学水平评估组对杭州职工大学开展评估。评估意见肯定了学校的办学成绩，指出了学校存在的问题，提出了学校进一步发展的建议。

1997 年 5 月 17 日、18 日，杭州职工大学首届校运会召开。

1997 年 8 月 8 日，杭州市人事局就杭州职工大学的编制问题正式发文，批准学校教职员工编制 220 名。

1997 年 9 月，杭州市委、市政府同意在杭州职工大学的基础上筹建杭州职业技术学院。同时，学校向国家教委做好申报工作，筹建期限为 2 年。

1997 年 9 月 23 日，杭州职工大学任命沈利民为杭州职工大学丝绸分校校长。

1997 年 9 月 29 日，浙江省人民政府向国家教育委员会发出《关于要求建立杭州职业技术学院的函》这一文件。

1997 年 10 月，国家教委院校设置委员会专家来校考察。

1998 年 3 月 20 日，国家教育委员会发布《关于同意筹建杭州职业技术学院的通知》（教计函〔1998〕10 号）。该通知同意在杭州职工大学的基础上筹建杭州职业技术学院，筹建期限为 2 年，筹建期内可继续举办成人高等教育。

1998 年 6 月 27 日，杭州市政府办公会确定杭州职工大学由教委和经委共同管理。1999 年 11 月，杭州职工大学〔杭州职业技术学院（筹）〕正式转为杭州市教委接管。2000 年 1 月 13 日，由杭州市政府副秘书长陈利卿主持会议，协调杭州职工大学〔杭州职业技术学院（筹）〕转市教委管理事项。2001 年 1 月 19 日，市政府召开"杭州职业技术学院移交市政府管理有关问题的协调会议"（府办纪要〔2000〕9 号），决定将杭州职业技术学院移交市教委管理，定为市属高校。

1998 年 8 月 27 日，杭州职工大学根据学校工作和发展需要，决定设置杭州职工大学学生处、总务处、基础教研室、专业教研室。

1998 年 8 月底，纺织分校并入杭州职工大学，纺织分校建制即予撤销。

1998 年 8 月 31 日，原西湖电子分校教职工在经市人事局编委办批准后调入杭州职工大学，西湖分校建制正式撤销。

1998 年 11 月 17 日，杭州市经济委员会发布《关于建立杭州市经济管理培训中心的通知》（杭经办〔1998〕422 号）。杭州市经济管理培训中心成立，校址设在杭州职工大学总校。杭州职工大学培训处为该中心的日常管理机构。

1999年4月14日，市政府召开有关部委协调会，讨论杭州职工大学有关校区国有资产转移及中专、技校与职工大学分离事宜。5月，经委、学校与劳动局协定技校分离具体事宜。

1999年6月，市经委、市教委、市劳动局、杭州职工大学商定，将轻工分校地块作为技校教学场地，保留轻工技校，由市轻工公司领导管理。化工技校、丝绸技校并入轻工技校，所涉人员合理划分。

1999年7月5日，杭州职工大学任命张小红为杭州职工大学化工分校校长，免去陈水陆同志的杭州职工大学化工分校校长。

1999年7月6日，遵照仇保兴市长意见，市教委、下沙经济开发区、社管局、规划局等有关单位商讨杭州职业技术学院（办学规模为在校生1万人）新校址问题。

2000年1月，学校开始着手杭州职工大学［杭州职业技术学院（筹）］新校区的筹建准备工作。3月，开始规划设计。10月初，开始地质勘探。学校成立了建设项目招投标领导小组，由省教育厅阮忠信副厅长、市教委徐一超主任、省重点办董忠主任、下沙开发区宋秉申主任及学校方王鹏、詹红军、严培祖组成。11月24日，确定建筑监理单位为杭州市建筑监理有限公司。12月6日，杭州职业技术学院下沙新校区正式开工。

2000年5月，杭州职工大学召开第一届共青团代表大会。大会选举杨旭、陈宇枫、周炎土、金徐伟、倪志龙、程利群、裴旭东为第一届委员。共青团杭州市委副书记魏祖民莅临指导。

2000年6月，杭州市劳动局发布文件（杭劳培〔2000〕130号），同意杭州职工大学建立杭州市职业技术学院职业技能培训中心（许可证号码：浙劳社证字2010007）。

2000年9月15日，杭州职工大学［杭州职业技术学院（筹）］决定在全校范围内开展"2000—2001教育质量年"活动。

2001年3月，学校党委成立学校搬迁领导小组和学校发展研究领导小组。主要任务是进一步摸清学校固定资产情况，安排新校区的物资配置，规划和组织部署学校的搬迁工作，研究搬入新校址后的管理模式和发展规划。同年，省、市领导十分关心杭州职业技术学院的发展。省委书记张德江、省委副书记李金明、副省长鲁松庭、杭州市委书记王国平、市长仇保兴等领导先后亲临学校视察并给予指导。同年 8 月，学校开始着手搬迁工作。10 月 20 日，杭州职业技术学院新生 2000 人在下沙新校区报到入学。10 月 22 日，新生正式开始上课。

2001 年 8 月，学校党委召开全校教职工会议，认真学习江泽民总书记"七一"讲话。会议结合学院实际，回顾杭州职工大学的发展历程，提出学校第二次创业的总体要求。

2001 年 8 月 31 日，为加强新校区以教学为中心的各项管理，确保新、老校区教学秩序的稳定，加快向院系管理体系过渡，学校决定将原校区各专业进行整合，成立了机电工程系、管理工程系、化学工程系、艺术系等四个系。

2001 年 9 月 15 日，杭州职工大学［杭州职业技术学院（筹）］向杭州市教委提交《关于要求正式成立杭州职业技术学院的请示》。

2002 年 1 月 24 日，浙江省人民政府文件（浙政函〔2002〕17 号）批准杭州职业技术学院正式成立。

2002 年 6 月，杭州职业技术学院各分校开始实施整体搬迁至下沙新校区方案。

2002 年 6 月，学校召开杭州职业技术学院首次教代会。

2002 年 7 月，校党委召开党委扩大会议，研究下沙新校区集中办学的管理构架、管理方案和管理机制，确定部门的人员组成。

二、主要领导

1. 杭州职工大学

党委书记　　　王大安　1997 年 01 月—1999 年 08 月　杭州市经济委员会主任兼任

校长　　　　　王　鹏　1997 年 01 月—1999 年 08 月

常务副校长　　詹红军　1997 年 01 月—1999 年 08 月

党委副书记　　徐惠萍　1997 年 01 月—1999 年 08 月

党委副书记　　韩时林　1997 年 01 月—1999 年 08 月

党委副书记　　高直明　1997 年 07 月—1999 年 08 月　任职一年半

纪委书记　　　韩时林　1997 年 01 月—1999 年 08 月

副校长　　　韩时林　1997 年 01 月—1999 年 08 月

副校长　　　吴震方　1997 年 01 月—1999 年 08 月

副校长　　　陈水陆　1997 年 01 月—1999 年 08 月

副校长　　　徐永赤　1997 年 01 月—1999 年 08 月

2. 杭州职业技术学院（筹）

党委书记　　王　鹏　1999 年 09 月—2003 年 04 月

院　长　　　詹红军　1999 年 09 月—2003 年 04 月

党委副书记　詹红军　1999 年 09 月—2003 年 04 月

副院长　　　张小红　1999 年 09 月—2003 年 04 月

纪委书记　　张小红　1999 年 09 月—2003 年 04 月

副院长　　　吴震方　1999 年 09 月—2003 年 04 月

副院长　　　韩时林　1999 年 09 月—2003 年 04 月

（撰写：孙丽丽　雷阳）

第三篇　深化改革　创新发展

第一章　改革发展概述

自 2002 年以来，学校经历了规模发展、内涵发展到特色发展的道路。在各级领导关心支持以及学校发展委员会指导下，学校办学指导思想不断提高，高质量完成合格评估、创优评估、示范校建设、骨干校建设等建设项目，取得一系列重大建设成果，大力推进双高校建设。

第一节　发展历程

2002 年 1 月，浙江省人民政府发布《浙江省人民政府关于正式建立浙江机电职业技术学院等 18 所高职院校的批复》（浙政函〔2002〕17 号），杭州职业技术学院正式建立。从此，学校发展进入一个全新的历史时期。这一时期具体又可分为以下三个阶段。

一、第一阶段（2002—2007）：资源重组、规模扩张

杭州职业技术学院（简称"杭职院"）的正式建立，意味着省政府对学校前些年筹建工作的充分肯定。学校后续发展还有大量工作要做。原有分散在杭州主城区的各校区办学资源被有效整合到下沙新校园，老校区土地置换获得的经费迅速投放到新校园基础建设中。通过机构、人事、分配制度三项改革，资源重组、人心聚拢的任务基本完成。

2002年6月26日，在省教育厅督查反馈会上，学校工作受到评估专家的高度评价。2003年10月，时任浙江省委常委、杭州市委书记王国平视察杭职院后，欣然题词"打造杭州高等职业教育的航母"。同年12月，学校顺利通过教育部高职高专人才培养工作水平合格评估。

市委、市政府下决心要重点办好杭职院。但学校仍面临着资金紧张、债务沉重等诸多困难。2005年，更是经历了可能被邻近本科院校合并的局面。关键时刻，学校领导班子带领全校教职工团结一心、艰苦奋斗，积极向上级反映实际情况，以发展的成果赢得了上级领导和社会各界的肯定，竭力保全了学校的独立性。世纪之初，我国高职教育的扩张速度非常快，杭职院在办学条件和办学体制优势并不突出、办学经费非常紧张的情况下，克服困难努力跟上了时代发展形势。到2007年，校内开设33个专业，全日制在校生人数从2001年的近6000人，增加到8700多人。2007年9月，学校以"优秀"成绩通过教育部高职高专人才培养工作水平评估，成为浙江省最后一所优秀高职院校。

二、第二阶段（2007—2019）：内涵建设、快速崛起

2007年起，学校展开了史无前例的重大改革。通过深入行业企业调研，学校决定与主导产业的主流企业结成"校企共同体"，从而创新办学体制机制。各院系纷纷行动，探索以校企共同体形式举办二级学院。短短几年时间，"友嘉模式""达利现象"成为全国高职教育的亮点，杭职院的社会知名度骤然提高。

2007年6月，通过学校领导的积极争取和努力协调，在市劳动局和教育局的大力支持下，市政府发文同意将投资3个亿的杭州市公共实训基地暨杭州职业技术学院实训中心在杭职院校内选址建设。这一重大项目的落地，彻底改变了学校实训设备落后的局面，并成为省内教育、劳动两部门资源共享的首创。2007年10月，学校启动创建示范院校建设。2008年8月，学校顺利通过省教育厅专家组评审答辩，成为浙江省示范高职建设院校。在此阶段，学校形成了"姓杭""姓职""姓院"的办学指导思想，并以

此为指导，不断加强内涵建设。

坚持"姓杭"，为杭州经济社会发展服务，突出地方性、区域性。学校在"立足开发区、服务杭州市"的办学定位下，对接区域产业需求，按照"需求＋特色"和"先做强再做大"的原则，形成了对接杭州产业发展、产学结合紧密、岗位定位清晰的专业布局。每年开展毕业生就业情况调查，收集毕业生就业与反馈数据，将调研数据应用于专业开设、结构优化、方向调整，连续多年毕业生留杭率位居全省高职院校应届生留杭首位。同时，学校建立了"一预警，三联动"的多部门联合响应的专业设置与动态调整机制。如撤销了与产业接轨不紧密的计算机控制技术、计算机网络技术、电子信息工程技术、文秘等10个专业，增设了汽车装备与制造技术、动画设计等新专业，主动将招生专业数从36个调整至27个。

2015年，学校瞄准杭州市不断满足人民群众多层次、多样化健康服务的需求，打造健康服务产业全国示范区的目标，增设康复护理技术专业，培养健康服务类技能人才。2016年，通过对电梯行业广泛深入的调研，学校瞄准电梯行业维保专业人才的大量市场需求，增设了电梯工程技术专业。2017年，学校对接新松机器人集团公司，首次招收了工业机器人专业学生。2018年，学校增设城市轨道交通机电技术、康复治疗技术、新能源汽车技术和电子商务（跨境电子商务方向）。2019年，学校瞄准杭州打造"数字经济第一城"目标，增设了大数据技术、物联网应用技术等专业，培养数字领域技术技能人才。

学校紧密结合杭州市产业结构转型升级需要，不断调整专业布局。同时，对学校品牌专业进行重点扶持，通过专项经费支持、邀请专家指导、走出去学习培训等方式提升品牌专业的社会影响力。学校在骨干高职院校建设期间重点建设了三个国家级骨干专业，对学校其他有发展潜力的品牌同步扶持，成功申报了在教学改革、校企合作方面特色明显、为区域传统特色产业、新兴产业等发展急需的12个专业立项为浙江省"十三五"优势（特色）专业建设项目。入选专业总数在全省高职院校排名第二，凸显了学校的办学优势和特色。此外，2个专业分别被确定为全国职业院校装备制造类、交通运输类示范专业点。

2017年10月，学校获批成为全国第二批现代学徒制试点院校，机械设计与制造、电梯工程技术、物业管理成为试点专业。学校抓住现代学徒制改革试点的契机，用 3 个国家级试点专业推动全校 15 个校级现代学徒制人才培养试点专业，积极探索多种校企合作形式，增强校企深度交流与合作。开展专业建设"三十工程"，通过设立专项经费、拓展专业优点，形成百花齐放、各显专业特色的良好态势，力争将学校更多专业打造成为品牌专业，提升社会影响力。

坚持"姓职"，告别"压缩饼干"，走"类型"道路，培养技术技能人才，强调职业性。产教融合、校企合作是提高高等职业教育人才培养质量的必由之路。学校提出了"校企合作之双赢，以企业赢为先"，并认为"校企合作之院校不是为了企业的钱、设备和师傅，也不只是为了学生的实习和毕业生的就业安置，更重要的是要以企业的生产实际引领学校的教学，明确培养目标和人才规格，实行工学结合"。在此基础上，学校按照"立足一个企业、面向整个行业"的思路，选择与区域主导产业的主流企业进行合作，建立校企共同体（利益实体），走出了一条"校企共同体"探索与创新之路。利益与共、文化相通、成果共享的校企联动机制示范引领了全国高职院校校企合作体制机制的改革创新。在校企共同体机制下，院校与企业"相互开放、相互联系、互相依赖、互相促进"。这些联合创新的利益实体以共同利益为基础，以资源共享或优势互补为前提，以文化共融为抓手，以师资共育为核心，以课程建设、教学共管、基地共建为依托，有明确的合作目标、合作期限和合作规则。"共同规划、共构组织、共同建设、共同管理、共享成果、共担风险"的校企共同体模式已然成为全国高职教育校企合作体制机制创新的典范，全国各地的高职院校纷纷前来学习借鉴。

坚持"姓院"，深化校企合作、工学结合、文化育人，并把凸显文化育人功能作为区别于中职校的核心要素，明确高等性。"校企合作、工学结合、文化育人"的办学思路，"首岗适应、多岗迁移、可持续发展"的人才培养规格，"学生体面就业、教师幸福生活"两大办学指向等一系列办学思想为学校的永续发展打下坚实的思想基础，成为杭职院不可磨灭的文化印记。内涵建设使学校进入了发展的快车道，并在高职教育界迅速崛起，几乎每年都赢得重大标志性成就。

2010 年，教育部在杭州召开全国高等职业教育改革发展工作会议，专门安排与会人员抽出半天时间参观考察杭职院，召开现场会，将"杭职经验"推向全国。同年 11 月 30 日，学校成功获得国家骨干高职院校建设立项。

2011 年，教育部两大平台——数字校园学习平台和专业建设与职业发展管理平台落户学校。2012 年，新图书馆投入使用。2013 年，教育部服装专业资源库立项。2014 年，学生宿舍改扩建项目获得市政府立项，当年喜获国家教学成果奖一等奖。2015 年，国家骨干高职院校验收优秀，成绩获全国当批次验收第一。同年，学生宿舍改扩建项目破土动工。2016 年，教育部"传统手工业（非遗）技艺传习传承与创新教学资源库"获批立项。2017 年，经市长徐立毅批示肯定支持，学校开启了"高职名校"的建设新征程。2018 年，学校再获国家级教学成果一等奖，并成为全国创新创业典型经验高校 50 强。

三、第三阶段（2019 年至今）：特色构建、内涵发展

2019 年，国家颁布《国家职业教育改革实施方案》，并启动了中国特色高水平高职学校和专业建设计划，该计划共有 197 个单位上榜。其中 56 所高职院校进入高水平高职学校建设单位（A 档 10 所、B 档 20 所、C 档 26 所），141 所高职学校被列入高水平专业群建设单位。杭职院成功进入中国特色高水平高职学校建设单位 B 档（排名全国前 20 位），学校从此又进入一个全新的发展周期。

在此阶段，学校坚持类型特色发展，以产业需求为导向，协同育人为目标，强化产教"五个对接"，增强人才培养的前瞻性、适应性，坚持走以质量提升为核心的内涵式发展道路，着力提高服务经济社会的社会责任感和善于解决实际问题的实践能力，主动适应区域经济社会发展需求。

校企共同体内涵不断深化。与华为、联想等企业开启战略合作，华为云计算学院、联想工业互联网研究院、方圆生物安全研究中心顺利开工建设。与杭州安恒信息技术股份有限公司启动共建"混合所有制"办学探索——杭州数智工程师学院。与海宁市许村镇人民政府、海宁市职业高级中学、海宁市家用纺织品行业协会正式签署战略合作协议，共建"杭海龙渡湖国际时尚产业学院"。与平湖中职、独山港经济开发区等四方共建"独山港材料学院"。电梯实训基地获批国家级虚拟仿真实训基地。与温岭市科技局共建温岭技术转移中心，与浙江省知识产权中心签订合作协议。

"产学研用"协同创新力度不断加大。科技成果拍卖"杭职拍"品牌不断擦亮。2020 浙江科技成果竞价（拍卖）会杭州职业技术学院专场暨产学

研合作签约仪式由杭州职业技术学院、杭州钱塘新区管理委员会共同主办，钱塘新区经发科技局、温岭市科技局、浙江知识产权交易中心以及中国计量大学科技处联合承办。本次拍卖共推出 17 项科技成果，其中杭职院 15 项，涵盖智能制造、健康医疗、教育、新材料、农林畜牧等技术领域。最终，总起拍价 678 万元的 17 项科技成果全部成交，总成交价为 958.5 万元，溢价率为 41.37%。2021 浙江科技成果竞价（拍卖）会杭州职业技术学院专场总起拍价 1263.5 万元的 35 项科技成果全部成交，成交总价 1736 万元，溢价率达 40.17%，成果数量和成交金额均创新高。新华社、光明日报、中国教育报、中国青年报、中国新闻网、经济日报、浙江在线、杭州日报、新闻 60 分等 20 余家媒体进行了专题报道，社会反响良好。

在此阶段，学校形成了"12345"发展新思路，即抓牢"一条主线"（立德树人），落实"两大指向"（学生体面就业、教师幸福生活），推动"三化并进"（专业现代化、教育信息化、办学国际化），聚焦"四力提升"（产业贡献力、城市服务力、国际影响力、同行辐射力），擦亮"五张名片"（校企深度合作体制机制创新的开拓者、高职教育教学改革的先行者、高职创新创业教育的引领者、中小微企业技术研发和产品升级的支撑者、"杭派高职教育"的示范者），奋力建设中国特色、世界水平的高职院校。打造国内一流、国际上有较大影响力的"高职名校"，跻身"全国高职院校第一梯队前列"，是市委、市政府赋予杭职院的全新使命，也是全体杭职人共同的奋斗目标。

自进入下沙高教园区办学以来，学校一直扎根区域办学，秉持"立足钱塘、服务杭州"的办学定位，围绕"数智杭州·宜居天堂"和浙江省高质量发展建设共同富裕示范区战略目标，提出"数智杭职·工匠摇篮"发展目标。争取到 2025 年，建成国内一流、国际上有较大影响力的"高职名校"，高质量举办本科职业教育，打造"数智杭职·工匠摇篮"，为中国特色高水平高职院校和专业（群）建设贡献"杭州方案"，为社会培养和输送数以万计的高素质技术技能人才。2020 年，学校主持浙江省文化研究工程重大项目"浙江工匠精神研究"，与浙江省总工会、杭州市总工会、钱塘区政府合作，启动共建"三院一馆一中心一基地"，即：工匠研究院、工匠学院、工匠书院、工匠文化博物馆、工匠培训中心和工匠科普教育基地。开展工匠精神研究，传承工匠文化，培育工匠人才，为打造"工匠摇篮"

开好头、起好步。

第二节　政府支持与领导关怀

学校自迁址下沙以来，建设发展得到了国家、省市领导的高度重视和大力支持，包括时任教育部部长助理林蕙青，教育部原副部长鲁昕，时任省委书记张德江、车俊，时任省委常委、杭州市委书记黄坤明、王国平、赵一德，时任省委常委、组织部部长黄建发，时任副省长郑继伟，时任杭州市市长蔡奇、仇保兴、茅临生、孙忠焕、张鸿铭、徐立毅、刘忻等各级领导，均莅临学校考察指导。

一、各级领导视察指导

2001年3月，时任省委书记张德江赴下沙高教园区视察指导，亲临杭州职业技术学院校址建设现场，省委副书记李金明、副省长鲁松庭、杭州市委书记王国平、市长仇保兴等领导陪同考察并给予指导。

2003年11月6日，时任市委书记王国平、市委副书记叶明、副市长项勤在市委副秘书长胡征宇、市政府副秘书长陆瑞芬、市委办公厅副主任林友保、萧山区区长陈如昉、市委政研室副主任辛薇、余杭区区长刘庆龙、市教育局局长徐一超等陪同下视察杭州职业技术学院，并与学院领导及干部、教师座谈。党委书记洪永铿、副书记张小红、副院长韩时林、张洪宪出面接待，党政办、教务处、招生就业处、继续教育学院主要负责人及各系主任陪同参加座谈会。

2004年3月26日，时任市长茅临生、副市长沈坚在市政府秘书长娄延安、副秘书长许保庆、市政府办公厅副主任郎健华及市计委、经委、劳动和社会保障局、财政局、教育局、人事局、物价局、总工会主要负责人的陪同下视察了杭州职业技术学院，并与学院党委书记洪永铿、副书记张小红、副院长韩时林、张洪宪就如何建立健全杭州职业教育体系，优化杭州经济发展环境，推进人才强市战略等问题进行了座谈。

2004年10月22日，时任杭州市代市长孙忠焕在市政府秘书长娄延安、市教育局局长徐一超及市财政局、市府办政研室、市教卫文体处领导的陪同下，视察了学院，就杭职院后续的发展建设等问题与学院党委书记洪永铿、党委副书记张小红、副院长韩时林、张洪宪及部分教职工座谈。

2007 年 7 月 24 日，时任杭州市市长蔡奇在市政府有关部门负责人的陪同下视察了下沙高教园区，并专门调研了杭职院。座谈会上，蔡市长要求学院坚持高等职业教育不动摇，不断提高高职教育品质，并表示同意由市财政统筹经费予以支持，要求学院尽快启动图书馆工程建设。

2008 年 5 月 5 日，时任杭州市委副书记、市长蔡奇在市人大常委会副主任陈重华、市政协副主席郁嘉玲、市政府秘书长许小富、副秘书长孙振洲、张连水、王平等陪同下，来杭职院就人才实训工作进行视察调研，并召开了大学生实训工作座谈会。市委组织部、市政府政研室、市教育局、市人事局、市劳动保障局、市外经贸局、市信息办、市经开区管委会等相关职能部门负责人及学院党委书记洪永铿、院长叶鉴铭随同参加了调研与座谈。

2008 年 9 月 22 日，时任杭州市委副书记、市长蔡奇在副市长陈小平、秘书长许小富、副秘书长张连水、王平等陪同下莅临学院视察调研。杭州市教育局、财政局、人事局、劳动保障局、市政府政研室、市公交集团、市经济开发区管委会等职能部门主要负责人随同参加调研与座谈。叶鉴铭院长就校企合作、大学生创业等问题向蔡市长一行做了专题汇报，校领导洪永铿、张小红、韩时林、张洪宪参加了座谈。

2010 年 9 月 13 日，教育部在杭州召开了全国高等职业教育改革与发展工作会议。会议期间，时任教育部部长助理林蕙青、高教司司长张大良带领与会地市级政府组、省教育厅厅长组和院校代表组参观考察了杭职院，以及校企共同体合作企业友嘉实业集团杭州厂区。

2013 年 5 月 27 日，时任浙江省委常委、杭州市委书记、杭州市人大常委会主任黄坤明一行 10 余人来学校调研。校长叶鉴铭，校党委副书记、副校长贾文胜，党委副书记、纪委书记陈能华，副校长张洪宪、廖志林、许淑燕、党委委员陈加明接待了来宾。

2014 年 7 月 27 日，浙江省副省长郑继伟率省政府副秘书长李云林、省教育厅厅长刘希平等一行 7 人，在杭州市副市长陈红英、杭州市教育局副局长肖锋的陪同下，前来学校视察。学校党委书记安蓉泉、校长贾文胜等全体党政班子成员参与接待。

2014 年 9 月 5 日，杭州市市长张鸿铭、副市长陈红英、秘书长王宏、副秘书长姚坚前来学校视察工作。学校全体党政班子成员接待了来宾。

2015 年 3 月 17 日，教育部职业教育与成人教育司副司长刘建同，浙江省委教育工委委员、浙江省教育厅副厅长朱鑫杰，江苏省教科院职成所所长、研究员马成荣，教育部职业技术教育中心研究所国际合作与比较研究室助理研究员郑坚，教育部职成教司远程处干部万光龙，浙江省教育厅职成教处副处长高迎春，浙江省教育厅高教处副处长祝鸿平等领导来学校调研。学校党委书记安蓉泉、校长贾文胜、副校长许淑燕、副校长陈加明等参与接待。

2015 年 5 月 13 日，下沙高教园区第 12 届文化艺术节暨校第 12 届文化艺术节开幕式在学校图书馆报告厅隆重举行。时任省委宣传部常务副部长胡坚、省委宣传部理论处处长钱伟刚、下沙高教办主任胡惠华、校党委书记安蓉泉、党委副书记赵一文等出席。

2015 年 6 月 17 日，时任杭州市市长张鸿铭来学校为广大师生上形势教育课。市政府秘书长王宏、市政府研究室主任何利松、市政府办公厅副主任鲍一飞以及市府办综合一处、市政府研究室有关处室负责人等随同参加。学校党政领导班子成员安蓉泉、赵一文、张洪宪、孙爱国、金徐伟等800 余人现场听取报告。

2015 年 8 月 15 日，时任省委教育工委书记、省教育厅厅长刘希平一行到学校检查指导安全稳定工作。省教育厅校安处处长潘伟川、下沙高教办主任胡惠华等随同参加。党委书记安蓉泉、校长贾文胜、纪委书记陈泉淼等参与接待。

2016 年 11 月 28 日，时任市长张鸿铭来学校宣讲党的十八届六中全会精神。市政府秘书长王宏、市教育局局长沈建平、市政府副秘书长何利松、市政府办公厅副主任鲍一飞等出席。学校党政领导班子成员、教师代表、学生近千人共同聆听。校党委书记安蓉泉主持宣讲会。

2017 年 11 月 3 日，时任市长徐立毅来学校宣讲党的十九大精神。强调要把学习宣传贯彻党的十九大精神作为当前和今后一个时期的首要政治任务，切实以习近平新时代中国特色社会主义思想武装头脑、指导实践、推动工作，深化产教融合和校企合作。领导班子成员和干部师生近 400 人参加。

2018 年 10 月 20 日，教育部原副部长、全国政协委员鲁昕，在省委教育工委书记、省教育厅厅长郭华巍陪同下到学校视察指导工作。校党委书记金波、校长贾文胜、副校长陈加明和相关部门负责人参与接待。

2018 年 3 月 26 日，时任浙江省委常委、杭州市委书记赵一德，在市委常委、秘书长许明等陪同下来学校视察指导工作。赵一德听取了校党委书记金波、校长贾文胜关于办学情况的介绍，对学校的办学特色和办学成果给予充分肯定。

2019 年 3 月 19 日，时任浙江省委书记车俊在省委常委、省委秘书长陈金彪，浙江省副省长成岳冲，杭州市委常委、秘书长许明的陪同下，来学校调研教育工作。车俊书记一行实地考察了友嘉机电学院、电梯实训基地等，对学校开展校企、政校、行校项目合作表示赞赏，希望学校坚持需求导向，进一步深化产教融合、校企合作，为浙江高质量发展培养更多的职业技术人才，并充分肯定学校产教融合、校企合作。全体党政班子成员参与接待。

2020 年 7 月 26 日，时任浙江省委常委、省委组织部部长黄建发一行莅临学校检查指导工作，市委组织部部长毛溪浩、副部长仰中昱等陪同参加。

2020 年 12 月 11 日，杭州市委副书记、市长刘忻来学校宣讲党的十九届五中全会精神。市政府秘书长丁狄刚、副秘书长鲍一飞以及市政府办公厅有关处室负责人出席。学校党政领导班子成员、师生代表等300余人参加。刘忻指出，杭职院是杭州市职业教育的排头兵，肩负着推动职业教育改革创新、助力杭州经济社会高质量发展的重任，希望全校在职业教育水平上争创一流。

二、成立专家委员会

为健全学院教学、科研科学决策咨询机制，活跃学术民主和交流氛围，促进学院教育事业发展，学校成立了专家委员会，形成了专题咨询、典型引路、逐步推开的专家引领机制。专家委员会专家为学校 10 年来的快速发展和蝶变升华做出了前瞻指导，提供了智力支撑，付出了巨大心血。

2009 年 5 月 17 日，学院举行第一届专家委员会成立大会暨"校企共同体"专家咨询会。杭州经济技术开发区党工委副书记俞建国到会并致辞，友嘉实业集团总裁朱志洋、杭州职业技术学院党委书记李志海、院长叶鉴铭，副院长廖志林、贾文胜及友嘉实业集团下属企业高层、学院有关职能部门、系（院）负责人出席会议。学校第一届专家委员会成立。中国高教学会全国产学研合作教育分会会长、教育部高教司原副司长朱传礼受聘担任杭州职业技术学院专家委员会主任委员；全国高职高专校长联席会议主席、上海师范大学校长李进受聘担任学院专家委员会副主任委员；中国职教学会副会长、学术委员会主任、华东师范大学职成教研究所所长石伟平受聘担任学院专家委员会首席专家委员；上海市教育科学研究院职成教研究所所长、高职教育研究中心主任马树超，教育部高职高专人才培养工作水平评估委员会主任委员、华东理工大学石化学院原院长杨应崧，上海第二工业大学高教研究所所长、全国高职高专校长联席会议秘书长陈解放，浙江省教育科学研究院院长方展画，宁波职业技术学院党委书记、执行院长苏志刚，温州职业技术学院院长丁金昌受聘担任学院专家委员会委员。

2018 年 4 月 22 日，第二届专家委员会成立。第二届专家委员会主要成员有中国高教学会全国产学研合作教育分会会长、教育部高教司原副司长朱传礼，中国职教学会副会长、学术委员会主任、华东师范大学职成教研究所所长、博士生导师石伟平，上海第二工业大学高教研究所原所长陈解放，浙江省教育科学研究院原院长、浙江大学教科院博士生导师方展画，浙江机电职业技术学院院长丁金昌，宁波工程学院党委书记苏志刚，中国高等教育学会副秘书长、《中国高教研究》主编王小梅，宁波职业技术学院院长、高职高专校长联席会议常务副主席张慧波，华东师范大学职成教研究所副所长、学校课程建设顾问徐国庆。

专家委员会自成立以来，在各位专家的悉心指导下，带领杭职院逐渐明晰了办学理念，理清了发展思路，提升了发展内涵，走出了一条具有自身特色的改革创新发展之路，在人才培养、创新创业、校企合作等各方面取得了新的发展成绩。

第三节 重点建设项目

一、合格评估

2002 年，经浙江省人民政府批准，杭州职业技术学院正式成立。学校随即制定了第一个五年发展规划，确立了建设多学科、高质量、有特色的高职院校的发展目标及建设思路。学校主动适应社会需求，强调产学研相结合，不断加强专业建设，努力提高师资力量，逐步扩大办学规模，以新的发展格局和外在形象，开始了高职教育的积极探索。

2003 年 4 月，学校升格为市直单位，开始实施"51555"师资队伍建设工程，加大专业带头人和高层次人才引进、中青年骨干教师培养、"双师"型师资队伍建设力度。形成了"全力打造办学特色，适度扩大办学规模，努力改善办学条件，不断提高办学质量，积极拓展办学形式，全面提升办学水平，走内涵发展与外延发展相结合的可持续发展道路"的发展思路，先后实施"转变作风年""深化改革、打造特色年""专业建设年""队伍建设年""创优年"主题，使学校在办学质量、办学模式、办学效益上连年突破，步入了良性循环的发展轨道。2003 年 12 月，学校通过教育部高职高专人才培养工作水平合格评估，为学校自力更生、自主办学和长期稳定发展奠定了基础。

二、创优评估

2007 年 3 月，学校遵循"以评促建、以评促管、以评促改、评建结合、重在建设"的 20 字评估指导方针，按照"管理要规范，条件要具备，质量要保证，特色要鲜明，重点要突出"的具体要求，进一步明确了办学思路，突出教学工作中心地位，全面推行素质教育，重视培养学生的综合素质和职业技能，从教与学两方面提高教育教学质量。筹资 1200 余万元，加强实验实训基地建设，争取专项资金，建成体育馆和二期教学楼，办学条件明显改善。同时，不断强化教学管理制度建设和教学质量监控措施，教学过程进一步规范。积极创建和谐文明校园，优化育人环境，学生的综合素质明显提高。创优以来，学校培训和鉴定了 4500 多名开发区企业职工、失土农民，受到了开发区、政府的好评，"蓝领成才"工程被评为杭州市

职工最满意的十件实事之一和开发区为民办实事的十件实事之一。与法国
Missler 公司合作建立浙江省 Topsolid 软件培训中心，开展先进制造技术的
推广和技术服务。一系列举措在迎评创优工作中取得了明显实效，创优评
估获顺利通过。

三、示范校建设

2009 年 3 月，学校被省教育厅、财政厅正式确立为省级示范性高等职
业院校立项建设单位（浙教高教〔2009〕53 号）。项目立项后，学校紧紧
围绕杭州经济社会发展的新要求，以"融"为学校建设的核心理念，坚持"校
企合作、工学结合、文化育人"的办学思路，依托政（区）校、企校、校
校联动三大平台，以提高人才培养质量为根本，以深化专业现代化建设为
核心，以提升队伍素质为关键，以提高管理绩效为抓手，创新办学体制机制，
全面完成了省级示范院校项目中期建设的各项任务，人才培养质量和办学
水平得到了社会的广泛认可。

学校完成了省财政重点支持的"服装设计""数控技术""精细化学
品生产技术"3 个专业建设项目，完成了"校企一体化理念下的校企共同
体建设""公共实训基地运行机制建设"2 个工学结合人才培养模式改革
项目，以及"高职学生创业园建设""教师企业经历工程建设"等建设项目。
杭州市政府投资 3 亿元、建有 7 大实训中心和 79 个实训室的杭职院实训
中心暨杭州市公共实训基地建成并投入使用，形成了校内实训中心社会化
机制。

四、骨干校建设

2010 年 11 月，学校被确定为"国家示范性高等职业院校建设计划"
骨干高职院校建设单位。项目建设方案和项目建设任务书顺利得到教育部
批复，项目正式启动。学校按照"系统规划、重点突破、全面推进"的建
设思路，根据批复的建设方案和建设任务书要求，联合校企共同体合作企
业有计划、按步骤、高质量完成了 1 个办学体制机制创新项目（校企共同
体建设）、3 个理事会制度下的重点专业及专业群建设（数控技术专业及
专业群、服装设计专业及专业群、精细化学品生产技术专业及专业群）和
"双师"型专业教师队伍建设、社会服务及功能拓展平台建设、高职学生

创业能力建设的建设任务,推进项目建设,高质量完成了100%的建设任务,实现了社会信誉度高、家长学生满意度高、教职工幸福指数高的国家骨干高职院校建设目标。

2016年2月,教育部、财政部正式发布《关于公布"国家示范性高等职业院校建设计划"骨干高职院校建设项目2015年验收结果的通知》(教职成函〔2016〕1号)文件,同意杭职院以优秀等级通过验收。

五、双高校建设

2019年12月,教育部、财政部公布中国特色高水平高职学校和专业群建设计划(简称"双高计划")建设单位名单。其中,高水平学校建设单位有56所,高水平专业群建设单位有141所,合计197所"双高"校。浙江省有6个高水平学校建设单位、9个高水平专业群建设单位,合计15所"双高"校、21个高水平专业群。杭州职业技术学院入选中国特色高水平高职学校建设单位(B档),电梯工程技术专业群、服装设计与工艺专业群被确立为高水平专业群。电梯工程技术专业群建设负责人为楼晓春,专业群包含专业有电梯工程技术专业、机电一体化专业、机械设计与制造专业、工艺机器人技术专业4个专业。服装设计与工艺专业群建设负责人为章瓯雁,专业群包含专业有服装设计与工艺、针织技术与针织服装、艺术设计3个专业。学校着力打造全国高职改革的"新标杆",在重点领域改革取得新突破,建成高水平"校企共同体研究智库",建立全国青少年职业启蒙的"杭州联盟",构筑"职业教育命运共同体",构建引领高职改革发展、可供借鉴复制的"杭州模式"。

为高质量推进"双高"计划建设,学校成立了"双高"建设领导小组及其工作机构。党委书记金波、校长徐时清任组长,组员包括陈泉森、金徐伟、楼晓春、程利群、麻朝晖。"双高"建设领导小组下设"双高"建设办公室,办公室具体设在专业建设指导处,负责推进"双高"项目建设。潘建峰任常务副主任,戴凤微、孙红艳、叶青青(兼职)、林春树(兼)任副主任,成员包含詹丹辉、马亿前、陶勇。

学校按照"一加强、四打造、五提升"的任务分类以及结合学校特色,将"双高"建设任务分为12个"双高"子项目。分别为:项目一加强党的建设(负责人:麻朝晖),项目二打造技术技能人才培养高地(负责人:

潘建峰），项目三打造技术技能创新服务平台（负责人：王世锋），项目
四打造高水平专业群（电梯负责人：郭伟刚，服装负责人：郑小飞），项
目五打造高水平双师队伍（负责人：叶青青），项目六提升校企合作水平
（负责人：潘建峰），项目七提升服务发展水平（负责人：徐剑），项目
八提升学校治理水平（负责人：郑永进），项目九提升信息化水平（负责人：
郝皋平），项目十提升国际化水平（负责人：陆颖），项目十一培育青少
年职业启蒙的"杭州模式"（负责人：徐剑），项目十二培育高职文化育
人"杭职品牌"（负责人：张杰）。

为规范和加强学校的"双高计划"项目管理，提高资金使用的规范性、
安全性和有效性，保证建设计划顺利实施，学校制定了《杭州职业技术学
院"中国特色高水平高职学校和专业"建设计划暂行管理办法》《杭州职
业技术学院"中国特色高水平高职学校和专业"建设资金管理办法》《杭
州职业技术学院项目资金管理暂行办法（试行）》等制度文件。

在"双高"计划建设过程中，学校注重突出"一个统领"（党的建设），
围绕"两个聚焦"（学生体面就业、教师幸福生活），力求"三个突破"（专
业品牌化、校园信息化、办学国际化），推进"四个提升"（产业贡献力、
城市服务力、同行辐射力、国际影响力），着力建设具有中国特色、世界
水平的高职院校。截至 2021 年 12 月，国家"双高"计划已取得了一系列
可喜的阶段性成果，实现了重大成果的突破：斩获 14 类 22 项国家级标志
性成果，19 类 117 项省部级成果，电梯、女装两大高水平专业群成果突出。
学校的国家级、省级成果斩获量在省内同类院校中处于第一方阵；国家"万
人计划"科技创新领军人才、国家"万人计划"教学名师、国家级教师教
学能力大赛实现了零的突破，省级教学能力比赛突破一等奖；国家级学生
技能竞赛获奖 4 项，位列省内第三；省级教学成果奖获 7 项，数量与金华
职业技术学院一道，并列省内高职院校第一。

（撰写：何兴国　张杰）

第二章　党的建设与思想政治工作

　　校党委认真贯彻党中央关于高校工作的重要决策部署，特别是新时代党的建设总要求和党的组织路线，以党的政治建设为统领，充分发挥党委的政治核心作用、基层党组织的战斗堡垒作用和党员的先锋模范作用，落实立德树人根本任务，推动高校党的建设和思想政治工作与教育教学、科研、社会服务和管理服务融合。学校党的建设和思想政治工作呈现持续加强改进、不断向上向好的发展态势，党建工作对学校改革发展的引领、助推和保障作用日益突出。

第一节　党建工作

　　2003年以来，学校认真贯彻党的十六大、十七大、十八大、十九大精神，全面落实新时代党的建设总要求。根据中央、省市委有关文件要求，结合学校改革发展实际，坚持"围绕中心抓党建、抓好党建促发展"的党建工作思路，拓展党建工作渠道、丰富党建工作载体，推进党建工作的科学化、制度化、规范化、民主化进程，整体推进党的思想建设、组织建设、作风建设、制度建设和反腐倡廉建设，着力提升党建标准化、品牌化、智慧化建设水平，优化学校党建工作的整体质效。在迎评创优、省示范、国家骨干校、省优质校和国家"双高"计划建设等重大工作中，学校党建充分发挥了引领、支撑和保障作用。

一、坚持把政治建设放在首位

　　学校党委坚持以政治建设为统领，以强化领导班子和领导干部能力建设为重点，以提升基层党组织的组织力为关键，以推进全面从严治党向纵深发展为保障，努力推进党建工作与中心工作深度融合，有效发挥了党建工作的引领作用。

2003年，学校深入开展了为期5个月的保持共产党员先进性教育活动。4月23日，时任党委书记洪永铿在动员大会上全面部署了活动。学校制定了领导班子成员联系点、群众监督评估等相关制度。各级党组织坚持以学习实践"三个代表"重要思想为主线，以发挥党员先锋模范作用为主题，以提高党员素质、服务人民群众、促进各项工作为目的，深入有效地开展活动。广大党员经受了一次灵魂的洗礼，强化了宗旨意识，锤炼了党性。党组织的凝聚力和战斗力增强，为促进党建工作的更好开展奠定了坚实的基础。

2006年4月起，学校开展了社会主义荣辱观宣传教育活动和"理想、品行、诚信"教育活动。活动突出党员干部的带头示范作用，教育引导广大党员干部坚定理想信念、讲究职业道德，做践行社会主义荣辱观的排头兵。

2009年，学校全面开展深入学习实践科学发展观活动。活动期间，各党总支梳理、上报党员群众意见建议179条，经学校梳理归并为36条；党员群众对学校领导班子分析检查报告的意见建议梳理归并为7条；查找出学校领导班子在贯彻落实科学发展观方面有待改进的主要问题6个；提出师生员工迫切希望解决、重点办好的实事7件；确定整改项目9个，并组织开展了学习实践活动整改落实"回头看"，活动后续工作得到有效落实。

2010年，学校深入开展以"组织创先进、党员争先锋、学校创骨干、群众得实惠"为载体的"育人成才先锋"创先争优活动。9月，组织召开创先争优活动推进会。校党委书记李志海率领导小组办公室成员对8个党总支的创先争优活动进行了专题调研。

2011年，持续开展创先争优活动。校党委印发《关于在创先争优活动中开展基层党建工作示范点创建工作的实施意见》。各党总支共申报基层党建工作示范点13个，全校确定校级示范建设点10个，向省委教育工委推荐1个，向省委教育工委上报了《杭州职业技术学校创先争优活动特色项目建设》主题案例，并举办创先争优特色项目建设推进会。党委下发《关于在学校窗口部门深入开展创先争优活动的通知》，部署窗口部门创先争优活动。11月，召开了创先争优活动现场交流会。

2012年2月初，开展创先争优活动群众评议，对一批创先争优先锋示范岗、群众评议满意度高的党组织、党员的先进事迹进行宣传。6月，召开"示范点"建设总结会，并进行"创先争优"特色项目总结评比工作，一批先进事例和典型做法得到总结。下发《关于印发创先争优长效机制制度的通知》，共确定5项创先争优长效机制在全校推广。

2013年，学校深入开展党的群众路线教育实践活动。活动中，各级党组织严格聚焦"四风"问题，认真开展学习教育，听取意见、查摆问题、开展批评、整改落实、建章立制，做到"规定动作"抓落实，"自选动作"有创新。领导带头做示范、聚集"四风"不打折、查摆剖析不含糊，开展批评实事求是、整改落实掷地有声，使群众路线教育实践活动自始至终进行得比较扎实。市委第十五督导组对学校工作开展给予了"领导高度重视、谋划认真科学、目标指向鲜明、方案详尽明确、举措切实可行"的肯定评价。

2015年，组织开展"三严三实"专题教育学习活动。校党委根据上级部署和要求，及时制定实施方案。结合党章、党规、党纪学习，扎实做好党委班子成员上党课、中心组专题学习研讨、问题查找与整改等关键动作。在学习中紧扣主题，坚持从严要求、问题导向，大力提振干部状态，推进中心工作。

2018年9月至11月，市委第五巡察组对学校开展了为期2个月的集中巡察。对于巡察过程中发现的问题，学校领导高度重视，组织成立巡察整改工作领导小组，设立综合协调和督导检查办公室，组织召开巡察整改工作部署会,梳理反馈问题，落实整改部门。同二级学院主要负责人签订"巡察反馈整改任务签收单"。通过周例会制、周汇报制、销号制，确保巡察整改工作顺利进行，落实到位。

2019年，深入开展"不忘初心、牢记使命"主题教育，制定工作方案，成立领导小组，设立领导小组工作办公室。9月12日，根据上级部署，召开主题教育动员部署大会，把主题教育重点工作和具体要求迅速传达到基层党支部和党员。通过集中自学、听取专家辅导、参加支部学习、举行八大专题研讨、开展主题党日活动等形式，确保学习教育入脑入心。组织全体党员领导干部坚持问题导向，高质量开展调研，广开言路征求意见建议。聚焦学校建设发展中的突出问题、师生反映集中的问题，抓重点、破难点、疏堵点、治痛点。通过专题民主生活会、组织生活会，深入剖析问题，形成问题整改清单，把问题整改成果实打实地转化为基层矛盾化解的催化剂。

2021年，深入开展党史学习教育。制定《党史学习教育实施方案》。召开党史学习教育动员部署会、推进会。突出"红船味""杭州味""杭职味"。在全校范围内精心组织开展"四史"学习教育。形成100项工作任务安排表、"办实事、解难题、谋发展""民呼我为"实践活动方案等。开展"我在杭职学党史""党的光辉历史""忆党史、守初心、建名校"宣传教育等系列专题学习活动。引导全校师生进一步强化"四个意识"、坚定"四个自信"、做到"两个维护"。开展庆祝中国共产党成立100周年系列活动，举办建党100周年纪念表彰大会、"建党百年"学习、"先锋""头雁"先进典型选树、"永续传承、牢记使命"主题党日活动、"我为党旗添光彩"、"访优抚老帮困"、"建功立业新时代"等系列活动。重温党的奋斗精神，讴歌党的光辉历程，继承和发扬党的光荣传统和优良作风，弘扬伟大建党精神，进一步增强各级组织的凝聚力和战斗力，激发广大党员和师生干事创业的热情。

二、不断提升组织建设质量

（一）党委的组建和换届

2003年4月，根据市委组织部及浙江省教育工作委员会干部任免通知，成立中共杭州职业技术学院委员会和纪律检查委员会。洪永铿同志任书记，詹红军同志任副书记，张小红同志任副书记、纪律检查委员会书记，韩时林、张洪宪同志任党委委员。

2014年4月17日，中国共产党杭州职业技术学院第一次党代会召开，会议选举安蓉泉、贾文胜、张洪宪、许淑燕、陈泉森、陈加明、孙爱国、金徐伟等8位同志为中共杭州职业技术学院第一届委员会委员，安蓉泉同志为书记，贾文胜同志为副书记。选举陈泉森、朱根兴、王桂荣、孙碧琴、邵立东、梁宁森、韩亮等7位同志为中共杭州职业技术学院纪律检查委员会委员，陈泉森同志为书记，朱根兴同志为副书记。大会全面总结学校前十年的奋斗历程、重要成就和宝贵经验，进一步明确学校下一步发展方向、目标、举措及发展保障。

2019年3月27日，中国共产党杭州职业技术学院第二次代表大会隆重召开。会议选举产生了由金波、贾文胜、陈泉森、陈加明、沈威、金徐伟、楼晓春、麻朝晖、程利群等 9 人组成的中共杭职院第二届委员会，金波同志为书记，贾文胜、陈泉森同志为副书记。选举产生了沈威、韩亮、江平、童章成、陈云志、邵立东、韩丹等 7 人组成的中共杭职院纪律检查委员会，沈威同志为纪委书记，韩亮同志为纪委副书记。会议回顾了第一次党代会以来学校在党建引领、教育教学改革、综合保障服务等方面取得的成就，提出了下一阶段学校建设国内一流、国际上有较大影响力高职名校的奋斗目标。

（二）加强基层组织建设

坚持一切工作到支部的理念，注重加强支部规范化建设。2003 年制定出台《中共杭州职业技术学院委员会党总支委员会工作规则（试行）》和《中共杭州职业技术学院委员会党支部工作规则（试行）》。对党总支、党支部的设置、职责、作用发挥、基本制度、具体工作等做出了明确规定，提出了工作要求，为指导总支、支部的工作，实现基层组织建设制度化、规范化，发挥基层党组织的政治核心和战斗堡垒作用奠定了制度基础。当年对基层党组织进行了调整优化，共设置 9 个党总支、21 个党支部。

2005 年 3 月，杭州职业技术学院校卫队党支部正式成立，成为下沙高教园区高校第一个校卫队党支部。2009 年起逐步按专业设置党支部，积极探索高职学生创业园党建、学生公寓党建、学生实习期党建等思路与模式，扩大了党建工作的覆盖面和影响力。2010 年 5 月，高职学生创业园党支部成立。11 月，信电系党总支第四党支部"公推直选"，为支部换届工作提供了经验。

2014 年 10 月 23 日上午，市属高校党建工作座谈会在我校第三会议室召开，这是我市教育系统第一个全市性的党建工作会议。市委常委、组织部部长张仲灿，市委组织部副部长徐亚明，市委教育工委书记、市教育局局长沈建平，市属高校、有关民办院校党委主要负责人、组织部部长，区、县（市）教育局主要领导参加。学校党委书记安蓉泉作为高职院校代表，做了题为"弄清体制特征，提高'结合'能力"的发言。张仲灿对我校党建"结合点"工作给予了高度评价。

2015 年起，开展二级党组织书记抓党建工作述职评议，具体就党建重点工作任务情况、存在问题及 2015 年工作思路等进行现场述职。全体参会人员对各党组织书记进行打分评议，校党委公布测评排名。

2016 年 9 月 22 日至 11 月 10 日，各党总支、直属党支部、党支部集中换届。党委出台《基层党组织设立、选举工作暂行办法》《二级党组织换届选举程序》等文件，对换届的方法、程序和纪律做了细化要求，基层党组织建设更加规范化。"双带头人"工作实现全覆盖。

2017 年至 2018 年，校党委组织两期基层党组织书记党性教育培训班赴井冈山学习。同年，出台《关于在基层党组织推行星级管理的实施方案（试行）》，推进支部星级管理，每年评选 4 个"五星级党支部"，推进校内基层党组织对标争先、晋位升级。

（三）创新党建工作载体

为贴近高职院校特点，提升基层党建工作质效，校党委不断推进载体创新。

2007 年，发布《关于开展党支部建设创新活动的通知》（杭职院党〔2007〕47 号），把支部建设创新作为一项特色项目，坚持不懈地推进、全面深入开展。2008 年，开始党员之家创建工作，建立了达利女装学院和行政机关的党员之家，为开展党员活动创造条件。

2011 年，创业园直属党支部实施"领航计划"，与信息电子系学生支部"联姻"，助推学生创业创新。"红色阵地"之学生党建"进公寓"活动成效明显，成为学校党建工作的品牌和亮点。

2012 年，学校各级基层党组织结合学校改革发展实际，在创新党建工作融入和服务中心工作的"结合点"上进行了有益的探索。

2014 年，杭职院党委结合党的群众路线教育实践活动，组织开展"杭职院师生心目中的党员形象"征集活动。对从全校师生中征集到的 333 条意见建议进行对比和梳理，提炼"党员形象八条"。组织全校师生对党员教职工形象展开讨论。印发《"杭职院师生心目中的党员形象"的通知》，提炼出师生心目中的党员形象八条："教学骨干、服务标兵、管理能手、改革先锋、雷厉风行、关爱师生、处事公正、公私分明"，同时将"党员形象八条"应用于先锋行动、组织生活、发展党员和先锋指数考评中。提炼形成"教师十引导"，鼓励教师从课堂内外的小处、细节中引导学生，做到"既教书又育人"。

2015 年，党委开展党支部"三个一"活动。活动面向基层党支部和教工党员，具体包括：读好一本书、开展一次调研活动、办一件实事。为党员教工参与党建工作和文化育人工作提供渠道，对调研成果进行汇编，并提炼了调研总报告，为学校职业素养教育和文化育人工作提供重要参考。

2017年，大力推进学校"党员之家"建设工程。12个二级党组织基本建成符合标准、富有特色的"党员之家"，确保二级党组织党员之家全覆盖。

2019年，在教育部和省教育厅开展的对标争先计划评审中，友嘉智能制造学院党总支入选全省高校党建工作标杆院系，达利女装学院党总支入选全国样板党支部。

2021年，特种设备学院党总支入选第二批全省高校党建标杆院系，友嘉智能制造学院党总支第三党支部、动漫游戏学院彩虹鱼康复护理学院教工第一党支部入选第二批全省高校党建样板支部。

2021年9月10日，省委书记袁家军主持召开高校党建工作座谈会。学校党委书记金波以《培养德技并修的新时代工匠苗子》为题，作为省内高职院校唯一代表发言，并得到了充分肯定。

自2018年来，学校党委以党的政治建设为统领，落实立德树人根本任务，加强党对学校工作的全面领导，着力抓好意识形态工作，全力推进思想政治工作创新发展和"三全育人"综合改革，不断提升党组织的战斗堡垒作用和党员的先锋模范作用，为建设"数智杭职·工匠摇篮"提供了坚强的政治和组织保障。

（四）打造党建"结合点"品牌

2012年开始，学校党委号召校院两级党组织全面开展党建"结合点"项目建设工作。先后开展了两轮39个项目的申报立项、培育建设和总结推广工作。项目建设内容涵盖校企合作、专业建设、思政课改、顶岗实习、宿舍管理、社团培育、素养教育和创业实践等学校工作的方方面面。工作指向往往是其他同类院校的具体实践未能有效解决的一些重点和难点。工作推进的相关举措和保障机制没有现成经验可借鉴，它需要每一个项目的负责人、负责部门在实践中不断摸索、不断积累、不断总结。

经过多年持续推进，党建"结合点"工作取得了丰硕成果。党务工作者服务中心工作的意识得到强化，"围绕中心抓党建、抓好党建促发展"已经成为党务工作者和中层干部的普遍共识。学校基层党建工作者的能力和水平明显提高，党建创新活力明显增强。

2012 年 4 月 22 日，时任市委常委、组织部部长张仲灿对《杭职党建》做出重要批示。2012 年 4 月 27 日，时任浙江省委常委、组织部部长蔡奇对《杭职党建》做出重要批示。2015 年 6 月，市委组织部、市委教育工委联合来校开展党建工作调研。校党委《杭职院基层党组织三大工作机制》的总结材料为杭州市出台《关于加强和改进全市教育系统党建工作的意见》提供了借鉴。2015 年 9 月，杭州市委组织部印发《组工情况反映》第 30 期，以《杭职院探索建立发挥党组织和党员教书育人先进引领作用机制》为题，向全市党组织推介了学校党建工作的思考及做法。

通过多年"结合点"的培育和建设，学校产生了一批高质量、有特色、叫得响、立得住、推得开的党建项目品牌。2015 年学校"结合点"建设项目"学生党员宿舍导师制"成功入选我市首届教育系统优秀党建"十佳案例"。2018 全省高校首批党建"双百示范"评比中，杭职院特种设备学院直属党支部"党建助力精准扶贫，学生实现体面就业"项目入选党建特色品牌；商贸旅游学院、创业学院党总支"校企联动，创业领航"项目入选党建示范群。

党建"结合点"创新机制也得到上级组织部门的高度认可。2013 年 6 月，杭职院党委结合自身党建实践撰写的《高职院校党建工作要在"结合点"上下功夫》一文获中组部"'红船杯'基层党组织建设征文比赛"二等奖。2014 年 10 月，杭州市高校党建座谈会在杭职院召开，我校将党建"结合点"建设的做法在座谈会上做了大会交流。2015 年 12 月 25 日，浙江省委组织部主管的浙江电视台公共新农村频道《党建好声音》用 28 分钟时间专题介绍学校"结合点"建设的成功经验，党委书记安蓉泉、宣传部副部长张杰作为访谈嘉宾。2016 年，学校大力推进文化梯度育人举措。"文化梯度育人系列丛书"之《党的"结合点"建设案例选——杭职院党建服务中心工作的基本特色》正式出版。

（五）建设过硬的党员队伍

2003 年以来，学校采取积极措施，不断加强党员队伍建设，树立党员良好形象，充分发挥了党员在"教书育人"岗位上的先锋引领作用和学校事业发展中的模范带头作用。

2003 年 4 月，学校成立业余党校，大力普及党的基本知识，加强入党积极分子培训，为确保党员发展质量创造了良好条件。5 月，党委印发《关于充分发挥共产党员在抗击"非典"斗争中先锋模范作用的通知》。广大党员、干部积极响应党委号召，带领师生员工团结一致、众志成城、严防死守，构筑起严密的立体防护网络，取得了抗击"非典"斗争的胜利。

2005 年 11 月，制定《杭州职业技术学院发展党员工作程序及要求（试行）》（杭职院党〔2005〕57 号）。文件明确了学生党员发展工作的指导思想、总体要求、目标任务和主要措施，使学生党员发展工作走上正常化轨道。立足于早"播种"、早教育、早"选苗"、早培养，把培养教育贯穿于学生党员入党的全过程，不断完善"全程培养"的学生党员培养教育体系。

2007 年，学校开展高职院校组织员队伍建设的调研工作，为建立专兼职组织员队伍打下基础。2017 年，出台《关于发展学生党员工作的补充意见》《进一步规范确定学生入党积极分子工作程序的实施意见》。组织部与团委联合制定《进一步规范入党推优工作的实施意见》，推出"红色档案袋"工程，进一步规范党员发展工作。

2020 年 2 月，在全国抗击新冠肺炎疫情期间，组织部发布《关于在疫情防控期间扎实做好有关党建工作的通知》，号召各级党组织和全体党员充分发挥先锋模范带头作用，坚决打赢疫情防控阻击战，让党旗在疫情防控第一线高高飘扬。

2020 年 10 月，制定《中共杭州职业技术学院委员会发展党员工作实施细则（试行）》。根据新形势、新要求，对党员发展程序提出规范，要求对学生党员发展工作实现"三同步"，即"同步动员、同步培养、同步发展"，提高发展工作标准化、数字化水平，切实提升党员发展质量。

三、不断提升干部队伍建设水平

学校紧紧围绕改革、发展和稳定大局，不断加强中层干部队伍建设，形成了改革发展的中坚力量，保证了各项事业健康发展，为学校摆脱困境、步入良性发展轨道奠定了坚实的基础。

不断完善选任工作。为优化干部队伍结构素质，学校党委一直高度重视干部选任工作。中层干部任期为 3 年，在 2003 年至 2012 年期间，共开展 4 次集中换届选任工作。选任方法以竞争上岗为主、公开选拔为补充。

2012 年，为规范干部选任管理工作，新修订了《杭州职业技术学院处级领导干部选拔任用工作实施细则》，系统性明确了学校干部队伍选拔任用的基本原则、基本条件、选拔程序和免职、辞职、降职等规定，把干部任期调整为 4 年。2012 年 4 月至 6 月，学校组织开展了第四轮处级领导班子换届和处级干部竞聘工作。共提拔正处 2 名，副处 10 名，外单位引进 1 名，轮岗 20 名，降级 1 名。2013 年起，校党委在干部选拔中增加了征求党员意见前置条件。后备干部、中层干部选拔报名或推荐人选需经所在党组织"全体党员无记名投票"方式进行票决，赞成票达到三分之二以上，方可进入考察、酝酿和党委讨论等下一步程序。这样的做法既增加了基层党员在干部选拔过程中的发言权，也是落实"党管干部"原则在"提高党员和党组织基础性作用"方面的积极探索。

为适应中央干部选任工作政策调整，2014 年学校修订了干部选任工作实施细则，干部选任方式从由竞争上岗为主调整为由民主推荐为主、竞争上岗公开招聘为补充。

2016 年 4 月至 6 月，开展第四轮中层干部集中换届工作。换届后中层正职 23 人，其中新提拔 8 人；副职干部 26 人，其中新提拔 5 人。12 名干部轮岗交流。换届后干部平均年龄为 43 岁。

2020 年 5 月至 6 月开展第五轮中层干部集中换届工作。选拔中层正职 7 名，中层副职 8 名。本次换届调整后，中层干部队伍年龄结构进一步完善，高级职称比例进一步提升，各教学部门管理力量得到充实。

不断加强干部管理。激励干部担当有为成为干部管理的重点，干部考核工作不断推进和完善。2005 年制订了《杭州职业技术学院处级干部年度考核暂行规定》，初步形成了较为科学、规范的干部考核机制，开始组织召开年度党政"一把手"总结报告会。该规定将处级干部所在部门目标责任制考核成绩拆分纳入干部考核总分，强化了实绩导向。

2014 年，出台《杭州职业技术学院处级领导干部任职试用期暂行规定》，规范新任干部试用期考核工作。出台《杭州职业技术学院处级领导干部因私出国（境）管理工作暂行规定》，加强对干部因私出国（境）工作的规范管理和审批工作。

2020 年，出台《杭州职业技术学院处级领导干部兼职管理办法》，对干部在社团、企业的兼职审批加强规范管理。2021 年，学校根据上级有关规定进行了修订。

持续加强培训教育。2008 年，出台《杭州职业技术学院干部教育培训规划》，对干部培训教育工作进行统筹规划，将重点培养与集中培训相结合。2012 年起，坚持举办暑期处级干部培训班，利用暑期时间前往省委党校、市委党校及复旦大学等名校开展为期 3 至 4 天的集中培训，邀请党建及高职研究工作专家为干部授课，提升干部队伍能力素养。此外，党委还根据干部年龄和特点选送优秀年轻干部、专业干部赴国外和国家教育行政学院、市委党校中青班开展短期进修，推进干部快速成长。

推进干部担当作为。2016 年，出台《推进领导干部能上能下实施办法（试行）》。进一步强化正向激励和"能者上、庸者下"的实绩导向。2020 年，制定出台《关于领导干部容错免责的实施办法（试行）》，落实"干部为事业担当、组织为干部担当"的良性互动机制，进一步营造干事创业的良好氛围。

（撰写：贝锐）

第二节 党风廉政建设

校党委坚持以党的政治建设为统领，以学校的改革发展稳定为中心，将反腐倡廉工作要求融入管党治党、办学治校各方面，将廉政建设与干部成长发展紧密结合，持续推进党风廉政建设和反腐败工作，纵深推进全面从严治党，形成了"党委统一领导、纪委组织协调、党政齐抓共管、部门各负其责、群众支持参与"的良好格局，为学校改革发展稳定提供了有力的政治和纪律保障。

一、组织机构设置情况

学校于 2003 年 4 月开始设立纪律检查委员会，成立纪委办公室。随着办学规模的不断扩大，学校于 2005 年设立审计室，与纪委办合署办公。

2010 年，制订《中共杭州职业技术学院纪律检查委员会工作条例》，明确纪委书记、副书记、纪委办主任和纪检员的工作职责。

2014 年，中国共产党杭州职业技术学院第一次代表大会选举产生新一届纪委委员。

2015 年，学校归口市纪委驻市教育局纪检监察组监督。

2017 年，独立设置监察审计处、效能办公室，与纪委办公室合署办公，形成较为完善的纪检干部队伍组织架构。

2019 年，将原纪委办公室（监察审计处、效能办公室）调整为纪委办公室，审计等职能划转。设立党委巡察办，与纪委办合署办公。中国共产党杭州职业技术学院第二次代表大会选举产生学校纪委委员 7 名，召开新一届纪律检查委员会第一次全体会议。

2020 年，完善校—学院（部、处）—党支部三级梯队，以及校纪委委员、基层党组织纪检委员、党支部纪检委员、特约监督员四支纪检队伍的"三级梯度四支队伍"组织架构，实行二级单位特约监督员全覆盖。

二、坚守职能定位，党风廉政教育持续深化

（一）坚定政治方向，党风廉政教育常抓不懈

2002 年后，学校党委将党风廉政教育作为党风廉政建设的重要内容抓实抓好，筑牢廉洁防线。

2005 年，学校召开首届纪检监察工作会议，传达市纪委六次全会（扩大）会议和 2005 年全省纪检监察工作会议精神，时任市教育局副书记应建华出席会议。

2009 年，友嘉机电学院被评为杭州市教育系统"党风廉政建设示范培育点"。

2010 年，制订学校《学习贯彻〈中国共产党党员领导干部廉洁从政若干准则〉》活动方案。

2012 年，选派年轻纪检干部参加中央纪委监察部业务培训，韩丹被评为优秀学员。组织全校处级领导干部参与廉洁从政知识测试。

2013 年，组织全校党员干部开展"学党章、守纪律、转作风"知识测试活动，组织处级以上干部和重岗重职人员赴浙江省第六监狱接受警示教育。

2016 年，开展读一本廉政教育读物、听一次专题廉政报告、进行一次廉政谈话、签订一份责任书和承诺书、参观一次法纪教育基地的"五个一"廉政活动。

2017 年，举办首届廉政书画展、首次大学生廉政专题讲座，开展廉政

读书会、廉洁故事会活动，为党员之家赠送廉政书籍，制作八项规定精神专题学习宣传折页等系列活动。

2018年，迎接市委第五巡察组为期2个月的巡察工作，抓好整改的监督检查。制定《关于推进清廉校园建设的初步实施方案》。

2019年，做好市委巡察反馈的4个方面13大类121个问题的整改工作，实行销号制度。举办首届"清廉杭职"主题宣传月、警示教育月和清廉文化建设月活动。成立"清廉杭职"法纪宣讲团，创设"清廉讲堂"，推进清廉教育进课堂、进社团、进寝室。

2020年，打造清廉文化品牌，开展首届清廉文化"一院一品"培育项目申报评审工作。开展"八个一"警示教育月活动，推出"组织一次全体中层干部集体廉政谈话""组织一次廉政教育基地现场教学""开展一次专题考察调研""观看一次专题警示教育片""进行一次谈心谈话""编发一套学习手册""开展一次个人事项监督检查""举办一批'清廉讲堂'专题课"等套餐式警示教育活动。

（二）强化纪检监察职责，服务保障中心大局

2004年，逐步健全规章制度，出台《工程建设、设备（物资）采购项目廉政协议书》《内部审计工作暂行规定》，制定《关于选购房工作纪律的规定》。参加学院每一项公升招标活动，对基本建设项目、大宗设备、物资采购实施跟踪监督。出台《关于开展效能建设实施意见》，明确规定执行省委、省政府"四条禁令"，执行中午值班制、首问责任制、办事承诺制等。

2005年，对学院的"四条禁令"和中午值班制、首问责任制、办事承诺制的执行情况、学院下达的学期工作计划完成情况、每周院长办公会议确定要完成的相关工作情况，进行工作作风、工作效率、工作质量方面的全面督查。

2006年，对学院选购省直专用房实施了全程监督。开展治理商业贿赂专项工作。

2010年，重点督查"临江学院园艺实训基地"、"体育场馆内部环境管理整改"和"教师企业经历工程"等项目。

2012年，起草并下发学校《关于公开"三公经费"的通知》，公开学校公车使用、公务接待、公务考察（培训）经费使用情况，接受全校师生的监督。下发《高校科研经费管理政策法规参阅》，要求科研经费信息公开。2014年，推动完善"三重一大"决策制度，明确决策程序、内容和责任，对《二级学院党政联席会议制度和"三重一大"事项议事规则》执行情况进行专项检查。与52名干部签署"党员领导干部不出入私人会所、不接受和持有私人会所会员卡承诺书"。

2020年，深化落实新冠肺炎疫情防控"11226"工作督查机制，抓好坚决制止餐饮浪费行为专项监督工作。首次启动全面从严治党专项督查，试点遴选商贸旅游学院、友嘉智能制造学院2个二级学院开展专项督查工作。

三、紧扣改革要求，纪检工作高质量发展迈出坚实步伐

（一）深化党风廉政建设，营造风清气正的良好政治生态

杭州职业技术学院成立之初，办学基础薄弱，管理体制和运行机制的效率和灵活性不足，内部管理体制改革都亟待深化。

2005年，下发《建立健全教育、制度、监督并重的惩治和预防腐败体系实施纲要》，编发《党政干部纪律手册》，建立全院处级干部廉政档案。

2008年，制定《党风廉政建设责任实施细则》，建立了权责明晰、逐级负责、层层落实的党风廉政建设责任体系。

2009年开始，每年签订"杭州职业技术学院党风廉政建设责任书"，强化责任分解，明确工作职责。落实领导干部任期目标责任制，完善干部考核制度，加强干部管理与监督。制定《党风廉政建设责任制执行情况考核办法》，根据考核情况对相关部门领导干部进行责任追究。

2011年，制定并完善了《干部廉洁从政准则实施办法》、《党风廉政建设责任制规定》和《廉政风险防控机制建设》。

2015年，做好市纪委驻市教育局纪检监察组对学校归口监督的对接工作，健全请示报告制度、落实监督工作机制、落实参与配合机制、完善工作保障机制。协助党委出台《中共杭州职业技术学院委员会关于落实党风廉政建设主体责任的实施办法（试行）》，出台《中共杭州职业技术学院纪律检查委员会关于落实党风廉政建设监督责任的实施办法（试行）》。

2016年，纪委书记、监察室负责人参加（列席）党委会、校长办公会议，加强对"三重一大"等集体决策讨论的监督。签订"中层领导干部勤政廉

政承诺书",把履行党风廉政建设责任制情况列入部门和领导干部年度目标考核,实行"一票否决制"。

2017年,接受市委、市政府检查组的落实党风廉政建设责任制情况的检查考核。出台《党风廉政建设分析会制度(试行)》,推进分析会向二级学院延伸。从2018年起,制定党委班子和成员落实全面从严治党主体责任的"一人一单"的责任清单和"一年一单"的问题清单,将主要负责人及班子成员应当履行的责任具体化,并跟踪督促落实。

(二)持续深化纪检监察体制改革,切实加强纪检队伍建设

2019年以来,校纪委切实履行政治监督首要职责,坚持深化高校纪检监察体制改革,不断深化"清廉杭职"建设,一体推进不敢腐、不能腐、不想腐,努力营造风清气正的校园政治生态和教书育人环境。

1. 落实纪检监察体制改革精神,推进党的纪律检查体制改革

2019年,制定出台《关于推进党的纪律检查体制改革实施意见》,全面落实党的纪律检查工作双重领导体制,进一步落实"三个为主"要求,完善纪检机构设置、人员配备和工作制度。建立双月校纪委全委会制度,出台实施《校纪委委员联系二级党组织制度》和《关于加强纪检监察队伍建设的实施意见》,充分发挥校纪委全委会的作用。将原校纪委办公室(监察审计处、效能办公室)调整为校纪委办公室,审计等职能划转。成立校党委巡察办,与纪委办公室合署。编制《二级党组织纪检工作实务》。深入开展纪检干部"精业提能"素质提升工程,不断提高纪检干部业务能力水平。聘请师生担任特约监督员,制定《党风廉政建设特约监督员工作办法(试行)》,探索发挥特约监察员民主监督、参谋咨询和桥梁纽带作用。

2. 完善制度建设,形成全面从严治党长效机制

2019年,建立完善了纪委全委会、基层党组织纪检委员工作例会、校纪委委员联系基层党组织制度、重要事项报备制度、"两个责任"报告制度。

2020年,出台《关于全面从严治党专项督查工作的实施办法(试行)》。

2021年,出台《关于加强政治监督的实施意见》,规范二级学院议事规则,加强二级管理。通过制定完善《外聘教师管理办法》《车辆使用管理办法》等,堵塞重点领域廉政风险漏洞,完善内控机制。

(三)深化巡视整改和成果运用,不断提升现代化治理水平

全力抓好市委巡察整改,助推学校发展。2018年,协助党委全力配合市委第五巡察组对学校开展为期 2 个月的巡察工作。

高效完成省委授权巡视的整改工作，提升学校现代化治理效能。2021 年 4 月，配合制定《关于迎接省委授权巡视高职高专第一组巡视学校工作方案》。成立迎接省委巡视工作领导小组，下设党委巡视工作联络组。2021 年 9 月 2 日，省委授权巡视高职高专第一组向杭州职业技术学院党委反馈巡视情况。在巡视反馈会后，学校第一时间成立巡视整改工作领导小组，制定巡视整改方案，召开巡视整改部署推进会，实行周例会、月报告制度。整改成效明显，问责追责 9 人，召开专题民主生活会、专题组织生活会和部门反思会 13 次，完善制度 43 项，清退款项 3.56 万元，挽回其他经济损失 5.04 万元。

开展校内专项督查，推动全面从严治党"两个责任"落实落细。2020 年 10 月，学校出台《关于全面从严治党专项督查工作的实施办法（试行）》。成立专项督查工作领导小组，组建专项督查工作组。试点遴选商贸旅游学院、友嘉智能制造学院 2 个二级学院率先开展专项督查工作。2020 年 12 月，完成对 2 个学院的驻点督查工作，反馈商贸旅游学院 5 个方面 12 类突出问题，友嘉智能制造学院 4 个方面 9 类突出问题。

（四）纵深推进"清廉杭职"建设，营造风清气正的校园政治生态

1. 顶层设计"清廉杭职"建设

2009 年，市纪委、市监委三室主任黄胜贤以"反腐形势分析及中央八项规定精神等政策规定解读"为主题，开启学校"清廉讲堂"第一讲。

2019 年，党政联合发文《关于推进"清廉杭职"建设的实施意见》，通过实施政风清明、校风清廉、教风清正、学风清新"四清工程"21 个项目，建设"清廉杭职"。

2019 年 4 月，举办首届"清廉杭职"主题宣传月活动，开展"青春正发声"演说会、党纪一刻钟、原创《图说党纪新条例》宣传漫画集等主题教育活动 24 项，参加师生达 3000 余人次。

2021 年，成立清廉研习社，进一步发挥学生社团的教育优势。在新生始业教育和入党积极分子培训中增设清廉课程。

2. 全面推进"清廉杭职"建设

加强"清廉杭职"顶层设计。出台《关于深入推进"清廉杭职"建设三年行动计划实施方案（2020—2022）》。将"清廉杭职"建设贯穿学校内部治理体制机制建设全过程，纳入落实全面从严治党主体责任考核，形成以点带面、整体推进的工作态势。

构建"三位一体"清廉教育体系。积极构建"内化于心、外化于行、固化于制"的清廉教育全员化体系。发挥"清廉讲堂"品牌效应，采取线上线下相结合形式举办专题报告 10 场，参与人次达 8000 以上。

打造清廉文化品牌。重点打造"清廉杭职主题宣传月""清廉文化建设月""警示教育月"三大主题月活动和"清廉讲堂"、清廉文化"一院一品"培育项目等清廉文化品牌项目。"清廉讲堂"品牌项目被认定为杭州市第一批"清廉学校"优秀案例。

构建"线上＋线下"清廉文化阵地。建立校内外清廉文化教育基地，深入挖掘校本文化中的清廉资源，研究非遗文化等优秀传统文化中的清廉元素，融入校史馆、非遗馆、专业博物馆等教育阵地建设，精心打造清廉资源库。充分发挥"两微一端"、宣传专栏等阵地优势，开展"微清廉"教育。

（撰写：崔畅丹）

第三节　思想政治工作

一、重视学生思想政治教育

2001 年，学校设立学生处，立足立德树人根本任务，紧密结合学校学生工作的特点和情况，实施"五育并举"，为学生成长成才提供优质服务。

2003 年，围绕"三进"要求，建立健全了"党委副书记—学工部部长—党总支书记—总政治辅导员—政治辅导员—专职班主任—学生干部"的学生工作体系。同年，编印《学生工作手册》，使学生工作逐步实现规范化、制度化。

2005 年，成立党委学工部，修订完善了《班主任工作考核细则》和《公寓政治辅导员考核细则》。首次招聘硕士生担当公寓辅导员，大力加强了学生公寓管理。建立公寓维权中心，制定并完善了学生校内申诉管理相关规定及组织机构，学生的合法权益得到了进一步维护。

2006年，出台《关于建立系年级辅导员的实施意见》，使学生思想政治教育和管理工作水平进一步得到提升。成立思政工作迎督查办公室，拓宽了工作渠道，提高了工作效能，收到了显著效果。

2007年，出台《关于成立学院辅导员队伍建设工作小组的通知》，进一步加强辅导员队伍建设，进一步推动学生工作思想政治教育和管理工作的组织实施。

2008年，出台《杭州职业技术学院辅导员队伍建设实施细则》，进一步探索政治辅导员专业化、职业化发展道路，不断改进和完善辅导员队伍管理新模式。2008年5月，《杭州职业技术学院机构改革方案》出台，党委学工部（学生处）与团委合署办公。

2014年9月，出台《杭州职业技术学院"文化梯度育人"实施方案》，提出加强校园文化建设，营造良好育人环境，在"校企合作、工学结合、文化育人"办学思路的基础上，进一步凝练"校企深度合作、工学宽度结合、文化梯度育人"的办学特色，推动学校内涵发展，提高人才培养质量。

2021年11月，出台《杭州职业技术学院辅导员队伍建设和管理办法》《杭州职业技术学院专职辅导员职级晋升实施办法（试行）》，进一步加大辅导员队伍建设的改革力度，保证辅导员工作有条件、干事有平台、待遇有保障、发展有空间，提升了辅导员的积极性和主动性，推动辅导员专业化职业化。出台《杭州职业技术学院"融·善"工匠成长学分制度实施办法（试行）》《杭州职业技术学院"融·善"工匠成长积分认定实施细则（试行）》，进一步全面落实立德树人的根本任务，纵深推进"三全育人"综合改革，丰富学生的职业知识，提高学生的专业技能，增强学生的综合素养，推动实现学生体面就业，成就出彩人生。

二、牢牢掌握意识形态工作领导权

2004年，成立学院思想政治工作研究会，选举成立研究会理事会，并组织开展校内思政课题调研。出台《校园网信息发布管理实施细则》《校园网信息管理员制度》。

2006年，编辑出版《校园网管理手册》，完善了校园网制度建设。

2008年，成立杭州职业技术学院反邪教协会，这是市属高校中第一个反邪教协会。协会选举张小红为杭州职业技术学院反邪教协会理事长。同年，组建校园网络评论员队伍，修订校园网管理手册和学生公寓上网手册。

2013年，制定《杭州职业技术学院新闻宣传管理规定》等7项管理制度，形成宣传信息员考核评比制度。同年，《杭州职业技术学院报》从4版扩充至8版，新增"党建结合点"等栏目。

2015年，制定《校园信息发布管理办法》《校级微博管理办法》等4项制度。

2018年，出台《关于落实意识形态工作责任制的实施办法》，切实加强对意识形态工作的领导和管理。

2020年，出台《杭州职业技术学院"学习强国"平台推广应用考核激励办法（试行）》，探索以"每天一通报、每月一汇总、每季一评比"的形式激励党员师生学习，更好发挥"学习强国"平台学习教育功能。

2021年，开展"我在杭职学党史"专题学习、"党的光辉历史"专题宣讲、"忆党史·守初心·建名校"专题宣传教育等系列活动，"以艺铸魂"艺术思政育人工程被杭州市教育局授予"党史学习教育优秀案例"荣誉称号。

2021年5月，召开抵御和防范宗教向校园渗透工作会议，制发《宗教工作指导手册》。同年12月，修订《关于抵御和防范宗教向校园渗透工作的实施意见》，从校党委、职能部门和二级学院"3个维度"，对班子成员、部门负责人、二级学院负责人、辅导员等8个环节的责任义务进行细化明确，压紧压实了意识形态工作责任。

三、发挥思政课堂主渠道作用

1. 思政教育的领导体制和组织机构

2003年以来，学校聚焦人才培养工作需求，切实加强"两课"建设的组织领导，持续完善"两课"教学组织机构，不断深化教学改革和课堂创新。

2004年5月26日，校党委印发《关于成立杭州职业技术学院"两课"建设领导小组的通知》（杭职院党〔2004〕12号），首次成立"两课"建设领导小组。时任党委副书记张小红任组长，副校长张洪宪任副组长。

2005年6月13日，校党委印发《关于调整学院"两课"建设领导小组的通知》（杭职院党〔2005〕34号），对"两课"建设领导小组成员做了调整充实。张小红任组长，张洪宪任副组长。

2006年7月23日，校党委印发《关于更改学院"两课"建设领导小组名称和调整组成人员的通知》（杭职院党〔2006〕43号）。"两课"建设领导小组更名为"思想政治理论课"（以下简称"思政课"）建设工作领导小组。组长张小红，副组长张洪宪，全面统筹、协调、指导思政课建设。

2006年9月20日，校党委印发《关于加强和改进思政课的意见》（杭职院党〔2006〕50号），进一步健全了党委全面负责、行政为主实施、党政工团密切配合、齐抓共管的思政课建设体制。校党委书记为第一责任人，学校思政课建设领导小组具体负责实施管理。

2007年12月4日，校党委印发《关于设立思政课教学部和童宏胜同志任职的通知》（杭职院党〔2007〕63号），决定设立思政课教学部（与基础部合署办公），下设思政课教研室。童宏胜同志兼任思政课教学部主任。

2008年，学校发文成立公共教学部，主要职责涵盖思政、英语、体育、心理、语文、艺术、人文素质等课程的教学管理工作。

2016年6月27日，学校印发《关于印发〈杭州职业技术学院机构设置〉的通知》（杭职院〔2016〕47号）。公共教学部改为人文社科部。

2020年5月18日，校党委印发《杭州职业技术学院2020年机构设置与调整方案》（杭职院党〔2020〕14号），思政教研室从原人文社科部剥离，整体转设为马克思主义学院。随后足额配齐思政教师，将学生思政教育提到前所未有的高度，思政教育融入校园环境，走进专业课程，伴随实训实践的进程再次加速。

2021年，高规格召开党建与思政工作会议，全面梳理学校党建与思政工作成绩、特色和短板，出台《关于加强马克思主义学院建设的实施方案》等6份重要文件。

2. 发挥思政课堂主渠道

学校把深化思政课教学改革、推动思政课课堂创新作为落实习近平总书记在学校思政课教师座谈会重要讲话精神的具体行动，着力提高思政课教学思想性、理论性、针对性、亲和力，不断加大思政课教学改革和课堂创新工作力度，取得明显成效。

2005年，"思想道德修养与法律基础"课程被确定为杭州市市属高校大学生思想政治理论精品课建设课程。2007年，"思想道德修养与法律基础"

课程被列为市属高校精品课程，"毛泽东思想、邓小平理论和'三个代表'重要思想概论"课程被评审确定为杭州市市属高校思想政治理论精品课扶植建设课程。

在此基础上，2007年至2010年，学校思政课教学改革和课堂创新持续深化。

2010年5月15日，校党委印发《关于进一步加强和改进大学生思想政治理论教学改革的若干意见》（杭职院党〔2010〕18号）。《意见》明确"公共教学部的思政课专职教师编入各系院，便于思政课专职教师更贴近学生、了解学生，充分挖掘学校特有的德育资源，丰富教学内容，深入企业开拓视野，了解社会实际，把握时代脉搏"。

2012年6月15日，校党委印发《关于进一步深化学校思政课教学改革的若干意见》（杭职院党〔2012〕19号）。该文件对思政课的管理体制、师资队伍、课堂创新、资源建设、经费投入等提出明确意见，推动思政课教学改革持续深入。

2014年，学校将思政理论课改革纳入专业人才培养体系。探索实施思政课"五融"教学模式，提升了思政教育对人才培养的效用。"思政教育'五融'实践"成为杭州市校园文化活动品牌项目。

2019年1月28日，校党委印发《关于进一步加强思政课建设和改革的实施意见》（杭职院党〔2019〕9号），进一步明确了思政课建设改革的总体思路，对进一步深化教学改革、建强师资队伍、夯实保障条件等提出一系列操作性措施。

2019年3月27日，中国共产党杭州职业技术学院第二次代表大会召开。大会强调，要发挥课堂主渠道作用，深入实施"课程思政"改革，推动"思政课程"与"课程思政"同向同行。

3.思政教师培养培训

近年来，学校把配齐建强思政课教师队伍作为建强、建好、建优马克思主义学院和提高人才培养质量重中之重的工作来抓。学校认真落实中国共产党中央委员会办公厅、中华人民共和国国务院办公厅、教育部、浙江省委省政府、浙江省教育厅关于马克思主义学院建设和思政课改革创新的若干文件精神，实现思政课教师队伍数量和质量的双提升。

加大引进力度。2017年以来，学校先后为思政课程引进博士、教授、年轻硕士和副教授等 16 人，其中博士 5 名，教授 2 名。

强化培养培训。选派教师赴德国、瑞士、新加坡等国家，以及我国台湾地区等地学习研修；参加国家级和省级备课会；参加教育部和省市教育主管部门举办的理论研修和实践研修；参加学术研讨会和各类年会。每年举办暑假（寒假）备课会。组织教师参观考察红色基地等，加强教师培养培训，推动思政课教师队伍整体素质能力显著提升。

截至 2021 年 12 月，学校有专职思政课教师（马院编制）25 人。其中博士 5 人、教授 3 人、副教授 7 人；国家高等学校思想政治理论课教学指导委员会"高职高专思想政治理论课"分教学指导委员会委员 1 人；全国思政课教师影响力标兵人物 1 人；全国思政课教师名师工作室 1 个；入选杭州市"领雁计划"3 人；杭州市"最美思政课教师"1 人。

4. 思政教研科研和项目建设

近年来，思政教师教科研水平明显提升。截至 2021 年 12 月，教师主持和参与省部级以上教科研课题近 20 项，获国家级项目 1 项。教师参加 2021 年全国职业院校技能大赛教学能力比赛获三等奖，浙江省高职院校教学能力比赛获一等奖；获省级课题（项目）10 项；获学校教学成果奖一等奖 1 项，省教学成果奖二等奖 1 项；浙江省文化研究工程重大项目子课题（均为省哲学社会科学重点课题）第一负责人 1 项，共同负责人 5 项；牵头申报并获批"浙江省高校课程思政教学研究示范中心"；浙江省高校思想政治工作研究文库项目立项 1 项；浙江省哲学社科规划高校思政工作专项立项 1 项。

马克思主义学院院长邹宏秋入选教育部 2021—2025 年高校思政课教指委委员；马克思主义学院 2 个团队分别获学校教学创新团队、科研创新团队立项；与浙江理工大学马克思主义学院、杭州笕桥抗战纪念馆、杭州市"五四"宪法历史资料陈列馆签订共建合作协议，新建思政课实践教学基地 3 个；学校首期马克思主义理论学生骨干班也在 2021 年下半年开班。

5. "思政课程"与"课程思政"

学校思想政治理论课逐渐成为学生最受欢迎的课程之一，思想政治教育也成了引领学生成长成才的综合性大平台。同时，各二级学院思政教师在如何使思想政治教育教学贴近专业、贴近学生和贴近企业上做出了大量有益的探索，并形成了各具特色的思想政治教育教学载体。《杭州日报》

以《一堂服饰课让学生读懂文化自信》为题，对国家级课程思政示范项目、达利女装学院章瓯雁教授的"服装立体裁剪"课程进行专题报道："在传授专业知识的同时，课堂还融入劳动教育、工匠精神、职业道德和职业规范等内容，注重德技并修、育训结合，让学生在理论和实训相结合中感受中华文化和艺术创造力融合一体的魅力。"

（撰写：张崇生　陈积慧）

第四节　校园文化

2007年后，学校逐步凝练了以"融"为核心、以"善"为价值取向的"融·善"文化理念，通过理念引领、制度规范、行为塑造和环境熏陶，构建了"融合大学文化、融通企业文化、融入区域文化"的校园文化体系，彰显了"校善、师善、生善"特质的文化校园生态，出版了"文化梯度育人"系列丛书，形成了"建名校、出名师、育名生"的办学追求，打造了独具韵味的高职院校文化育人名片。2019年，培育高职文化育人"杭职品牌"作为国家"双高"计划12个建设项目之一。

一、培育"融善"文化育人品牌

"融"是学校发展的根本途径和必由之路，"善"是学校汇集优势、聚合能量、培养人才的根本目的与终极目标。学校倡导"学校融入区域发展、专业融入产业发展、教师融入学校发展、学生融入专业发展"。2015年，学校将校训凝练为"融惟职道善举业德"。

（一）融善文化理念诠释

学校以"融惟职道，善举业德"为校训，表明学校坚定走出职业教育类型发展道路，通过构建"德技并修"人才培养机制为学生成才赋能、为学生成长添彩。对学校而言，学校发展融入区域发展，专业发展融入产业发展，融入的深度和广度决定了其发展的高度；对师生而言，融入一个单位、融入一个团队、融入一种制度、融入一种文化的能力越高，其职业生涯发展就会越好。融是手段、路径、方法，融入的深度决定职教的发展高度，向善的宽度决定育人的质量效度。

学校在"融"的核心理念指导下，汇聚融合政府、行业、企业、师生、校友等精华与能量，从理念引领、制度规范、行为塑造和环境熏陶四个维度进行全员、全程、全方位融入。以"善"为施教本源与主体，涵养"向善向上"的校园文化生态，建设"以德为先"的高水平双师教师队伍，构建学生全生命周期文化育人体系，德技并修培育工匠型人才。

（二）做好"三融"文章

学校根据"校企合作、工学结合、文化育人"的办学思路，对校名"杭职院"三个字进行了文化诠释："杭"体现学校的区域性，立足于服务区域发展，融入区域文化；"职"体现学校的职业性，定位于服务企业需求，融通企业文化；"院"体现学校的教育高等性，明确于服务学生发展，融合大学文化。因此，学校构建了"融合大学文化、融通企业文化、融入区域文化"三位一体的校园文化体系。

1.融合大学文化，让文化立校与立德树人同生共长

大学文化是一种追求真理、追求理想和人生抱负、崇尚学术、严谨求是的文化。融入大学文化的重点是学生的个性养成和全面发展。

追求科学精神与人文精神的统一。倡导独立思考、锐意创新的科学精神，秉持"融惟职道，善举业德"的校训精神，培养治学严谨的教风学风，以优秀传统文化培育师生人文素养。

追求张扬个性和遵从规范的统一。学校倡导学生个性发展和专业化发展的结合，开展多彩的个性化文化活动。开设"大国工匠""金石篆刻""雕版印刷"等富有特色的传统文化选修课程，让学生用文化张扬个性。同时，提炼专业职业素养，培养学生专业化的职业素质。

追求技能育人与文化育人的统一。学校提出了一系列"融"文化的育人构建：重构课堂、联通岗位、双师共育、校企联动，把文化育人理念融入知识和技能培养工作的全过程，融入教学、管理、服务工作的各环节，推进技能育人和文化育人有机融合。

2.融通企业文化，让人才培养和校企成长同向同行

学校构建了利益与共、文化相通、成果共享的"校企共同体"特色办学模式，已打造成一张"金名片"。融通企业文化的重点是培养学生的工匠精神和职业素养。

企业化载体融通。充分吸收和借鉴校企深度合作企业的先进文化、价值观念、精神信条和管理理念，在课程中融入工匠精神、劳模精神、劳动精神，在校园内植入企业文化，让大学文化与行业企业文化有机融合，让学生把企业精神内化于心、外化于行。

职场化活动融通。校企联合开展校企同台技能比武、劳模工匠进校园、企业家讲堂、职业生涯规划大赛等活动，强化学生职业认知、职业情感、职业道德和职业技能，将工匠精神、劳动精神、竞争意识、服务意识、责任意识、团队精神等融入教学实训活动之中。

项目化课程融通。从课程目标、课程内容和课程实施三个维度，构建校企课程文化融通的课程体系。校企合作开发"项目化"课程，构建基于生产实际和岗位需要的课程教学体系，实现学生专业技能和企业文化的"双提升"。

3. 融入区域文化，让文化传承与社会服务相辅相成

学校深化与属地政府合作，将杭州的良渚文化、非遗文化等融入校园，将校园打造成人文氛围、职业环境和自然景观建设相协调的文化育人校园样板基地。融入区域文化的重点是培养学生的人文素养和文化底蕴。

融入校园整体环境。整体布局校园人文景观，围绕校训精神，做足"融"和"善"文章，校内命名有善湖、融池、融雕塑、融善主题文化广场、融善石，打造"融善"特色文化标志；统一校园视觉标识系统（VIS），校内道路和路牌皆以"融""善"进行命名，让师生、校友记忆深刻；校园融媒体平台、道旗、置石，皆围绕"融""善"命名，让融善文化理念在校内随处可见，点滴浸润。

融入区域特色文化。深耕校园文化育人基地场馆建设，校内建有机床博物馆、职业素养展示中心、非遗博物馆、校史馆、匠心文化数智馆、世界电梯文化、时尚女装文化数字博物馆等，将整个学校打造成区域文化传播中心和职教文化高地。

传承区域传统文化。整合杭州市总工会和钱塘区等政府资源，发挥百年名社——西泠印社、非遗教学资源库、非遗博物馆的文化平台作用，在校内打造集开放性、科技性、可视性和示范性于一体、线上线下相结合、虚拟实体相融合的非遗文化传承传习与创新基地，将学校打造为区域非遗文化传承中心。

（三）达至"三善"目标

善是目标、旨归、根本，学校"善"彰显在三个维度，即"校善、师善、生善"，核心是用"善为"培育"上善学子"。

1.校善——学校向善发展。"十四五"时期，学校提出了"数智杭职·工匠摇篮"的发展目标，朝着建设国内一流、国际上有较大影响力的"高职名校"而不懈努力。学校通过"三院、一馆、一中心、一基地"（工匠学院、工匠书院、工匠研究院、工匠文化博物馆、工匠培训中心和工匠科普基地）建设，努力把学习打造成新时代工匠的培育引领之地、成长向往之地、技能创新之地，着力涵养"向善向上"的校园生态，为高质量发展建设共同富裕示范区贡献"杭职力量"。

2012年，学校"思政教育'五融'育人实践"荣获杭州市属高校十佳校园文化品牌。学校成功入选首批"国家职业院校文化素质教育基地"、全国首批急救教育试点学校（省级协作组组长单位）、全国职业院校"传统技艺传承与示范基地"、全国高校官方视频号百强。学校主持的"浙江工匠精神研究"获浙江文化研究工程项目立项。"融善"文化育人品牌不断被擦亮，新华社、光明日报、中国教育报等媒体多次报道。

2.师善——教师向善成长。教师承担着"为党育人、为国育才"的时代重任，"立人先立师"。通过实施领军人才攀登工程、创新团队培育工程、学历职称提升工程、教师能力跃升工程，推出"能工巧匠"党员先锋示范岗、党员头雁工作室等品牌，着力打造一支政治素质过硬、业务能力精湛、育人水平高超、具备国际化视野的高水平"双师"团队，以德立身、以德立学、以德施教。学校引导教职员工将自身职业成长发展的职业规划融入学校发展中，倡导教师肩负"举善学、垂善行、尊善义、兴善业"的育人职责。

2018年来，学校成功培育2支国家级职业教育教师教学创新团队、2个国家级课程思政教学团队、1支省级黄大年式教师团队、50支校级教学创新、科研创新和人生导师团队。引育了一大批能工巧匠，现有全国技术能手1人，全国五一劳动奖章1人，省劳动模范1人，浙江工匠1人，西湖鲁班1人，杭州工匠1人，选树了一批培育学生工匠精神的先进教师典型。

3.生善——学生向善成才。学校坚持将"执着专注、精益求精、一丝不苟、追求卓越"的工匠精神融入人才培养全过程。通过建设一批"校中厂""厂中校"，实施融善成长计划、拔尖人才培养计划、融善工匠学分、开设创新特色班等，让学生在弘扬工匠精神、恪守职业道德、提高专业技能过程中不断"向学、向上、向善"，成为具备新时代工匠精神的高素质技术技能人才。

2018年以来，1人荣获浙江省"十佳大学生"称号、1人荣获本专科生国家奖学金优秀代表、1人荣获第20届全国青年岗位能手称号。学生参加技能大赛，获省级以上奖项48项，国赛4项；参加省互联网＋、挑战杯、职业规划大赛，获一等奖3项，二等奖5项，三等奖14项；1名学生跻身"第46届世界技能大赛"十进五种子选手。近年来，选派食品安全、网络安全和电梯维修等专业多名学生赴G20峰会、世界互联网大会等提供专业服务，获得广泛好评。10名学生参加全国"振兴杯"职工技能大赛获4金2银4铜，在国内同类院校中名列前茅，服装设计专业学生连续7年蝉联全国技能大赛冠军。学校为社会培养输送了一大批新时代工匠苗子。

二、"文化梯度育人"研究与实践

2014年，为解决高校文化育人工作上宏大叙事、缺乏实效的问题，学校党委提出了"文化梯度育人"的理念：一是分析教育对象的多重社会角色，把思想文化教育的内容分为"学生素养、职业素养、公民素养"三个梯度，分层施教，分段推进。二是把与技能教育联系直接的职业素养教育分为"职业价值观、公共职业素养、专业职业素养"三个梯度，分类研究，分步提升。三是把思想文化教育的行为载体分为"课堂教学、课外活动、社会实践"三个梯度，分地布局，分序提高。四是在校园文化的建设过程中，将实施主体分为"学校设计为先、二级学院为主、专业教师为重、学生行为为本"四个梯度，分担职责，合力推进。

校党委系统推进"文化梯度育人"实践，先后制定"杭职院'文化梯度育人'实施方案"和"'文化梯度育人'项目推进表"。2014至2015年，共计确定了67个文化梯度育人项目，按照重点项目、培育项目、一般项目三个层次，分别给予不同额度的经费支持。围绕"文化梯度育人"主题主线深入实施职业素养融入专业教学的改革实践，全体教职工参与撰写职业素养、师德师风案例，全体党员带头开展职业素养教育专题调研，多措并举促进学校知识技能素养与科学人文、身体心理素养教育的有机融合，确保教职工师德师风、学生技能和素养的"多维提升"，形成了一整套较为完善和有效的机制和举措，成效显著。2015年出版《融文化研究》《高职教育形态研究》《高职问题探索》《杭州城市问题研究》等专著。2016年出版《文化梯度育人研究》《杭职院师德师风案例选》《职业素养教育案例选》《学生职业素养教材》《职业素养教育课改方案》等5本"文化梯度育人"系列丛书（第一批）以及《校园采风——杭职院媒体报道文集》。2017年出版《和党委书记面对面》《口述杭职》《文化梯度育人实践》《美丽杭职——文化校园读本》《党的"结合点"建设案例选——杭职院党建服务中心工作的基本特色》等5本"文化梯度育人"系列丛书（第二批）。2016年首次开展"职业素养教育"优秀教师评选活动。

2014年，《中国教育报》《中国青年报》先后刊发学校提高梯度育人实效的理念和做法，逐步消除了对"文化育人"的理解误区。2014年起，学校受邀在全国高职院校党委书记论坛、全国职业院校"文化育人"高端论坛、浙江省高校宣传思想工作研讨会上做大会交流。学校将党的政治文化融入中心工作的理念和做法，先后被时任浙江省委常委、组织部部长蔡奇、浙江省委宣传部常务副部长胡坚、杭州市委常委、市委组织部部长张仲灿等领导批示肯定。

三、"非遗"文化进校园

2015年10月，学校与西泠印社牵手共建"杭州职业技术学院非物质文化遗产传承教学创业基地"。双方本着"资源共享、优势互补、互利互惠、共同发展"的原则，以"西泠学堂"进高校为载体，首批引进了西泠印社金石篆刻（人类非物质文化遗产）、雕版印刷技艺（国家级非物质文化遗产）、中式旗袍制作技艺（国家级非物质文化遗产）、纸伞制作技艺（浙江省非物质文化遗产）、全形拓技艺（杭州市非物质文化遗产）等5个项目。2015年11月11日，杭州职业技术学院非物质文化遗产传承教学创业基地正式挂牌成立。时任杭州市副市长陈红英，时任杭州市委宣传部常务副部长、西泠印社党委书记、西泠印社社委会主任杨志毅，浙江省非遗保护中心主任裘国樑等领导，5个"非遗"代表性传承人刘江、黄小建、闻士善、屠燕治、韩吾民等出席基地成立仪式，并分别在校内开设"大师班"，正式收徒授课。

5个"大师班"被列为人文素质选修课程。学生经自主报名、推荐选拔等环节入学，每班 15～20 人，采用"师傅带徒弟"的方式，每周三下午在基地学习。到 2021 年底，参加"大师班"学习的学生数已超过 1000 人次。

"西泠学堂"由西泠印社派驻的专家为大学生授课，课程纳入学校选修课体系，这在高校教学中亦属首创。自 2015 年 9 月起，开设了"中国篆刻""中国书法""艺术品鉴赏""西泠风骨""大国工匠""非物质文化遗产传习与经营概论"等多门课程。校社双方通过"现代学徒制"模式培养非遗传承人，在"大师班"教学、非遗项目拓展、文化事业人才储备等方面进行深度合作。学校积极探索名社与高校有机结合、反哺社会、服务公众的有效方式，取得显著成效。

2015 年，学校被授予"杭州市经济开发区非物质文化遗产基地"。2016 年，学校携手西泠印社，成功立项教育部专业教学资源库项目——"民族文化传承与创新子库——传统手工业（非遗）技艺传习传承与创新专业教学资源库"。该项目涵盖金石篆刻、龙泉青瓷、雕版印刷、中国丝绸、中式旗袍、全形拓、西湖油纸伞、钱塘剪纸等 11 项技艺。2018 年，学校获评第一批全国职业院校"非遗教育传承示范基地"。2020 年，由教育部职业院校文化素质教育指导委员会主办的第二届全国职业院校传统技艺传承与发展研讨会上，学校首次申报的技艺大师展示项目在全国 44 个参赛项目中位列前八、获评一等奖，并被授牌全国职业院校"传统技艺传承示范基地"。

四、开创宣传工作新局面

2008 年后，学校将外宣职能从校长办公室剥离，纳入党委宣传部进行统管。此后，依托校园网、《杭州职业技术学院报》、官方微信公众号、官方视频号等渠道持续发声，并以较高的增长幅度在新华社、CCTV、《人民日报》、《光明日报》、《中国教育报》、《经济日报》、《中国青年报》、中新网、《浙江日报》、《杭州日报》等中央及省市媒体上开展对外宣传报道。按照"外宣为主重特色，内宣为基重规范，内外结合重联动"的思路，内外宣传工作不断取得突破。2015 年后，外宣见报稿件年均 120 篇以上，学校社会影响力和办学美誉度不断提升。

2015 年，"文化梯度育人系列丛书"之《校园采风——杭职院媒体报道文集》正式出版。2019 年，《杭州日报》以头版简讯 +2 版评论员文章 +2.5 个版面文章的篇幅，全方位报道杭职院入选中国特色高水平高职学校，电梯工程技术、服装设计与工艺同时入选中国特色高水平专业建设计划建设单位。

2015 年 3 月，"杭州职业技术学院"微信公众号开通。官微目的主要是发布学校资讯、展示校园生活、服务师生校友。至 2021 年底，官微运营取得了较大成绩：年推送 300 篇以上原创文章，单篇最高阅读量突破 10 万，粉丝数突破 5.5 万。官微新媒体作品《点亮迷彩青春，献礼七十华诞——学校隆重举行 2019 级新生军训会操暨表彰大会》荣获 "2019 年度浙江教育新媒体创新奖"。

2020 年五四青年节当天，友嘉机电学院模具设计与制造专业大三学生刘明杰的青春故事在央视《新闻 30 分》和《共同关注》栏目播出。栏目《以青春的名义，我不后悔》为题详细报道，极大地扩展了学校的影响力，传播效果非常好。

2021 年 5 月，"杭州职业技术学院"官方视频号开通。视频号以发布师生的好照片、好人物、好故事、好作品、好活动等短视频为主线，影响力不断攀升，成为继官方微信后的又一个重要宣传平台，成功入选"2021 年度全国高等职业院校官方视频号综合影响力百强"。

（撰写：周曦　张杰）

第五节　统战群团

校党委始终站在加强党对学校工作的领导、增强办学活力、促进学校和谐稳定的政治高度，完善统战群团工作，把强化统战群团工作与教育事业发展相结合、与内部治理相结合、与人才培养相结合，指导和支持统战群团组织加强自身建设，从思想、组织、队伍、载体、机制、经费等各方面强化帮带力度，形成党建引领、统战群团互融共进的良好局面。

一、加强对统一战线工作的领导

多年来，校党委持续加强对统一战线工作的领导，认真贯彻统一战线各项方针政策，把统战工作纳入学校重要议事日程，团结校内民主党派、无党派人士、海外留学归国人员等统战群体共同为学校发展谋策出力。

加强思想政治引领工作。制定并认真落实学习教育制度、通报情况制度、征求意见制度。定期举办由高知群体、民主党派、海归教师参加的统战培训班，深入组织学习统一战线的宝贵经验和伟大成就。进一步加强思想引领和熏陶。注重调动统战群体参政议政、建言献策的积极性和主动性，鼓励支持他们结合专业特点，履行好参政职能。注意发挥统战人士在学校重大事务中参政议政、民主监督的作用。学校历次重大会议如党代会、教代会、民主恳谈会等，均引导统战人士积极调研反映问题。对事关学校改革发展的重大问题、重要决策，党委统战部门都坚持向民主党派、无党派人士通报情况，并认真听取他们的意见建议。加强对高知群体的联系帮扶。自 2017 年起，校院两级领导班子成员每人定期联系一名高知人才和一名海外归国留学人员，常态化开展政治引领、关爱帮扶。

重视对党外知识分子联谊会等统战组织指导。不断促进党外知识分子切实增强责任感和使命感，积极为学校事业发展作出应有的贡献。2008 年 6 月 19 日，学校第一届党外知识分子联谊会成立，杨强当选第一届知联会会长，李小青当选秘书长。2016 年 12 月 9 日，党外知识分子联谊会召开换届大会。选举沈海娟为第二届校知联会会长，黄璐为副会长，施丽娜为秘书长，王英杰为副秘书长。2021 年 11 月 24 日，党外知识分子联谊会理事会进行改选。黄璐被选为第三届校知联会会长，施丽娜被选为副会长，史云斌被选为秘书长。学校高度重视对归侨、侨眷、归国留学人员的政治引领。2020 年 12 月 25 日，学校召开杭州职业技术学院第一次归侨侨眷归国留学人员大会暨归国华侨联合会成立大会。会议选举产生杭州职业技术学院归国华侨联合会第一届委员会委员，郭伟刚被选为杭职院侨联第一届委员会主席，姚瑶、杨然、姚翔被选为副主席，童逸杰被选为秘书长。学校统战工作的覆盖面和组织力作用得到进一步提升。

支持校内民主党派加强自身建设。校党委注重指导校内民主党派加强规范化、标准化、特色化建设。学校农工支部成立于 1988 年机械工业学校时期，是学校成立最早的民主党派组织，第一任主委为何伯恭。杭州职业技术学院正式成立后，陆善炎、史征等同志先后任主委。2013年7月，经农工杭州市委会批复，吴伟任主委，吴春华、王颖任支部委员。2013年5月，民革杭职院支部成立。杨强任主委，王丽霞任组织委员，江波任宣传委员。2020年11月，民盟杭职院支部成立。吴培飞担任支部主委，杨立峰、宣乐飞任支部委员。民主党派组织的不断健康发展进一步浓厚了多党携手的民主合作氛围，为促进同心共事作出积极贡献。

开展两岸青年交流。自2012年起，学校以友嘉、达利等校企共同体为载体，通过统战部门牵线，不断加强与台湾地区高校的交流与合作，先后与台湾地区的龙华科技大学、树德科技大学、东南科技大学等大学建立了交流合作关系。先后组织多批学生赴台访学，并接待来自港澳地区的实习交流学生，为推进互相的交流发挥积极作用。2015年7月18日至8月10日，学校承办了"台湾大学生来杭实习交流"活动。来自淡江大学、中台科技大学等22所大学的31位学生在杭进行了在岗实习和考察交流活动，为台湾大学生了解杭州、拓宽视野、结交朋友提供了良好平台。

二、加强共青团建设

共青团杭州职业技术学院委员会在校党委和团市委的正确领导下，积极适应学校学科优化布局调整，不断完善团的组织体系。通过校团委、院团总支、团支部、团小组的四级体系，全体青年学生受到有力的组织和思想的辐射。团组织以服务青年学生成长成才为宗旨，围绕学校中心工作，从组织建设、思想引领、校园文化、实践育人四大方面开展各项工作，为实现共青团事业的健康和谐发展做了积极探索，取得了显著成效。

实施"青年马克思主义者培养工程"。2010年，学校开办青年马克思主义者培训班。培训对象是全校各级学生干部，目的是要在学生中培养一批能够自觉用马克思主义立场、观点、方法认识问题、分析问题、解决问题的青年马克思主义者，进而在校内引领青年带头人。截至2022年初，培训班已经开办了十三期，培训学员1100余名，收到了较好效果。同时，对各级学生干部进行分层次教育培养。各级团组织已举办班团干部培训27期，培训学员已达1万多人次。基层团干部实践工作能力得到明显提高。

坚持开展社会主义核心价值观教育。抓住重要节日、重大事件契机，广泛开展爱国主义和社会主义核心价值观主题教育活动。举办"社会主义核心价值观主题宣传月"、党团知识竞赛、"青春夜学"、"国旗下的讲话"等活动，组织学生参观调研杭州革命烈士纪念馆、中国共产党杭州纪念馆等爱国主义教育基地。最近9年，连续举办"我和党委书记面对面"活动，进一步激发了广大青年学生爱党、爱国、爱校的热情。

持续举办"技能文化节"。2004年，学校启动首届"技能文化节"，旨在通过内容丰富、专业特色鲜明的技能、文化活动，增强学生技能意识，锤炼学生专业技能，激发学生创新思维，让学生在技能文化的熏陶中，提升专业技能、职业素养与校园文化共融共育。2021年，技能文化节更名为"工匠技能节"。通过多年的积淀，"技能文化节"活动在校外的品牌影响力和辐射面日益扩大：2007年，被杭州市教育局评为杭州市属高校大学生思政工作创新奖；2008年，《在强技中创新、在创新中育人——杭州职业技术学院技能文化节》被评为浙江省高校校园文化品牌；2012年，被评为杭州市属高校十佳校园文化品牌。

培育高水平的大学生艺术团。2004年，校团委组建了融毅大学生艺术团。下设舞蹈队、声乐队、器乐队、话剧队、主持队等。大学生艺术团对外代表学校参加省市文艺展演任务，对内承担学校各类大型文艺演出工作。在浙江省大学生艺术展演活动中，我校大学生艺术团多次获奖，表演水平获得师生的一致认可。

打造校园文化品牌。通过历届团委的努力，学校已经形成了一批广大师生喜爱、影响面广泛、能充分展示杭职学子风采的校园文化品牌活动，如：文化艺术节、社团嘉年华、"文明修身·杭职有礼"、"杭职青年说"演讲比赛、校园十佳歌手比赛、校园马拉松比赛、迎新晚会、荣誉盛典和毕业生晚会等活动。这些活动已经成为杭职校园文化建设中一道道亮丽的风景。

推动科技创新育人。团委重视青年学生创新创业工作。以丰富学生课外科技活动为出发点，以提高全校学生科技素养为目标，通过组织各类科技活动，引导和鼓励学生树立科学意识、投身科技创新实践。学校依托学生专业优势，在各项专业类比赛及国内外高水平学科竞赛中斩获大奖。从2004年起，学校累计获"挑战杯"竞赛项目国赛特等奖1项，一等奖2项，二等奖1项，三等奖1项。

促进社会实践育人。2003 年夏，大学生社会实践试点工作开始，次年在全校范围推开。十多年来，学生暑期社会实践服务团队足迹遍布大江南北。校团委集中组队 90 余支，学生自发组织小分队 1100 余支，学生参与人数 3 万余人次，参与教师 300 余人次。累计发放科普宣传资料 2 万余份，撰写心得体会 4 万余份，产生高质量的调研报告 80 余篇。学校暑期社会实践工作得到了中央新闻媒体、《中国青年报》、《浙江日报》、杭州电视台等媒体报道。相继有 40 多支小分队被团省委评为优秀团队，30 余位师生被评为省市先进个人，其中 1 人获全国"三下乡"先进个人称号。

重视志愿服务育人。学校青年志愿者协会成立于 2004 年。多年来，广大志愿者同学大力弘扬"奉献、友爱、互助、进步"的志愿者精神，广泛开展了帮困扶弱、助残助学、环境保护、社区服务等青年志愿者行动，有力地推进了学校精神文明建设。特别是在 G20 峰会、大学运动会、全国"振兴杯"青年职业技能竞赛、西湖论剑·网络安全大会、国际（杭州）毅行大会、中国国际动漫节等大型赛会志愿服务中，学生志愿者勤奋工作、无私奉献，得到了上级领导和社会各界的一致赞扬，为学校赢得了荣誉。2020 年，协会更名为"杭州职业技术学院青年志愿者服务中心"。目前注册青年志愿者总数 101000 余人，全体配备统一的志愿标牌和服饰。每年参与各类志愿服务的学生达到上万人次，服务总时间超过 10 万小时。

三、积极推进工会工作

中国教育工会杭州职业技术学院委员会成立于 2003 年 8 月。现任工会委员会于 2020 年 9 月六届一次"双代会"选举产生。目前有会员 754 名，下设 4 个机关直属工会小组和友嘉智能制造学院、商贸旅游学院、达利女装学院、信息工程学院、生态健康学院、吉利汽车学院、动漫游戏学院和彩虹鱼康复护理学院、特种设备学院、马克思主义学院、公共基础部 10 个分工会。

校工会自成立以来，在上级工会和学校党委领导下，认真履行工会职责。坚持围绕中心、服务大局、服务群众、突出维护的工作原则，以开拓创新、求真务实的精神，充分发挥自身优势和特点，规范实行民主管理，为学校的改革、发展与稳定作出了积极贡献。每年定期召开"双代会"。按照教代会各专委会工作规则，积极参与和推动学校的民主管理和民主监督工作。

学校在涉及发展规划、教职工队伍建设、教育教学改革、校园建设以及教职工切身利益的重大事项时，听取教代会代表意见和建议已成为常态。同时，建立健全教代会提案制度。提案的征集、汇总、落实做到规范有序。基层组织建设不断加强。各分工会、直属小组的设置和换届工作有序进行，教职工合法权益得到保障。通过工会干部培训会，工会干部的业务能力和水平也日益提高。

深入开展师德师风建设。"三育人"岗位建功先进选树、工会工作先进集体和先进个人评比、"杭州工匠"遴选等系列活动有条不紊开展。"三育人""杭州工匠"等一系列先进评选工作、杭州工匠日同时成为宣传工匠精神的契机。会员先进事迹在校园网、工会网站、学校官微等媒介大力宣传。

注重关爱教职工，完善服务保障机制。通过学习研究人事聘任制度、分配制度、社会保障制度改革的相关政策，依法维护教职工合法权益。每年为全校教职工办理杭州市在职职工住院和规定病种门诊、重大疾病和住院医疗互助、女职工特殊疾病医疗三个险种的投保工作。每年邀请市红会医院的专家来校义诊和健康咨询，并邀请校外专家开展各类健康专题讲座。坚持为教职工办实事。积极开展"春风行动"的宣传，落实专项募捐，做好春风行动反哺工作。组织落实各类节日慰问、暑期高温慰问等工作。为全校会员办理公园年卡、发送生日慰问蛋糕券、发放劳保用品和传统节日生活福利。组织单身教职工联谊和教职工暑期疗养。积极开展文体活动和协会活动。组织开展三八妇女节系列活动、教职工运动会、教工迎新文艺晚会、"动在阳春"、"艺在深秋"校园系列活动等全校性大型活动。注重发挥各协会的作用，组织开展教工文化节，举办各类摄影、插花等活动，丰富教职工业余文化生活，增强广大会员的归属感和幸福感。

（撰写：贝锐 楼黎瑾 张燕）

第三章 跨界融合与开放办学

自建校以来，学校始终坚持跨界融合的理念和开放办学思维，善于整合国内外、行业内外、学校内外的资源。充分融合政行企校资源，不断增强高职院校学生实践和创新创业能力，实现产业链和教育链之间的优势互补，增强服务企业、服务市场、服务社会的能力，助力产业转型升级，促进行业持续发展。

第一节 校企合作

学校十分重视校企合作，通过强化与区域内主流企业的合作，实现同生共长。2008年，开始提出打造校企共同体，并以校企共同体建设为抓手，全面推进学校内涵建设。学校围绕产业链、创新链、人才链、教育链的融合，建成多个与杭州主导产业主流企业深度合作的特色二级学院，探索构建校企共同体多元发展模式。

一、校企合作的初步探索（2002—2007）

办学之初，学校就紧紧抓住职业教育规律，注重与行业企业开展合作育人，强调工学结合、学做合一，培养高素质技术技能人才。

（一）创设校外"真刀真枪"的职业环境

学校主动与杭州经济技术开发区、行业、企业保持紧密联系，以"协议合作、互惠互利"形式，与120多家企业合作建立了与专业实践教学相适应的、相对稳固的校外实习、实训基地。通过使用企业现有设备，在企业技术人员和教师的共同指导下，学生处于"真刀真枪"的教学情境，能够较好地完成实习、实训教学任务。如旅游管理专业与杭州华庭云栖度假酒店合作，从 2006 年开始招收旅游管理（酒店方向）学生，学生毕业后全部输送到该酒店；机电系与上海大众申震汽车有限公司、杭州离合器厂、浙江华塑机械有限公司等企业建立关系较紧密的校外实训基地，基地较好地满足了学生实习的需要，许多学生实习后直接就业；管理系与浙江金都物业管理有限公司、浙江新明物业管理有限公司、万向纳德大酒店等多家企业合作，建立关系较紧密的校外实训基地，为学生的专业训练提供服务；艺术系与杭州女装办紧密合作指导学生服装设计与制作，与杭州市花卉有限公司合作，建立杭州市科普教育基地，为学生提供现场教学；化工系与杭州中肽生化有限公司、杭州争光树脂有限公司等多家企业建立校外实训基地。

（二）共建国家级实训基地

艺术系与杭州西子园艺公司合作建立生产性的园艺技术实训基地。基地是园林、园艺专业学生实践技能训练的重要场所，学生在基地直接参与花木的培育。2005 年，基地被教育部、财政部联合授予"中央财政支持的国家级实训基地"，获评为中央财政支持的职业教育实训基地，并先后与五家企业合作共建，共同参与实训教学、开展项目研发。基地全面建成后，向杭州及周边地区高校开放，充分发挥其辐射作用，实现资源共享和效益最大化。

（三）开展企业员工培训

2002—2007 年，学校与杭州经济技术开发区合作实施"蓝领成才"职工素质教育工程，积极为开发区企业培训员工。通过举办业余成人高职、各类技能上岗培训等，为开发区企业培训员工 4500 多人次。同时，学校努力发挥资源优势，主动为企业提供定向培训服务，度身量才开展特色培训，积极面向失地农民开展汽车维修、维修电工、计算机操作员、园林艺术、插花艺术等技能培训，仅 2007 年即累计培训农村失地农民 788 人。"蓝领成才"工程被评为杭州市职工最满意的十件实事之一和开发区为民办实事的十件实事之一，并获得杭州市总工会职工素质教育创新奖。

通过加强校企、区校合作，构建实训、服务平台，不断提升科研创新能力，学校技术服务区域经济社会发展能力和水平明显增强。如机电系高校重点实验室与浙江华塑机械有限公司联合研发 PET 药瓶的热流道塑料注射模具与拉吹模具、PET 瓶坯高速全自动注塑机等，为学校人才培养和企业技术支持提供了依托。2005 年，该实验室在市重点实验室基础上，又被评为市科技创新重点实验室。与法国 Miss ler 公司合作建立浙江省 Topsolid 软件培训中心，开展先进制造技术的推广和技术服务。化工系与杭州经济技术开发区环境监测站合作建立的联合实验室，开展"开发区水质污染种类与数量分析"等项目研究，为下沙区域环境保护与可持续发展提供技术支持和服务；与 Bruker（德国）仪器公司合作建立的 Bruker 环境监测开发实验室，开展近红外光谱仪及小谱仪在食品检测和环境监测等领域的应用研究。学校还成立了"现代制造与自动化技术研究所"等 13 个院级研究所，专门开展应用技术研究与服务。

二、校企共同体的建立与办学实践（2008—2013）

学校秉持"立足开发区、服务杭州市"的办学定位，瞄准开发区、杭州市主导产业、主流企业，先后与友嘉集团、达利（中国）有限公司等主流企业共建了友嘉机电学院、达利女装学院、青年汽车学院、金都管理学院、临江学院、新通国际学院、普达海动漫游戏学院等"校企共同体"。这些"校企共同体"既是学校的二级学院，也是企业的事业部门。校企双方共同成立"校企共同体"发展理事会作为决策议事机构，以合作双方的共同利益为基础，以资源共享、优势互补为前提，以文化共融为抓手，以师资共育为核心，以课程共建、教学共管、基地共建为依托，探索走出了一条校企"共建、共管、共育、共融、共进"的创新发展之路。校企共同体建设成为高职校企合作典范，被全国众多高职院校借鉴应用。2014 年，"基于校企共同体的服装专业人才培养模式创新与实践"项目荣获国家职业教育教学成果一等奖。

案例 1：友嘉机电学院

（一）创建背景

1. 政策推动

政府作为法规和政策的制定者和决策者，对高职院校的建设和发展起着决定性的指导和推动作用。"友嘉模式"的形成及建设也离不开属地政府的大力引导和支持推动。在学校和企业拥有共同人才培养需求的前提下，杭州市政府为"友嘉模式"的建设和发展提供了不可或缺的合作环境，在专门制定激励政策的同时，还为推动校企共同体的建设与发展提供了有力的资金保障。

2. 企业需求

大型主流企业是我国企业自主创新的主力军，与中小型企业相比，具有更强的核心竞争力和创新能力，在校企合作中占据着核心主体地位。友嘉实业集团创立于 1979 年。集团以诚信负责、永续经营的理念为创业宗旨，以技术领先、品质第一、追求卓越的精神确立企业经营方向，以代理日本神户制钢建设机械为立业基础，迈向经营国际化领域。目前已成立 16 个事业部，分布于海内外，形成内部网络，发挥集团资源共享优势。从代理商转型为制造商，由传统工业进入高科技产业，进而与世界一流企业合资合作。友嘉实业集团是全球知名的跨国集团，在全球拥有 57 家企业，涉足数控机床、电子、工业设备三大产业，自行研发制造数控机床、电梯、叉车、电子产品等 16 项中高端产品，在中国大陆、日本、美国等均设有工厂。友嘉实业集团在杭州投资企业有 7 家。集团在杭州钱塘江两岸设立有萧山、下沙、江东 3 个数控机床制造基地，对高职人才存在较高需求。

3. 改革导向

从 2007 年开始，学校坚持"立足开发区、服务杭州市"的办学定位，始终坚持"工学结合、校企合作、文化育人"的办学方向，秉承"重构课堂、联通岗位、双师共育、校企联动"的教改思路，着力突出"追求真实情境，实施双证融合，培育双高人才"的办学特色。学校面向杭州、服务地方，紧紧依托杭州经济技术开发区，坚定不移地推行校企共同体合作模式，校企合作工作取得了突飞猛进的发展。在当时我国企业参与校企合作积极性不高、政府相应的扶持和优惠政策缺失的情况下，充分发挥积极性、能动性，锐意改革、主动出击，为校企合作创造积极有利的条件。

（二）发展历程

2008 年 4 月 22 日，在北京的五星级酒店，面对百余家新闻媒体，朱志洋总裁和叶鉴铭院长共同宣布"友嘉机电学院"成立。2008 年 7 月，理事会领导下的院长负责制等制度设计全面完成，友嘉企业培训中心整体迁入校园，随同迁入的还有 20 余位企业技师和 1800 多万元的企业设备。2013 年 5 月，友嘉数控机床维修中心、友嘉精益制造中心顺利建成，宣告面向市场一线、教师（师傅）与学生（学徒）一体的产学研基地正式落户校园。2015 年 6 月，友嘉企业投入 500 万元在校内建成首个高校机床博物馆，友嘉机电学院整体办学条件再上台阶，同时成为友嘉企业面向全球市场的重要窗口。2016年11月，友嘉机床协同创新中心成立，友嘉企业第一台机床设计师出任协同创新中心主任，融研发、课改、育人于一体，推进人才培养模式改革。2018年4月，双方共同举办"不忘初心携手奋进"校企合作高峰论坛暨校企共同体之友嘉机电学院成立十周年活动。活动中，杭职院与友嘉集团重新签署新十年的战略合作协议，全力打造校企共同体升级版。

学院品牌建设与企业品牌建设相辅相成。企业与学校推出了诸多举措，着力打造"友嘉模式"的高职教育品牌。作为企业，友嘉实业集团把友嘉机电学院作为集团下属分公司，以集团分公司的形象对外展现。友嘉集团在出席各种国际展览会期间，腾出展会的空间，用来展示友嘉机电学院的教学成果。企业邀请学校共同召开新闻发布会，展示企业技术革新、新产品的最新成果。友嘉集团把企业间的交流、参观、洽谈等地点放在友嘉机电学院，让更多的人了解学院。学校也向同行推介"友嘉模式"。通过各级新闻媒体的广泛报道，"友嘉模式"在高职教育界享有非常高的知名度。

（三）发展现状

1.组织机构

（1）友嘉机电学院理事会制度。按照"企业主体、学校主导""校企合作双赢、以企业赢为先"，学校和企业各自委派高层共同组建友嘉机电学院理事会。理事会由7名理事组成，杭职院委派3人出任理事，友嘉实业集团委派4人出任理事，由集团总裁担任理事长，杭职院校长担任副理事长。建设期内每年召开理事会会议，研究、制定二级学院的发展规划，审议专业设置和教学改革，审定培养计划、课程设置和教学改革方案，审议办学规模、招生区域和招生计划等。理事会会议对校企共同体运行过程中出现的有关专业设置、人才培养、产学互动、办学经费等重大问题进行审议、决策、检查、指导、咨询、监督和协调。

（2）理事会领导下的二级学院院长负责制。友嘉机电学院实行理事会领导下的二级学院院长负责制。院长由杭职院干部担任，友嘉实业集团董事长担任副院长，友嘉实业集团派驻培训中心主任担任院长助理，常驻学校进行校企合作事项的具体对接工作。院长履行组织实施理事会的决议，组织实施校企共同体发展规划，拟订和执行年度教育教学工作计划、财务预算和学院规章制度等。同时，通过信息定期通报制度、人才培养方案定期协商机制等途径，创新了校企共同体构架下的教育教学和行政管理工作。

（3）建立了院长与厂长、专业组长和车间主任、教师与师傅的对接联系制度。通过构建"资源共享、人才共育、校企共管"的校企合作互动机制，制定《院长、企业厂长（经理）联席会议制度》《专业组长与车间主任（科长）联系制度》《职业岗位需求的课程设置和开发办法》，建立了教师和企业师傅的对接机制。学校教师、企业技术人员共同组成课程开发团队，在职业岗位需求、岗位能力要求及工作任务分析的基础上进行课程设置，共同开发了实训项目、技能考核标准及配套教材，实现了课程教学内容及要求与实际岗位能力的紧密对接。在与行业主流企业技术骨干的无缝对接过程中，教师的自身素质得到了提升。

2. 规章制度

（1）完善人才"共育"的专业建设制度。出台《杭州职业技术学院专业建设指导意见》，校企共同体之二级学院制定《专业建设实施细则》，建立院长、企业厂长（经理）联席会议制度、专业组长与车间主任（科长）联系制度。

（2）建立校企"共享"的师资培育管理制度。制定《校企共引共享高级人才管理办法》，建立企业和学校人才柔性流动机制，共同培养和引进高水平科技人员，搭建人才共享平台。校企共建基于网络的资源共享与学习平台，改变以往的传统教学模式，使学校师生与企业员工可以通过网络在任何时间、任何地点互动学习。

（3）健全校企"共管"的实训基地建设管理制度。修订《校外实习基地管理办法》，进一步规范校外实习基地的建设与管理，明确规定企业指导教师将核心技术工艺、车间班组管理技术等企业生产管理要素融入实训内容。校企共同制定并实施《顶岗实习管理办法》，明确校领导是学生实习风险管理的第一责任人，并根据《杭州市大学生见习训练实施办法（试行）》等有关文件精神，为实习生购买综合商业保险，同时实施训练补贴；二级学院制定《顶岗实习管理细则》《顶岗实习质量考评细则》等。修订《校内实训基地管理办法》，制定《杭州职业技术学院校内实训基地运行管理实施细则》。

（4）建立校企"共赢"的激励制度。完善《校企共同体专项奖助学金管理办法》，引导校企共同体参与企业来校设立专项奖学金和助学金。学校和企业共同制定《校企合作突出贡献奖评选办法》。

通过校企共融，引领制造类专业的现代化建设，建立校企合作对接机制。校企共同制定人才培养方案，建立校企双师共育、过程共管、互惠互利的校企合作管理制度。完善校企对接、岗位互换制度，推进双方人员的互动交流、交叉兼职，实行并优化友嘉机电学院校企共同体的系列管理制度。建立双方共同参与的专业建设质量评价制度和人才培养质量评价制度，形成校企合作办学职业教育成果。

3.专业发展现状

（1）专业集群优势比较明显。数控技术专业现为国家骨干建设专业，省特色优势专业；电气自动化技术专业为省特色专业、市重点学科；模具设计与制造专业为省重点专业、市重点学科；机械设计与制造专业为市重点建设专业；工业设计专业为市特色专业。形成了以数控技术专业为龙头的先进制造类专业群，同属机械设计制造大类，有共同的资源基础、技术基础和社会关联基础，专业集群优势比较明显，能较好地为区域先进制造业的发展培养高素质技术技能型人才。

（2）校企共同体办学模式初成范式。友嘉机电学院是学校和友嘉集团以合作办学、合作育人、合作发展为目标共建的校企共同体。经过多年建设，校企共同体体制机制彰显示范效应，校企共同体之"友嘉模式"成为全国高职院校可资借鉴、复制的校企合作办学模式。2015年，基于"友嘉模式"的良好运行，学校与西子航空工业有限公司充分整合西子现代航空技术、友嘉先进制造技术、杭职优良教育资源、校企现代学徒制度等资源，共同打造了一个产学研创新合作实体——"西子航空工业学院"，联合培养航空领域"金蓝领"。这种校企紧密合作的共同体办学模式为专业建设奠定了坚实基础。

（3）双师型教学团队基本形成。聘任企业常驻学校的18名技术骨干为兼职教师。数控技术专业教学团队被杭州市人民政府授予模范集体，数控维修创新工作室被授予杭州市高技能人才（劳模）创新工作室。拥有全国黄炎培职业教育杰出教师1名、省教学名师1名、省高校优秀教师1名、省级专业带头人3人、省级以上技术能手3名、省市级优秀教师15名。依托企业资源基本形成了一支结构合理、德艺双馨的双师型教学团队。

（4）实训基地初具规模与特色。建有集高精尖数控加工中心、数控车、数控铣、特种加工、数控维修等功能为一体的国家高技能人才培训基地，面积 6880 平方米，设备总值 5000 万元。专业生均教学设备值 16.53 万元，位居全国前列。建有华东地区最大数控机床 4S 店——数控机床维修中心。校企共建全国唯一的高校机床博物馆（企业投资 500 万），较好地满足了学生职业能力培养需要。

（5）人才培养质量初见成效。近年来获国家教学成果二等奖 1 项、省教学成果一等奖 2 项、二等奖 1 项；立项省级教改课题 7 项；获省市精品课程 6 项，出版国家"十二五"规划教材、省重点建设教材 8 本，其他教材 11 本，出版专著 4 本。学生作品获国际红点大奖 1 项；学生技能竞赛获全国一等奖 2 项、省市级二等奖以上近 30 项；获"挑战杯"全国一等奖 1 项，获省赛特等奖 3 项、一等奖 7 项。专业建设与人才培养初见成效。

案例 2：达利女装学院

（一）创建背景

杭州素有"丝绸之府"的美誉。杭州市人民政府通过丝绸和女装这一主导产业的发展，将杭州打造成为现代"女装之都"，扩大丝绸女装的对外贸易，提升中国丝绸在国际上的地位和形象。随着丝绸和女装这一区域主导产业的发展，市场对女装设计、生产、销售人才的需求量不断扩大。2008 年度人才需求调研显示，杭州丝绸和女装产业的人才需求结构中，制板师和工艺技师占 56%，设计师和设计助理占 20%，生产（技术）主管占 10%，车工和裁剪工占 14%。

达利（中国）有限公司为全球知名的丝绸纺织及服装企业，有员工 5000 余人，是"2009 浙江省工业行业龙头骨干企业""国家级高新技术企业"。达利（中国）旗下现有 as August Silk、August Silk men、Theme、Cslr 等品牌，其中 as August Silk 已成为中国在全球销量最大的丝绸女装品牌。找准服装设计专业在丝绸和女装产业发展中的人才培养目标定位，是专业现代化建设的基础。2009 年学校与达利（中国）有限公司紧密合作，以服装设计专业为核心，共同建设"达利女装学院"这一"校企共同体"，共同开展服装设计专业的人才培养。

（二）创建过程

2009 年 1 月 14 日，在政府的牵线搭桥下，学校与主导产业（丝绸女装）

的主流企业（达利集团）共建校企共同体——达利女装学院。

达利公司是全球知名的丝绸女装企业，"世界丝绸看中国，中国丝绸看杭州，杭州丝绸看达利"，这是杭州市领导对杭州主导产业的主流企业——达利公司的评价。作为丝绸和女装产业的主流企业，达利代表了杭州女装产业发展的先进水平，其人才需求体现了整个杭州女装产业发展的人才需求。达利女装学院根据达利公司发展规划，依据达利等主流企业的产品生产以及企业对人才规格的要求，及时合并调整专业，形成了以服装设计专业为龙头，以针织技术与针织服装、艺术设计专业为基础的专业群。

2019 年 1 月 5 日，校企双方签署新十年的战略合作协议，并揭牌成立了"纺织服装工程创新中心"。

（三）发展现状

1. 组织机构

达利女装学院是学校与达利（中国）企业以合作共赢为基础，以"合作办学、合作育人、合作就业、合作发展"为目标，通过协议的形式缔约建设的相互联系、相互开放、相互依存、相互促进的校企共同体利益实体。学院实行理事会领导下的院长负责制，理事会成员由政府、企业、学校三方构成，学院领导班子成员由企业、学校共同委派并由理事会任命。理事长、院长均由企业方代表担任，达利集团执行董事、香港理工大学原副校长杨国荣担任理事长，达利（中国）企业总裁费建明担任院长，常务副院长由校方担任。理事会的体制及运行机制有效推动了校企紧密合作，为达利女装学院专业现代化建设奠定了坚实基础。

2. 专业现状

学院现设服装设计、针织技术与针织服装、纺织装饰艺术设计、时装零售与管理等 4 个专业。其中服装设计专业及专业群的建设项目列为全国骨干院校重点建设项目，省级示范重点建设项目，服装设计专业也是浙江省的特色专业。针织技术与针织服装专业是全省首家开设、培养针织产品款式设计及制版工艺专门人才的杭州市特色建设专业。

学院已初步建成了全球最先进的吊挂生产流水线计算机实训室、服装特种设备室、立体裁剪室、电脑横机实训室、横机实训室等 10 余个实训场地，拥有 40 余种国际先进的服装加工设备，设备总值在 1000 余万元。2010 年女装工业工程实训中心被列为中央财政支持的实训基地建设项目，也是杭州市重点建设的实训基地建设项目。校外建有杭州达利（中国）有限公司、杭州卓尚服饰有限公司、杭州可博实业有限公司等紧密合作校外实习基地25家。

专业教师教学基本功扎实、动手能力强。多人获得"浙江省技术能手""浙江省教坛新秀"等荣誉称号；获得省市各级比赛服装制版第一名、服装制版冠军等奖项；服装结构设计教学团队被列为浙江省教学团队建设项目。

由达利公司发起，联合杭州8家女装企业共同推出"服装制版师"职业技能证书，并成为杭州女装行业认可的职业资格证书，实现专业教学内容与岗位要求有效对接，突出对女装制版技能的培养。近年来，学生参加全国、全省大学生技能大赛，连续获得一、二等奖的好成绩。毕业生绝大多数在杭州女装企业从事服装制版、工艺等技术与管理工作，深受用人单位欢迎。

三、基于校企共同体的多元发展模式探索（2014—2019）

在成功创办多个校企共同体并实现良性运行之后，学校总结经验、乘胜前进。根据形势发展和自身实际情况，学校又创办了多个新的校企共同体。对校企共同体发展模式的探索渐趋多元化。

案例3：特种设备学院

（一）创建背景

随着经济社会的快速发展，城市化进程不断加快，电梯的社会拥有量剧增，但电梯维保和改造人才奇缺。同时电梯属于特种行业，实行行业准入制度，且同类企业之间又有很多的技术壁垒，这就使得简单的一校一企的合作难以满足社会对电梯人才的需求。于是，学校主动对接浙江省特种设备科学研究院，引入企业，三方共同搭建行企校合作平台，目前全国十大电梯品牌已有六家入驻学校。

1. 国家高度关注电梯安全

到2018年底，我国电梯保有量已628万台，每天有20亿人次使用电梯。"出门第一步，回家最后一程"，电梯安全使用与百姓幸福生活息息相关。近年来电梯事故频发，引起社会高度关注，如震惊全国的"7·5北京地铁电梯死亡群伤事故""7·30杭州新华坊女大学生电梯死亡事故"

等。大量电梯进入老龄化时代的"生命后期"，电梯故障困人事件高发。96333电梯应急处置平台统计，仅2018年，杭州共受理67331件，电梯应急处置共13883起。其中困人故障7584起，设备故障6299起，解救被困人员总计15312人。隐患数字触目惊心，严重影响百姓日常生活，关乎社会和谐，引发全国高度关注。基于此，国务院办公厅出台《关于加强电梯质量安全工作的意见》（国办发〔2018〕8号），明确要求："强化维保人员职业教育，推进电梯企业开展维保人员培训考核，提高维保人员专业素质和技术能力。"

2. 我国电梯产业基础雄厚

我国电梯整机、零部件的产量居全球第一。据中国电梯协会的统计，全国与电梯产业相关的企业达到15000家，电梯从业人员超过120万人，全国电梯行业的年产值约3000亿人民币，已经成为区域经济发展的支柱产业，带来了巨大的社会与经济效益。我国电梯保有量位居全球第一，已成为全球最大电梯消费市场。国外前十大电梯公司均在我国设立制造工厂及技术研发中心，带来了先进的技术和设备，培养了大量的研发人才，其技术外溢提高了我国企业技术水平。我国已经成为全球电梯制造、研发中心。

3. 电梯产业发展纳入国家战略

随着"国家新型城镇化""中国制造2025"国家战略的实施，我国城镇化建设不断推进，制造能力持续提升。电梯作为城镇化建设中的必需设备，每年以15%的速度增长，设备制造水平不断向发达国家靠近。"国家新型城镇化战略""中国制造2025"中分别提出"提升城市公共服务水平""推进新型城市建设""推进智慧城市建设""加强和创新城市社会治理""实现制造强国目标"等国家战略。李克强总理在2018、2019年《政府工作报告》中分别指出："有序推进城中村、老旧小区改造，完善配套设施，鼓励有条件的加装电梯。""要大力进行改造提升，支持加装电梯，健全无障碍通道等生活服务设施。"随着加装电梯从被鼓励到支持，电梯行业发展被提到了前所未有的高度。

（二）创建和发展历程

浙江省特种设备科学研究院（原浙江省特种设备检验研究院）是我国成立最早的特种设备检验检测机构之一。1958年，浙江创办全国第一家锅炉检修队。顺应时代发展，"省锅炉检修队"先后更名为"省锅炉检验所"（1981年）"省锅炉压力容器检验所"（1984年）。2019年，更名为"浙江省特种设备科学研究院"，简称"浙江省特科院"。英文全称 Zhejiang Academy of Special Equipment Science，英文简称 ZJASES。该院现有人员453人，其中教授级高工5人、高工114人、检验师118人、博士后3人、博士11人、硕士119人，硕士和高工以上人才比例占全院的54%，基本形成了以高层次人才为骨干的技术团队。拥有205米高速电梯试验塔、60米安全钳试验塔架、层门耐火试验装置以及超声导波检测系统、超声波自动爬壁测厚系统、多功能阵列涡流检测仪等高精尖设备近300台（套），设备总资产原值超1.5亿元。2015年5月12日，学校与浙江省特种设备检验研究院合作共建特种设备学院。

案例4：杭州动漫游戏学院

（一）创建和发展历程

杭州是中国"动漫之都"。在杭州动漫产业的聚集效应和中国国际动漫节的品牌效应下，动漫产业成为浙江省文化创意产业的核心。截至2018年底，杭州市拥有国家文化产业示范基地、国家数字娱乐产业示范基地、国家动画产业基地各1家，国家动画教学研究基地3家，动漫游戏企业220家，从业人员1.2万余人。其中，获国家级动漫企业认定企业26家，上市企业17家，产业发展规模和实力位居全国前列，杭州市动漫产业发展已形成政府引导力、企业主体力和市场配置力"三力合一"的制度创新和动漫产业的"杭州模式"。

产业的迅速发展对人才提出了迫切需求，多层次、复合型人才短缺成为制约杭州动漫产业转型升级的发展瓶颈之一。动漫产业是我国的新兴产业，受政府政策、产业转型的影响非常大。杭州市政府强力的政策导向与雄厚的资金扶持并行，政府主导与调控作用明显。动漫行业协会专业性强，自我管理与沟通交流机制完善，在传达政府声音与反映企业诉求方面起到很好的桥梁纽带作用。在产业自身转型升级以及新媒体的迅猛发展过程中，企业对人才的结构型需求不断发生变化，人才成为企业提高核心竞争力的关键因素。高校教育输出与企业人才需求存在错位、脱节现象。高校需要对接产业，优化专业设置，推进校企合作，创新人才培养模式，改革课堂教学方式，提高人才培养质量。在动漫人才培养上若能整合政府、行业、企业、高校四方优势资源，建立起"政行企校"协同育人的联动机制，形成的合力作用将更明显。

为解决高校教育输出与产业人才需求之间的供需矛盾，经杭州市委市政府的大力推动，政行企校四方共建杭州动漫游戏学院，在2015年中国国际动漫节上作为重大产业项目向社会公布，陈红英副市长为学院揭牌。学院聘请著名动画艺术家、国家一级导演、《黑猫警长》导演戴铁郎先生担任名誉院长。依托杭州市产学对接重点建设学院，探索"政府推动、行业引领、企业主体、学校主导"四方联动协同育人机制，以国际化的视野、开放的办学理念，培养高素质高技能的动漫游戏产业人才。杭州动漫游戏学院的成立，对于杭州培养动漫游戏产业人才，做大做强文创产业，打响"动漫之都"品牌，打造"全国文化创意产业中心"，都具有十分重要的意义。

杭州动漫游戏学院有动漫设计、数字媒体艺术设计和园艺技术三个专业，在校生960余人。2013年，建有市级重点实训基地新媒体动漫实训基地。2014年，被推选为杭州市产学对接重点建设学院。2015年，动漫设计专业获批杭州市特需专业。2016年，"基于企业典型产品开发的工作室制培养模式创新与实践"项目荣获浙江省教育教学成果二等奖。2017年，动漫设计和园艺技术获批浙江省"十三五"优势专业、校现代学徒制试点专业。2018年，与新西兰维特利亚理工学院合作举办的动漫设计专业高等专科教育项目正式招生。

（二）发展现状

1. 组织机构

在杭州市政府的牵头和支持下，联合浙江省游戏行业协会、杭州市动漫游戏协会、杭州市创意设计协会以及翻翻动漫集团、网易集团等行业内主流动漫企业，政行企校四方按照"共建、共享、共管、共赢"的原则，成立政行企校协同育人理事会，明确各自职责与义务，建立政行企校协同育人议事制度，发挥四方主体在专业体系、课程体系、人才培养模式改革和教学资源库建设等方面作用。

（1）成立政行企校协同育人理事会。政府部门由杭州市委宣传部文化创意产业办公室（中国国际动漫节节展办公室、杭州市动漫游戏产业发展领导小组办公室）牵头，组织开展职业教育专业结构与产业结构吻合度调研，通过政策推动、经费投入、媒体宣传等举措进一步推动专业与产业对接。

行业协会以杭州市动漫游戏协会牵头，吸纳学院成为理事单位，通过整合资源、沟通协调、社会培训、组织活动等方式引导行业发展，推动校企交流与合作。企业由深度合作的主流企业组成，每个专业方向选取2家企业，通过校企合作推动基于企业典型产品开发的工作室制人才培养模式改革，实践现代学徒制培养模式，发挥企业在职业教育人才培养中的主体作用。学校由校领导、二级学院院长、专业负责人以及开展联合办学的新西兰维特利亚理工学院负责人组成，在政行企校协同育人办学模式中起主导作用。

（2）建立政行企校协同育人议事制度。以"共建、共享、共管、共赢"的原则召开年度理事会工作会议，为杭州动漫游戏学院专业建设和人才培养提出建设性指导建议和意见。议事内容包含专业定位、人才培养模式改革、师资团队建设、课程体系开发、教学方式组织、实训基地建设、社会服务、创新创业教育等方面。杭州动漫游戏学院依托"政行企校"办学平台，立足行业需求，优化专业定位，明晰人才培养规格，以学生能力为本位，以企业典型项目为载体，按照专业方向与企业联合实践现代学徒制为培养模式，为杭州动漫行业企业培养插画设计、漫画设计、交互动画设计、数字空间漫游方向的专业化人才。同时通过实施动漫设计专业中外合作办学项目，引入国际化优质教育资源，培养适应区域产业升级发展需求的国际化技能型人才，提升学校整体办学实力和水平。

2. 规章制度

为保障杭州动漫游戏学院建设，建立和完善政行企校协同育人机制，学校明确了校领导作为分管领导和联系领导重点推进学院建设，成立专门的科研团队研究"政行企校"办学模式，就校企合作、产学对接、专业建设、教学管理等方面出台了系列规章制度，健全"企业主体、学校主导"的校企合作治理结构，引领校企合作实践。

（1）积极推进和完善校企共同体"六大运行机制"建设。即在产学对接上，创新管理共同体领导机制、产学研共同体融合机制和专业共同体建设机制；在工学结合上，创新资源共同体互助机制和文化共同体交融机制；在双师共育上，创新师资共同体互补机制。深化以"共构愿景、共构组织、共同建设、共同管理、共享成果、共担风险"为主要特征的校企合作内涵建设，促进校企深度融合。

（2）建立企业兼职教师管理制度。修订《企业技术人员担任实践教学指导教师实施办法》，构建基于校企合作的企业兼职教师认证体系，详细设计各参与者的角色定位、运作流程等。由校企双方身份互认的企业技术能手担任实训基地的指导教师，构建集职业技能训练、专业岗位实习、顶岗实习、学生创新创业为一体的训练基地，提高学生的职业技能、岗位技能和创新创业能力。激励专业教师帮助兼职教师树立职业教育理念，改善教学方法、提高教学技能；定期开设教学公开课，进行评分、评教；激励兼职教师帮助专业教师提高职业技能、岗位技能。

（3）探索构建与现代学徒制相适应的教学管理制度。出台《杭州职业技术学院学徒制教学管理办法》，明确学分转换、积累办法、弹性学制要求与管理，开展校企共同实施管理、共同定期检查、定期反馈等形式的教学运行与质量监控程序，及时诊断并改进教育教学。

（4）探索构建与现代学徒制相适应的学生管理制度。出台《杭州职业技术学院学徒管理办法》《杭州职业技术学院合作企业准员工转为员工制度》《杭州职业技术学院学生实习召回制度》等。通过科学安排学徒岗位、分配工作任务，保证学徒合理报酬，落实学徒的责任保险、工伤保险，确保人身安全。

3. 专业发展现状

杭州动漫游戏学院致力于探索"政行企校"合作办学模式，依托市产学对接建设工程，以动漫设计专业为核心，数字媒体艺术设计和园艺技术专业为支撑，打造国际化创意设计专业群，为专业搭建多方合作、多元发展平台。专业群涵盖从文创初级产品设计制作到产品包装、设计再到互联网零售平台的整体策划与设计等工作岗位，贯穿了动漫及周边设计、家庭园艺产品设计以及基于电商界面设计的视觉传达设计等文化创业产业链。

（1）品牌专业建设，省内优势明显。动漫设计专业是浙江省"十三五"优势专业、杭州市产学对接特需专业、国内高职动漫设计专业唯一的中外合作项目。园艺技术是浙江省"十三五"优势专业、杭州市特色专业。数字媒体艺术设计专业是杭州市中高职衔接培育专业，建有省级生产性实训基地1个和市级重点实训基地1个。专业群创新实践基于企业典型产品发展的工作室制人才培养模式，从培养定位、课程体系、教学内容与评价、教学形态与方法等四个维度，实现了技能与岗位、教学与生产的无缝对接，人才培养质量显著提升。2016年，动漫设计专业"基于企业典型产品开发的工作室制人才培养模式创新与实践"获得了浙江省教学成果奖二等奖,对省内艺术类院校的培养模式改革提供了重要的实践经验。教师在课程建设和信息化教学比赛中成果显著,建有浙江省精品课程 1 门、市精品课程 2 门、省级精品在线课程 1 门,获浙江省教学信息化比赛三等奖 2 项、市级以上微课大赛奖项 6 项,出版专著 2 本。

(2)产教深度融合,助推地方经济。专业群依托"政行企校"合作办学平台,以行业需求为导向,不断优化专业设置,深入推进校企合作,深化产教融合,获得杭州市产学对接重点突破学院称号。同时获得杭州市重点实训基地、杭州市文化创意示范性职工培训中心、市级名师工作室等 6 个重点突破项目。其中杭州市产学对接特需专业动漫设计专业以优秀成绩通过验收。杭州市产学对接优秀中青年教师进企服务项目 4 人,其中 1 人为优秀。通过三年杭州市产学对接重点突破学院建设项目,进一步凸显了品牌专业优势,加速推进校企合作进程,有效提升人才培养质量,也为本专业获得国际化合作办学项目和海外研发项目,赢得了良好的社会影响力。

(3)跨界融合发展,助力传统文化传承。专业群以参与传统手工业(非遗)技艺传习传承与创新资源库(动漫、园艺、数媒)、影视动画(动漫)、江南园林文化及造园技艺传承与创新(园艺)3 个国家级教学资源库建设为契机,通过 6 门课程、600 余个教学视频的建设,全面提高教师的信息化课程建设水平,提升专业影响力。

(4)鼓励参加竞赛,行业影响力显著提高。专业群为培养"技术+创意"复合型创意设计人才,一方面全面推行工作室制、项目化教学;另一方面鼓励学生积极参加各类技能大赛。近三年,各类大赛奖得奖项 46 项,1 名获金奖的学生得到企业赞助的日本游学奖励。

杭州动漫游戏学院"政行企校"四方联动协同育人的办学模式获得政府、行业协会的高度肯定,并批示要重点建设与推广。

案例 5:东忠软件学院、安恒信息安全学院、西子航空工业学院

(一)西子航空工业学院

1. 创建背景

作为世界工业之花的航空工业,所涉及的领域是制造业的顶级领域,是产业转型升级的重要引擎。浙江西子航空工业有限公司(以下简称为"西子航空")位于浙江省杭州市,成立于 2010 年 3 月 2 日,主要承担 C919

大型客机机体结构件的研制生产及飞机零部件制造等业务，是中国商飞公司、上海飞机公司等航空制造企业的合格供应商，并通过空客、加拿大庞巴迪、美国波音等公司的供应商评审。

浙江的航空装备制造人才培养一直处于空白阶段，企业技术师傅都是从西安和沈阳特招到杭州的。为了缓解浙江航空制造类企业的人才缺乏困境，学校与浙江西子航空工业有限公司，以及全球第三大机床生产厂商友嘉实业集团共同成立了西子航空工业学院。

航空工业的发展对高端数控机床具有很大的需求，友嘉实业集团是全球知名的高端数控机床生产厂家，我校与友嘉实业集团合作成立的校企共同体——友嘉机电学院可以为西子航空培育机床生产制造的人才。依托学校的机械加工类专业与企业实行"专企融合"的紧密对接，三方联合培养具备加工高精度航空机械零件能力，能在生产、服务第一线从事航空零部件机械加工、航空钣金装配、设备操作与维护等工作的高素质技术技能型人才。

截至2021年，西子航空车间的一线员工有330多人，其中123名为杭职院友嘉机电学院学生。西子航空董事长王水福希望在今后的校企合作中，能够更加深入、更加有针对性地联合培养航空人才，让西子航空工业学院的学生具有"高出半个头"的能力和信心，比别人更易"晒到阳光"。

2. 组织架构

2015年1月17日上午，我校与浙江西子航空工业有限公司合作共建的西子航空工业学院在我校举行签约暨揭牌仪式。"合作"是杭职院的办学特色，也是西子联合企业文化的核心。正是在这一共同理念的推动下，双方仅用20多天时间就快速找准了合作切入点。在依托友嘉实业集团合作的基础上，双方用西子现代航空技术、友嘉现代制造技术、杭职优良教育资源、校企现代学徒制度等，以专企融合模式，共同打造一个产学研创新合作实体"西子航空工业学院"，联合培养航空领域"金蓝领"。

西子航空工业学院实行理事会领导下的二级学院院长负责制。理事会负责研究和协调涉及西子航空工业学院发展的重大事情，院长具体负责西子航空工业学院的日常工作。

（1）理事会：由5人组成，其中企业3人，学校2人。理事长由西子联合控股集团董事长王水福担任，副理事长由学校校长贾文胜担任。

（2）学院领导班子：学校中层担任院长，西子航空常务副总经理和友嘉实业集团培训部主任担任副院长。

（3）联合教研室，三大对接：建立了院长与企业厂长、专业负责人与车间主任、教师与师傅的三对接制度，协调解决现代学徒制人才培养过程保障、课程开发、师傅遴选、教学安排等问题。

3. 运行机制

制造类工科专业是学校的特色和强项，西子航空所从事的航空制造业代表着最先进的制造技术，加之友嘉实业集团的数控装备优势，三方共同搭建"小实体大平台"，进一步创新了校企共同体模式，以企业真实项目为导向，提高了人才培养质量。在理事会的直接领导下，实施"资源共享、人才共育、校企共管"三位一体的校企紧密型管理模式，企业师傅与学校教师深入对接，实现了企业受益、学校发展、学生成才三者共赢，创新性地实践了"现代学徒制"人才培养模式改革，以全新模式培养掌握高端制造技术的学生，填补了浙江省航空工业人才培养的空白，必将成为全国职业教育改革新的领航标。

（二）安恒信息、东忠软件模式

1. 创建和发展历程

信息工程学院是杭州职业技术学院的二级学院，依据杭州 IT 产业和信息经济发展需求，围绕"互联网+"调整专业布局，面向信息安全、软件技术等 IT 产业，培养社会紧缺人才。由于信息类专业技术更新快、专业性强，很难像其他分院一样找到一个大企业冠名整个分院，并涵盖该分院的多数专业。鉴于此，信息工程学院在政府部门的牵线搭桥下，信息安全与管理专业、软件技术专业分别与一家行业内主流企业紧密合作，深度融合，以二级学院所属专业与行业主流企业共同建立三级学院，逐步形成了"专企融合"（一专业一企业伙伴）的校企合作模式。

2007 年 7 月，杭州市政府出台了《杭州市人民政府办公厅关于促进杭州市服务外包产业发展的若干意见》。我校为首批杭州市服务外包人才培育基地。2009 年，杭州职业技术学院组建首个东忠对日外包订单班。2010 年 7 月 6 日，学校与东忠集团正式签订合作框架协议。2010 年 12 月到 2011 年 8 月，东忠集团投入 200 余万元的实训设备，并进行了校内东忠软件学院学做合一教学场地的改造。2011 年 10 月 10 日，杭州职业技术学院与东忠集团共建"东忠软件学院"签约暨揭牌仪式隆重举行。杭州市外经贸局局长洪庆华，东忠集团董事局主席丁伟儒、总裁王培永，杭州职业技术学院党委书记李志海、院长叶鉴铭，杭州市经济与信息化委员会产业发展处处长黄左彦等领导出席仪式并为东忠软件学院揭牌。软件技术专业与中国服务外包50强企业东忠集团签约成立东忠软件学院，共同培养外包软件工程型人才。

2015年11月4日，安恒信息—杭职Web安全工程师训练营正式开班。该训练营由信息工程学院与安恒信息技术有限公司共同组办，旨在培养企业急需的信息安全人才。2016年2月24日上午，时任校党委副书记赵一文、信息工程学院负责人等一行赴杭州安恒信息技术有限公司调研并洽谈校企合作事宜。2016年1月4日下午，杭州安恒信息技术有限公司副总裁刘志乐、技术总监孙小平来访我校。2016年4月25日，杭州职业技术学院与杭州安恒信息技术有限公司共建的安恒信息安全学院签约暨揭牌仪式在创业园主楼二楼大厅隆重举行。杭州市委保密委副主任、保密办主任、市保密局局长的顾江，杭州市经济和信息化委员会党委副书记楼建，杭州安恒信息技术有限公司董事长、总裁范渊等出席签约仪式。信息安全与管理专业与杭州安恒信息技术有限公司共建的安恒信息安全学院，主要培养面向信息安全类企业的技术技能人才。

2. 发展现状

（1）组织机构。作为杭州职业技术学院二级学院的信息工程学院，下设安恒信息安全学院、东忠软件学院，实行专企融合的三级学院管理模式。其中安恒信息安全学院由信息工程学院所属的信息安全与管理专业和安恒信息技术有限公司组建；东忠软件学院由软件技术专业与东忠集团组建。这两个三级学院具有校企共同体的特征：共同愿景、共同组织、共同建设、共同管理、共享成果、共担风险。校企双方共同成立院务委员会，院务委员会由7名委员组成（其中校方委派3人，企业方委派4人）。三级学院设主任1人，常务副主任1人，教务长1人。主任由企业方任命，常务副主任由校方任命，教务长一般为专业负责人。院务委员会负责研究和协调涉及三级学院发展的重大事情，常务副主任具体负责三级学院的日常工作。信息工程学院作为三级学院的责任部门，总体负责三级学院的运行和建设。

（2）规章制度。制定了《双专业负责人管理办法》《双课程负责人管理办法》《企业教师考核管理办法》《教师企业实践管理办法》《校企联合人才培养管理办法》《专企共建实训基地管理办法》《校企社会服务管理办法》《现代学徒制企业导师（师傅）管理办法》《学徒生管理办法》《现代学徒制教学督导管理办法》等，主要内容如下：

双专业负责人管理办法：聘任合作企业专家担任专业负责人，负责人才培养方案制定，明确相关职责和待遇，保障企业参与人才培养方案制定。

双课程负责人管理办法：聘任合作企业技术专家担任课程负责人，负责课程开发工作（课程标准、课程整体设计与课程单元设计的制定），明确相关职责和待遇，保障企业参与课程开发的全过程。

企业教师考核管理办法：聘任合作企业技术专家来校授课、讲座、指导实训与顶岗实习等教学工作，明确相关职责和待遇，保障学生所学技术的先进性。

教师企业实践管理办法：以制度化的方式确定专业教师进入合作企业参与企业技术服务，明确其时间、方式、待遇和考核方式，提高教师的职业技能。

校企联合人才培养管理办法：明确校企联合培养人才的方式（现代学徒制、定制班、订单班）、手段等，以制度化的方式确定企业参与人才培养的全过程。

专企共建实训基地管理办法：共建共享校内与校外实训基地，确定实训基地建设与使用规范，明确学校与企业的利益，保障实训设备的先进性。

校企社会服务管理办法：明确校企双方在社会服务方面的职责和利益分配，拓展技术研发、技能培训与鉴定等社会服务功能，提高企业参与社会服务的积极性。

现代学徒制企业导师（师傅）管理办法：明确现代学徒制人才培养过程中企业导师的任职资格要求、企业导师的责任和权益、企业导师的评价办法，从而保证学徒在企业的培养质量。

学徒生管理办法：以制度的形式规约学生的职责、权益，学生应该遵守的纪律和安全注意事项、学徒退出的操作流程等。

现代学徒制教学督导管理办法：要求学徒实施部门和相关责任人在学徒制实施过程中遵守教学督导的基本要求和原则，引入企业督导评价因素。

（3）专业发展现状。东忠软件学院软件技术专业成立于 2005 年。与东忠集团深度合作前，年招生 90 人（2 个班级）；与企业合作后，学生就业质量稳步提升，对口就业率约 70%，就业起薪每月 4300 多元，在省同类专业就业起薪排名第一。目前每年招生 130 人（3 个班级）。2017 年招生录取分数线在全校排名第二，2018 年招生录取分数线全校第一（平均分 502），第一志愿率均在 130% 以上。

案例 6：彩虹鱼康复护理学院

（一）创建背景

1. 健康服务产业发展

自 2007 年被列为全国健康城市建设试点城市以来，通过多方努力，杭州市的健康城市建设工作已具备坚实的基础，同时也面临着严峻的挑战：人口老龄化带来健康问题与日俱增。到 2013 年，杭州市 60 岁及以上老年人口 134.858 万人，占总人口的 19.1%，老龄化程度较高。到 2015 年，杭州市 60 岁以上老年人口占总人口的比例已超过 20%。老年人口医疗保健需求快速增长，并且随着城市化进程加快，大量人口向城镇特别是向市区集中，必将给医疗卫生等公共服务带来严峻挑战。疾病谱转变带来的挑战，如不合理膳食、缺乏运动、烟草与酗酒、心理压力等不良生活方式改善进程缓慢，高血压、糖尿病、恶性肿瘤、重性精神疾病等慢性非传染性疾病仍呈现高发态势。

2. 健康服务产业人才供需矛盾日益突出

随着杭州市大力发展健康服务业，努力提升城乡居民生活品质，助力经济转型，各项医疗卫生服务有较大改善，健康养老稳步推进。截至 2013 年底，杭州市健康服务业规上企业实现营业收入 728.72 亿元，增长 20.9%；从业人员 12.25 万人，增长 7.7%。坚持以居家为基础、社区为依托、机构为支撑的原则，杭州市健康养老事业稳步推进，社区健康养老服务能力不断提升。2013 年，社区日间照料中心床位 9639 张，取得养老护理员职业技能资格证的有 540 人，取得养老护理员上岗服务资格证的有 5500 人，增长 83.3%；社区居家养老服务机构 510 家，社区居家养老服务覆盖人数 52 万余人，享受政府购买服务人数 5.92 万人。2014 年杭州市政府发布的《关于促进健康服务业发展的实施意见》（杭政函〔2014〕74 号）强调，要实现不断满足人民群众多层次、多样化的健康服务需求，打造健康服务产业发展和消费促进的全国示范区这一最终目标，其关键在于培育人才。然而，杭州市健康服务业的人才培养现状与民众日益增长的健康服务需求相比，还有一定差距：一是大量的院后、术后、病后、老年等人群的康复治疗需求不能得到有效满足；二是杭州健康管理与促进类从业人员仅为1.47万人，占总从业人数12%左右，人才匮乏、层次良莠不齐严重制约了杭州健康服务业的持续快速发展。

3.现有的康复人才教育难以适应产业发展需求

我国的康复医疗是所有医疗领域中相对较为滞后的，与发达国家相比有40到50年的差距。造成产业落后的关键因素是康复教育难以适应产业发展需要，主要表现在：一是康复治疗人才的培养方式、课程体系也与传统医护院校有所不同，疾病谱的变化要求的人才培养方向和方式也随之变化，但现有高校的康复人才培养滞后于市场需求。二是康复治疗人才培养理念与国际差别较大，康复教育缺乏国际视野，缺少与国际资源的对接。三是康复治疗教育与临床实践之间脱节。课程的内容与临床实践、教师对临床人才需求的了解之间缺乏对接。四是学生培养偏重广泛全面的教育，缺乏专业针对性、层次针对性、工作方向针对性。

（二）创建过程

2014年9月，学校与集医院、社区服务、教育培训为一体的彩虹鱼健康产业发展（杭州）有限公司共建企业托管一级学院——彩虹鱼康复护理学院，探索"企业托管"校企合作育人模式。彩虹鱼健康产业发展（杭州）有限公司拥有康复领域顶尖的国内外教育培训资源，已与美国康复护理学会、国际康复质量认证组织、美国医学中心、国际物理医学与康复学会、美国瓦尔帕莱索大学、复旦大学医学院、复旦大学护理学院、上海交通大学医学院、解放军第二医科大学、浙江大学医学院以及长三角的顶尖医院康复科在课程、师资与培训方面形成了良好的合作关系。同时，与杭州市民政局、上城区政府、拱墅区人社局等部门就政策与资金支持、资源共享、学生联合培养、在职人员专业培训与转岗培训等方面形成战略合作关系；与杭州师范大学钱江学院形成校校战略合作，双方已在护理类专业的师资、课程、实训设施及社会资源等方面开展了实质性的合作。

彩虹鱼康复护理学院学科带头人来自浙江大学医学院附属第二医院，有钱江特聘专家1名，专任教师4名。其中，硕士3名；硕士在读1名；教辅人员2名。现有兼职教师队伍中，有博士5名、硕士7名，高级职称6人。

除了与杭州师范大学共享师资外，浙江省医学会物理医学与康复学分会康复治疗学组也承担了本专业康复课程教学任务，其余兼职教师均来自浙江大学医学院附属第二医院、浙江大学医学院附属邵逸夫医院、浙江省中医院等省内三甲医院。初步建成康复护理实训中心，包括基础护理实训室、康复护理实训室、康复技术实训室、BLS+ACLS实训室、人体仿真解剖系统、远程教学系统。

彩虹鱼康复护理学院充分利用彩虹鱼健康产业发展（杭州）有限公司在康复领域顶尖的国内外教育培训资源，与美国康复护理学会、国际康复质量认证组织、美国医学中心、国际物理医学与康复学会、美国瓦尔帕莱索大学、复旦大学医学院、复旦大学护理学院、上海交通大学医学院、解放军第二医科大学、浙江大学医学院以及长三角地区顶尖医院康复科等在课程、师资与培训等方面建立的良好合作关系，将专业师资、先进课程引入课堂。同时以彩虹鱼康复护理院为平台，与美国康复护理学会、美国帕瓦莱索大学等在师资、课程及人才培养等方面开展合作交流；继续推进与澳大利亚博士山学院联合办学项目，学习和引进国际先进成熟适用的职业标准、专业课程等资源，提升专业建设国际化水平。

（三）发展现状

护理专业在依托合作企业与国内外行业平台，推进了专业建设，特别是在教学团队、实训基地、优质资源及人才培养模式等方面有了创新和探索。

1. 组建了专兼结合的教学团队

彩虹鱼健康产业发展（杭州）有限公司的康复护理教学资源，为学校提供了优质的教学人才。学校同时和各大知名教学医院合作，进一步统筹康复护理教育资源，共建具有"执行力、决策力、创新力"的康复护理管理团队，专兼结合的"双师结构"教学团队和教学、科研、服务能力兼备的技术团队，以提升教师专业素质和技术服务能力。通过教师轮训、定期实践、国内外进修等形式，加大对专业教师的培养力度，尤其是康复专科护士培训与专业教师职业教育教学能力的培养。聘用相应数量的行业兼职教师，加大兼职教师指导课程建设、专业建设和参与课堂教学的参与度，同时加强校内专任教师与行业兼职教师的互动交流，全面提高教师队伍的专科理论知识、业务操作能力和专业教育教学水平。

专业有来自三级甲等医院和合作企业的兼职教师 20 余人。其中高级职称约占 50%，多人多次获得国家级及省级技术能手称号，兼职教师授课比例约占 40%。专任教师中硕士学位及以上占 83.3%，80% 以上专任教师拥有三年以上临床经验。企业专家根据课程需要赴学院授课。

2. 建成了校内外实训基地体系

校内康复护理实训中心已初具规模。生均设备值约达 4 万元，包括人体仿真解剖系统、康复护理实训室、康复技术实训室、模拟康复病房、远程教学系统等。和杭州师范大学、杭州师范大学钱江学院建立战略合作关系，双方共用基础医学实训室。除彩虹鱼健康产业发展（杭州）有限公司外，专业还开拓省内数家三级甲等综合性医院，如浙江大学医学院附属第一医院、浙江大学医学院附属第二医院、浙江省肿瘤医院、浙江省新华医院、杭州师范大学附属第二医院等作为校外实习实训基地，基本满足了实践教学需要。

3. 吸引了国内外康复优质教育资源

以彩虹鱼康复护理院为平台，与美国康复护理学会、美国帕瓦莱索大学等在师资、课程及人才培养等方面开展合作交流。同时通过与其他院校的沟通交流，积极拓展新的合作院校和领域，鼓励优秀教师参加有影响力的国际学术会议，研究落实教师短期出国学习进修、学历学位提升计划，增强了专业教师的国际化水平。目前，学院接轨国际先进康复护理理念，聘任美国康复护理学会主席 Kris Mauk 为名誉院长。校企与浙江省康复护理专业委员会紧密合作，公司董事长兼学院院长李培英任该委员会副主任。与国际康复质量认证组织、美国瓦尔帕莱索大学、复旦大学等建立了合作关系。同时与浙江省医学会物理医学与康复学分会达成合作协议以培养高品质的康复护理人才，优质教学资源力助专业发展。

4. 探索了现代学徒制人才培养模式

一是构建康复护理课程体系，以岗位需求为中心组织教学内容。应对护理专科化教育的发展趋势，依托杭州彩虹鱼康复护理学院龙头企业的平台优势，深入行业企业调研，对现有的人才培养方案和专业教学标准进行修改完善，融入美国康复护理行业发展前沿及最新教学改革动态，确定更契合社会行业需要的人才培养方案，梳理现有的课程体系，进行合理整合。重构"解剖学""生理学""病理学"基础课程，以系统疾病为项目模块，融合基础课程与临床课程。设置以"康复护理"为核心，"康复治疗技术""康复评定"为康复基础支撑的凸显专科护理特色的康复课程群。根据康复护士岗位工作任务与美国康复护理学会（ARN）康复护士资格认证标准，开发以真实康复护理工作任务为核心的项目化课程，构建康复护理人才培养课程体系。二是集聚各方优势，加强康复护理优质教学资源开发。加强与医院、企业各临床科室合作，建立内外科康复护理教研室、妇儿康复护理教研室、急危重症教研室，组成康复护理课程体系开发团队，提炼康复护理综合实训项目，共同编写康复护理系列教材，撰写康复护理课程体系教学标准，结合信息化建设，开发国内优质的康复护理课程资源，建设康复护理网络学习平台及教学资源库。三是实施工学结合，推进实践教学模式创新。完善工学结合人才培养模式，树立"做中学"的教学理念，科学安排实训教学和生产实习。第一学年，建立"床边教学"实训模式，以临床任务新进展开发实训项目，建仿真医院环境、模拟病房，进一步培养学生临床实践技能。第二学年，进一步将理论与实践紧密结合，探索分段式临床见习模式，在医院内开设课堂，使课堂与临床教育永不脱节。第三学年为毕业顶岗实习阶段，加强与合作企业及医院紧密合作，确立"分级、分科、分专业"实习模式，建立师徒制"双向评价机制"，不断完善考核评价方法，提高人才培养质量。

四、基于科技创新和技术服务的校企共同体迭代升级（2020—）

案例7：华为云计算学院、联想工业互联网研究院

（一）华为云计算学院

2020年9月10日，杭州职业技术学院与华为技术有限公司正式签署合作协议。双方将在2020年共建产业学院，锚定杭州数字经济发展，围绕大数据、物联网、云计算、AI等领域进行专业建设，培养基于鲲鹏生态链的高端技术技能人才。

2020年12月12日至13日，华为云·昇腾第三期师资特训营活动在信息工程学院1311实训室顺利举行。来自浙江、安徽、上海的8个高校、20多名人工智能相关专业教师参加培训。本次师资特训营为学校与华为技术有限公司合作以来首次开展的师资培训活动。活动加强了华为与学校的合作，为"双师型"教师队伍的建设，助力人工智能领域的人才培养及学

科建设，推动智能产业发展奠定了坚实基础。

2020 年 12 月 16 日，浙江华为 ICT 大赛颁奖大会在浙江机电职业技术学院隆重召开。杭职院首次出征大赛，信工学子辛婉婷、张俊杰、马军亮、黄俊和黄永杰，从全省 220 多名参赛选手中脱颖而出，分获浙江省二等奖和三等奖，成为当年赛事中最大的黑马，受到浙江省人力资源和社会保障厅和华为公司各位领导的高度赞扬。

2021 年 1 月 23 日，华为云计算学院三大中心建设开工仪式顺利举行。华为浙江云与计算业务部 CTO 杜洪亮、华为浙江政企业务部杭州教育行业代表郑维丽、华为浙江校企合作负责人牛凤平，学校校长徐时清，党委委员、党委宣传部部长程利群，以及党政办、专业建设指导处、公管处、后勤服务中心负责人和信息工程学院全体教师现场见证。

2021 年 4 月 19 日上午，华为"百舸计划"之华为合作伙伴精英预科班开班仪式在行政楼第三会议室召开。信息工程学院院长陈云志、华为中国政企人才发展部副部长闫建刚、华为浙江代表处人才生态经理刘飞、杭州中港科技有限公司浙江分公司总经理傅涛、南京嘉环浙江华为业务总经理孙华新、南京嘉环浙江华为网络部部门经理助理段利超、南京嘉环浙江代表处 HRBP 邱陈俊等出席开班仪式。为了做好华为定制班开班工作，信息工程学院精心准备，经过前期网络宣讲招募、专业技能选拔测试等环节，从 114 名报名同学中选拔 42 人加入该计划。

2021 年 11 月 24 日，信工鲲鹏实训室（物联网实训室）项目培训在一号教学楼 1222 实训室进行。信工学院各个专业及部门均派出老师参加培训。

2021 年 4 月，信工学院举办华为"百舸计划"之"华为合作伙伴精英预科班"。厉国欣同学在企业实习期间刻苦钻研云计算技术，有效践行工学结合的学习理念，取得了显著的效果。2021 年 11 月，厉国欣成功通过华为云计算 HCIE 认证考试。之后，他被选入华为的生态圈企业杭州和智科技有限公司实习，担任云计算工程师。目前该同学的实习税后月工资约9000 元。

（二）联想工业互联网研究院

2021 年 2 月，杭职院与联想（北京）有限公司达成战略合作协议。双方本着深度合作、相互促进、互利共赢的原则，结合各自在专业发展、人才培养、学术研究、技术开发及应用实践上的积累，实现优势互补、资源共享和形成合力，共同建设"联想工业互联网研究院"。双方依托工业互联网研究院，结合杭职在智能制造、信息工程、特种设备、汽车等专业群的基础上，展开产学研创的深度合作。通过挖掘各专业群在大数据、人工智能、云计算、物联网技术的学科建设、科研课题、科技成果转化、产业服务的潜能，共同打造国内工业互联网人才培养高地发展，服务钱塘区打造"世界级智能制造产业集聚区"的目标。在甲方的大力支持下，乙方在杭职院创业园注册成立"联想工业互联网研究院"（简称"研究院"）。研究院立足钱塘区，重点服务区内企业数字化改造，积极促成联想工业互联网上下游企业入驻钱塘区，助力新区智能制造产业发展。丙方聚焦钱塘区产业数字化发展目标，与联想工业互联网研究院开展深度产教融合，共同打造国内工业互联网人才培养高地。

案例 8：杭海龙渡湖国际时尚产业学院、独山港新材料产业学院

（一）杭海龙渡湖国际时尚产业学院

2021 年 5 月 7 日，海宁市时尚产业产教融合联盟成立大会在海宁召开。我校受聘成为海宁市时尚产业顾问单位，并与海宁市许村镇人民政府、海宁市职业高级中学、海宁市家用纺织品行业协会揭牌成立"杭海龙渡湖时尚产业学院"。时尚产业是海宁的特色优势产业，是海宁"十四五"规划要打造的一个千亿产业。本着"资源共享、优势互补、互利互惠、共同发展"的原则，我校与海宁市许村镇人民政府、海宁市职业高级中学、海宁市家用纺织品行业协会签订《关于共建"时尚产业学院"的战略合作框架协议》，并依托许村镇和家纺协会的产业优势和产业升级发展对高素质技术技能人才的强烈需求，合作共建杭海龙渡湖时尚产业学院。我校与合作单位共同开展中高职一体化培养、组建高水平师资队伍、制定专业人才培养方案等工作，并将时尚产业学院建设成为国内一流、国际上有一定影响力的家纺产业人才培养基地，打造"政、行、企、校"高度融合助推产业创新发展的新典范、新标杆。

（二）独山港新材料产业学院

2021 年 12 月 1 日，杭州职业技术学院、独山港经济开发区、平湖市职业中等专业学校、平湖市教育局四方举行共建"独山港新材料产业学院"签约仪式。由各方各派人员成立"产业学院"理事会，组成领导机构，实施理事会领导下的院长负责制。日常管理委托平湖中等职业学校负责，院长由平湖中等职业学校派副校长担任，杭州职业技术学院相关二级学院院长、独山港经济开发区主要负责人担任副院长。成立由院（校）领导、职能部门负责人、专业负责人和行业专家组成的工作小组，健全工作制度，协调解决日常运行及项目实施过程中的问题。

成立专业建设委员会，聘请行业企业专家、学校职能管理部门、专业负责人担任委员。同时细化实施人才培养方案、课程标准、教材选用标准、专业实训基地建设标准、师资配备、日常的教学过程管理，明晰一体化培养的学生文化素养、职业道德和职业素养的培养目标。

对接国际标准，融入德国 AHK 化工操作员证书要求，开发符合区域石化、新材料产业发展人才培养要求的课程内容、考核方案与标准，实施书证融通教学模式。

实施两阶段"4+1"人才培养过程。第一阶段为第 1—4 学年，在产业学院完成基础课程和专业课程的教学，其间第 7—8 学期，每学期安排 1—2 周到杭州职业技术学院本部开展专业创新能力提升训练；第二阶段为第 5 学年，以"整体设计、分段递进"的思路优化实践教学体系，将职业技能训练贯穿整个培养过程，第一学期在港区企业进行专业实习，最后一学期进行顶岗就业实习。

由杭职院牵头，平湖中专、独山港园区企业参与，按照新材料岗位工作任务和职业能力，共同制定 5 年长学制一体化衔接的专业课程体系。教学内容与职业岗位能力、职业技能等级证书对接，实现课程内容衔接的连续性、逻辑性和整合性，避免中、高职课程内容的脱节和简单重复。双方加强统筹规划，以"整体设计、分段递进"的思路优化实践教学体系，将职业技能训练贯穿整个培养过程。

"重组内容、突出关键"，共建模块化课程教学资源体系。将 APC、MES、LIMS 等新技术纳入课程体系，将绿色生产工艺、最新安全环保标准等新工艺、新规范融入课程内容，与创新研发、技能竞赛等拓展课程相结合，实施"教学研"一体化。

共建"创新型、高技能"省级教师培养基地，建立教师企业工作站。教师通过企业经历工程、技术服务等方式，形成教师技能培养体系。细化专兼教师结对制度，完善企业兼职教师支持政策。健全行业企业参与的教师培养和评价机制，充实常驻产业学院企业技师，打造一支"留得住、教得好"的骨干兼职教师队伍。

实施教师"四层六向"培养工程。横向按专业带头人、骨干教师、青年教师、产业导师四个层面；纵向分教师专业发展能力、实践创新能力、信息技术应用能力、教学研究能力、社会服务能力、国际交流合作能力等六个向度，实施有针对性的按需培养、分层分类技能提高计划。建成若干个教学创新团队、科研团队、技能竞赛指导团队等。建设一支专家领衔、以骨干教师和技术能手为中坚、以青年教师为主要力量的校企"身份互认、角色互换"的双师型专业教师队伍。

与浙江独山能源有限公司、浙江卫星能源有限公司共建产业学院检验检测中心，集实践教学、职业技能训练、鉴定考核、化工产品检验检测服务等功能于一体，服务高端化工企业。

共建与实际生产装置与仿真操作结合，手动和集散控制兼顾的实训车间。同时开发模块化虚拟仿真网络运行平台，建设共享的化工虚拟仿真实训中心，打造产业学院智能化高水平实训基地。联合独山港园区高校研究机构、重点企业研究机构，打造省级产教融合示范基地。

共建产业联盟、应急管理学院、企业研究院、"化工企业安全及生产VR体验中心"等，开展技能培训、技术攻关，承担应急管理等，全面提升社会服务能力。

案例9：杭州数智工程师学院

在浙江省大力发展数字经济、实施数字化改革的背景下，2021年12月，杭州职业技术学院、杭州安恒信息技术股份有限公司双方共建杭州数智工程师学院。杭州数智工程师学院聚焦杭州市产业布局和区位优势，打造面向战略型新型产业的实战人才培养模式。该学院在杭州市人民政府的指导下，政校企三方优势互补，在内涵建设、体制机制、组织保障和社会服务四方面组合创新，实行"智能化引领示范"、"政校企资产混合"、"产学研协同发展"和"投资方共同治理"。利用政府公信力、企业市场力和学校办学力的综合优势，培养信息安全领域人才。学院为杭州职业技术学院的二级学院，具备"混合所有制"办学的典型特征，不具有独立的法人主体资格，场地同时设在物联网小镇和校内。杭州安恒信息技术股份有限公司投入5000平方米场地、4000万元的设备，在校内投入价值2000万元的安全运营实验室和RPG靶场，与学校共育数字经济领域技术技能人才（见

图 3-3-1）。

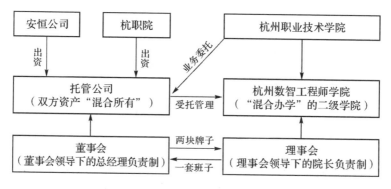

图3-3-1　数智工程师学院办学机制

（撰写：李海涛）

第二节　政校合作

　　学校始终秉承"服务杭州市"的办学定位和方向，强化与杭州市人社局的合作，在校内建成拥有与杭州主导产业相匹配的公共实训基地，探索构建了公共实训基地"杭州模式"。学校与杭州经济技术开发区管委会共建高职学生创业园，开创了全国支持校内注册真实公司的大学生创业园的先河。

一、公共实训基地

　　公共实训基地于 2007 年 6 月 18 日经杭州市人民政府批准立项，由原市劳动和社会保障局负责项目建设。2008 年 7 月 28 日正式动工兴建，2009 年底竣工验收，2010 年 3 月底启动投入运行。公共实训基地占地约 30 亩，位于杭州职业技术学院下沙校区内。基地现有先进制造等七大实训中心、90 个实训室，总建筑面积约为 40000 平方米，可同时容纳 3000 多人实训，涵盖 48 个职业工种的技能培训和鉴定。总投资 3 亿元，其中基本建设 1.3 亿元，实训设备投入 1.7 亿元。整个建筑实行总体布局，形成一个功能综合体。主要包括实训项目用房、办公用房、办事服务大厅、实训成果、展示大厅、实训学员宿舍、食堂及地下车库等。

该基地的建设按照"整体规划、合理布局、技术先进、资源共享、分期实施"的原则，采取"一个中心、多点布局"的方式，逐步在全市形成市级综合公共实训基地企业、院校、县（市）区高技能人才实训基地功能互补、特色发展的建设格局。实训基地日常的运行管理由杭州市人力资源和社会保障局所属的市公共实训指导中心负责。在中心统一管理的框架下，实行自行管理和采购服务委托管理相结合的管理模式。实训室的维护管理主要由实训资源维护管理单位负责。实训基地物业管理主要由物管单位负责。实训单位进入实训基地需要提交准入申请书，经实训指导中心审核后签订实训协议书；实训前提交实训预约表，由实训指导中心安排实训场地及具体时间，并办理实训设备交接手续。实训过程要严格按照实训计划展开，并填写实训室使用记录、设备运行记录等实训记录；实训结束要做好实训室场地及设备的整理及复原工作，并办理相关离场手续。

杭州市公共实训基地功能定位为面向主导产业及企业、面向院校、面向社会提供服务平台，以全市技能劳动者特别是高技能人才为重点，满足职业技能培训、技能鉴定和技能竞赛的需要，成为职业教育师资培训和职业院校、培训机构及企事业单位技能人才培训基地；成为新技术、新工艺、新职业推广和中高级职业技能鉴定基地；成为国内一流的综合性、公益性和示范性的公共实训基地。2014年，在实训基地交流会上，来自全国11个省、自治区、直辖市人力资源和社会保障厅、公共实训基地负责人共50多位与会代表重点考察了公共实训基地运行的"杭职模式"。2014年，国家级高技能人才培训基地建设项目顺利通过验收，标志着公共实训基地正式迈入"国家队"行列。

公共实训基地成功打造国家级高技能人才培训基地，同时也成为开发区继续教育和文化传播中心。接待国内高职院校、政府部门参观625团次。骨干校建设期间，公共实训基地开展技能培训共达到116万人日，并以每年30%的培训量增长。开展技能鉴定16545人次，承担国家级、省级、市级等技能大赛28次，为企业提供技术研发、新工艺新产品改造等技术支持86项，获得专利15项，3年内实施经济效益2.56亿元。公共实训基地的社会与经济效益明显增强，"杭职模式"逐步显现，成为名副其实的全国示范，得到媒体的广泛报道。

杭州职业技术学院实训基地暨杭州市公共实训基地经过多年的建设与运行，形成了具有特色和示范影响力的"政府投资、学校维管、无偿服务、耗材分担"的公共实训基地"杭职模式"。具体内涵：基地建设由杭州市政府部门投资，并拨专项资金保障日常运作；学校负责日常维护与管理，确保项目正常运行；校企共同体企业参与，通过引入项目合作建立设备更新机制；建立了对参与实训的单位只需分担耗材的全程无偿服务机制，极大地发挥了基地的公共性，提升了专业服务产业的能力。学校以公共实训基地社会化过程为原型，相继推出了女装工业中心、园艺技术实训基地和电梯实训基地的社会化，为杭州产业转型升级发展提供技能培训和鉴定等社会服务，把整个杭州职业技术学院打造成了"杭州市公共实训基地"。

二、学校发展委员会

杭州市人民政府高度重视学校的发展与建设，并建立市领导联系人制度。学校依托区校合作平台优势，调整充实由市政府、开发区管委会、知名企业共同参与的学校发展委员会组织架构。发展委员会每年至少召开两次会议，开设专题研究与解决学校发展过程中的重点、难点问题。通过会议和专题研讨提出政策建议支持，为校企共同体的正常运行保驾护航。近年来，杭州市委书记、市长、政协主席、市人大常委会主任等市委、市政府主要领导先后 8 次来学校调研指导工作，并投资 3 亿多元为学校解决学生宿舍回购与建设问题。杭州市人民政府还投资 652 万元支持学校筹建彩虹鱼康复护理学院，开发区政府投资了 800 万元支持校园环境建设。政府的大力支持为学校发展与校企合作增加了动力源泉。

学校与杭州经济技术开发区管委会开展战略合作，组建了以开发区政府为主、双方共同参与的学校发展委员会（开发区管委会主任担任学校发展委员会主任）和校企合作领导小组。学校、开发区政府和区内主流企业共建了"产学研发展学院""高职学生创业园""高技能人才培训中心""蓝领成才培训中心"等合作实体。重点推进实施"开发区高技能人才培训工程""下沙失地农民培训工程""开发区职工素质提升工程""开发区社会人员文化知识提升工程"，选择优秀教师对企业职工、社区居民进行继续教育，提升企业技术工人、社区居民的素质。校企联合开展三下乡活动、

科技咨询等，实现年均为合作企业和开发区培训 4 万人次以上，年均至少
为企业完成 30 项技术革新或新产品研发。

三、高职科技创业园

"杭职院可能没有'马云'式人物，但必须要有培育'马云'式人物的
平台"。基于这样的创业教育理念，学校与开发区管委会于 2007 年底联
合创建了高职学生创业园，为大学生创新创业提供全真的创业实践平台。
经过十年的建设与发展，园区建立了较完善的孵化管理和淘汰机制，并通
过设立 100 万元创业"护犊"资金、制定创业学生个性化培养方案、推进
创业导师队伍建设、完善创业公共服务平台建设等有效措施，创业孵化体
系日趋完善，创业孵化能力也有了很大提高，在引导大学生进行科技创业
实践、培养创新创业人才方面取得了显著成效。目前园区已发展成为下沙
高教园区规模最大、管理最成熟的大学科创园之一。

截至 2021 年 12 月，园区累计孵化企业 157 家。园区 11 家企业通过
评审被认定为"杭州市高新技术企业"，有 6 家企业被授予"杭州市大学
生企业实训基地"称号，培育出 2 家杭州市雏鹰企业，3 家青蓝企业，还
有 1 家企业被评为"杭州市十佳大学生创业企业"，1 名创业学生被为"浙
江省大学生成功创业之星"，2 名大学生创业者被评为"杭州市十佳创业
之星"，1 名创业大学生被列入"杭州市杰出创业人才培育计划"，1 名
大学生创业者被评为"杭州市优秀来杭创业务工青年"，3 家企业被评为
杭州经济技术开发区"诚信民营企业"，共有 45 家学生创业企业获得 220
万元大学生创业无偿资助，1 家企业获国家科技创新基金及配套奖励 90 万
元，1 家企业获得 2011 德国红点设计大奖（Red Dot Award）及开发区工
业设计奖奖励 15 万元；1 家企业获得美国 IDEA 设计奖，1 家企业获得"杭
州市发展文化创业产业先进单位"称号。创业园学生创业企业年产值 5000
余万元，年利润 600 余万元，专利 50 余项。

园区把党支部建在非公有制企业中，通过活动的开展让党员在提高党
性修养和服务奉献方面做出表率。2021 年，园区发起成立了杭州市科技企
业孵化器和众创空间党建联盟。创业园自成立以来，已先后吸纳了 300 多
名学生参与创业，带动 3000 余名大学生实习与就业。同时，涌现出赵子龙、
赵武、王杭飞、朱宏、苏仁峰、沈康强、徐前等一批创业学生典型。"创

业带动学业"的创业教育"杭职模式"初现成效，已引起社会各界和媒体的广泛关注。2014年，学校创业教育成果荣获国家级教学成果二等奖、浙江省教学成果一等奖。学校创业教育案例写入了《2012中国高等职业教育人才培养质量年度报告》，经验向全国高职院校推广。创业教育案例参加2014年全国高职创新发展成果展，获评"优秀案例"。已有511所高职院校、2000多人次来我校学习考察，中央电视台、人民日报、中国教育报、中国青年报等40余家媒体先后对学校创业教育进行了报道。

园区先后获得了"国家级大学生科技创业见习基地""浙江省科技企业孵化器""共青团中央青年就业创业见习基地""杭州市优秀大学生创业实训（见习训练）机构""杭州市文化创意产业大学生创业优秀孵化基地""开发区优秀大学科创园"等多项殊荣。园区发展方向明确、功能定位正确，现已发展成为下沙高教园区规模最大、发展最成熟的大学科创园，并连续两年荣获开发区"优秀大学科创园"。园区获批"杭州市大学生创业园"、"杭州大学生就业创业园服务十佳示范点"、2017年小微企业孵化奖励、省级孵化器绩效优秀奖励，"护犊资金"荣获"杭州美丽生活现象奖""杭州创业最佳平台"。学校获2016年度全国高职创新创业示范校（全国50强）。

面向未来，园区聚焦打造集"创业思想集聚中心、创业项目研发中心、高职学生就业创业中心、高职学生实践教学中心、科研成果转化中心"于一体的高职教育"工学结合"示范基地、创新创业人才培养示范基地和工业设计创新产业园，成功孵化一批大学生创业企业，努力建设成为全国一流的高职学生创业园，为高职学生就业创业、创新人才培育、科技成果转化等提供广阔的发展空间。

（撰写：李海涛）

第三节　校校合作

校校合作、资源共享办学模式立足当前，兼顾长远。自建校以来，学校就重视与不同类型、不同层次院校开展多形式合作。成功跻身国家"骨干校""双高校"之后，学校依托专业优势，强化与中职和应用型本科院校的办学合作，不断发挥示范引领作用，深化专业内涵建设。

一、中高职合作办学

学校在中高职合作办学的道路上不断摸索前进。在管理衔接上，从最初的松散式管理到现在的过程化管理；在课程衔接上，从最初的各自为政到现在的共同开发；在考核选拔上，从学校出卷一考定音，到绩点学分制，再到现在的抽测科目测试，经过近二十年的探索，已形成了具有杭职特色的中高职一体化人才培养办学模式。

学校自2001年起开始探索中高职合作办学，合作的形式有"3+2""五年一贯制"等。2001年合作中职校共6个，分别为杭州电子信息职业学校、富阳市职业高级中学、桐庐中等职业技术学校、临安中等职业技术学校、杭州中策职业学校和义乌市城镇职业技术学校，合作专业为计算机技术与应用、应用电子技术、环保与治理三个，计划招生290人。

此后，学校在原合作中职校基础上陆续与杭州市服装职业高级中学、杭州市临平职业高级中学、萧山区第一中等职业学校、杭州市人民职业学校、杭州市乔司职业高级中学、杭州商贸职业高级中学、杭州良渚中学、绍兴市农业学校、黄岩职业中等专业学校、瑞安技工学校、湖州市技工学校、诸暨市轻工技校、东阳市技术学校等中职院校开展中高职合作办学。

合作期间，学校每年召开合作中职校长会议，就合作过程中出现的问题进行商讨，并对如何更进一步加强合作做交流。此外为规范"3+2"招生，学校于2004年制定了《杭州职业技术学院"3+2"招生选拔办法》《杭州职业技术学院"3+2"合作协议》等一系列文件。

2004年，学校与杭州轻工技校签订合作办学协议，从2005年起三年制中专生将在杭州轻工技校学习。

2005年2月，经浙江省教育厅和杭州市人民政府批准，原浙江省严州师范学校更名为"杭州职业技术学院（附属）严州中等专业学校"，采用五年一贯制和"3+2"模式联合办学。2005年，招收旅游管理、计算机应用、实用英语、学前教育4个专业204名学生。

2007年，学校开始压缩中高职合作招生计划，将主要精力投入学校专业现代化建设上。

2008 年，根据学校要求"3+2"工作"从严控制"的原则，招生就业处对"3+2"工作进行了较为详细的论证，与市教育局中教处和院内各系部进行协商后，决定逐步终止与杭州市外的中职校合作，今后合作中职校仅限杭州市区，同时对市内中职校也要有所删减。这样，2009 年，与学校开展中高职合作的仅有杭州市中策职业学校、杭州市电子信息职业学校、杭州市人民职业学校和杭州市服装职业高级中学 4 所中职校，合作专业分别为环境监测与治理技术（环境保护与治理）、计算机应用技术、文秘（会展方向）、服装设计，计划招生 177 人。此后几年，合作中职校及招生计划数基本维持不变。

2012 年，学校为调整生源结构，开始逐步加大中高职合作招生计划，同时扩大合作中职校数量，但始终坚持"立足开发区，服务杭州市"的办学定位，结合杭州市城乡教育统筹工作，重点选择杭州五县市的中职学校合作。当年合作中职校共 12 个，开展服装设计与工艺、数控技术应用、机械加工技术、计算机网络技术、电子技术应用、电气运行与控制、汽车运用与维修、精细化工等专业合作，计划招生 600 人。

2013 年，学校制定出台了《杭州职业技术学院关于开展五年制职业教育的指导意见》，从中高职合作的基本原则、专业培养目标与人才培养规格、教学实施及教学管理、学生选拔和组织保障措施等多方面探索中高职衔接的有效途径。

2017 年起，学校在原杭州五县市合作中职校基础上，逐步扩大合作范围，先后与嘉兴、绍兴、温州、宁波、舟山、金华、湖州等地区中职校开展中高职合作办学，招生计划数也逐年增加，到 2020 年，合作中职校达 26 所，合作专业 19 个，招生计划数达到 12921 人。

2021 年，学校在原有办学基础上，探索新的中高职办学合作模式。学校与独山港经济开发区、平湖市职业中等专业学校、平湖市教育局四方共建"独山港新材料产业学院"，开展精细化工技术专业人才联合培养；与杭州市中策职业学校钱塘学校、杭州市临平职业高级中学开展五年制长学制班合作试点，计划于 2022 年开始招生。

二、四年制本科试点、专升本

为了贯彻落实《浙江省教育厅关于印发〈四年制高等职业教育人才培

养试点工作方案〉的通知》精神，学校与中国计量大学联合开展四年制高等职业教育人才培养试点工作。合作专业为机械设计制造及其自动化（数控技术），由中国计量大学负责招生和学籍注册，招生对象为单独考试招生机械类考生。学生在杭州职业技术学院学习、生活，两校联合制定专业人才培养方案，中国计量大学负责人才培养质量监控、毕业资格审查、毕业证书与学位证书的发放；杭职院负责教学组织与实施、就业及学生过程管理。自 2016 年起，每年开设两个班级，招生 50 人。截至 2021 年，共计招生 300 人，毕业学生 100 人。

2020 年，根据浙江省教育厅职成教、规划处《关于征求试办专升本教育意向的函》《浙江省教育考试院关于做好 2020 年选拔高职高专毕业生进入本科学校工作的通知》文件精神，学校与杭州电子科技大学、中国计量大学、嘉兴学院三所本科院校共四个专业联合开展专升本教育试点工作。由各本科院校负责招生和学籍注册，学生在我校进行生活学习，联合制定专业人才培养方案，本科院校负责人才培养质量监控、毕业资格审查、毕业证书与学位证书的发放，杭职院负责教学组织与实施、就业及学生过程管理。

各合作专业及录取人数见下表 3-3-2：

表3-3-2　合作专业与录取人数

合作学校	合作专业	2020 年录取人数	2021 年录取人数	合计
杭州电子科技大学	机械设计制造及其自动化	35	68	103
中国计量大学	安全工程	35	36	71
嘉兴学院	服装设计与工程	35	35	70
	视觉传达设计	41	36	77
总　计		146	175	321

（撰写：寿海）

第四节　国际合作

学校积极响应国家"一带一路"倡议，以大力推进品牌专业国际化合作项目建设为抓手，参与"一带一路"建设并主动承揽各类海外培训项目。坚持"引进来""走出去"双轮驱动双向发展，全方位、立体化推进人才培养模式、课程开发建设、师资队伍、社会服务和学术交流国际化工作，走出了一条"政行企校"四方联动，"产业＋职教"协同国际化办学的创新发展之路。

一、首发启航，中外合作办学项目从无到有（2004—2005）

杭职院的对外交流合作起步于 2004 年。经过两年的积极拓展，学校与澳大利亚、德国、美国等多个国家的多个高等教育机构建立了合作与交流关系。

2004 年 10 月 29 日，学校与澳大利亚北墨尔本高等技术学院签署合作办学协议。2005 年 8 月，浙江省教育厅批准职业技术学院与澳大利亚北墨尔本技术与继续教育学院合作举办园林规划设计专业与计算机应用技术专业高等专科学历教育项目。学校成功跻身浙江省教育厅首批批准高等专科学历教育中外合作项目的高职院校之一。2005 年，学校中外合作办学项目累计在校生达 311 人（见表 3-3-3）。

表3-3-3　对外合作项目全日制在校高职学生培养情况一览表（2002—2005年）

招生年份	所属院系	合作专业	班级	报到人数
2005	管理工程系	市场营销（中澳）	市场营销（中澳）0511	46
			市场营销（中澳）0512	47
			市场营销（中澳）0513	43
			市场营销（中澳）0514	43
	艺术系	园林技术（中澳）	园林技术（中澳）0511	43
			园林技术（中澳）0512	43
			园林技术（中澳）0513	46
合　计				311

二、探索前行，国际化建设初具雏形（2005—2008）

学校国际化建设在不断摸索中砥砺前行。2005年9月，国际教育部（筹）成立，主要负责中外合作办学项目的中外事务统筹协调工作。2006年2月，浙江省教育厅批准杭职院计算机应用技术专业高等专科学历教育中外合作项目。为更好地管理中外合作办学项目，2006年6月，在国际教育部（筹）的基础上正式成立独立二级学院——国际教育学院，专门负责中外合作办学项目的具体运行事务与整体管理工作。

此时，学校中澳合作扩展为市场营销、园林技术、计算机应用技术三个专科学历教育项目（见表3-3-4）。自2005年首次招生以来，累计招收项目学生1100余人，是当时省内规模最大的中外合作办学专科学历项目。

表3-3-4　对外合作项目全日制在校高职学生培养情况一览表（2005—2008年）

招生年份	所属院系	合作专业	班级	报到人数
2006	国际教育学院	市场营销（中澳）	市场营销（中澳）0611	56
			市场营销（中澳）0612	53
		计算机应用技术（中澳）	计算机应用技术（中澳）0611	48
			计算机应用技术（中澳）0612	52
		园林技术（中澳）	园林技术（中澳）0611	50
			园林技术（中澳）0612	50
2007	国际教育学院	市场营销（中澳）	市场营销（中澳）0711	52
			市场营销（中澳）0712	54
		园林技术（中澳）	园林技术（中澳）0711	46
			园林技术（中澳）0712	49
2008	国际教育学院	市场营销（中澳）	市场营销（中澳）0811	56
			市场营销（中澳）0812	53
		计算机应用技术（中澳）	计算机应用技术（中澳）0811	53
			计算机应用技术（中澳）0812	47
		园林技术（中澳）	园林技术（中澳）0811	52
			园林技术（中澳）0812	51
合　计				822

三、重新定位，新通国际学院应运而生（2008—2015）

2008年12月13日，杭州职业技术学院与新通国际联袂将"国际教育学院"重新定位，创立高职教育的新实体——新通国际学院（见表3-3-5）。

表3-3-5　对外合作项目全日制在校高职学生培养情况一览表（2008—2012年）

招生年份	所属院系	合作专业	班级	报到人数
2009	新通国际学院	市场营销（中澳）	市场营销（中澳）0911	49
			市场营销（中澳）0912	53
2011	新通国际学院	市场营销（中美）	市场营销（中美）1111	56
2012	新通国际学院	市场营销（中美）	市场营销（中美）1211	48
			市场营销（中美）1212	48
合　计				254

在人才培养方式上，新通国际学院采用语言与技能并重的课程体系。引进新通国际专业语言教学团队参与英语教学，增设雅思培训课程和专业英语课程，强化学生的语言应用能力。除学历教育项目外，新通国际学院秉承新通国际致力于留学服务和外语提升的优势项目，积极面向在杭高校学生开展专业留学服务工作和个性化外语培训项目。一方面务实创新，不断拓宽办学项目的广度和深度；另一方面，着力提升人才培养质量，打造省内高职院校国际学院的卓越品牌。

同年，学校与美国蒙东那大学合作举办市场营销专业高等专科教育项目成功获批。该项目于2011年开始招生，历时三年，累计招收项目学生150余人。

2004年启动国际化建设后的10年间，学校中外合作办学项目从无到有，国际化建设体系初具雏形。中外合作办学项目内学生数累计达1300余人，规模及办学质量在全省高职院校中位居前列。

四、涅槃重生，打造开放办学新品牌（2016—2021）

2016年，学校编发"十三五"事业发展规划。规划提出"专业现代化、办学国际化、管理信息化"要求，明确建成"国内一流、国际上有一定影响力"

的优质高职院校目标。2016年9月，学校设立国际交流合作处（港澳台工作办公室），与党委（保密）办公室、校长办公室合署办公。

2019年，学校第二次党代会上提出了"三步走"的发展战略，明确推动"三化并进"，聚焦"四力提升"，擦亮"五张名片"的发展策略。明确用5—10年时间，全面建成国内一流、国际上有较大影响力的"高职名校"，跻身"全国高职院校第一梯队前列"，为中国特色高水平高职院校和专业（群）建设提供"杭州方案"。

2020年9月，学校正式成立国际交流合作处专门负责学校国际化办学、交流合作等全校涉外工作的综合性职能部门，是学校对外开放、对外工作的窗口和桥梁。学校坚持"引进来""走出去"双向提升发展，持续加强对外合作和交流，国际化办学水平不断迈上新台阶。

（一）坚持"引进来"，中外合作办学取得新突破

瞄准杭州信息、时尚、动漫等产业发展国际化人才需求，加强与德国、澳大利亚、新西兰、意大利等职业教育发达国家的交流与合作，积极引入西方优质职业教育资源，中外合作办学蹄疾步稳。

1. 与新西兰维特利亚理工学院合作举办动漫设计专业高等专科教育项目稳步推进。该项目于2017年7月获省教育厅评审通过并报教育部备案，2018年开始招生。通过引入新西兰优质职业教育资源，加强借鉴、吸收和再创新，加强了在人才培养、课程开发、教师提升、国际交流等领域的合作交流。项目累计培养240余名国际化新媒体动漫设计制作人才，"中方技能＋新方创意"的联合培养模式获企业高度认可。

2. 与意大利佛罗伦萨自由美术学院共同举办服装设计与工艺专业高等专科教育项目。该项目于2021年1月获省教育厅评审通过并报教育部备案，2021年开始招生，首届招生86人。通过引进、借鉴意大利先进的教育资源和办学经验，依托达利女装学院校企共同体的办学优势，提高杭职院服装人才培养水平，紧密契合杭州乃至浙江省服装产业升级发展和"走出去"企业发展需求，助力杭州打造"时尚之都"，服务"浙江制造"强省发展战略。

3. 学校被浙江省列为教育部中德合作办学试点院校。通过引入德国优质职业教育资源，构建本土化的"双元制"人才培养模式，打造创新型、示范性、引领性中外合作办学机构品牌，引领浙江省中外合作办学机构高质量发展。目前申报材料已通过浙江省教育厅专家评审，等待浙江省人民政府批复后报教育部备案。

（二）积极"走出去"，推动优质资源输出

（1）建设海外"丝路学院"，助力优质产能输出。2019年9月，学校作为浙江省唯一一所高职院校陪同时任省长袁家军出访南非，出席"一带一路"浙商行（非洲站）系列活动之中国（浙江）—南非（东开普）经贸交流论坛。在时任浙江省省长袁家军和东开普省长奥斯卡·玛布雅尼的见证下，学校同南非东开普中心技术职业教育培训学院、南非沃特苏鲁大学签订共建"丝路学院"合作备忘录。"丝路学院"下设"鲁班工坊"和"西泠学堂"，通过"一学院一工坊一学堂"（丝路学院、鲁班工坊、西泠学堂），开展学历教育和职业培训，建立技术技能培训中心，加强中非文化交流，为南非当地企业培养高水平、高素质、专业型管理人才，为浙商企业"走出去"培养高素质技术技能人才，解决浙商企业在外招工难和非洲当地青年就业等问题。

（2）打造海外培养基地，培养本土化人才。2019年10月，在省教育厅副厅长于永明见证下，与菲律宾八打雁州立大学、唐·博斯科大学签订了《共建丝路学院合作备忘录》。通过建设海外"丝路学院""西泠学堂"等，加大优质职业教育资源输出，着力提升菲律宾、南非等"一带一路"沿线国家提升人才培养能力和水平，培养本土化的技术技能人才，更好地服务当地经济社会发展。与柬埔寨吴哥国家理工学院达成合作共识，签订了"丝路学院"合作备忘录，双方在优质教学资源输出、招收留学生、技能培训等多个领域开展合作。

（3）实施柬埔寨丝路学院汉语云端课堂。致力于面向"一带一路"沿线国家开展"中文＋技能"培训。通过汉语教学，分享办学理念、输出职教资源、传播中国声音。2021年11月，柬埔寨丝路学院汉语云端课堂正式开课，40名柬埔寨吴哥国家理工学院学生参与为期3个月项目学习，项目累计在线培训量达400人/日。

（三）开展留学生教育，打造留学教育品牌

（1）实施南非留学生项目，广受各方好评。依托电梯工程技术、数控技术等专业优势，校企联合开展留学生培养。2017年7月，学校首批招收的19名南非留学生，完成为期1年的"技能＋文化"校企联合培养的学习，回国后直接进入中资企业实现就业。这不仅实现了留学加就业的项目初衷，而且有效地解决了在南中资企业招工难、文化融合难等问题。项目获得南非工业和制造培训署署长亚当斯、教育部国际司、省教育厅和商务厅高度评价。2018年9月和2019年5月，南非工业和制造培训署署长亚当斯两次来杭实地调研南非留学生工作，走访我校和合作企业。他由衷地称赞"杭职院的创新举措，是所有院校中的第一家，是当之无愧的模范院校，愿意与杭职院开展长期合作"，并代表南非工业与制造业培训署为我校献上了他亲手签名的感谢信，感谢学校对南非留学生项目的付出，并帮助南非留学生完成了从学习到实习，再到就业，实现了"三级跳"。该项目入选"2019中国（西安）世界职业教育大会优秀案例"。

（2）启动菲律宾留学生项目，"校校企"联合定制培养。2019年9月，与杭州君悦酒店等一批高端酒店建立合作关系，紧扣杭州高端酒店业高素质技术技能型服务人才的需求，与菲律宾八打雁州立大学等院校合作，实施菲律宾酒店管理专业留学生项目，"校校企"联合开展中菲高端酒店高素质技术技能人才定制培养。项目瞄准杭州"后峰会、亚运会"时期对酒店管理服务人才的需求，与菲律宾八打雁州立大学和唐·博斯科大学共同实施中菲酒店服务高技能人才校企双元定制培养项目。圆满完成建设酒店管理对外汉语初级和中级云端教学资源建设及31名菲律宾学员的对外汉语云端教学任务，培训量达1767人/日。成功举办首届中菲传统文化"云端"交流活动——"花好月圆元宵甜"，共计60余名中菲师生参与活动并开展了特色传统文化的交流展示。入选第四批教育部"中国—东盟高职院校特色合作项目"。

（3）实施中非应用型人才联合培养。2021年11月，学校入选教育部"中非应用型人才联合培养"首批试点院校。针对非洲基础建设和工业化起步阶段对人力资源的需求，以就业为导向对接尼日利亚"走出去"中资企业，与尼日利亚YABA职业技术学院联合实施"1+1.5+1"中非应用型人才联合培养，帮助学生掌握以中国产业标准为基础的职业技能，培养非洲经济社会发展需要的，知华、友华的青年劳动力和领军技术人才，计划招生30人。

（四）做好援外培训项目，服务"一带一路"倡议

（1）健全管理运行机制，做精做强培训项目。2016年至今，学校积极承接商务部、省商务厅援外培训项目，不断创新工作思路，制定相关管理制度，完善援外培训运行机制，逐步将援外培训打造成对外服务品牌项目。

连续承办发展中国家职业技术教育教师研修班、阿富汗汽车维修培训班、多米尼克汽车维修培训、旅游开发与管理研修班、伊拉克电梯空调班等 6 个项目，为来自也门、阿富汗、马拉维等 20 多个国家的 250 多名产业界、教育界官员和院校教师提供技能培训。

（2）承担双边海外培训，获使馆点名感谢。2017 年 7 月，选派教师走出国门开展培训，参与中国在格林纳达举办的第一批双边海外培训班，受到中国驻格林纳达大使馆经商处点名感谢。

通过实施援外培训项目，为"一带一路"沿线国家经济社会发展和中国海兴电力科技股份公司等"走出去"中资企业培养了一批本土化人才。几年积累下来，学校已完成专业培训课程资源体系构建，梳理培训教案，固化双语模式，培养了一支具备全英文授课能力的师资团队和管理队伍，为海外培训打好了坚实基础。

（五）加强对外交流，持续提升国际影响力

2016 年后，学校不断深化对外交流，在扩大开放办学、深化国际教育合作、服务"一带一路"倡议等领域积极探索并取得明显成效，办学国际影响力显著提升。学校成功当选"一带一路"产教协同联盟常务理事单位、中国—南非职业教育合作联盟副理事长单位、教育部"中德诺浩高技能汽车人才培养助推计划校企合作项目"第二批会员单位、中国—越南 3D 打印工艺培训、生产和教育创新合作项目中方代表、中非经贸合作职业教育产教联盟副理事长单位等。

学校在全球各大国际化竞赛中斩获殊荣。2019 年，南非留学生项目获"2019 年世界职业教育优秀案例"；2020 年，获世界职业院校与技术大学联盟 WFCP2020 年度世界职教卓越奖"促进学习与就业"项目铜奖，成为当年唯一一所入围该奖项类别的中国院校；同年，中非酒店类高技能人才校企双元定制培养获中国—东盟高职院校特色合作项目；2019、2020 连续两年蝉联亚太职业院校影响力 50 强；2021 年，我校南非留学生培养项目，秉承"授之以渔"精神，以"技能＋文化"校企联合培养新模式，精准对接产业需求，致力培养南非本土化人才，成功入选"十三五"浙非合作经典案例集。参展第二届中国—非洲经贸博览会，由本校学生设计的南非文化创意系列产品在展会上精彩亮相，并获得高度好评。

（撰写：王雨帆）

第四章　人才培养

杭州职业技术学院正式建校后，和其他高职院校一样，经历了一个先扩张量，再提升质的过程。人才培养方案多次修改调整，相关工作不断升级，逐步走出一条符合高职类型特色、切合杭州地域需求、促成学校快速发展的人才培养之路。

第一节　专业动态调整

专业建设是高职发展的基本支撑。为适应激烈的市场竞争，提升核心竞争力，专业建设一直在路上。学校牢记为社会培养高素质技术技能型人才的使命，动态化评估区域经济、科技、社会发展及产业结构调整中的人才需求趋势，根据社会需求进行专业建设。

一、专业调整

2002年正式建立杭州职业技术学院之前，学校设有机电工程系、化学工程系和艺术系。开设文秘、物业管理、市场营销、模具设计与制造、机械设计与制造、应用电子技术、计算机应用技术、精细化学品生产技术、环境监测与治理技术、服装设计、艺术设计、会计、电子商务、机电一体化技术、园艺技术等15个专业。

为顺应发展需要，学校在原有系部的基础上陆续分出管理工程系、信息电子系、国际教育学院等系院。在专业设置上，对准当时杭州市打造先进制造业基地、大力发展现代服务业和高新技术产业、适度发展重化工业的需求，根据"因需而设，顺需而变"的原则，构建专业结构体系。学校先后增设了数控技术、汽车检测与维修技术、计算机通信、旅游管理、金融保险、生物技术及应用、应用化工技术、电气自动化技术、工业设计、电子信息工程技术、食品营养与检测、园林技术、药物制剂技术、软件技术、计算机控制技术、计算机多媒体技术、针织技术与针织服装、汽车技术服务与营销等专业。其间，一度开设消防专业，但学校很快主动停招该专业学生。

到 2007 年 12 月，学校已设有机电工程、管理工程、艺术、化学工程、信息电子 5 个系，基础、体育 2 个部，国际教育和继续教育 2 个学院，有专业 33 个。

2008 年始，为整体推进专业现代化建设，学校倡导"专业融入产业发展"。为此，又根据经济社会发展及地方产业结构调整，有效整合资源，积极进行专业结构和专业布局的优化。专业设置与动态调整机制实现了"一预警，三联动"多部门联合响应的积极变革。

2008 年至 2013 年，学校陆续撤销了与产业接轨不紧密的计算机控制技术、计算机网络技术、电子信息工程技术、文秘等 10 个专业，增设了汽车装备与制造技术、动画设计等新专业，招生专业数从 36 个调整至 27 个。

2015 年，学校根据杭州市要实现不断满足人民群众多层次、多样化的健康服务需求，打造健康服务产业发展和消费促进的全国示范区的目标，增设康复护理技术专业，培养健康服务业类技能人才。

2016 年，学校通过对电梯行业广泛深入的调研，发现电梯行业对专业维保人才有大量市场需求，增设了电梯工程技术专业。同年，学校与中国计量大学合作，开设机械设计制造及其自动化（数控技术）专业，联合进行四年制本科生培养。

2017 年，学校对接新松机器人集团公司，首次招收了工业机器人专业学生。

2018 年，学校增设城市轨道交通机电技术、康复治疗技术、新能源汽车技术和电子商务（跨境电子商务方向）等 4 个专业（方向）。

2019 年，学校增设跨境电子商务、生物制药技术、应用电子技术（物联网）、大数据技术与应用 4 个专业（方向）。

2020 年，学校与中国计量大学、杭州电子科技大学、嘉兴学院三所本科院校开展专升本联合培养，开设安全工程、机械设计制造及其自动化、视觉传达设计、服装设计与工程等 4 个本科专业。

2021年，根据学校"数智杭职·工匠摇篮"的发展目标，结合《2021年高职新专业目录》，对接杭州"十四五"新型产业布局，全力打造2+3+X高原高地高峰专业体系，动态调整专业结构。上半年，新增智能控制技术、服装设计与工艺（中意合作）、模具设计与制造（精密模具智能制造）、现代物业管理（智能楼宇管理）、智慧旅游技术应用、物联网应用技术等专业（方向）。下半年，学校根据"十四五"专业发展子规划、"双高"建设方案，对2022年拟招生专业进行了充分的调研与论证。经学校教学工作委员会审议、学校批准，决定增设计量测试与应用技术、数字化设计与制造技术、人工智能技术应用、智能网联汽车技术等4个专业，同时撤销模具设计与制造（精密模具智能制造）、旅游管理、应用电子技术、计算机应用技术等4个专业。

截至2021年底，学校共有专科专业大类13个，专业（含方向）42个；本科专业5个，其中专升本本科专业4个，四年制本科专业1个。

第二节 人才培养模式改革

人才培养模式决定了人才培养的规格和质量，这也一直是学校高度关注的办学重点。2002年以后，这个重点被不断强调，也不断出现新局面。

一、校企协同实践现代学徒制，推进育人模式深度变革

（1）明确校企责任，成立了现代学徒制领导小组，明确校企双方的职责与分工，共同商讨解决有关试点工作等重大问题。建立现代学徒制校企合作运行机制，实施理事会领导下的院长负责制，建立了院长与企业厂长、专业负责人与车间主任、教师与师傅的三对接制度，协调解决现代学徒制人才培养过程管理、课程开发、师傅遴选、教学安排等问题。

（2）大力推进现代学徒制人才培养模式改革。通过修订现代学徒制人才培养方案、试点推进"招生招工一体化"、建立"互聘共用共享"的专业化师资队伍、建立和完善基于"校企共同体"现代学徒制试点的各类标准等措施，大力推进现代学徒制人才培养模式改革。学校成功获批教育部第二批现代学徒制试点单位，机械设计与制造、电梯工程技术、物业管理

3个专业入选国家试点专业，2018年顺利通过验收。同时，学校作为主要的全国现代学徒制研究中心发起单位，领衔并整合17个成员单位的资源开展研究，在现代学徒制研究领域走在全国前列。时任校长贾文胜入选全国现代学徒制专家指导委员会委员（浙江唯一），主持的"现代学徒制的国际比较与中国路径研究"斩获全国教育规划基金和浙江省高校人文社科重大攻关项目。电梯工程技术、机电一体化技术（西子航空班）现代学徒制人才培养案例入选全国培训"讲义"。

二、双创与专业教育有机融合，创设一流双创实战平台

（1）设立创业学院，成立了由校长任组长的深化创新创业教育改革领导小组，集中讨论学校创新创业的要素、资源和管理。制订出台《大学生创新创业学分认定管理办法》《在校生自主创业教学管理原则意见》等制度，形成统一领导、齐抓共管、全员参与、全校师生共同关心支持创新创业教育的良好局面。

（2）探索形成了"3334"创新创业人才培养模式。以"规划成长，兴趣为本""能力提升，创新为要""创业发展，实战为上"三大创新创业人才培养理念为引领，组建"生涯规划导师、专业创新导师、创业指导教师"的三支双创导师队伍，整合政府政策资源、创业教育机构资源、校企合作资源三类资源，构建"通识教育＋创新教育＋专门教育＋创业实践"的"四阶段"渐进式创新创业教育体系，探索形成了"3334"创新创业人才培养模式。近五年，累计开发专业创新课程76门、专业创新创业选修课53门；开办创新创业大讲堂、沙龙50期，惠及学生11280人次；开展SYB（自主创业）培训117期，惠及学生2541人。

（3）打造区校共建、理念领先、成效明显的"国家级"高职学生创业园。在全国首开学生在校内真实注册公司进行创业之先河，打造了区校共建、理念领先、成效明显的"国家级"高职学生创业园。园区已先后吸纳了320多名学生参与创业，带动了1200余名大学生就业。2007年和2008年，时任杭州市市长蔡奇先后3次来学校视察，对区校合作共建创业园所取得的成绩给予了充分肯定。他指出："杭州职业技术学院愿意让出教室空间，让外头的创业企业进来发展，做得很好，这点像斯坦福大学。"2010年，时任教育部副部长林蕙青来创业园视察时，对我校与杭州经济技术开发区

合作共建的模式给予高度评价。她指出："在杭职院看到了中国高职走向世界，成为世界一流院校的希望"，2014 年，杭职院与杭州经济技术开发区共建高职科创园推进创新创业教育成果荣获国家级教学成果二等奖、省级教学成果一等奖，并先后两次评为全国高职创新发展优秀案例（全国仅20 个）。2015 年，学校作为全国高职唯一代表在教育部创新创业教育视频会上做典型发言，介绍区校共建高职科创园的经验做法。2018 年，学校获评"全国创新创业典型经验高校 50 强"和"浙江省普通高校示范创业学院"。目前已有 800 余所高校、7000 多人次来校学习考察。区校合作共建的成功经验被兄弟院校广泛借鉴和应用。

三、加强省级以上重点示范等专业建设

学校紧密结合杭州市产业结构转型升级需要，不断调整专业布局。同时，学校对品牌专业进行重点扶持。通过专项经费支持、邀请专家指导、走出去学习培训等方式提升品牌专业的社会影响力。

在骨干高职院校建设期间，学校重点建设三个国家级骨干专业，对其他有发展潜力的品牌专业同步扶持。教学改革和校企合作方面特色明显、为区域传统特色产业、新兴产业等发展急需的 12 个专业被成功立项为浙江省"十三五"优势（特色）专业建设项目，入选专业总数在全省高职院校排名第二，凸显了学校的办学优势和特色。此外，2 个专业分别被确定为全国职业院校装备制造类、交通运输类示范专业点。

2017 年 10 月，学校立项获批成为全国第二批现代学徒制试点院校，3个专业成为试点专业。学校以现代学徒制改革试点为契机，以 3 个国家级试点专业推动全校 15 个校级现代学徒制人才培养试点专业，积极探索多种校企合作形式，增强校企间深度交流与合作。专业建设"三十工程"通过设立专项经费、拓展各专业聚焦点，形成百花齐放、各显专业特色的良好态势，力争学校更多专业成为品牌专业，从而提升社会影响力。2019 年，服装设计与工艺、电梯工程技术两大专业群入选中国特色高水平专业群建设。

第三节　专业教学资源库

专业教学资源库是学校管理信息化水平不断提高和专业建设取得突出优势，特别是学校办学影响力辐射全国的情况下，顺应时势需要建设和发展起来的。它对于学校占领信息高地、提升人才培养能力、适应个性化培养需求和实现可持续发展具有不可估量的重大意义。

一、平台建设

2011年9月5日，《教育部关于确定高等职业教育专业教学资源库2011年度立项建设项目的通知》（教职成函〔2011〕7号）发布。根据该通知，"高等职业教育数字校园学习平台专业教学资源库建设"项目正式立项。项目主持单位为杭州职业技术学院，合作单位有英特尔公司等24家企业和院校。

2011年11月，"数字校园学习平台"获2011年第六批杭州市文化创意产业专项资金立项扶持项目（市宣通〔2011〕61号），扶持资金60万元。2012年4月，根据教育部职成司要求，在此平台上建立了"全国高等职业教育专业建设与职业发展管理平台"，建设经费150万元。

立项建设以来，项目采用边建边用边改进的方式，小步快走，步步扎实，进展顺利。完成全国高等职业教育专业建设与职业发展管理平台、资源管理系统（CMS Alpha 2.0）（注：已在系统中创建了近6万份各类专业教学资源）、教与学平台、互动社区和系统管理等模块的开发和应用，共有4个高等职业教育专业教学资源库已经入驻平台。

2011年8月，"全国高等职业教育专业建设与职业发展管理平台"完成项目策划并成立平台建设项目组（云南）。9月，项目组在成都进行专家论证，在北京的全国职教处长电话会议上启动。10月，项目设计工作在大连完成。

2012年3月，"全国高等职业教育专业建设与职业发展管理平台"核心模块开发完成，研制组又在杭州组织完成其内测。5月，在杭州实现24所院校平台的内测。到6月，开始平台的686所院校公测，发布用户手册，提供技术服务热线与QQ群咨询服务。7月，平台正式上线，686所院校完成系统的初始化。9 月，平台升级改版至 1.0 版本。

2012 年 10 月，中央财政支持的高等职业教育建设专业分析报告框架形成（北京）。10 月 25 日，浙江省示范数字校园申报工作完成（杭州）。11 月，"专业建设与职业发展管理平台"在高等职业教育服务青年成长发展暨第五届国家示范性高职院校建设成果展示会上荣获"最具价值数据库奖"（潍坊）。

2012 年 11 月 15 日，《教育部关于公布第一批教育信息化试点单位名单的通知》（教技函〔2012〕70 号）发布，学校正式成为第一批教育部教育信息化试点单位。9 天后的 24 日，信息化试点项目的具体实施工作方案完成。

2012 年 11 月 28 日—30 日，全国高等职业教育专业教学资源库（数字校园学习平台）协作组成立，并开始推进工作。12 月 10 日—12 日，"高职专业教学资源库（数字校园学习平台）"和"全国高职专业建设与职业发展管理平台"确定上海公安高等专科学校、天津医学高等专科学院为紧密合作的联盟学校。

2013 年 3 月，《浙江省教育厅办公室关于公布首批省数字校园示范建设学校名单的通知》（浙教办技〔2013〕21 号）发布，学校成为浙江省首批数字校园示范建设学校。

由于学校两大平台建设的成绩突出，2013 年 5 月 29 日，浙江省计算机学会网络技术专业委员会、中国教育和科研计算机网（CERNET）浙江省主节点召开的"2013 教育信息化融合发展技术研讨会暨浙江省计算机学会网络技术专业委员会第八次学术研讨会"上，杭职院应邀作题为"高等职业院校数字校园学习平台建设的思考"的大会发言，反响热烈，较好地扩大了两个试点项目建设的社会影响力。

2013 年 10 月 16 日，学习库平台联盟校工作会议在我校召开，杭州职业技术学院、上海公安高等专科学院、天津医学高等专科学校、英特尔、领航未来均派代表出席。会议围绕平台验收文件展开讨论，标志着数字校园学习平台的建设进入冲刺阶段。10 月 17 日，数字校园学习平台专业教学资源库项目专家顾问杨应崧教授专程到杭职院现场指导。

2013 年 10 月 16 日—18 日，为做好普惠制专业建设项目的验收工作，受教育部委托，全国高职专业建设与职业发展管理平台研讨会在杭职院召开，来自全国各省、市教育厅的代表共 106 人参加会议。教育部高教处童卫军解读验收文件。平台的开发为教育部了解建设全局，助力宏观调控提供了可靠条件。

2013 年 10 月 20 日—22 日，受浙江省教育厅委托，浙江省高职专业建设与职业发展管理平台研讨会在我校召开。浙江省教育厅高教处周琼解读教育部与浙江省关于普惠制专业建设项目的验收文件。10 月 25 日，专门针对普惠制专业建设项目的平台 1.0 升级版即公开发布。

基于"高等职业教育数字校园学习平台专业教学资源库建设"项目建立的"全国高等职业教育专业建设与职业发展管理平台"也进展顺利。在2012 年"高等职业教育服务青年成长发展暨第五届国家示范性高职院校建设成果展示会"上，该管理平台荣获"最具价值数据库奖"。同时，该平台也为 2012 年全国高职人才培养质量报告提供数据参考，为 2013 年全国第一批骨干高职院校验收、全国高职专业建设服务产业发展能力项目（普惠项目）的验收提供数据支持。

至 2013 年 11 月底，"数字校园学习平台专业教学资源库建设项目"项目组严格按照《高等职业教育专业教学资源库建设方案》规划执行，并已全部完成《高等职业教育专业教学资源库项目任务书》规定的建设任务。共有 4 个高等职业教育专业教学资源库入驻平台，分别是：上海公安高等专科学校（单独部署系统，特警专业）、天津医学高等专科学校（药物制剂技术专业）、上海出版印刷高等专科学校（印刷与数字印刷技术专业）、天津现代职业技术学院（生物技术与应用专业）。全国高等职业教育专业建设与职业发展管理平台建成后，已设置填报专业 2459 个；注册教师109453 人；注册学生 386701 人；部级用户 9 个；省级用户 32 个；普通用户 557622 个。

二、非遗资源库

非遗资源库的全名是"传统手工业（非遗）技艺传习传承与创新教学资源库"。

2015 年 11 月 11 日，非物质文化遗产传承教学创业基地在我校正式挂牌成立。基地首批引进了西泠印社金石篆刻（世界级非物质文化遗产）、雕版印刷技艺（国家级非物质文化遗产）、中式旗袍制作技艺（国家级非物质文化遗产）、纸伞制作技艺（浙江省非物质文化遗产）、全形拓技艺（国家级非物质文化遗产）等5个项目。项目代表性传承人刘江、黄小建、闻士善、屠燕治、韩吾民都分别在我校开设"大师班"，正式收徒授课。同时，我校与西泠印社合作共建了"西泠学堂"项目，双方以"资源共享、优势互补、互利互惠、共同发展"为原则，探索"现代学徒制"模式培养非遗传承人。

2016年3月，杭州职业技术学院、西泠印社联合宁波职业技术学院、宁夏民族职业技术学院、龙泉市中等职业学校等10所院校，和达利丝绸（浙江）有限公司、领航未来（北京）科技有限公司等20家企事业单位组建非遗教学资源库共建共享联盟，致力于非遗教学资源库建设。

2016年12月，教育部正式发文（教职成函〔2016〕17号）公布了职业教育专业教学资源库2016年度立项建设项目。学校携手"天下第一名社"西泠印社，联合10所职业院校及20家企事业单位，成功申报民族文化传承与创新子库·传统手工业（非遗）技艺传习传承与创新教学资源库。该教学资源库紧贴国家亟须的非遗保护、传承与创新需求，以江南特色为主的传统手工业（非遗）技艺项目为载体，实现教学资源的开放、互动、共享。课程体系实现了将匠心素养类、技艺传习类和技艺创新类融为一体的教学方式。

非遗教学资源库以独具江南特色的传统手工业类非遗项目为载体，以破解非遗保护、传承和创新中存在的主要难题为己任。经过两年多的建设，建成"一馆（浙乡非遗馆）、一库（课程与素材资源库）、一基地（传习创新基地）、一平台（学习平台）"，打造丰富优质的资源体系。建设期内开发课程35门，其中标准化课程21门，个性化课程14门，完成率184%；建立颗粒化资源总数12460条，完成率122%。资源库注册用户数17711个，活跃用户15579个，并仍在持续增加。

2017年3月30日至31日，传统手工业（非遗）技艺传习传承与创新专业教学资源库建设项目启动暨培训会在学校召开。会议介绍了资源库的建设背景、内容框架、建设思路、资金管理、保障措施等，宣读了资源库子项目主持人名单并向其颁发聘书，签订项目建设责任书。

2018年1月，非遗大师参加"匠心传承在希腊"文化交流活动。雕版印刷、全形拓、油纸伞等项目的大师带着非遗大师班的作品走出国门，走进希腊，为当地民众带去中国传统文化瑰宝。全形拓大师班（传拓学堂）

学员将拓制的《西湖十景图》赠予希腊驻中国大使馆。

2018 年 3 月，学校获第一批"全国职业院校非遗教育传承示范基地"授牌。

2018 年 8 月 16 日，学校召开非遗教学资源库建设项目推进会，10 所联建院校的子项目负责人、教师代表参会。教育部职业院校信息化教学指导委员会副秘书长、国家开放大学教授侯小菊与会指导。这标志着非遗教学资源库项目建设进入全面推进阶段。

2019 年 4 月 24 日，浙乡非遗馆举行开馆仪式。上级领导、职教专家、非遗大师、联建院校领导、非遗馆主要参建人员以及师生代表 800 余人参加。学校为捐赠单位西泠印社社务委员会以及 15 位非遗大师、捐赠者颁发了捐赠证书。同时，揭牌"传拓学堂"，与杭州南宋钱币博物馆合作签约。浙乡非遗馆是传承国家和民族历史文化成就的重要载体，也是学校开展资源库建设的重要实体展示与教学场馆。馆内设有"西泠学堂"，其匾额为现任中国文联副主席、西泠印社副社长陈振濂先生题写，系国内首块"西泠学堂"授牌。

2019 年 12 月，教育部职业教育与成人教育司发文（教职成厅函〔2019〕106 号），公布了职业教育专业教学资源库 2019 年验收结果。我校与西泠印社联合主持的"民族文化传承与创新子库·传统手工业（非遗）技艺传习传承与创新教学资源库"顺利通过验收。

2020 年 10 月，学校获"全国职业院校传统技艺传承示范基地"授牌。学校申报的杭州雕版印刷技艺展示获评"非遗技艺大师展示项目"全国一等奖。至 2021 年 12 月底，非遗教学资源库有注册用户 34576 个。其中教师用户 639 个，学生用户 30099 个，企业用户 601 个，社会用户 3161 个，活跃用户 20553 个。

三、服装资源库

服装资源库的全名是"职业教育服装设计专业教学资源库"。建设项目于 2015 年 6 月由教育部批准立项（立项编号为 2015–13），项目主持单位为杭州职业技术学院、山东科技职业学院、全国纺织服装职业教育教学指导委员会。

根据《教育部关于确定职业教育专业教学资源库 2015 年度立项建设项

目及奖励项目的通知》（教高函〔2015〕10号）精神，项目按照校际协同、校企合作、共建共享的方式，联合全国14所院校及30家纺织服装行业企事业单位，成立了职业教育服装设计专业教学资源库项目建设领导小组。领导小组下设项目管理办公室、项目监察组，组建了项目建设团队。在项目首席顾问和项目建设领导小组的指导协调下，项目建设团队按照《教育部办公厅关于印发职业教育专业教学资源库建设资金管理办法的通知》（教财厅函〔2016〕28号）和《教育部办公厅关于做好职业教育专业教学资源库2017年度相关工作的通知》（教职成厅函〔2017〕23号），依据《职业教育服装设计专业教学资源库项目建设方案》和《职业教育服装设计专业教学资源库项目任务书》的要求，经过三年建设，全部完成预定项目建设内容，达到预期建设目标。项目建设资金投入总预算为1200万元，其中中央财政投入资金500万元，建设单位自筹资金650万元，企业投入50万。

本项目以提高服装专业人才培养质量为出发点，基于资源库"能学、辅教"的基本定位，按照"碎片化资源、结构化课程、系统化设计"的组织建构逻辑，建立资源共享、合作共赢、深度融合的开发运行管理机制，搭建开放型共享共用资源库平台。

（一）对接产业，适应需求

对接产业，以人才培养、教育改革和产业发展需求为导向。根据对服装行业发展前景的预测，充分展示专业人才市场需求状况，开发应用优质数字教育资源，发布行业人才预测与专业设置指导报告，建立企业生产实际教学案例库，引导职业院校相同专业实施职场化育人改革。

适应需求主要包括适应职业院校服装设计专业教学改革的需求、适应产业转型升级的需求、适应构建学习型社会的需求。

（二）满足用户，能学辅教

该专业教学资源库内容丰富、技术先进、共享开放、持续更新，能够满足学生、教师、企业员工和社会学习者等多元使用者的需求，具有实用性、开放性。凡有学习意愿并具备基本学习条件的职业院校学生、教师和社会学习者，均可通过自主使用资源库实现系统化、个性化学习。教师可针对不同的学习对象和课程要求，利用资源库灵活组织教学内容、辅助实施教学过程，实现教学目标；学生可以在课堂教学以外，通过使用资源库巩固所学知识、实现拓展学习。

（三）分层建设，边建边用

资源库以课程资源建设为核心，统一资源技术标准，依据先进的教学资源开发方法整合资源，边建设边使用；以专业核心课程建设为重点，不断完善资源呈现方式，开发虚拟、动画、视频等多样类型资源；按素材、积件、模块、课程分层建设，强调结构化设计、标准化制作，实现开放式重组、个性化定制，增强资源的通用性和普适性。积极对接服装企业的技术转型升级，将企业资源、学校技术开发及科研成果转化成教学资源。建立资源库定期更新保障制度，充分运用需求导向、应用激励策略，鼓励院校、企业及机构积极建设新的优质资源充实其中，把资源库使用融入参与建设学校专业教学全过程。

（四）共建共享，全面推广

资源库由政、行、校、企共同建设。在教育部主导下，注重发挥国家、区域服装行业协会指导作用。项目团队校企融合、优势互补、分工明确、协同建设，最大范围地汇集服装行业龙头企业和知名高职院校的技术资源、社会资源。

建立经费投入、团队管理、资源更新及共建共享机制，保障资源库的共建共享。通过建立以"服务"换"服务"的开放式运营模式，形成专业资源库的可持续发展机制，实现自我发展、自我成长。基于数据学习与评价的兴起，学生将从教学消费者转变为创造者，确保资源库建设后每年10%的资源更新率。

建立资源库运行与管理机制、资源库资源共享与使用激励机制和营销推广机制，有计划有组织地在相关院校和社会机构推广资源库应用。

（五）服务社会，美化生活

资源库服务企业员工和社会人员的继续教育与技能提升，引导民众了解服饰文化、提升着装品位、提高生活品质。

建设"开放学习平台""特色资源系统"，引导企业使用资源库进行员工继续教育、技能培训、技能鉴定。建立虚拟服装博物馆、三维试衣系统、服饰搭配专家系统，面向公众开放，弘扬服装传统文化与价值。

四、电梯资源库

电梯资源库即电梯工程技术专业教学资源库。

该库围绕社会发展及国家"一带一路"倡议对电梯产业发展要求及对人才的需求，遵循"一体化设计、结构化课程、颗粒化资源"的建构逻辑，根据"共建共享，边建边用，持续更新"的原则，以教师、学生、企业、社会学习者为服务对象，以电梯安装、现场检测、维护与保养、电梯营销4类就业岗位的职业能力要求为基础，构建起"8+3"的电梯工程技术专业教学资源库。"8+3"即"八业"信息库（产业/行业信息库、专业信息库、学业信息库、结业信息库、就业/创业信息库、企业信息库）+三个特色资源库（三维数字仿真实训、国际教学资源中心、职业素质养成测评），为电梯工程技术专业建设、从业人员终身学习提供了具有示范性、系统性的数字化教学资源。

该资源库由中山职业技术学院、杭州职业技术学院、济南职业学院联合主持，汇集中国建筑科学研究院建筑机械化研究分院、中国电梯协会、19家企业和16所高职院校教师、企业技师、行业专家，开发课程、培训、典型工作任务或模块、优质微课等资源，2019年立项成为国家级职业教育专业教学资源库。目前已建设了"电梯构造与原理""电梯零部件设计""电梯安装工程""电梯维护与维修""电梯控制技术""电梯PLC应用技术"等10余门高质量标准化课程和"电梯安全回路故障排除""层门的锁紧与闭合""电梯样板架尺寸计算"等几十个微课资源。

（撰写：倪再）

第四节 实习实训基地

学校在人才培养过程中始终加强校内外生产性实训基地建设，营造良好的职业氛围，让学生在真实的生产环境中得到锻炼。

一、校内实训基地

2007年底，学院共有校内实验室（实训基地）104个，面积约达54000平方米。拥有国家级实训基地一个（园艺实训基地：中央财政和地方财政各资助180万，合360万元）；市级重点实验室一个（模具设计与制造：市教育局和市科技局以项目形式，每年资助 20 万元，合计资助 3 年）；
与杭州下沙开发区环境监测站共建联合实验室一个；同时还建有国家级化
工特有工种职业技能鉴定站，杭州化工职业技能鉴定站和学院机电职业技
能鉴定站（2006 年被评为市级优秀鉴定站）。

　　2007 年 6 月 18 日，杭州市政府办公会议作出重要决定，同意在杭州
职业技术学院内筹建公共实训基地项目，明确项目以杭州职业技术学院实
训基地暨杭州市公共实训基地名义立项，占地 30 亩左右，首期估算总投
资 3 亿多元，建筑面积达 4 万平方米。2009 年，杭州职业技术学院实训基
地暨杭州市公共实训基地建成并正式投入使用。基地用现有先进制造等 7
大实训中心、90 个实训室（其中 80% 的项目与我院专业对口），可同时
容纳 3000 多人实训，涵盖 48 个职业工种的技能培训和鉴定。基地的建成，
使学校的实训条件发生根本性变化，为学校生产性实训基地的建设与学生
考证工作提供了极为有利的条件。

　　友嘉智能制造学院与友嘉实业集团共建、共享、共管实训基地，新建
数控机床维修与智能化改造技术协同创新中心、智能制造技术中心、教育
部工业机器人领域开放式公共实训基地，扩建了友嘉数控机床培训中心、
数控装调维修综合实训室及专业群实训室。智能制造技术实训基地入选全
国机械行指委第二批《高等职业教育创新发展行动计划（2015—2018 年）》
校企共建的生产性实训基地，获评浙江省"十三五"示范实训基地、浙江
省高等学校省级产教融合示范基地。

　　商贸旅游学院融"产学研创"为一体，建成"跨境电商、云客服、视
觉营销、代运营、数据营销、直通车、搜索优化以及新媒体营销"等 8 个
岗位工作室，共构"产学研创"一体的产业服务基地，引入 14 家电商行
业典型企业常年入驻。

　　达利女装学院依托校企共同体办学优势，充分整合政府、行业和达利
公司等优势资源，共同推进女装工程实训中心建设，扩建、新建女装产品
研发中心、专业资源中心、自动裁剪实训室、服装面料图案实训室等 4 个
实训室，完善服装教学生产车间、电脑横机实训室、品牌女装销售实训室
建设。与日本岛精机制作所合作建立国内首个电脑横机培训基地。2018 年，
校企共建纺织服装工程创新中心，成为杭州市公共实训基地第 8 个实训中
心，全面对社会开放。

　　生态健康学院与浙江传化股份有限公司等企业紧密合作，在现有省级示范化工技术实训基地的基础上，建设了满足产品小试实验技能、中试放大及优化技能、分析检测技能、生产与管理技能等工艺技术员核心能力培养的典型精化产品研发及中试实训基地。实训基地包括由有机化学实训室、分析测试技能实训室、化工单元操作实训室等组成的专业基本技能实训区；由 12 个教师工作室组成的精细化学品应用研发中心；以及由化工仿真自控中试实训基地、化工 DCS 技术中心、化工产品分析检测实训中心和 2 个产品生产车间组成的中试及生产管理实训区，满足学生实训、职业培训、技能鉴定和技术研发的需要。实训基地与浙江传化股份有限公司、杭州电化集团有限公司、杭州菲斯凯化妆品有限公司、杭州德尔福涂料有限公司等企业共同设计、共同建设，并选择以企业产品为载体开展生产性实训，形成了校内化工技术实训基地。此外学院根据现有实训场地、设备以及课程改革需要，结合企业生产实际，自主研发了一套集换热操作、流体输送、DCS（分散式控制系统）于一体的中试生产实训设备，并以此为基础，建成了化工仿真自控中试实训基地，满足产品中试与放大、生产管理技能培养。

　　信息工程学院联合安恒、华三等公司，共建信息安全工程实训中心。中心面积 1000 平方米，工位数 270 余个，实训设备总值 1088 万元，实训设施能够完成网络搭建、网络安全检测、网络安全运维等实训项目，设施设备省内一流。与安恒公司网络安全运维中心（"风暴中心"）联合，共同建设杭职——安恒网络安全检测中心，把企业真实安全监控环境引入校内，面向杭州区域内学校、政府、企业等单位提供 7×24 小时网络安全监管与网站安全运维服务，初步建成集教学、实训、科研、社会培训与技术服务为一体的信息安全产教融合实训基地。

　　吉利汽车学院与行业企业紧密合作，建设培训中心、展销中心、模具研发生产中心、汽车维修厂等校内生产性实训基地。

　　动漫游戏学院校企共同体按企业生产要求改造教学场所，学校出场地和部分设备，普达海集团出资 600 余万元资助，共建集教学、生产、研发功能于一体的教研实训基地。

　　特种设备学院联合省特科院、奥的斯机电、容安培训共同建成省级"十三五"高等职业教育示范性实训基地，共装备 34 个直梯井道（3 层），6 个扶梯井道，能够容纳 480 人同时进行电梯教学及培训，成为华东地区唯一一家能对电梯进行安装、改造、维保、大修及调试的生产型实训基地。基地不仅满足了电梯专业以实际岗位技能为核心的专业课程教学需求，同时承担了全国电梯检验员、电梯从业人员上岗证、电梯安装维修工技能等级证书等的培训和考核，并作为全国三大电梯检验员定点培训和考试场地。至 2021 年底，学校拥有国家级实训基地 4 个，省级实训基地（产教融合示范基地）13 个，市级实训基地（实验室）6 个（见表 3-4-1）。

表3-4-1　杭州职业技术学院市级及以上实训基地一览表

序号	批文	实训基地名称	类别
1	教职成司函〔2017〕14 号	工业机器人开放式公共实训基地	国家级（省部级）
2	教职成司函〔2021〕35 号	特种设备虚拟仿真实训基地	职业教育示范性虚拟仿真实训基地培育项目
3	财教〔2010〕157 号	女装工业工程实训中心	中央财政支持的职业教育实训基地建设项目
4		国家级园艺技术实训基地	中央财政支持项目
5	浙教高教〔2010〕90 号	数控加工与维修实训基地	省示范性实训基地
6	浙教高教〔2010〕90 号	化工技术实训基地	省示范性实训基地
7	浙教办高教〔2010〕188 号	服装工业工程实训基地	省第二批示范性实训基地
8	浙教高科〔2017〕103 号	电梯评估与改造应用技术协同创新中心	省级
9		省级产教融合示范基地——友嘉机电学院	省级
10	浙教办函〔2019〕365 号	省级产教融合示范基地（第二批人才培养类示范基地）——达利女装学院	省级
11		浙江省高校产教融合示范基地（第三批人才培养类示范基地）——电梯人才培养产教融合基地	省级

续表

序号	批文	实训基地名称	类别
12		浙江省职业院校示范性虚拟仿真实训基地——特种设备虚拟仿真实训基地	省级
13	浙教办高教〔2017〕64号	智能制造技术实训基地	浙江省"十三五"高等职业教育示范性实训基地
14		丝绸女装版型设计实训基地	
15		园艺技术实训基地	
16		电梯装调与维修实训基地	
17		新能源汽车技术实训基地	
18	杭教高师〔2009〕43号	服装工业工程实训基地	市级重点实训基地
19	杭教高师〔2009〕43号	数控机床操作与维护实训基地	市级重点实训基地
20	杭教高师〔2013〕29号	产品设计与首版制作实训基地	市属高校第二批重点实训基地
21	杭教高师〔2013〕29号	新媒体动漫实训基地	市属高校第二批重点实训基地
22		模具设计与制造	市属高校重点实验室
23	杭教高师〔2008〕69号	绿色精细化工研究与技术转化实验室	市属高校重点实验室

二、校外实训基地

学院十分重视校外实训基地建设，积极探索校企合作、产学结合的办学模式，使专业与行业、教师与企业、学生与生产岗位之间紧密结合，在校外实训基地建设方面取得了显著成效。

建校以来，学院先后在杭州争光树脂有限公司、浙江中肽生化有限公司、杭州下沙开发区环境监测站、浙江华塑机械有限公司、杭州世宝汽车方向机有限公司、杭州喜得宝集团有限公司、杭州走天下国际旅行社有限公司等122家单位中建立了校外实训基地，并签订了协议，其中紧密型校外实训基地39家。

2008年以后，学校充分发挥校企共同体参与企业之"主导行业的主流企业"的优势，充分挖掘区域行业企业资源，新增数十家校外实训基地，满足学生实习实训与实践教学需要；同时依托校企共同体机制，在友嘉实业集团、达利集团、杭州电化集团、金都物业集团、虹越公司等合作企业建立了"厂中校"、教学生产车间或教学区，让学生在顶岗实习的同时能够及时得到企业师傅和学校教师的指导。

友嘉智能制造学院建有杭州友佳精密机械有限公司、杭州丽伟电脑机械有限公司数控机床初装区、精装区、电控区、软控实训场所。

达利女装学院在达利工业园区校企共建"达利（中国）有限公司产学研中心"。中心下设梭织产品研发部、针织产品研发部、面料花稿研发部和产品销售部。梭织产品研发部由服装设计专业组建，针织研发部由针织专业组建，面料花稿研发部由艺术设计专业组建，产品销售部由零售与管理专业组建。中心发挥双专业负责人的积极作用，兼顾教学任务、学生实习、教师企业经历工程、国培项目等环节，解决兼职教师、课程内容完善、教材建设等专业建设难题。中心选拔大二和大三学生组成团队，通过双师共同授课和实践指导，企业真实项目操作，提高学生职业素养和专业技能。

生态健康学院在杭州电化集团有限公司生产现场设立了25个实践岗位，引入教学元素，建成了满足学生现场教学、顶岗实习和教师下企业锻炼、企业员工培训需要的"厂中校"式的校外实训基地。同时与浙江传化股份有限公司、玫琳凯（中国）化妆品有限公司、国际香料香精（浙江）有限公司等25家公司签订合作协议，建立了22家校外实习基地，满足了学生顶岗实习的需要。

商贸旅游学院电子商务专业紧紧依托杭州市跨境电商综试办、浙江省电子商务促进会、开发区商务局等政府部门的指导，以杭州市优先发展产业为导向，在杭州百草味食品有限公司、浙江顾家家居股份有限公司等10余家单位建立了校外产教融合实践基地。截至2021年12月，学校建有校外实训基地57个，合作单位176家。

（撰写：倪再）

第五节 教育教学成果

自建校以来,学校教育教学成果从一般层次向高端层次不断突飞猛进,在高职教育界创造了一个令人印象深刻的传奇。

一、学生体面就业

经过多年探索与实践,杭职院形成"追求真实情境,实施双证融合,培育双高人才"的办学特色。这一特色确保了学生在仿真甚至全真的职业环境中受到锻炼。双证融合教学体系的构建大大促进了教学与职业岗位、学习与工作岗位的无缝对接,学生综合职业能力不断提升,就业竞争力明显提高。

学校始终践行就业育人的理念,优化就业指导服务,为毕业生体面就业提供保障。学校人才培养质量高,毕业生初次就业率长期高位运行。2019 年以来,毕业生初次就业率均在 98% 以上。毕业生留杭就业率连续多年位居全省高职院校首位(见表 3-4-2)。用人单位对我校毕业生的综合能力(包括语言表达能力、写作能力、人际关系处理能力、应变能力等)充分认可,毕业生称职率为 100%、优良率均在 93% 以上。

表3-4-2 近六年学生留杭就业人数(2016—2021年)

年份	就业率	留杭就业人数	毕业生(毕业一年后)对母校满意度
2021	98.15%	未出炉	90.32%
2020	98.01%	1850	88.39%
2019	98.11%	2010	89.1%
2018	98.16%	1905	89.36%
2017	98.08%	1760	86.46%
2016	97.99%	1648	87.47%

注：留杭就业人数,连续五年位居全省高职院校首位。

二、技能大赛获奖频频

以校企共同体为载体培养的人才不光职业素质好,技能水平也很高。

学生累计获得国家级技能大赛奖励 53 项（其中一等奖 18 项），获省级技能大赛奖励 443 项（其中一等奖 77 项）（见表 3-4-3）。2005 年以来，学生在各类技能大赛获奖的数量与层次不断提高。例如，2006 年在"长三角家居设计大赛"中，艺术设计专业选送 6 位同学参赛，有 5 位获奖，是当时浙江省获奖档次最高、获奖人数最多的学校。在 2006、2007 年全国高职学生化学检验工大赛、化工操作工大赛和生物技术技能大赛中，化工系学生蝉联团体冠军。2008 年，学校获得浙江省高等学校学生职业技能大赛优秀组织奖，多名学生在大赛中获得个人奖项。学校连续承办第十五、十六届"振兴杯"全国青年职业技能大赛，11 名参赛学生全部获奖，斩获 4 金 2 银 4 铜佳绩。获奖学生成功跻身杭州市 C 类、D 类人才。2017 级模具设计与制造专业学生刘明杰获第十五届"振兴杯"全国青年职业技能大赛学生组钳工赛项第一名，第十六届"振兴杯"全国青年职业技能大赛职工组模具工（冲压）赛项第一名，是全国唯一连续从学生组到职工组的"双料"冠军，成为我校模具设计与制造专业毕业生留校任教第一人。他所指导的学生获得第十六届"振兴杯"全国青年职业技能大赛学生组模具工赛项第一名。2018 级软件技术专业学生成龙获第十五届"振兴杯"全国青年职业技能大赛一等奖，获杭州市"杰出青年岗位能手"、浙江省"青年岗位能手"、"第 20 届全国青年岗位能手"、杭州市五一劳动奖章、"杭州工匠"荣誉称号，受到时任浙江省省长袁家军的亲切接见，并荣获 2019—2020 学年度国家奖学金，成为浙江省 4 名本专科生国家奖学金学生的优秀代表之一。服装设计与工艺专业学生连续 7 年获全国技能大赛冠军。

表3-4-3　学生竞赛获奖情况（2008—2021）

年份	国家级获奖数	省级获奖数
2008	11	24
2009	2	16
2010	1	35
2011	10	33
2012	5	33
2013	5	31
2014	1	47

续表

年份	国家级获奖数	省级获奖数
2015	6	41
2016	6	74
2017	5	70
2018	6	70
2019	13	128
2020	8	54
2021	4	41

三、教学改革丰结硕果

学校首创的"政府引领、企业主体、学校主导"的校企共同体办学模式被全国众多高职院校借鉴与应用。《校企共同体体制机制创新与实践》荣获 2014 年度国家级教育教学成果一等奖，《公共实训基地"杭州模式"的创新与实践》荣获 2018 年度国家级教育教学成果一等奖。杭职院是省内唯一连续两届获得国家级教学成果一等奖的高职院校（本科高校是浙江大学）。《一体两院、同生共长：电梯类技术技能人才培养生态构建与实践》等 7 项成果获 2021 年浙江省高职教育类教学成果奖。其中，特等奖 2 项、一等奖 2 项、二等奖 3 项，获奖总数和特等奖数位居省内高职院校前列。此次获评也是继我校连续两届获得国家教学成果一等奖以后取得的新成绩。截至 2021 年，学校共获得省级及以上教学成果奖 27 项。

四、课程建设成效显著

学校依托 5 个国家级教学资源库平台，注重课程资源建设，努力提升信息化水平，已有国家级精品课程 1 门，国家级课程思政示范课程 2 门，省级精品课程 11 门，省级精品在线开放课程 22 门，市级精品课程 39 门。

学校高度重视教材编写、修订及教材项目建设工作，并严格执行"凡编必审"制度。根据职业院校专业特点及人才培养需求，主动对接产业行业，通过校企合作方式开发新型活页式、工作手册式的融媒体教材及配套的数字化资源。推出"三百工程"之新形态教材建设，共立项建设 86 种教材，并配套相应建设经费。《汽车空调维修技术（第二版）》获首届全国教材建设奖——全国优秀教材二等奖（职业教育与继续教育类），获批立项职业教育国家规划教材 16 本，省级教材项目 47 本，校级新形态教材 86 本。

学校建有杭州职业技术学院实训中心暨杭州市公共实训基地，建有先进制造等 7 大实训中心、87 个实训室，总建筑面积近 4 万平方米，可同时容纳 3000 多人实训。学校加大力度开展校内外实践教学条件与场地建设，建立电梯评估协同创新中心、智能制造协同创新中心等。同时，完善各二级学院校内实践基地建设，投入专项资金 600 多万，新增 5 个示范性实训基地，面积达 12 万多平方米。生均实验实训场所面积达 12.5 平方米，教学仪器科研设备总值达 27530 万元，企业设备投入 4923 万元，生均教学仪器科研设备值 2.907 万元，位居全国前列。动态调整新签校外实训基地 100 多家，保障学生实践能力培养。目前拥有中央财政支持重点建设实训基地 2 个，国家级示范性虚拟仿真实训基地 1 个，省级示范性实训基地 4 个。

（撰写：倪再）

第五章   综合体制改革

正式建校后，为进一步适应高等职业教育的发展形势，突破阻碍学校发展的体制性障碍，提高办学质量与效益，激发办学活力，彰显办学特色，学校积极推动综合体制改革。通过机构设置调整、两级管理制度改革、目标责任考核改革、职称评聘改革等多方面的探索，学校内部管理体制日益完善，为提高人才培养质量和专业建设水平提供了有力的体制机制保障。

第一节   机构设置调整

机构设置根据学校优化整合资源、理顺管理体制机制、发挥人财物效能、提高行政效率和办学水平的需要而定。由于学校在不同历史时期的实际情况不一样、面临的形势与任务也不同，机构设置因时而动自在情理之中。在"精简高效、加强内涵"的原则下，校内机构调整多次进行，总体上提高了学校内部治理体系和治理能力的现代化水平。

学校在下沙新校区集中办学后，2002年8月，按照有利于保持学院稳定、有利于人财物的合理调配、有利于各项工作衔接的指导方针，学院对校内机构进行了调整：撤销校区建制，保留了机电系、管理工程系、艺术系、化学工程系，将培训处改为成人教育处，总务处改为后勤服务管理部，增设了现代教育技术中心、基础部和中专部。

2005年11月，杭州市机构编制委员会同意学院增设内设机构2个，由20个增加至22个。其中党政管理机构9个，教学、科研机构13个。增加内设机构领导职数4个，由原来的40个，增加至44个。

2006年9月，杭州市机构编制委员会同意增加学院人员编制100名。增编后，全校在编教职工合计为525名。

2008年7月，学校遵循"精简行政、强化一线、推进二级管理"的思路，进一步调整机构。调整从明确职能入手，采用机构合并、合署办公或重组等方式完成。

党政管理机构增设"发展研究中心""人武部"。党政办公室分设为党委办公室、院长办公室。党委办公室与党委组织部合署，院长办公室增加行政督查和教学督导职能，与外事办公室合署。党委宣传（统战）部与工会合署；党委学工部（学生处）与团委合署；党委保卫部（保卫处）与人武部合署；科研（督导）处改设科研处，科研处与发展研究中心、高职教育研究所合署；撤销中专部，其职能划归教务处；撤销设备处，其职能分别划归教务处、后勤保障处；撤销基建处，其职能划归后勤保障处。凡合署办公的部门，实行两块（多块）牌子一套班子。调整后，共设党政管理机构13个。党政管理机构人员数量压缩，实行双向选择、聘任上岗制。

整合教学教辅机构。基础部与体育部撤并，设立公共教学部。公共教学部与思政课教学部合署。撤销现代教育信息技术部，保留图书信息中心。原现代教育信息技术部的机房管理职能划归信息电子系，语音室管理职能划归公共教学部。调整后共设教学教辅机构9个。增设并充实教学一线的相应机构及人员。撤销教学机构原有相关科室建制，按照各教学机构的规模、特点设置内设机构，原则上只设综合办、教科办和学工办。

通过这次机构改革，学校建立起了科学精简、权责明晰、强化服务、优质高效的机构和职能体系，为学院整体改革发展的推进奠定了良好的组织基础。

2010年8月，杭州市机构编制委员会同意增加学校中层领导职数2名，中层领导由原来的44名增加为46名。

2011年12月，杭州市机构编制委员会核定学校人员编制为714名，比原来的525名增加了189名。确定校级领导职数7名，其中正职领导2名，副职领导5名。2012年7月，学校实有在编人数478人。同月，学校进行岗位设置调整，设置管理岗位93个、专业技术岗位606个、工勤技能岗位15个。主体岗位为专业技术岗位，占岗位总量的84.9%。

2014年6月，学校对部分机构进行调整，设立督导室（挂靠校长办公室）、产学合作处、国有资产管理处（与财务处合署办公）。国家骨干高职院校创建办公室与专业建设指导处（教务处）合署办公。信息化办公室职能划入图书信息中心。设立信息工程学院，撤销信息电子系。

2016 年 6 月，为建立与现代大学制度相适应的治理结构和运行模式，加快实现"国内一流、国际上有一定影响力的高职院校"办学目标，深化学校机构改革，提升管理效能，学校对机构设置进行调整。调整后共设立13 个党政管理机构，11 个教学教辅机构。

2018 年 7 月，为优化职能配置，结合学校事业发展实际，对我校部分党政机构设置进行调整。成立党委教师工作部（与人事处合署）；成立党委人才工作办公室（与人事处合署）；设立杭州动漫游戏学院、彩虹鱼康复护理学院党总支；同时撤销杭州动漫游戏学院党总支；撤销继续教育学院、彩虹鱼康复护理学院党总支。

2020 年 5 月，学校进一步深化管理体制机制改革，通过新设、合并、合署、撤销等方式，调整优化机构设置。在保持机构设置总量不突破的前提下，根据学校发展实际，对党政管理部门、二级学院、教辅机构等进行适当调整。设立"双高"建设办公室，与专业建设指导处（教务处）合署；设立信息化建设与管理中心、国际交流合作处；设立图书馆，与发展研究中心（高职教育研究所）、科研处合署；审计处与质量监控与评估处合署；创业学院与团委合署；撤销产学合作处、图书信息中心。对教学机构进行设置与调整：设立马克思主义学院；人文社科部更名为公共基础部；友嘉机电学院更名为"友嘉智能制造学院"；临江学院更名为"生态健康学院"；汽车学院更名为"吉利汽车学院"。对直属单位进行设置与调整：设立后勤服务中心，与资产经营管理有限公司合署。调整后共设党政管理机构、教辅机构 14 个、教学机构 10 个、纪检群团组织 3 个、直属单位 1 个。校内岗位权责进一步明晰，工作活力增强，形成良好的管理组织体系和工作运行机制，学校建设发展的组织保障更加坚实有力。

2021 年 7 月，杭州市机构编制委员会核准学校党政管理机构设置数量为 15 个、教辅机构设置数量为 5 个，同意备案教学机构和科研机构 19 个。核定学校报备员额 992 名，核定内设机构领导职数总量为 94 名（其中正职 47 名，副职 47 名）。同年 11 月，学校对岗位设置进行了调整。设置管理岗位 190 个，专业技术岗位 901 个，工勤技能岗位 2 个。

2022 年 1 月，学校对部分机构设置进行调整：成立招标采购中心，与财务处合署；撤销公共事务管理处，原公共事务管理处招标采购职能划入招标采购中心，其他职能划入后勤服务中心。

第二节　二级管理探索

由于学校办学规模不断扩大、管理重心不断下移，建立校、院两级责权利相一致的内部二级管理体制成为学校综合体制改革的核心内容之一。学校二级管理的核心是学校人、财、物等资源的管理，最核心的是确立新的人事分配管理制度与运行机制。杭职院在二级管理方面进行了积极的探索，逐步确立起了层次分明、职责明确分工的管理架构。

2010 年 11 月，杭州职业技术学院被确定为"国家示范性高等职业院校建设计划"骨干高职院校建设单位。2012 年 11 月，教育部、财政部发布《关于同意"国家示范性高等职业院校建设计划"骨干高职 2012 年度立项建设学校启动项目建设工作的通知》，杭职院"项目建设方案"和"项目建设任务书"顺利得到教育部批复，项目正式启动，建设期三年。

"办学体制机制创新——校企共同体建设"是学校在国家骨干校建设项目中的三个一级项目之一。在骨干校建设阶段，杭州职业技术学院坚持办学体制机制创新，深化推进二级管理体制改革。在校院两级建制的基础上，二级管理改革进一步科学界定学校和二级学院的管理职能，按照精干高效的原则，完善二级学院组织机构。期间修订完善了《二级学院工作例会制度》《二级学院教职工考核与津贴分配实施细则》《二级学院教科研奖励办法》等系列文件。学校简政放权、管理重心下移，逐步深化教学管理制度、人事财务管理制度改革，原有以职能部门为主体的管理模式转变为以二级学院为主体的管理模式。同时，充分发挥学校二级管理的优势，提高技术服务能力，增强自我造血功能，加大资金自筹力度，使二级学院在学校总体目标、原则的指导下，拥有足够的权力和利益，成为充满活力、相对独立的办学实体。二级管理制度保障了校企共同体的良性运行，活化了各个校企共同体的自身特色。

2017 年 6 月 12 日，浙江省教育厅、浙江省财政厅联合发布《关于公布高职重点暨优质建设校名单的通知》，正式确定杭州职业技术学院为浙江省优质高职院校建设单位。

　　在省优质校建设阶段，杭州职业技术学院依托校企共同体多元发展模式，继续推进管理体制机制创新。通过健全"企业主体、学校主导"的校企合作治理结构，形成"企校""政行企校""行企校""专企融合""企业托管"等校企共同体多元发展模式。探索"混合所有制"办学模式，推进以二级管理、现代学徒制、创新创业教育和教学诊改为重点的综合改革等，全面释放办学活力。

　　2019 年 12 月，杭州职业技术学院正式入选"中国特色高水平高职学校和专业建设计划"（简称"双高计划"）建设单位。在"双高"建设阶段，学校以完善《杭州职业技术学院章程》为统领，深化政行校企多方联动的办学体制改革，健全管理体制，优化治理结构，提升现代化治理水平。进一步深化二级管理体制改革，明确学校、分院各自责任，完善二级学院考核奖励办法。继续推进学校工作重心向分院下移和政策、资源向分院倾斜。进一步发挥分院优势，激发分院工作的主动性和创造性，增强分院的执行力和创新力。二级学院结合自身特点，进一步明确发展目标，转变发展理念，创新发展模式，发挥后发优势，探索新鲜经验。

　　在深化二级管理改革方面，出台《二级管理改革实施意见》，完善《经费划拨办法》等制度，放权强"院"。厘清学校、职能部门、二级学院在人事管理、经费划拨、教育教学、招生就业等方面的责、权、利，给二级学院在物理空间、资源使用、人才引进、考核激励等方面更大自主权，鼓励二级学院做大做强科研成果转化、技术技能培训。优化二级学院运行机制，设立政行企校多方参与的理事会，发挥相关方在资源、资金等方面对二级学院办学的重要作用。出台《跨专业教学组织的管理和考核办法》，创新发展跨学院和专业的教学组织，理顺跨专业教学组织与二级学院、职能部门的关系。促进资源和人才的共享与融合，推动二级学院、职能部门、跨专业教学组织形成合力，在效率、效果、效益上实现多赢。以协同发展中心、工程教学中心和学生创新中心等为试点，探索建立团队薪酬制，给团队负责人足够的绩效性奖励分配权限，鼓励发挥团队作战作用。修订《部门目标责任制考核办法》，完善以绩效为导向的指标体系，将教学成果、大赛成绩、科技创新、成果转化等列为考核重点，加强过程指导，提高考核实效。修订《校内津贴分配方案》《教师工作业绩计算办法》，推行教师不同类型工作量之间的合理转化，推进教辅人员和管理人员的"一岗一考"，将津贴分配与岗位责任、工作业绩挂钩，设立特殊贡献奖和机动津贴，打破薪级工资对特殊人才作用发挥的掣肘，激发教职工参与学校建设的积极性、主动性、创造性，全面增强自主办学的内生动力。

第三节　目标责任考核

目标责任考核是加强学校内涵建设，推动学校高质量发展的重要举措。为进一步深化内涵建设，强化二级管理，增强部门建设和团队精神，充分调动教职工的积极性、主动性和创造性，杭职院积极引入目标责任考核制度，对学校各项事业发展进行定期的全面检验。

2013年，学校印发《杭州职业技术学院目标责任制考核办法（试行）》，同时组织开展2013年度目标责任制考核工作。考核对象为全校范围内的二级院（系）、职能部门（含人文社科部、继教院、图信中心和资产经营公司）和全体教职工。考核方式为各二级院（系）对照《杭州职业技术学院目标责任制考核办法（试行）》，对2013年度考核中各项任务完成情况进行总结自评。总结自评主要包括：一年来的专业实绩、职责保障等工作成效和完成情况及加分项目。各职能部门对照《杭州职业技术学院目标责任制考核办法（试行）》，对2013年度工作目标考核内容工作情况进行总结自评。总结自评主要包括：一年来部门的重点突破工作和常规工作的完成情况以及其他情况说明等。

自2013年以来，学校每年均开展年度目标责任制考核工作。为进一步优化二级管理，推进管理重心下移，完善目标责任运行机制，充分调动全校上下工作的积极性、主动性、创造性，全面激发办学活力、提高内部治理水平、促进各项工作持续进步和科学发展，学校对考核制度进行调整。2018年7月20日，学校印发《杭州职业技术学院目标责任制考核实施办法》，成立了由校领导班子成员组成的考核领导小组，并在考核领导小组下设立考核办公室。考核原则坚持量化考核与定性测评相结合、分类考核与分层评价相结合、目标导向与过程督查相结合。考核对象为二级学院与职能部门（含资产经营管理有限公司、继续教育学院、人文社科部和图书信息中心）。

在具体考核方式上，二级学院考核分由"量化考核分"和"综合测评分"共同组成。"量化考核分"包括"专业实绩"和"职责保障"两部分。职能部门考核分由"直接评定分"和"综合测评分"共同组成。其中"直接评定分"由"量化考核"和"年度工作执行情况"两部分构成。同时，师德师风建设工作是所有二级学院和职能部门目标责任制考核的约束性指标，执行一票否决制。

在考核定等上，年度考核工作结束后，考核办根据年终考核分（含加分项）公布各单位的等级。等级设 A，B，C，D 四个，按照得分从高到低排名第 1 位和第 2 位的二级学院、职能部门为 A 等级，对获得 A 等级的二级学院和职能部门进行专项奖励。

第四节　职称评聘改革

职称评聘工作是学校人事制度改革的重要组成部分，对学校师资队伍的建设和发展具有很强的导向作用，是引领和推动学校教师专业发展的"指挥棒"。职称评聘改革对于激发教师的创造力和积极性，稳定并优化教师队伍结构，促进教师队伍素质提高起到了不可忽视的作用。正式建校后，学校教师职称评聘工作经历了萌芽初创、起步发展、规范优化、改革完善等阶段，在长期的探索实践中不断变革、改进和完善，逐渐成为衡量及评价教师专业技术水平和业务能力的重要方式。

一、职称评聘改革变迁

2002 年开始，学校办学规模迅速扩大。随着大量青年教师的引入，提高教师职称的工作刻不容缓。学校制定出台 2002—2006 年师资队伍建设五年规划。2003 年，17 名教师晋升高级职称；28 人晋升中级职称，教师队伍职称结构有所改善。截至 2005 年，学校在编教师 213 人中，高级职称 38 人，占教师总数的 16.5%；中级职称 83 人，占教师总数的 39%；初级职称 68 人，占教师总数的 31.9%。高级职称教师数量明显不足，职称结构不均衡的状况依然明显。为改善职称结构不均衡的情况，学校推出 2005—2008 年师资队伍建设规划，实施"51555"师资队伍建设工程。

到 2007 年，高级职称（不含高级讲师）教师 104 人，占专任教师比例为 31.3%。2008 年，晋升高级职称 25 人，职称结构进一步优化。

2009 年，经杭州市人事局、教育局审批同意，学校设立高校教师中级专业技术资格评审委员会，同时撤销杭州市高校教师中级职务评审委员会。自此，学校中级专业技术职务评聘有了自主评审权。

2014 年，学校开展了首次专业技术职务自主评聘工作。研究制定了《杭州职业技术学院专业技术职务评聘改革方案》和专业技术职务评聘三年计划、评聘实施方案和标准，实现了自定标准、自主评聘、自主发证。2016 年，完善了论文送审规定，试行了部分量化的学科组评议方式，高级教师系列专业技术职务由学校自行组建学科评议组进行学术水平评议。截至 2021 年，学校已自主完成三轮职称评聘工作。

二、职称评聘政策导向

2009 年之前，学校职称评审工作依托浙江省教育厅进行。评审标准突出教学工作中心，实行教学成果与科研成果等效评价机制。2007 年开始将教学工作业绩考核等级作为教师专业技术资格评审的重要指标。在评审过程中，遵循以下原则：注重教书育人，鼓励教师在做好教学工作的同时，承担实践性教学任务，严格执行"师德、学风一票否决制"；鼓励开拓创新，把创新性研究成果和培养创新人才作为职称晋升的重要指标；强化服务地方，评聘中优先考虑在校企合作和服务地方工作中社会和经济效益明显的教师，并要求教师任期内须有到行业、企业挂职锻炼、合作研发或指导学生实习等累计达 6 个月以上的实践经历；实行阳光评审，评审前后都进行公示，主动接受监督。

2014 年，学校开始施行专业技术职务自主评聘。评聘以省教育厅以往标准为基础，结合学校工作实际进行小幅调整，首次出台了自主评聘方案和标准，确保政策的延续性。

2017 年，学校进行第二轮政策修订，进一步完善评聘方法，对破格、直聘、投诉处理和材料审核等内容做出明确规定。评聘标准更趋合理，增强了标志性成果的运用力度，对取得重大标志性成果的教职工试行直接聘任制。同时试行了获奖、专利及横向课题等成果替代论文或课题的评价方法。针对不同类别、不同身份的参评人员制定相应的评聘标准，鼓励教师

类型发展、专长发展。高级职称的通过比率严格依照评聘方案控制在 65%
左右。

2019 年底，学校启动了第三轮（2020—2022 年）专业技术职务评聘
文件修订工作。进一步优化业绩当量替代成果；进一步优化直聘条件与办
法，对有突出业绩的教师进行直聘；进一步优化教师系列评聘标准，将原
技术技能服务型改为科研服务型；以附件形式明确不同系列职称、直聘、
破格等的申报条件要求，不同类别、不同身份参评人员的申报条件更清晰
明了；对思政课教师、学生思政教师专设相应评聘条件，鼓励思政课教师、
学生思政教师专业发展；依据上级文件，新增正高级实验师；进一步优化
研究系列评聘标准，将研究系列进一步细分为科学研究与教育管理研究两
类，支持、鼓励专职研究人员发展。

三、职称评聘特色做法

学校在职称评审中，把师德师风考核放在首位，对违法违纪、学术造
假等品行不端行为实行"一票否决"。同时，在职称评聘的过程中，学校
形成了一些特色做法。

力破"五唯"，以业绩成果为导向。坚决破除"五唯"顽疾，职称评
审以教师基于岗位的业绩成果为重点。一是扩大送审代表作的范围。送审
代表作不限于论文，发明专利、成果鉴定、艺术作品、专著、教材等均可
作为代表作送审，送审结果两年内有效。二是实施成果当量替代政策。教
师的发明专利、国家（行业）标准、专业教材、专著、横向到款、教学能
力竞赛等业绩成果，均可替代课题、论文的要求，不唯论文、唯项目，鼓
励教师结合工作岗位，发挥自身特长。三是注重其他业绩要求。在破除唯
论文、唯项目的同时，增加了教师在专业建设、指导学生、服务企业等方
面的业绩要求，充分体现职业教育特色。在 2020 年职称评审中，共有 73
人参评，其中正高 9 人、副高 21 人、中级 28 人、初级 15 人，比上一年
增加了 13 人。2021 年，正高晋升人数翻一番。

分类评价，尊重教师的学科差异规律。在职称评审制度改革中，通过
科学设置岗位和评价标准，健全分类评价体系，充分尊重教师在学术场域
的学科差异，促进科研和教学的协调发展。一是将学校专业技术岗位分为
教师、思政课教师、学生思想政治教育教师、实验实践系列、研究系列、

图书资料系列，不同的岗位设置相应的岗位评价标准。二是根据职业发展方向设置细化分类。教师系列中分教学为主型、教学科研型、科研服务型，研究系列分为科学研究和教育管理研究两类，核心指标保持相对统一，具体指标分类设置。三是思政课教师、学生思想政治教育教师单列指标、单列标准。各系列申报条件及评价标准均单独成文，对不同类型的教师根据学科差异制定不同的评价标准，以教师的学术质量、学术贡献为基点，淡化量的要求。对于不同岗位、不同学科的教师分别实行不同的评价方式，从根本上杜绝用一把尺子评价所有教师。

客观公正，注重教师发展性评价。基于教师专业成长规律，避免评价重量化、趋同化、行政化对教师专业成长的阻碍。在评价中突出教师的主体地位，将教师自评纳入评价体系中。通过教师自我激励、自我反省、自我控制，总结自身优势与成长规律，助推教师实现自我成长、自我发展。同时，注重同行业绩评价。从2015年起，进一步规范论文送审，所有代表作实行匿名送审，由纪委工作人员随机编号后封口寄出。所有申报高级专业技术职务代表作送审由纪委全程参与。同一位申报人员代表作分送不同学校（含科研机构），同时严格实行学校回避。隐匿不报者经查实后取消当年评聘资格。佐证材料初审通过系院职称工作联系人初审、系与系之间交换互审、人事处和相关职能处室复审的三审环节，查漏补缺、规范材料。学校通过建立健全教师评价制度体系，充分发挥评价的激励机制，营造有力的外部环境，最大限度地激发教师的自我发展诉求。

注重实绩，开辟标志性成果绿色通道。2016年起，试行部分量化的学科组评议方式。由学校学术委员会、科研处、教务处对参评人员教学工作、论文著作教材情况、科研教改教学项目等三个方面的成果进行量化打分，供学科组专家评议时参考。第三轮评聘方案打通专门人才职称晋升通道，出台专业技术职务直接聘任办法，且于2021年设立卓越教学奖。该奖旨在表彰师德高尚、长期在教学一线为人师表、全身心投入教学工作、在师生中有良好口碑、赢得师生广泛赞誉、在教书育人方面作出突出贡献的教师，两年评选一次。荣获学校卓越教学奖的教师，在职称评审中可不受论文、项目、业绩成果等条件限制，直聘高一级职称，直至正高职称。探索以"代表性成果"和实际贡献为主要内容的评价方式，将具有创新性和显示度的成果作为评价教师科研业绩的重要依据，激发了学校办学活力，强化了教师发展通道，让教师有更多获得感、幸福感，营造了广大教师干事创业、竞相发展的浓郁氛围。

（撰写：王新辰 于潇）

第六章　师资队伍建设

　　2002 年，学校整体师资力量较为薄弱，教师队伍结构不尽合理。到 2005 年，学校 213 名教师中：高级职称 38 人，占教师总数的 17.8%；具有"双师型"资格证书的教师 6 人，仅占教师总数的 2.82%；研究生学历教师 15 人，仅占教师总数的 7.04%。随着办学规模的迅速扩大，加强师资队伍建设成为当务之急。为此，学校将 2006 年列为师资队伍建设年，制订了师资队伍建设的战略目标。同时召开首次师资工作会议，讨论制定师资队伍建设的全面规划。通过实施"51555"师资队伍建设工程、"教授、副教授"工程、中青年骨干教师选拔和培养实施计划等，到 2007 年底，学校师资结构指标已经达到优秀高职院校标准要求，为学校创优工作奠定了坚实的基础。

　　学校对在职教师出台了进修培训办法，鼓励教师攻读硕士、博士学位，提高专任教师队伍的学历层次。在持续加大在职教师培训力度的同时，面向全市展开了大规模的兼职专业教师与实训指导教师的招聘工作，建立了兼职教师人才库。开展教职工职业生涯规划、"双师"项目建设。国家骨干校建设期间，又实施师资队伍"三大计划"（"51133 人才高地计划""校企共推引才计划""教师能力提升计划"）、落实师德师风建设。省优质校建设期间，实施四大重点工程（领军人才、名师名匠、人生导师、国际化人才）。"高职名校"建设期间实施名师培育计划。国家"双高"校建设期间，实施"5315"人才高地计划（即引培 5 名专业群领军人才、30 名专业带头人、100 名杭职名师名匠，建成 50 个优秀创新团队），做好中青年学术带头人和优秀青年骨干教师的选拔、培养和管理工作。学校还通过改革人事分配制度和岗位津贴制度，建立新的激励机制，充分调动教职工积极性。

　　截至 2021 年 12 月，学校有教职工 750 人。其中高级职称 213 人（含正高级职称 59 人），占 28.4%；博士 36 人；硕士以上学位教师 414 人；国家万人计划 2 人；省部级高层次人才百余人次；国家级教师团队 2 个。师资队伍建设取得明显成效。

第一节 人才引进政策

面对快速发展的高职教育形势和学校自身实力急需增强的实际，正式建校之初的杭职院敏锐地意识到不能只搞硬件建设，而要用人才的智慧来解决前进中的各种问题。在现有人才远远不能满足需要的情况下，学校及时出台相关政策，不断加大人才引进力度，让人才乐进、乐业并快出成果、出好成果，取得显著成效。

一、人才引进政策

自 2002 年开始，学校把人才引进作为师资队伍建设的一项重点工作来抓。出台《关于加强师资队伍建设规范引进工作程序的通知》（杭职院〔2002〕123 号），重点引进具有正、副教授职称和具有博士学位的专业学科带头人、具备"双师型"素质的企事业专业技术人员和学校急需的专业硕士生、重点院校毕业的本科生。

2011 年，学校建立校企人才柔性流动机制。出台《校企共引共享高级人才管理办法》，积极拓宽招才引智渠道，加强与企业的合作，搭建了"共引、共用、共管"的柔性引才新平台。通过灵活机动、待遇更优的方式，积极引入高端专业人才参与学校的专业建设。学校曾聘请国内顶尖的高职教育专家石伟平教授、赵志群教授作为本校的杭州市"钱江特聘专家"。截至 2021 年，已聘请 18 位钱江特聘专家。

2014 年，学校出台《人才引进管理办法》《高级人才引进办法》，注重特殊人才和技术技能型人才的引进，明确规定新引进教师要有两年以上行业企业工作经历。积极开拓高层次人才招聘渠道，确保高职称、高学历人才的引进数量，全面实现师资队伍规模、质量建设目标。

2018 年，学校修订《高层次人才引进管理办法》。

2019 年，学校修订《人才引进工作实施办法》，更加注重引进博士研究生和正高职称人员，优先考虑具有 3 年以上企业工作经历人员。先后引进教授、博士等高层次人才 50 余人。设立"人才引进专项经费"，为引进人才提供安家费、购房补贴、津贴及科研启动经费，在配偶安置、人才过渡房安排、工资待遇方面也给予相应的优惠政策。

二、人才引进程序

（一）科学统筹人才引进计划

为加强人才引进计划的统筹，学校结合专业建设和师资队伍建设的实际情况，明确引才目标、人才领域，注重学术梯队建设，促进人才队伍结构不断优化。

2002 年起，学校规定各用人部门根据教学科研、专业建设和管理工作的需要，制订年度人才引进计划，于每年 10 月底前，上报次年人才引进计划。引进计划由人事处汇总初审后，经分管人事的副院长审核，报院长办公会议研究审议，党委会审定。

（二）加强人才引进工作领导

学校党委加强对引才工作的领导、统筹和协调，明确学校、院系和职能部门的职责权限，健全人才工作机构，加强人才工作队伍建设。

2018 年，学校出台《杭州职业技术学院关于人才引进工作的实施意见》（杭职院〔2018〕59 号）。明确将"党管人才"原则写入文件，并成立人才工作领导小组，负责学校人才的组织、领导和协调工作。领导小组下设人才办，负责制订和落实人才工作政策和精神、对人才的管理等工作。人事处负责人才资格的审定以及人才引进的具体工作。

（三）加大引才政审工作力度

2014 年，学校《人才引进管理办法》规定，人事处负责对应聘人员进行资格审查，用人部门、二级学院负责业务和技能考核。

2019 年，学校《人才引进工作实施办法》对政审要求进一步完善。人事处会同用人部门，采用外调、函调、阅档、约谈等方式，对拟引进对象的政治立场、思想表现、学习态度、工作作风、职业道德及遵纪守法等方面进行全面的考核与审查。

（四）规范招才引才程序

2014 年的《人才引进管理办法》明确了责任主体、工作规则和审核程序，全面实行公开招聘制度。2018年，进一步细化引进条件和工作程序，并明确管理考核职责。

2014年《高级人才引进办法》中，明确给予高级人才一次性待遇。2018年《高层次人才引进管理办法》中，除一次性待遇外，还围绕高层次人才实际需要，加强配套条件保障，明确人才进校后可享受的待遇，使人才尽快开展科学研究和人才培养工作。同时积极帮助引进人才解决好住房等方面的实际困难，关心其配偶工作、子女入学等问题，解除人才后顾之忧。

三、博士工程

2011年，学校出台《进修培训管理办法》，对专任教师进修学历学位予以大力支持。文件规定：经学校批准，在国内在职进修研究生学历、硕士学位者，最高限报经费2万元；经学校批准，在国内在职攻读博士学位者，最高限报经费4万元。

2019年，学校出台《博士学历学位提升工程管理办法》，对教职工攻读博士做了新的规定：按期取得博士学位的，最高可给予奖励20万元，并可享受学术休假和工作量减免。到2021年，全校596名在编教师中，获得硕士、博士学位的比例已超过75.5%。

四、人才结构

2006年，学校进一步加大人才引进力度，尤其是新专业和紧缺专业急需的人才。仅2006、2007年两年时间，学校就引进人才100余人。到2007年底，学校在编教师中拥有教授6人、副教授59人、高级工程师18人；博士4人、硕士129人；高级技师3人、技师24人；双师比例达到73%。师资结构指标全面达到优秀高职院校标准，为学院创优工作奠定了坚实的师资基础。

2009年至2011年，人才引进工作进入了调整期。人才引进政策开始放慢引进节奏，侧重引进硕士以上人员，三年共引进27人。2012年之后，人才引进进入相对稳定的增长期，每年引进30至50人不等。到2014年，502名在职、在编教职工中，正高职称28人、副高职称111人，博士4人，硕士研究生197人，教师队伍整体素质明显提升。

2021 年开始，学校侧重引进博士、高级职称等高层次人才。2021 年引进博士、高级职称人员 27 人、博士后 5 人。博士后人员引进实现"零"的突破，进一步改善了学校职称和学历结构。与以往相比，引进人才质量显著提升，呈现出良好的增长态势。到 2022 年初，学校 763 名教职工中，事业编制教职工 609 人、劳务派遣 154 人。高级职称人员 219 人，占事业编人数 36%，其中正高级职称 61 人。具有硕士以上学位教师 460 人，占事业编人数 75.5%，博士 47 人。师资队伍建设成效显著。

第二节　教师队伍建设

2006 年以来，为确保师资项目建设工作科学、有序、高效开展，学校制定和修订了一系列师资队伍建设管理制度。先后制定并出台了《中青年骨干教师选拔和培养实施方案》《教职工职业生涯规划工作实施办法》《"教授、副教授工程"实施意见》《关于政治辅导员、班主任等队伍建设的实施意见》《进修培训管理办法》《高职教育研究学者培养计划管理办法》《专业负责人管理办法》《教师学生工作经历工程资助项目申报实施办法》《名师（名专家）工作室管理暂行办法》《"双师"素质教师资格认定办法》《双师教学团队选拔培养和管理暂行办法》《名专业带头人选拔培养和管理暂行办法》《教学名师选拔培养和管理暂行办法》《校内兼课人员管理办法》《兼职教师聘任管理办法》《青年教师助讲培养办法》《人才项目管理办法》《外聘专家管理办法》《出国（境）进修培训管理办法》《博士学历学位提升工程管理办法》《教学创新团队建设与管理办法》《科研创新团队建设与管理办法》等，鼓励教师提高业务素质与专项技能，促使师资队伍整体素质不断提高。

一、重点建设工程

（一）"51555"师资队伍建设工程

2006 年，学校开始实施"51555"师资队伍建设工程。即到 2008 年实现全院有 5 名教授、10 名博士、50 名副教授、50 名硕士和"双师型"教师占比 50% 的建设目标。由此加大专业带头人和高层次人才引进，推出了教授副教授工程，选拔培养中青年骨干教师，推进双师型师资队伍建设。探索实施干部人事分配制度改革，实行干部竞岗和全员聘任，首次实施校内津贴分配制度。

（二）"三大计划"

2011年是学校实施"十二五"规划的开局之年，也是学校开启骨干校建设、加速内涵建设之年，并开始实施"三大计划"。即"51133人才高地计划""校企共推引才计划""教师能力提升计划"。"三大计划"的实施，为学校"双师型"教师队伍建设探索出了一条切实可行的新路子。

1. "51133人才高地计划"

学校实施"51133人才高地计划"，即重点培养和引进具有较高职业教育研究水平的高职研究学者5名左右、具有较大影响的名专业带头人10名左右、技术专家（技术带头人）10名左右，重点培养教学名师30名左右、企业名师30名左右。构建领军和带头人才队伍群体。邀请校内外名师或技术专家领衔开设名师（名专家）工作室，带领优秀中青年教师在专业建设、人才培养、科技创新与技术服务、高职教育研究等方面尽快成长。骨干校建设期内，选拔并培养了15位校级名专业带头人，其中9人最终入选省级专业带头人。培养了6名高职研究学者，选拔了74名技术能手、32名企业名师，成立了12个名师工作室。开展后备骨干人才队伍建设。在全校遴选优秀中青年教师，聘请赵志群教授和徐国庆博士为导师，仅2012年就选拔了11位培养对象分别师从赵志群教授和徐国庆博士。培养按照个性化方案进行，针对性强，使人才队伍蓬勃向上、羽翼渐丰。

2. "校企共推引才计划"

学校实施"校企共推引才计划"，建立校企人才柔性流动机制。国家骨干高职院校建设期内（2012—2015）引进12名高级人才。同期加强与企业的合作，搭建了"共引、共用、共管"的柔性引才新平台，新引进3名校企共享人才。优化兼职教师资源库，打造教师（师傅）教学团队，加大兼职教师聘任力度。2011年新聘用151名专业人才充实兼职教师资源库。赵志群教授经学校推荐，受聘为"杭州市钱江特聘专家"。2013年底，兼职教师已达586名；兼职教师承担课时数由2008年的8157学时上升到37964学时。2015年，资源库中的兼职教师总量为786人，其中来自校企共同体参与企业比例为52.3%，兼职教师所授专业课时占总专业课时的 50.91%，考核优良率为 90.7%。实行"双专业负责人"制度。2015 年，全校已有 27 个专业（方向）聘请了兼职专业负责人，实现专任教师与兼职教师优势互补。学校积极打造教师（师傅）团队，推行专任教师与兼职教师结对制度。企业派驻学校的人员达到了 256 人，学校直接参与企业技术研发的教师有 135 人。全校组建了 25 个双师教学团队。

3."教师能力提升计划"

学校实施"教师能力提升计划"。计划以教职工职业生涯规划为基础，为教师职业能力提升搭建多类型、多层次的培训平台，并将教师职业生涯规划落实情况纳入二级学院考核和教师本人的业绩考核范围。骨干校建设期内，推进校本培训计划，开设 14 个班，培训教职工人数超过 500 人次，其中境外培训 135 人次。2014 年，502 名在职在编教职工中，正高职称 28 名，副高职称 111 名，博士 4 名，硕士研究生 197 名，教师队伍整体素质大幅提升。

（三）"5315"人才高地计划

2019 年，学校被教育部、财政部列为中国特色高水平高职学校建设单位（B 档）。学校坚持人才强校，以"四有"标准为基石，细化教师分类标准，引领教师发展。

学校推进"5315"人才高地计划，即通过四年建设，引培 5 名专业群领军人才、30 名专业带头人、100 名杭职名师名匠，建成 50 个优秀创新团队，形成人才高地。教师国际化水平不断提升，具有 3 个月以上海外研修经历教师比例达 20%。建成了一支数量充足、专兼结合、结构合理的"身份互认、角色互换"高水平双师队伍。学校试点创新"优绩优酬"分配制度，激发教师活力，全面推进高水平双师队伍建设。深化两大工程，打造校本培训精品项目。以专业群建设为起点，跨越原有专业界限，按专业模块课程组、专业群共享课程组、通识课程组等分类、分块组建跨专业课程教师团队。以提升教改和研发能力为重点，升级教师教学发展中心和双师培育基地。以校企共同体为依托，实施校企人才共引共享，共建教学科研团队，实现"身份互认、角色互换"，构建多内容、多形式、多途径的立体化教师培养体系。聚焦教师素养提升，制定教师分类任职和素养标准，重建双师型教师标准，修订兼职教师准入标准。注重校培体系构建，推进教师职业生涯规划。项目制推进企业经历工程和教师学生经历工程。落实四年一周期的全员轮训，优化校本培训，"全员性"提升教师专业素质。瞄准领军人才培养，重点推进专业群领军人才培养工程。实施专业带头人培育工程、名师名匠引培工程、优秀创新团队培育工程。突出人才活力激发，推进落实"定岗定责"岗位聘任。深化改革"高职特色"职称评聘，试点创新"优绩优酬"考核分配，"颠覆性"构建人才激励政策。"靶向性"推行人才高地计划，推动了各类人才竞相涌现。2021年，学校新增国务院特殊津贴人员1人、全国五一劳动奖章1人、全国技术能手1人、省"万人计划"教学名师1人、市"万人计划"教学名师1人、杭州工匠1人、杭州市"钱江特聘专家"4人。

二、专项培训项目

（一）"双师"素质培养

2006年，为了加强学院"双师型"师资队伍建设工作，鼓励教师深入企业进行实践锻炼，以熟悉生产环境、强化实践技能、卓有成效地完成教学实践和研究课题，学校制订了《关于教师下企业锻炼进修的暂行规定》和《关于成立"岗位模拟工作室"的暂行规定》。其中《关于成立"岗位模拟工作室"的暂行规定》结合高等职业教育的特点，从提高学生就业能力出发，开创性地制订有关"双师型"师资队伍建设的政策措施，得到了各教研室和广大教师的积极响应。2007年评选出首批11个"岗位模拟工作室"，首创了以教师培养学生的成绩作为评价教师素质和工作实绩的师资评价模式和标准，既促进了教师的健康成长，也极大地促进了学生素质和技能的提高。

（二）中青年骨干教师培养

2006年，学校修订出台《杭州职业技术学院中青年骨干教师选拔和培养实施方案》，选拔具有扎实理论基础和系统专业知识、有较高学术水平和发展潜力、在教学、科研和育人工作中成绩较显著、治学严谨、敬业爱岗、具有良好的师德师风和职业道德的中青年骨干教师，提供专项资金，组织他们开展业务进修、国内外考察等活动。首次选拔有12名中青年骨干教师入选。同时推选市"131"、省"151"等各类人才，鼓励青年教师进修深造，努力将他们培养成具有更高水平的教学科研骨干。"十一五"期间，校内选拔、培养了45名中青年骨干教师。2012年，又开展优秀中青年骨干教师培养对象选拔。11 位中青年骨干经过两年的导师制培养，综合能力和水平得到了提升，陆续成长为业务骨干和管理干部。

（三）专业带头人和领军人才培养

2006 年，学校修订了《关于实行专业负责人制度的有关规定》，加强对专业负责人的培养和使用。2012 年，修订为《专业负责人管理办法（试行）》。对专业负责人实行年度考核，发放考核津贴。每年安排专题校本培训，聘请知名专家教学，专业负责人队伍得到了长足进步。同时也注重对领军人才的引进，配合安家费、住房补贴、人才专用房等政策，吸引高层次人才来校任职。国家"骨干校"建设时期，学校推进"51133 人才高地计划"，出台了《教学名师选拔培养和管理办法》《名专业带头人选拔培养和管理办法》《企业兼职专业负责人管理办法》《高职教育研究学者培养计划管理办法》等。其间，选拔了 15 位校级名专业带头人，其中 9 人入选省级专业带头人；培养了 6 名高职研究学者；选拔了 74 名技术能手、32 名企业名师；成立了 12 个名工作室。2011 年，开始推行"领军人才工程"。截至 2014 年，入选省"151"人才培养计划第三层次 1 人；市"131"中青年人才培养计划 13 人；省级专业带头人培养对象 9 人；2 人获评省级教学名师；4 人获评省教坛新秀；1 人入选"西湖鲁班奖"。学校入选国家"双高计划"后，高层次人才引培进入了快车道。至 2021 年，学校已有国务院特殊津贴人员 2 人；入选国家"万人计划"2 人；全国优秀教师 1 人；全国技术能手 2 人；国家级教学名师 11 人；省"万人计划"教学名师 3 人；省"151"人才工程第一、第二层次人选 2 人；浙江省有突出贡献中青年专家人选 1 人等领军人才。

（四）"两大工程"

学校自 2009 年起全面实施"两大工程"，即教师企业经历工程和教师学生工作经历工程。

2009 年初，学校出台了《杭州职业技术学院教师企业经历工程实施与考核办法》。《办法》对学校教师企业经历工程的总体情况、实施范围和要求、相关政策待遇、组织管理与考核等做出了规定。至 2009 年底，下企业教师已累计达到 100 余人，占应下企业教师总数的 36.9%。2010 年 5 月，成立了教师企业经历工程项目评审专家组和管理督查组，并出台了《杭州职业技术学院教师企业经历工程实施与考核办法补充意见》。《意见》规定教师申请下企业要经过专家组审批，下企业后要经专家组验收。

学校教师企业经历工程分为三个阶段：

2009年到2011年，是教师企业经历工程"宣传导向、理念转变"的第一阶段。学校要求每个教师"带着问题沉下去""带着项目钻进去""带着成果浮上来"，切实有效地推进教师下企业锻炼。教师返回学校后，通过召开教师企业经历工程交流会，能够分享在企业遇到的问题和取得的成果，进一步深化教师企业经历工程。到2011年底，第一阶段的任务圆满完成，全校具有半年以上企业经历的专业教师比例已达80.24%。

2012年到2014年，是"示范引领、项目推进"的第二阶段。第二阶段启动后，学校出台《教师企业经历工程项目制实施意见》，推出了教师企业经历工程重点项目申报制度。制度要求教师必须带着校企合作项目下企业锻炼，经专家组评审确定的重点项目给予配套经费。同时，通过实施"申报评比、过程监控、成效验收"三步骤全过程管理，培养一批既能面向企业、面向生产，又能直接参与企业技术应用、新产品研发与技术改造，还能主动开展科技服务、承担科研项目的骨干教师。对新引进教师，则要求必须先到合作企业锻炼半年以上，熟悉相关工作后才可在老教师的带领下安排教学工作。到2014年底，有247名教师参与了企业经历工程。

2015年到2017年，是"自觉行动、融入提升"的第三阶段。学校出台《产学对接优秀中青年教师进企业服务管理办法》。《办法》重点围绕企业需要、个人专业发展需要、学校专业建设需要开展工作。进企服务教师发挥自己的科研优势，为优化企业生产和学生实训提出合理化建议，增加日后教学针对性和实效性。同时，发挥桥梁纽带作用，促进校企交流与合作。优质校建设期内，共立项教师企业经历工程项目102项，参与企业经历工程教师560人次。截至2021年，具有企业经历的教师达到90%以上。

"教师学生工作经历工程"同样起始于2009年。该工程有两大目的：一是让广大教师更好地了解学生、理解学生、关爱学生，使其真正做到既教书又育人，从而有力地推进教师的成长成才。二是使教学工作与学生工作"两张皮"紧紧地贴到一起，推动"培育双高人才"这一育人目标的有效实现。学校出台《杭州职业技术学院关于实施教师学生工作经历工程的原则意见》，正式实施教师学生工作经历工程。要求新引进的专任教师和青年专任教师（1974年9月1日后出生）：原则上必须担任专职辅导员、兼职辅导员、专职班主任或学工办干事等学生工作三年以上。

2012年，为进一步扩大专任教师参与育人的广度和深度，学校出台《教师学生工作经历工程资助项目申报实施办法》。《办法》创新推出了教师学生工作经历工程项目制形式，明确由人事处负责规划，具体由学生处负责组织专家评审和验收，各院（系）负责组织项目的申报、推荐和过程管理等工作。立项项目分为重点项目和一般项目，每项分别给予6000元、2000元的经费配套。资助项目由各院（系）实行全过程跟踪管理，学生处不定期对项目的实施情况和经费使用情况进行检查，及时解决存在的问题。自2012年9月1日起，教师学生工作经历的考核结果被列为职称晋升、岗位晋级的必要条件之一。

2021年，学校修订完善《杭州职业技术学院教师学生工作经历工程资助项目管理办法》。《办法》细化项目申报和评审条件，加强实施和验收工作，对验收指标作进一步细化和量化，并提高资助标准。采用培育立项方式建设项目：立项后先给予0.5万元的启动经费资助；验收时，完成合格指标追加资助经费0.5万元，完成优秀指标追加资助经费1万元。

（五）校本培训

2010年，学校启动了教职工培训提升计划。5月15日，学院"教职工培训提升计划"首期校本培训班正式开班，共330余人参加了培训。自2010年开始至2021年，学校每年暑期分别面向专业负责人、骨干教师、青年教师、行政管理人员、辅导员等不同群体，开展集中专题业务培训。其间共举办不同类别的校内培训20多期，邀请了国内知名高职教育专家和专业、行业的专家授课，围绕教改、课改、职业素养等内容进行专题培训。

2014年，校本培训之"名师沙龙"首度开讲。该系列旨在通过与名师面对面的研讨交流，提升教师的专业发展能力和职业素养。到2021年底，已累计开班114期，惠及1400余人次。沙龙主题涉猎广泛，赢得广大教师的热切关注和积极参与。

（六）职业生涯规划

2011年，学校成立了教职工职业生涯规划领导小组和指导委员会，并出台了《教职工职业生涯规划实施办法》。学校积极构建教职工职业生涯发展支撑体系，引导教职工对职业生涯的不同阶段做好规划，并予以指导、培养。全体教职工均完成有针对性的职业生涯规划。每到年初，每位教师都对前一年的本人规划执行情况进行小结，院系给予指导反馈后，再制订新一年的职业生涯规划。

（七）青年教师助讲培养

2013 年，学校出台《青年教师助讲培养办法》。《办法》对新聘用到高校从事教学工作的在岗教师，以及高校教学经历不足的青年教师进行"一对一"助讲培养。到 2021 年，接受培养的青年教师达 153 人。

2015 年，学校开设公派出国英语能力培训班、普通话技能培训班等，有计划地安排青年教师参加外语学习，并建立了青年教师在职攻读学位制度。同时，根据工作需要和青年教师的自身条件等，分期分批安排了不少青年教师参加出国进修。

（八）海外研修

学校坚持推荐骨干教师通过各种途径出国研修、访学，鼓励支持教师深入参与国际交流与合作。

2006 年，学校出台了《因公出国（境）管理规程》，规范和加强出访任务的管理。

2011 年，学校启动教师海外培训计划。骨干校建设期内，分 3 年选派 6 批共 150 余名骨干教师赴德国、新加坡等地进行职业教育培训。2015 年起，陆续有教师通过教育部地方合作项目审批获得国外访学一年的机会。至 2021 年，共有郭伟刚、姚瑶、吕路平、张永昭等老师赴德国、美国、英国等地深造。学校每批选派 6 ～ 8 名教师，组团到德国高校或中外合作办学的新西兰高校进行 3 个月左右的教学法培训，使培训更深入、针对性更强。

2019 年，学校制定了《教师出国（境）进修培训管理办法》，加大政策与资金支持，为教师赴海外学习提供保障。

（九）教学创新团队

2013 年，学校开展双师教学团队选拔和培养。组建双师教学团队 25 个，并选拔了其中 12 个团队为校级双师教学团队。其目的是依托校企共同体，打造更优的教师（师傅）团队，推进教学改革。2021 年，学校开展校级创新团队培育创建工作，出台《教学创新团队建设与管理办法》《科研创新团队建设与管理办法》《学生人生导师团队建设与管理办法》。其间，立项校级教学创新团队 15 支，职业技能竞赛指导团队 15 支，科研创新团队 20 支，人生导师团队 10 支。其中，电子商务教学创新团队入选首批国家级职业教育教师教学创新团队；机电一体化专业入选第二批国家级职业教育教师教学创新团队；特种设备智造与智慧管控技术教师团队入选首批浙江省黄大年式教师团队；电梯检测技术课程教师团队、服装立体裁剪课程教师团队入选国家级课程思政教学团队。

第三节 兼职教师队伍建设

兼职教师队伍是学校师资队伍的必要补充，在实际人才培养中不可或缺。学校抓住杭州高校多，特别是地处下沙高教园的特殊优势，想方设法借助校外师资保证教学任务的全面完成和教学质量的稳步提高。同时特别注重从企业的能工巧匠中吸纳兼职人才，为学生实际操作技能的快速提升创造条件。兼职教师队伍建设呈现出健康、高质发展的良好态势。

一、兼职教师资源库

2002 年，为适应学校办学规模快速发展的需要，学校出台《外聘兼职教师管理暂行规定》，鼓励聘请外聘兼职教师，确保学校教学质量和教学秩序稳定。

2006 年，学校对文件做了进一步修订，对全职聘用、兼职教师和兼课教师予以区分，并将所享待遇情况做了明确规定。到 2007 年，学院有兼职教师 102 人。其中高级职称教师 53 人，占兼职教师总数的 52%；专业课与实践指导教师 213 人，兼职教师比例达到专业课与实践指导教师总数的 21.3%。

2009 年，学校开展了大规模的兼职教师与实训教师招聘工作。举行首批名誉教授聘任仪式，聘请名誉教授 47 名、客座教授 125 名、客座讲师 271 名。建立了由 445 名行业企业专家骨干、能工巧匠组成的兼职教师资源库，为学校工学结合的深层次推进提供了有力保障。

2011 年，学校出台《兼职教师聘任管理办法》，进一步深化兼职教师分类，并对兼职教师的聘任、管理、培训与考核评比做了明确规定。

2013 年，学校表彰首批优秀兼职教师。刘秋明等 12 人荣获"杭州职业技术学院企业名师"，万国平等 29 人荣获"杭州职业技术学院技术能手"荣誉称号。

2015 年，学校进一步优化兼职教师资源库。资源库中的兼职教师总量为 786 人。其中，来自校企共同体企业的比例为 52.3%，兼职教师所授专业课时占总专业课时的 50.91%，考核优良率为 90.7%。学校实行"双专业负责人"制度，全校有 27 个专业（方向）聘请了兼职专业负责人，实现专任教师与兼职教师优势互补。学校积极打造教师（师傅）团队，推行专任教师与兼职教师结对制度。企业派驻学校的人员达到了 256 人，学校直接参与企业技术研发的教师有 135 人，已组建 25 个双师教学团队。

优质校建设期间，校企共建双师培育基地，为教师素质提升创造了有利条件。学校先后与达利（中国）有限公司、浙江省特种设备检验研究所、杭州容安特种设备职业技能培训有限公司等共建"双师型"教师培养培训基地 6 个。培养培训基地为学校培育双师型教师 98 人。服装设计与工艺"双师型"教师培养培训基地有学校专业教师 31 名，其中高级职称 10 名，兼职教师 21 名。其中有达利（中国）有限公司等企业高管和行业企业的能工巧匠及浙江省旗袍非遗传人韩吾明大师等。优质校建设期内，开发了"服装设计中职教师培训""教师着装品位的提升""服装创意立体裁剪""服装专业与课程建设""教学图片视觉设计 PS""服装陈列中职培训"等培训包。2019 年，该基地被教育部认定为国家级"双师型"教师培养培训基地。

二、常驻学校兼职教师

学校聘请行业、企业专家骨干、能工巧匠组建动态管理的兼职教师资源库。动态兼职教师资源库的建立优化了学校双师队伍的结构。2015 年，企业高工常驻学校开展生产教学已成常态。

骨干校建设期间，以整体搬迁到学校的友嘉数控机床培训中心、数控机床维修中心为平台，校企共同组建了"身份互认、角色互换"的专业教学团队，企业 20 名技师常驻学校，担任兼职教师，参加专业建设。专职教师帮助兼职教师树立职业教育理念、提高教学技能，通过定期开设教学公开课、开展研讨等途径反馈教学建议。兼职教师则帮助专职教师提高职业技能、岗位技能，提升专职教师对企业环境的深度认知。同时，聘用友嘉数控机床培训中心主任担任兼职专业负责人。这既提升了专业建设的工学结合能力，也提高了学校专任教师和企业师傅之间的优势整合能力。

骨干校期间，学校依托达利公司、浙江省服装行业协会等行业企业，与香港理工大学、东华大学等高校，共同实施了教师技能提升计划和新教师成长计划，定期安排专业教师到达利进行教学实践与产品开发。学校每学年轮流选派 2 名以上教师到企业担任技术员，培育了一支"身份互认、角色互换"的双师教学团队。达利专业群专业教师中 80% 以上拥有 3 年以上企业工作经历，企业常驻校内技师 15 人。

2020 年，学校聘请了行业专家担任专业带头人。聘任台湾地区友嘉实业集团原副总经理巫茂炽为我校数控技术特聘专家，承担数控技术专业带头人职责，并担任数控机床智能化改造应用技术协同创新中心特聘专家，建立专业领军人才团队。引进企业技术骨干为学校常驻技师，仅数控专业常驻技师就达到 23 人。

第四节　师德师风建设

学校发展以教师为基，教师素质以师德为先，师德师风建设是学校师资队伍建设的第一要务。加强师德师风建设是改进教风学风的有力手段，是教师职业发展的需要，更是建设高素质教师队伍的内在要求。学校正式建校后，师德师风建设常抓不懈，取得了明显成效。

2006 年 3 月，学校组织开展以"展师德风采，创优秀群体，树教育新风"为主题的"师德创优活动"。期间出台了《关于开展"师德创优活动"的实施意见》，成立了"师德创优活动"领导小组。领导小组下设办公室（在院工会），具体负责"师德创优活动"的组织、协调工作。通过举办师德报告会、师德建设专题研讨会、师德论坛、"师德标兵"评选活动等，推动师德教育工作持续发展。其间，学校决定授予杨强、龚仲幸两位教师杭州职业技术学院 2005—2006 学年"师德标兵"称号。

2006 年 12 月，学校出台《杭州职业技术学院群体师德创优活动实施办法》，进一步开展"群体师德创优"活动。活动关注教师个体需求，审视师德建设内涵，努力把"个体师德创优"与"群体师德创优"结合起来，进一步优化"群体师德"。通过"师德标兵""事业家庭兼顾型先进个人"评选，年度"评先评优"、教师心理健康培训、教学技能比赛和教科研活动等一系列活动的开展，群体师德创优活动的内涵得到丰富，群体师德创优取得明显实效。

2007年，学校组织开展了"群体师德创优"先进集体的评选工作。经学院师德创优领导小组综合评定，化工系实验实训室、机电系电气教研室等8个部门被评为院级"群体师德创优"先进集体。同时推荐得票数最高的化工系实验实训室参加市级"群体师德创优"先进集体评选。

2014年，学校成立师德师风建设领导小组，并制定出台《师德师风建设实施意见》《杭州职业技术学院教师职业道德规范》《教师公约》《行政人员公约》《师德师风建设工作计划》等文件，健全师德师风建设体制，完善师德师风考核评价体系。

学校坚持把师德教育摆在教职工队伍建设的突出位置，先后开展了一系列师德师风建设活动。如师德师风学习活动、以"树师德、正师风、铸师魂"为主题的大讨论活动、"十查十看"专项督查活动、师德师风知识竞赛、"走进学生"系列活动、师德师风成果展示、"最受学生欢迎的教师"评选活动等。

学校建立起一套科学合理、符合实际的师德师风考核体系，力争实现师德师风建设制度化、规范化、长效化。将师德师风考核作为教学质量考核的重要内容，考核结果作为教师职称评聘、职务晋升、考核评优的重要依据。学校实行师德师风"一票否决"制度，对出现严重违反师德师风要求的教师，在职称评聘、职务晋升、考核评优等方面实行一票否决。同时，严格师德监督惩处，建立师德定期通报和约谈制度，对群众反映强烈、社会影响较坏的师德师风问题，以"零容忍"的态度坚决查处。

经过多年实践，学校师德师风建设成果丰硕：教职工先后有40人次受到市级以上表彰。其中省级及以上表彰20余人次；1人获国家"万人计划"科技创新领军人才；1人获国家"万人计划"教学名师；2人获国务院政府特殊津贴；11人入选国家级教学名师；1人获全国五一劳动奖章；3人获全国技术能手；1人获"全国优秀教师"荣誉称号；3人获"浙江省优秀教师"荣誉称号；1人获"最美杭州人——感动杭城十佳教师"；多人荣获其他省级、市级荣誉。另外还有多人在省、部级学术团体任主任、理事等职务，在行业内有较高的知名度。

（撰写：于潇）

第七章　科研与社会服务

杭职院"摘帽去筹"后，充分认识到科学研究是高校发展的重要支撑，服务社会是高职院校的重要使命，对科研与社会服务工作寄予很大希望。即使在经费紧张、办学条件受限的年份，也仍然采取诸多措施，努力提升科研和社会服务的质量和水平。经过多年努力，科研工作日益强大，社会服务多姿多彩，为学校可持续发展作出了不可磨灭的积极贡献。

第一节　科研工作

在学校党政班子的领导下，根据建设国内一流、国际上有较大影响力"高职名校"的新目标，科研工作以聚焦、突破重点科研项目为抓手，顺应国家科技政策改革方向，稳步推进科研管理体制机制改革，全面激发科研人员科技创新活力。学校不断整合资源、集中方向，积极争取重大项目，大力构建高水平科研平台，持续强化科技成果产出，科技创新能力持续增强，科研工作呈现出"量增质升"的良好态势，体现科技工作能力和水平的关键指标不断突破，核心指标提前超额完成，学校的科研实力、学术竞争力显著增强，社会声誉快速提升。

一、科学研究管理机构

2005 年学校成立了科研处，负责全校科技项目的申报及过程管理、科研平台建设、科技成果奖励的组织与申报、知识产权管理、科技成果的转化、重大科技项目的协调组织工作，并承担学术交流与合作、学会工作、科协工作、科技评估与统计等工作。

2013 年 1 月，为加强学校科研经费使用信息公开和监督管理工作，成立科研经费使用信息公开领导小组。

2014年11月，通过无记名投票民主选举产生杭州职业技术学院第一届学术委员会。学术委员会是学校最高学术机构，在专业建设、学术评价、学术发展和学风建设等学术事务及其他按规定必须提交或学校认为应当提交的事项上统筹行使决策、审议、审定和咨询等职权。

2017年1月，学术委员会进行换届选举。经大会无记名投票，第二届学术委员会由民主选举产生，共有15名委员。

2020年12月16日，杭州职业技术学院第一届教科研大会召开。学校党委书记金波、校长徐时清及全体教职员工参加大会。徐时清校长从"回顾过去、总结经验"、"立足双高、提质培优"和"下一步重点工作考虑"三个方面做了大会主旨报告。在总结讲话中，党委书记金波对全体教职工提出注重内涵发展、坚持教学中心地位、注重创新驱动、突出人才强校战略、重视立德树人五点要求。此次大会总结交流学校教学科研工作的主要成效与经验，分析研判教学科研工作面临的新形势和新任务，同时研究部署了今后一个建设时期学校的教学科研和科技成果转化工作，对科研工作的进一步深入开展具有重要意义。

2021年12月，杭州职业技术学院第三届学术委员会成立。

二、科研工作的开展

注重加强学术载体建设。从2006年到2022年初，《杭州职业技术学院学报》共出版60余期，刊发近5000篇论文。内容紧扣高职教育中的热点问题，关注和服务于学校教学改革与发展，为学校办学和管理工作提供参考。学报每期与外界交流300余册、校内发放200余册。既加强了学校与外界的交流，又服务了学校办学实践。学报被评为"全国高职院校优秀学报"。

加强学术诚信体系建设。构建集教育、预防、监督、惩治于一体的学术诚信体系。治理、遏制各种学术不端和科研失信行为。

学校被浙江省高校科研管理研究会高职分会评为2009年度科研管理工作先进集体，获得2010年度杭州市科技创新"十佳"高校、浙江省高校科研管理学会高职分会2015年度科研管理先进集体、2015年杭州市社科联系统先进集体和高职院校科研管理先进集体等荣誉称号。

　　近年来，学校通过校企深度合作，深化产学研融合，重视教师科研能力培养，科技成果转化数量不断攀升。2020年和2021年，学校连续举办两届"杭职拍"科技成果竞价（拍卖）会，竞拍总价分别为958.5万元和1771万元，推动了职业院校科技创新资源落地转化和产业化，打通了科技成果转化"最后一公里"，为地方经济社会发展贡献"职教力量"。

三、科研立项与成果

　　学校科研工作在最近的20年实现了跨越式大发展。

　　2005年，学校首次获得市级科研奖励。但到2006年，学校年度到账科研经费也仅33万元，市厅级以上课题33项。之后，学校科研进步连续上台阶：2007年，获得首个省部级科研奖励；2008年，首篇SCI/EI论文发表；2009年，获得国家级科研项目立项；2011年，获得首个发明专利授权；到2020年，市厅级以上课题有133项，到账科研经费突破1000万元。同年，还获得首个国家级科研奖项。2021年省部级以上课题15项，到账经费再创历史新高，达到2518.3万元。

　　截至2021年12月31日，学校共承担各级各类科研课题1734项，其中国家级项目3项，省部级项目120项，市厅级项目844项。获各级各类科研奖励113项，其中国家级奖1项，实现了国家级奖项一等奖零的突破。出版著作121部。发表学术论文3870篇，其中核心期刊论文1181篇；SCI检索收录219篇；EI检索157篇；CSSCI检索100篇。还获批授权专利1530件，其中发明专利87件；授权国际专利4件。（详见附录"杭州职业技术学院科研获奖一览表""杭州职业技术学院专著一览表""杭州职业技术学院专利情况一览表""杭州职业技术学院科研获奖一览表"）。

　　2015年6月，华东师范大学职业成人教育研究所发布了国内200所国家示范性和骨干高职院校科研竞争力评价研究报告，杭职院科研竞争力位居全国高职院校第31位。

四、科研管理制度

　　自2007年以来，学校科研工作进入快速发展期。为稳步推进科研管理体制机制改革，着力破除制约创新能力提升的各类障碍，不断完善适应学校发展新阶段的科研管理体系，学校制订、修订了一系列科研管理制度，形成了较为完善的科研管理政策体系。

2007年3月，为理顺研究所（中心）管理体制，促进研究所（中心）规范有序地开展科学研究和学术交流活动，学校制订了《杭州职业技术学院研究所（中心）管理办法（试行）》（杭职院〔2007〕44号）。

2009年4月，学校制订了《杭州职业技术学院科研工作管理条例（试行）》（杭职院〔2009〕38号）、《杭州职业技术学院科研工作量计算及奖励实施办法（试行）》（杭职院〔2009〕39号）。

2009年6月，学校制订了《杭州职业技术学院科研项目经费管理实施细则（试行）》（杭职院〔2009〕52号）。

2010年4月，为进一步调动教研与科研工作的积极性，推动专业建设、教学改革和科学研究，促进学院教研和科研工作科学发展，学校对科研工作奖励办法进行修订，出台了《杭州职业技术学院教科研项目配套和奖励办法（试行）》（杭职院〔2010〕25号）。

2012年12月，学校制订了《杭州职业技术学院科研经费使用信息公开办法》（杭职院〔2012〕87号）。

2013年4月，为适应学校二级管理体制改革的要求，进一步激发教职工的科研积极性，学校制订了《杭州职业技术学院科研项目管理办法（试行）》（杭职院〔2013〕26号）。

2013年12月，为规范校级科研课题的评审，学校出台了《杭州职业技术学院校级科研课题立项评审要求、评分标准、评审程序》和《杭州职业技术学院校级科研课题成果鉴定评奖标准》（杭职院〔2013〕96号）。为进一步发挥名师（名专家）示范引领作用，制订了《杭州职业技术学院名师（名专家）工作室管理暂行办法（试行）》（杭职院〔2013〕108号）。

2014年9月，为推动专业建设、教学改革和科学研究，学校对教科研经费配套和奖励办法进行了修订，出台了《杭州职业技术学院教科研工作量（项目、成果）计算及奖励实施办法（试行）》（杭职院〔2014〕88号）。

2014年11月，为进一步推动我校杭州哲学社会科学重点研究基地（现代职业教育研究中心）建设，保证基地建设达到预期目标，学校制订了《杭州职业技术学院杭州市哲学社会科学重点研究基地（现代职业教育研究中心）管理与实施细则（试行）》（杭职院〔2014〕126号）。为切实加强和改进学风建设，促进我校学术活动健康发展，学校制订了《杭州职业技术学院学术规范及违规处理暂行办法》（杭职院〔2014〕133号）。

2016年9月，按照有关文件要求，学校修订了《杭州职业技术学院科研项目管理办法》（杭职院〔2016〕66号）。

2017年3月，为确保校级科研项目的有效性、实用性和服务学校发展，进一步明确校级科研项目立项及结题要求，学校制订了《杭州职业技术学院校级科研项目管理细则》（杭职院〔2017〕16号）。

2017年10月，为了规范和加强学校科研项目评审、成果评奖的校内管理，确保评审结果的公平和公正，学校制订了《杭州职业技术学院科研项目与科研成果评审校内专家管理办法》（杭职院〔2017〕73号）。

2018年5月，为进一步规范和加强科研经费管理，学校制订了《杭州职业技术学院科研项目经费管理实施办法（试行）》（杭职院〔2018〕21号）。为保证科研项目管理合理、规范，促进学校专业建设、教学改革和科学研究，学校修订了《杭州职业技术学院科研项目管理办法（2018年修订）》（杭职院〔2018〕20号）。

2020年3月，为促进学校教科研工作科学发展，根据省市文件精神，学校修订了《杭州职业技术学院教科研配套及奖励实施办法（2020年修订）》（杭职院〔2020〕24号）。

2020年12月，为保证科技计划项目的顺利申报、按期实施与优质完成，实施科学化、规范化、制度化管理，学校制订了《杭州职业技术学院科技计划项目管理办法》（杭职院〔2020〕103号）。为鼓励和支持教职员工从事科研开发与社会服务，促进我校科研竞争力和社会服务能力的提升，学校制订了《杭州职业技术学院科技合作项目管理办法》（杭职院〔2020〕104号）。为进一步促进学校科技成果转移转化，加快科技成果转化为现实生产力的速度，学校制订了《杭州职业技术学院科技成果转化管理办法》（杭职院〔2020〕105号）。为贯彻落实国家和省市对科技工作"放管服"改革精神，学校出台了《杭州职业技术学院科研经费使用补充规定》（杭职院〔2020〕102号）。

五、学术交流及其他相关活动

2006年以来，学校连续15年参加杭州市科普周活动，获得杭州市社科普及活动优秀组织奖、杭州市2010—2011年度科普工作先进集体和杭州市社会科学普及工作先进集体的荣誉称号。

2009年10月，学校成立杭州职业技术学院社会科学联合会。社科联是在学校党政领导下的社会科学工作者的群众性、学术性团体，是浙江省和杭州市社会科学界联合会的团体会员。负责组织我校社会科学优秀成果申报工作。

2010—2017年，学校连续举办七届学校发展论坛。

2010年，学校组织举办了浙台高等职业教育研讨会。作为协办单位，学校和与会人员共商推动浙台高职教育事业协同发展大计。同年，还组织召开了杭州职业技术学院、宁波职业技术学院、温州职业技术学院的三校联盟会议。

2012年，受杭州市委宣传部和市社会科学界联合会委托，学校承办了以"感恩"和"社会礼仪"为主题的两次西湖文史讲堂。

2014年，学校组织召开了杭州职业技术学院科协成立大会暨第一次代表大会，制订了《杭州职业技术学院科学技术协会实施细则》，选举产生了杭州职业技术学院第一届科学技术协会组织机构。

2017年，学校承办了中国职业技术教育学会人文素质教育研究会年会，并做大会主题报告；组织承担了杭州市社科界第二届学术年会第一分论坛"创新创业与经济转型"的科研交流活动。

2018年，学校组织召开全国职业教育科研工作研讨会；协办"现代学徒制研究中心"一届七次研究会会议。

此外，学校还常年开展"名师讲堂""科研论坛""高职内涵建设系列专家讲座"等活动，邀请国家及省市专家，来校开展咨询、讲座、专题辅导等，指导教师开展课题申报、课题研究工作。

六、科技创新平台

学校大力推进科研平台体系化建设，积极建设各级各类科技创新平台。紧紧围绕行业产业需求，努力打造层级分明、分布合理、运行规范的科研平台体系，突破体制机制禁锢，集聚创新要素，产出标志性成果。

2007年6月，学校成立"杭州职业技术学院现代制造与自动化技术研究所"等13个院级研究所（见表3-7-1）。

2013年5月，学校21个校内技术研发平台正式开始运作，并组织研发平台负责人赴温职院做调研，实行全过程管理，不断督促研发平台负责人完成平台建设任务。2015 年 7 月，有 22 个校内技术研发平台通过验收（见表 3-7-2）。

2014 年，杭州市社科联批准杭州职业技术学院"现代职业教育研究中心"为杭州市社科重点研究基地。

2020 年，学校"杭州市产教融合研究院"获批杭州市哲社研究培育基地。

2020 年 12 月，学校与温岭市科技局共建技术转移中心。中心面向温岭市主要产业，发挥学校的人才、技术和信息优势。与浙江知识产权交易中心有限公司签订高校科技成果转移转化合作协议，促进了学校科技成果的转移转化。

2021 年 12 月，与浙江知识产权交易中心签约共建"高职院校科技成果转移转化服务平台"。

表3-7-1　杭州职业技术学院院级研究所一览表（2007）

序号	研究所中文名	研究所英文名	负责人
1	现代制造与自动化技术研究所	Institute of Modern Manufacture and Automation Technology	丁学恭
2	机电一体化技术应用研究所	Institute of Electromechanical Integration Technology Application	吴晓苏
3	模具研究所	Di & MouldResearch Institute	罗晓晔
4	中小企业研究所	Institute of Small and Medium-sized Enterprise(ISME)	郑健壮
5	现代服务业研究所	Institute of the Modern Service Industry	杨　强
6	服装制作技术应用研究所	Institute of Garment Manufacture Technology Application	许淑燕
7	建筑装饰材料应用技术研究所	Institute of Architectural Decoration Material Applied Technology	张书梅
8	环境与生物技术应用研究所	Institute of Environmental and Biotechnology Technology Application	周小锋
9	精细化工研究所	Institute of Fine Chemicals	谢建武
10	软件技术研究所	Institute of Software Technology	沈海娟

续表

序号	研究所中文名	研究所英文名	负责人
11	电子技术应用研究所	Institute of Electronics Technology Application	吴弋旻
12	现代网络信息技术研究所	Institute of Modern Network Information Technology	谢 川
13	职工教育研究所	Institute of Laborer Education	廖志林

表3-7-2 杭州职业技术学院技术研发平台（研究所、研发中心）一览表（2013）

项目编号	院（系、部）	平台名称	负责人	考核结果
YFPT201301	达利女装学院	达利丝绸旅游产品研发中心	白志刚	合格
YFPT201302	达利女装学院	服饰立体造型研发中心	章瓯雁	合格
YFPT201303	达利女装学院	毛衫研发中心	卢华山	合格
YFPT201304	达利女装学院	女子裤装样板工艺技术研发中心	袁飞	合格
YFPT201305	达利女装学院	四季青女装制版技术研发中心	丁 林	合格
YFPT201306	临江学院	环境监测与治理工程研究所	徐明仙	合格
YFPT201307	临江学院	生物制药研究所	陈 郁	合格
YFPT201308	临江学院	杭职—思达绿色化工技术研究所	童国通	合格
YFPT201309	临江学院	食品研究所	支明玉	合格
YFPT201310	临江学院	花卉园艺研究所	龚仲幸	合格
YFPT201311	临江学院	杭职—雅露伊恩化妆品研究所	谢建武	合格
YFPT201312	友嘉机电学院	机械设计与制造研究所	蔡海涛	合格
YFPT201313	友嘉机电学院	工业自动化技术应用研究所	魏宏玲	合格
YFPT201314	友嘉机电学院	工业设计研究所	王丽霞	合格
YFPT201315	友嘉机电学院	数控机床装调维修研究所	张中明	合格
YFPT201316	友嘉机电学院	模具研发中心	郭伟刚	合格
YFPT201317	金都管理学院	杭州会所发展研究所	杨 强	合格
YFPT201318	金都管理学院	中小企业税务研究所	张清阳	合格
YFPT201319	金都管理学院	物业服务创新与职业技能研究所	张海兰	合格
YFPT201320	普达海动漫艺术学院	触动·新媒体动漫研发中心	王启宾	合格

续表

项目编号	院（系、部）	平台名称	负责人	考核结果
YFPT201321	信息电子系	物联网研发中心	吴弋旻	合格
YFPT201322	金都管理学院	网商研究所	姚　岗	合格

第二节　基地建设

　　研究基地是科研的重要平台，对学校科研事业的发展具有重要意义。2014 年，我校经商杭州市社科联、杭州市社科院，开启了申报杭州市哲学社会科学重点研究基地（现代职业教育研究中心）建设征程。基地建设期为 3 年，由发展研究中心（科研处、高职教育研究所）牵头负责，校长贾文胜担任基地主任，立项的基地课题性质为杭州市哲学社会科学规划课题。

　　现代职业教育研究中心旨在从现代职业教育发展实际出发，深入研究职业教育如何服务区域经济社会发展、职业教育高技能人才培养模式创新、职业教育教师队伍建设等重大理论和实践问题，为职业教育发展和政府决策服务。主要研究方向包括"职业教育服务区域经济社会发展""职业教育高技能人才培养模式创新""职业教育教师队伍建设"。建设期内，学校组建了专门研究团队，出台专门制度，实施全方位保障。基地成员围绕职业教育发展范式、职业教育高技能人才培养创新和职业教育师资队伍建设三个主题，在三年内形成了一大批研究成果。基地成为全国职业院校职教改革的"案例库"、杭州市委市政府制定职业教育政策的"咨询库"和全国职业教育理论与实践研究的"资源库"，超额完成预期目标。2016 年，我校杨云和程君青 2 位青年教师入选了杭州市社科优秀青年人才培育计划第一期培育对象名单。

　　2017 年 4 月 27 日，杭州市社科联主席、市社科院院长沈翔、浙江省社科院副院长陈柳裕、浙江财经大学教授张国平、杭州市社科联科研管理处调研员张曾逸和汪欢欢等专家一行来我校开展杭州市哲学社会科学重点研究基地（现代职业教育研究中心）第二轮周期验收。校长、基地主任贾文胜从基地的建设概况、目标完成情况、建设成效和问题建议四个方面做验收汇报。沈翔对我校哲社基地的建设给予了高度评价，认为我校举全校之力开展哲社基地建设，研究目标精准，研究特色突出，研究成果丰硕，希望今后我校哲社基地能更多地为市政府提供政策建议，促进学校产学研一体。

2017年5月9日，杭州市哲学社会科学规划领导小组发文公布了杭州市哲学社会科学重点研究基地第二轮建设验收结果，共评出2个优秀、6个良好。我校重点研究基地——现代职业教育研究中心被评为优秀，并在所有8个基地中验收成绩排名第一。这充分彰显了我校在三年建设周期中做出的努力和取得的成绩，为申报新一轮重点研究基地奠定了良好基础。

2019年，学校与教育部合作共建产教融合研究基地。双方进一步深化产教融合、校企合作、德技并修、工学结合育人机制改革，构建职业院校、企业、科研机构发展命运共同体，推进职业教育标准研究、教学资源开发、教育教学模式改革试验，总结、推广改革实践经验。

2020年，现代职业教育研究中心入选第四轮杭州市哲学社会科学重点研究基地。杭州市产教融合研究院入选杭州社会科学研究培育基地。

自2014年至2021年，杭州市哲学社会科学重点研究基地现代职业教育研究中心共立项研究课题57项。

第三节　社会服务

社会服务是高校办学的职能之一。杭职院社会服务工作由继续教育学院承担。继续教育学院成立于2003年6月，其前身为学校的成人教育处。目前，继续教育学院下设成人学历教育管理办公室和社会培训项目科。

经过二十多年的发展，继续教育学院（原成人教育处）在社会服务方面有了相当积累。2003年，开发了"开发区职工素质教育基地暨蓝领成才项目"，为开发区企业职工提供专业技能培训。2006年，成为第一批"杭州市就业再就业定点培训机构"，为600余人提供了专业技能培训。2007年，成为"大学生创业培训机构"，之后连续为在校学生提供SYB培训。2008年，成立在杭高校第一家"安全生产培训机构"，为工矿企业的负责人、安管员进行培训、复训取证，提供企业全员培训。同年，学校被省教育厅、省劳动保障厅批准为首批五所"双元制成人高职试点"高职院校之一。

2008年3月20日，我校与杭州经济技术开发区管委会开展战略合作，组建了以开发区政府为主、双方共同参与的学校发展委员会和校企合作领导小组，并由开发区管委会主任担任主任。学校、开发区政府和区内主流企业共建了"产学研发展学院""高职学生创业园""高技能人才培训中心""蓝领成才培训中心"等合作实体。重点推进实施"开发区高技能人才培训工程""下沙失地农民培训工程""蓝领成才工程""开发区职工素质提升工程""开发区社会人员文化知识提升工程"。选用优秀教师为企业职工、社区居民提供继续教育，提升企业技术工人、社区居民的素质。校企联合开展三下乡活动、科技咨询服务，实现为合作企业和开发区年均培训4万人日以上，为企业完成技术革新或新产品研发年均达30项以上，2005年以来社会服务到款统计见表3-7-3。

表3-7-3 2005年以来社会服务到款额统计表

序号	统计年份	年度到款额 / 万元
1	2005 年	720
2	2007 年	500
3	2008 年	535
4	2011 年	250
5	2015 年	600.86
6	2016 年	437.145
7	2017 年	714.95
8	2018 年	800
9	2019 年	1050
10	2020 年	950
11	2021 年	1113.7

一、立足企业，服务区域，社会服务总体能力显著增强

（一）高技能培训

学校以友嘉数控机床培训中心、数控精密加工中心、数控机床维修中心等"校中厂"生产性实训基地为平台，开展面向企业和社会的高技能培

训服务。友嘉数控机床培训中心场地的规模和设备在建设期内增加一倍，成为友嘉实业集团在杭 12 家企业的培训中心，负责客户企业技术人员技能提升培训、新入职员工基础技能培训以及在校学生的专业技能培训。数控精密加工中心以航空工业产品为载体，通过教学、培训、技术咨询、产品加工等服务变"消耗型"实训为"经营型"实训。数控机床维修中心成为友嘉实业集团华东地区唯一的机床维修中心，所有机床的大修及规模化改造都在该中心进行。企业专家、专业教师以及学生共同组成的维修团队承担了数控机床的维修改造任务，既为企业生产提供了实质性服务，又为在校学生提供了实践机会。

借助公共实训基地，学校为企业各个层次的员工（如技师、高级工等）提供了电子、电工、机械制造等方面的技能培训。2008 年至 2010 年，承担技能大赛 8 次，每年为社会培训 27400 多人次，完成技能鉴定 2050 多人次，充分发挥了公共实训基地培训鉴定的功能。

（二）职业教育辐射服务

借助浙江省高职院校"双师"素质教师培养培训基地的优势，学校开展面向职业学校的职业教育师资培训工作。为了促进中高职衔接学校的顺利对接，先后开展了为对口中职教师的师资培训以及对中职学生的专业认知实习指导工作，承担了丽水市缙云县职业中专国家中职示范校建设的师资培训等，累计培训中职学校师资 67 人，每年接待来访的中职校学生有 300 多人。

承担公共实训基地先进机械制造实训中心、电工电子实训中心和制冷实训中心的设备维管服务，满足了在杭高校及中职学校的学生培训需要。该基地已成为杭州地区最具影响力的高技能实训场所之一。

针对杭州西奥电梯有限公司、通力电梯有限公司等区域主流电梯企业面临的在中西部地区招工难、培训难等问题，学校利用对口支援院校的资源，搭建起"校—校—企"合作平台。对口支援兰州职业技术学院、宁夏工商职业技术学院等 9 所院校，选拔学生免费来我校学习电梯安装与维保技术。学生在学校学习 2 个月后，再到杭州西奥电梯有限公司、通力电梯有限公司等电梯企业实习，毕业后到生源地就业，拿杭州标准的薪酬。本项目已开展 2 期，首期"校—校—企"电梯班报名 400 余人，录取 33 人。该平台的运作，解决了企业招工难和学生就业难的问题。

数控技术专业（群）开发了"探索机电奥妙、追踪3D打印"等反哺课程，为杭州新世纪外国语学校、杭州源清中学等多所学校的中、小学生和老师开设职业体验课程。通过职业反哺教育，中、小学生们得到了职业启蒙，体验到了技能的奥妙，激起了职业探究的兴趣。而高职学生在提供体验服务的过程中，自身的职业素养和综合能力也得到了锻炼和提升。学校在职业体验中拓展了专业品牌和社会影响力，实现了高职教育对基础教育的反哺，以职业启蒙教育充实了中小学生的素质教育，促进了高职教育与基础教育的有效衔接。

二、以产品研发为突破，社会服务能力水平大幅提高

"根植地方、依靠地方、服务地方"是学校制定的社会服务特色发展之路。各专业根据自身技术优势，开展不同的技术服务，取得了良好的社会效益。

（一）依托职业技能鉴定所，为从业人员开展技术培训

学校充分利用女装工业工程实训中心、杭州职业技术学院艺术设计与应用职业技能鉴定所开展高技能、新技术培训工作。2012年至2015年，服装设计专业通过各种形式为企业提供培训32745人次；开展服装制作工职业技能鉴定达2562人次。

达利女装学院作为浙江省服装协会副会长单位，定期为中小服装企业组织大型的职业技能交流培训活动，受到来自杭州及周边地区中小服装企业制版技术人员的欢迎。培训期间，学校邀请了国内外著名的服装制版专家，多次开展技术交流活动。依托达利企业的人力资源优势，服装设计专业还多次邀请中国香港地区、意大利的制版师作为主讲老师。通过这些活动，服装设计专业在业界的知名度和影响力大增，促进了浙江省乃至全国服装行业生产技术的发展。

2012年至2015年，达利女装学院还与乔司监狱签署了合作技能培训的协议，每年完成8个班级、4000多人次的职业技能培训，取得了良好的社会效益。

（二）着眼发挥示范引领作用，开展高职骨干教师国内培训

根据《教育部财政部关于实施职业院校教师素质提高计划的意见》，为发挥国家示范高等职业院校的辐射带动作用，提高服装类高职教师的专

业技术水平和教学实践能力，经教育部职业教育与成人教育司批准，2013年7月15日至8月7日，达利女装学院举办了"女装制版与生产管理"和"女装产品研发与生产"服装类专业高职骨干教师国内培训班。培训主要面向从事服装类专业教学和管理的广大职业院校教师。专业范围涉及服装设计、服装管理与营销、针织技术与针织服装、服装制版与工艺、服装工艺技术、服装材料设计与应用等。通过培训，参培教师的课程开发能力、专业技能实训指导能力得到提升。两期培训共有 22 名来自全国各地高职院校的骨干教师参加。学员满意率达到 100%。"高职骨干教师国内培训班"的运作，扩大了达利女装学院的骨干示范作用和辐射面，也促进了全国服装职业院校教师间的技术交流。

三、立地研发，精细化工专业群社会服务能力全面增强

（一）开展培训鉴定，为行业企业提供人才支持

根据杭州地区精细化工产业转型升级的人才需求，学校为企业员工、中职学校学生等开展技能培训与鉴定。2012 年—2015 年，学校为杭州百合科莱恩颜料有限公司等企业量身定做员工培训与鉴定方案，开展化工化学检验工培训与鉴定；与浙江蓝天环保高科技股份有限公司、杭州百合科莱恩颜料有限公司、杭州百合花集团有限公司等开展化工类"双元制"学历继续教育；为杭州市萧山区第四中等职业学校、杭州市中策职业学校学生开展化学检验工培训与鉴定。其间，开展各类培训 22 项，累计达 4336人日；累计开展技能鉴定 2916 人，其中面向企业、中职学校等开展技能鉴定 905 人次。学校为杭州市公共实训指导中心制定了化学检验工、药物检验工高技能人才培养方案，并编写出版了《仪器分析测试技术》《高级药物分析与检测技术》《微生物检验技术与实训》《化学检验工（高级）实训指导书》等 4 本培训教程；为浙江省职业技能鉴定中心建设化学分析工（初、中、高级）题库。

（二）承办技能大赛，为行业企业提供平台支持

积极开展中高职衔接工作，与杭州市萧山区第四中等职业学校、富阳市（现富阳区）职业教育中心开展精细化工专业中高职衔接办学，引领中职化工职业教育。利用校内实训基地和杭州市公共实训中心设立了中职学生化工技能竞赛基地、中职化工类教师能力培训基地。2012 年至 2015 年，

承办浙江省中职"石化类"专业学生技能大赛暨全国职业院校技能大赛选拔赛 2 次（4 个赛项）、浙江省高职高专院校化工生产技术技能暨全国职业院校技能大赛选拔赛 1 次、杭州市中等职业学校教师培训 2 次。并承办杭州经济技术开发区化学检验工竞赛、杭州市食品检验工竞赛、新希望杯食品检验技能大赛、华东医药杯制药技能大赛等多项企业赛事，获得各界好评。

（三）围绕园区做服务，打造园区发展金名片

2012—2015 年，每年为临江工业园区企业开展安全培训，并参与安全排查工作，受到园区好评。临江学院（2020 年 7 月起更名为"生态健康学院"）每年为园区举办专场招聘会，为园区企业发展提供人才保障。专场招聘会成为杭州职业技术学院乃至下沙高教园区面向临江的窗口，成效显著，并日益受到更加广泛的欢迎。

四、紧抓骨干校建设契机，深度推进社会服务，助力地方职业技能发展

（一）推进社会培训和继续教育

学校进一步凝聚区校合作共识，主动对接杭州区域经济发展需求，积极参与杭州经济技术开发区"职工素质教育""蓝领成才"工程，共同开办企业员工成人高职"双元制"班，为开发区近 500 家企业和社区失业人员提供继续教育、技术咨询、安全生产培训、企业职工培训、就业创业培训和学历提升服务。培训量累计达到 116 万人次，年均培训量 33 万人次。

（二）开展职业技能鉴定

学校围绕先进制造技术、电工电子与自动化技术、汽车维修、信息技术、食品与药品检测、现代服务业和制冷技术等领域的企业员工开展岗前技能各类各级鉴定 15000 多人次，年均鉴定 5000 人次。仅 2015 年，即开展中高级技能鉴定 3713 人次。

（三）开发职业新工种和培训项目

学校紧跟区域产业升级需要，联合劳动部门、合作企业，共同开发职业新工种培训项目，进一步完善职业培训体系。先后开展了服装制版师、电梯安装维修工等共 4 个职业工种调研、方案制订、培训试点以及改革。还开展了面向职业学校的电工电子类实训师资认证、过程控制自动化实训师资认证、化学化工类实训师资认证等职业教育师资培训班 20 多期，受益学员近 300 人，其中高级资格师资培训 60 人。同时，高质量完成 6 个国培项目，1 个省培项目。

（四）承办大型技能竞赛

学校承办了 2014 年杭州市食品检验工技能大赛、2015 年全国职业院校技能大赛、第五届全国高职高专院校学生服装制版和工艺技能大赛、"达利杯"第四届全国高职高专院校学生服装制版和工艺技能大赛、2015 年浙江省中职学校"石化类"专业学生技能大赛暨全国职业院校技能大赛选拔赛、浙江省"临江杯"中等职业学校学生化工技能大赛、2015 浙江省中职学校学生"服装设计与制作"大赛、2015 年浙江省"同心杯"维修电工技能大赛等市级以上技能大赛累计 28 次。

（五）全面开放校内资源

一是开放公共资源，增强服务效能。把图书馆建成下沙首家大型公共图书信息中心，和体育馆、高职学生创业园等一起，长期为学校周边社区居民提供免费服务。学校体育场馆年接待居民超 6000 人次。公共图信中心接待居民超 6000 人次，免费办证 2896 人。面向社区开展 90 次文化教育活动，同时开展科普讲座、现场咨询、知识竞赛等文化教育活动。数字校园学习平台专业教学资源库投入运行，日访问量超 600 人，为企业员工在岗学习提供知识、技能教育。学校为开发区提供了多样化、个性化学习，已然成为杭州经济技术开发区社区教育基地和先进文化传播中心。

二是开放培训基地，拓宽服务项目。学校充分发挥合作企业的积极性，一起参与企业技术创新、新产品研发，成为服务杭州中小企业科研攻关、自主创新和新技术推广的基地，与"松下电器"等 4 家企业共建"社区学院"。2013 年 12 月 30 日，杭州职业技术学院与杭州经济技术开发区共建的产学研发展学院正式揭牌，为提供全方位、专业化的社会服务打下坚实基础。还与杭州经济技术开发区共建"三基地一中心"。在资源共享、优势互补、务实合作、共谋发展的原则下，初步建立了立体式的职业培训体系，为区域经济、社会发展和人才培养服务。开展蓝领成才培训、失地农民培训、大学生创业培训、"双元制"学历教育、服务企业和社区"百千万工程"等，累计培训学员 393180 人次。

五、社会服务特色项目

（一）职业启蒙教育：青少年职业体验中心

这是学校主动反哺基础教育，为职业教育魅力提升提供引擎的重要项目，属全国首推。

为改变青少年学生普遍对"职业"缺乏认知的现状，学校决定为"高职教育反哺基础教育"办实事。学校依托校企共同体办学优势，向社会全面开放学校的优质教学实训资源，创建了集职业辅导、实践体验、能力训练为一体的"青少年职业体验中心"。通过邀请家长和中小学师生走进校园、送教上门或为中小学开设职业教育课程等形式，积极探索高职教育反哺基础教育的有效途径。

项目注重发挥学校办学优势和专业特色，精心开发了 3D 打印、动漫天地、多肉植物盆栽、服装设计师、机床探秘、汽车大世界等 50 余门青少年职业体验课程。职业体验课程的设计充分契合不同年龄段的中小学生和教师的特点：小学阶段注重"职业启蒙"，初中阶段突出"技能体验"，高中阶段倡导"职业探究"，对中小学教师则以"职业实践与职业实践方法辅导"为主。内容贴近生活且不脱离专业，强调成果可"视"，多用角色扮演和情景体验，为中小学师生搭建融趣味性、操作性、游戏性于一体的职业体验教育平台。

2014 年 9 月 25 日，项目开始接收天地实验学校 60 余名六年级学生进校参加职业体验，由人文社科部心理健康辅导中心做心理测试和心理健康辅导。2016 年 12 月，项目成功申请为开发区青少年学生第二课堂活动基地。2017 年 3 月 11 日，千名高中学生参加职业体验，多家媒体争相报道，引起巨大社会反响。2020 年 12 月 25 日，学校成为浙江省中小学劳动实践基地（第二批）暨职业体验基地。

项目自 2014 年 9 月启动至今，已有来自杭州天地实验小学、源清中学、新世纪外国语学校等中小学的 6600 多名学生和 300 多名教师走进杭职院校园进行了职业体验。"穿越动漫长廊""探索机床奥秘""追踪 3D 打印""折花魔术师""烘焙小能手""汽车大世界""服装新天地""植物小盆景"等特色鲜明的体验项目内容充实，过程有序、有趣、安全，获得热烈欢迎和一致好评。杭州网、新浪浙江、凤凰网、青年时报等媒体都相继进行了报道，社会反响热烈。

（二）品牌培训：职教师资培训、国培项目

2012年国培项目是为贯彻落实全国教育工作会议精神和《国家中长期教育改革和发展规划纲要（2010—2020年）》要求举办，属于教育部、财政部实施的职业院校教师素质提高计划内容。2012年7月29日—8月24日，举办"国培计划——公共基础课教师职业化转型与能力提升"研修班和"国培计划——管理骨干执行力与被管理能力提升"研修班。此次国培计划为期四周，学员北起黑龙江、南至福建、西达青海。来自全国高等职业院校的37名中层行政管理骨干和68名公共基础课骨干教师参加了培训。

为提升高等职业院校教师师资队伍整体水平，2013年，学校共承办了四个国培项目。3月—5月，举办服装设计与工艺类国内企业顶岗国培项目培训班，来自8所院校的13位教师受益；7月—8月，举办"女装制版与生产管理""女装产品研发与生产"2项国家级培训项目，来自14家院校的21位教师参训；11月开始，举办"公共基础课教师职业化转型与能力提升"项目研修班，为期一个月，共66人参加培训。

2013年暑期，与友嘉机电学院共同承办"高中通用技术骨干教师金工培训"省培项目，共有来自35所院校的49位教师报名参加培训。

2014年，圆满完成"公共基础课教师职业化转型与能力提升培训"和"管理骨干执行力与被管理能力提升培训"2个国培项目。完成"杭州市中等职业学校服装专业创新教学和实践研训"省培项目。完成杭甬青年科研骨干培训班培训，中高职师资培训437人，总计127位中高职教师参加。中高职师资培训经费由政府补贴。

2015年7月，教育部国培项目"公共基础课教师职业化转型与教学创新"培训班、"传统二维手绘动画制作企业顶岗培训"培训班如期开课。本次培训为期半个月，学员来自全国19个省、直辖市，90所高职院校选派的近150名公共基础课骨干教师和动画动漫专业教学骨干参加。

2016年1月15日—22日，举办高职院校"专业建设、评估及诊改师资培训班"。培训内容为高职院校的专业建设、专业发展及专业主任、专业负责人的培养等。共有来自贵州信息电子职业技术学院、黎明职业大学、呼伦贝尔职业技术学院、泉州理工职业学院4所高职院校的24名专业负责人参加培训。

同年 6 月 14 日—22 日，学校与教育部职业教育中心研究所联合举办青岛市职业教育招生实习暨改革创新战略研修班，参培人数 49 人。7 月 4 日—7 月 8 日，为促进职业教育协调发展，提高职业教育专业负责人队伍整体水平及专业建设能力，又举办"职业院校专业建设、评估及诊改师资培训班"，来自泉州的中高职院校 47 名校领导及专业负责人参加培训。2016 年 7 月 17 日至 21 日，学校为黎明职业大学订单式举办管理骨干执行力与管理能力提升培训班，参培人数 90 余人。2016 年的国培项目，共有 221 名学员。

2017 年，举办"暑期系列职业院校师资培训"，共计开班 14 个。其中中高职师资培训班 11 个，培训人数近 800 人，开班数及培训量增长较大，获得积极反响。7 月 10 日—16 日，为福建信息职业技术学院举办"高职院校教学骨干教育教学能力提升培训班"，41 名教师参培。为厦门城市职业学院举办"高职院校管理及教学骨干能力提升培训班"，108 名教师参加培训。7 月 16 日—22 日，为贵阳职业技术学院教师定制"教师人才培养及科研能力提升培训班"，41 名教师参训。7 月 22 日—28 日，为山东潍坊工程职业学院定制师资培训——"专业负责人及骨干教师教育教学能力提升培训"，40 名教师参训。7 月 25 日—28 日，为温州万全教育集团举办"专业带头人及骨干教师教育教学能力提升培训"，平阳县综合高级中学 30 名教师参训。8 月 3 日—8 日，举办"福建惠安开成职校专业带头人及骨干教师教育教学能力提升培训"，福建惠安开成职校 32 名教师参训。订单式开展暑期专题培训的还有宁德职业技术学院 48 人、湖北生态工程职业技术学院 41 人等。至此，"暑期系列职业院校师资培训"取得圆满成功。

2018 年 1 月 22 日—2 月 2 日，为恩施职业技术学院举办中高职师资专业负责人教育教学能力提升培训班，该校 54 位专业负责人参加。7 月 23 日—29 日，为安徽国防科技职业学院教师定制了"中层干部和党组织书记培训班"，该校 8 位党委委员和全体中层干部共 73 人参加培训。同期，为北京经济管理职业学院、合肥信息技术职业学院、上海交通职业技术学院共 41 名骨干教师举办了"专业建设与教育教学能力提升培训班"。7 月 17 日—28 日，为恩施职业技术学院 45 名教师举办了"恩施管理骨干与管理能力提升培训班"。订单式开展专题培训的学校还有阳江职业技术学院、恩施各中职学校、抚州职业技术学院、湖北生态职业技术学院、潍坊工程职业学院、辽宁城市建设职业技术学院、岳阳职业技术学院、贵阳职业技术学院、甘肃交通职业技术学院、漳州理工职业学院、山东信息职业技术学院等十余所高职院校。

2018年，学校定制举办的"职业院校师资培训"共计开班15个。其中暑期中高职师资培训班12个，总计培训人数近500人。

2019年1月6日—12日，为辽宁城市建设职业技术学院举办师资定制培训"专业建设与管理能力提升培训班"。6月20—23日，为江西青年职业学院举办"教育教学与管理能力提升"师资定制培训班。12月24日—26日，举办"产教融合背景下的专业建设与管理能力提升师资培训班"，来自泉州市汽车职业院校联盟13个成员单位的中高职院校30名校长、副校长及专业负责人参加培训。同年，还为广东轻工职业技术学院、贵阳职业技术学院、江苏理工学院、辽宁城市建设职业技术学院、娄底职业技术学院、南宁职业学院、宁夏职业技术学院、山西机电职业技术学院、广州城市职业学院、河北机电职业技术学院、广东工程职业技术学院、湖南外贸职业学院、湖南现代物流职业技术学院、泉州市汽车职业院校联盟成员单位、江苏省惠山中等专业学校等中高职院校开展定制式专题培训。全年总计培训中高职师资1464人。

2020年1月5日—11日，为辽宁城市建设职业技术学院进行专业建设与管理能力提升师资培训。1月6日，为河南省高等职业学校定制卓越校长师资培训。1月，还为甘肃建筑职业技术学院做"双高计划"背景下的专业群建设及实训基地管理提升师资培训。12月，给德州职业技术学院的骨干教师及管理骨干做师资队伍建设对标师资培训。还给12家中高职院校以及联盟开展具有针对性的专题培训。2020年共培训中高职师资967人。

2021年，受新冠肺炎疫情影响，全年对中高职师资开展定制培训人数有所下降，但也达到541人。4月28日，为宁波各中高职院校的校长们有针对性地开展骨干校院长"教育高质量发展"专题师资培训。5月28日，为云南省教育系统年轻干部开办研修培训班。6月9日和22日，开展了两期成都纺织高等专科学校中层以上干部党史学习暨综合素质和能力提升师资培训，人数达百人。该年度还为台州职业技术学院等11家高职院校开展了与院校需求相匹配的专题培训。

（三）改善民生：融善老年大学

建设"老年大学"是浙江省人民政府 2020 年十大民生实事之一。学校审时度势，及时跟进。2020 年 6 月，发文成立融善老年大学工作领导小组；起草融善老年大学建设方案，确定办公区域在 3 号教学楼，并于当月正式成立。

学校专门投入经费 30 万元建设融善老年大学，利用暑期两个月对 3 号楼一楼的相关教室、走廊、厕所进行人性化改造。2020 年 7 月 3 日，审批程序完成，改造工程进入招投标。7 月 12 日，落实中标单位并进行工作沟通与接洽。7 月 20 日开始改造的前期准备工作。7 月 22 日工作人员进场启动改造。到 8 月 20 日，老年大学硬件建设基本完工。

之后，接受杭州市教育局领导调研指导，又根据服务老年人的实际，再对教学环境和氛围做了相应的便利化提升。8 月 31 日，融善老年大学建设在省专项督查中获得高度评价。

目前，老年大学在 3 号楼一楼有 5 间正规教室；在体育馆形体操房有模特班、拉丁舞班和太极班教室；非遗馆西泠学堂同时作为书画教室；行政楼六楼工会活动室和学生活动中心 108 教室为声乐教室，面积超 500 平方米。

老年大学积极开展招生宣传。通过微信公众号、开发区和相关街道、社区及学校退休办共同努力，2020 年秋季招生顺利完成。9 月 28 日，旗袍模特班、太极拳班、合唱（声乐）班正常开班。10 月 10 日，国画班开课。10 月 22 日，拉丁舞班开课。

太极拳班、合唱（视唱练耳）班和国画班教师都是本校精英；旗袍模特班聘请摩登素造营创始人、杭州明珠电视台特约模特老师任教；拉丁舞班聘请杭州钱塘新区体育舞蹈协会会长任教。同时，老年大学还送学上门，为下沙街道的退休人员开手工课；接员入校，为钱塘新区的退休老人上园艺插花课。

到 2020 年底，共开设国画、旗袍模特、拉丁舞、太极拳、合唱 5 个班。其中旗袍模特班深受学员欢迎，仅一个月时间，就有 40 余人进班。半年时间，老年大学就为 200 余名老年学员做好服务，赢得普遍赞誉。

2021 年春，融善老年大学聘请高端教师，同时推出古琴和书法两个培训班。经一个学期有效教学，"庆百年丰功伟绩展夕阳靓丽风采——2021年融善老年大学期末秀"精彩推出。各课目都以节目表演形式展示学习成果，取得圆满成功。

为实现可持续发展，老年大学加大与周边社区的合作力度，探索共建共享的合作新模式。又与建设银行等机构合作，探索新的可持续发展路径。同时，进一步完善老年大学专题网站和微信公众号建设。目前，通过微信公众号发布的老年大学专题报道共计15篇。面对老年人的实际困难，老年大学还利用短视频等数字化手段，探索助老工作新路径。杭州新冠肺炎疫情防控期间，融善老年大学加急拍摄"健康码变成黄色或红色的手机操作指南"，及时给学员提供帮助。

融善老年大学积极响应教育部职成司《关于组织开展"智慧助老"优质工作案例、教育培训项目及课程资源推介工作的通知》要求，认真准备、积极参与全省"智慧助老"优质工作案例、教育培训项目、课程资源推介等活动。同时，借力学校"双高"建设，持续增加老年大学的专项经费投入。2021年，完成老年大学投入100余万元。其中，市区分校装修投入近60万元，购置设备设施投入10万元，支付教师酬金近30万元。2021年，市区分校的装修与设备设施采购工作完成，服务空间得以扩大。全年共计开设各类培训班20余个，培训人数600余人。

融善老年大学全面贯彻终身学习理念，依托丰富的办学资源，实现了高标准建设和高水平发展。截至2021年底，已开发6个大类的20余门培训课程。三个学期累计开展老年学员培训15000余人次。

（撰写：徐剑 曾巧灵）

第八章　办学基础保障

杭州职业技术学院的基础设施建设犹如燕子筑巢，在连续努力中逐年进步，终成正果。内控体系、信息化、平安校园等也是边建边进，经历了一个从初级阶段到相对成熟乃至比较完善的过程。

第一节　校园基础设施建设

学校整体搬迁到下沙集中办学时，受经济条件的限制，基建并没有一次性完成。正式建校后，大楼等也是建成一栋使用一栋。为推进大力度的教学改革和打造文化育人特色，不少大楼时有改造，有的改造力度还非常大。随着基础设施的日渐完善，校园空间日益充实，办学水平连续迈上台阶，整个杭职院的面貌焕然一新。

一、校园大型基建

（一）二期教学楼建设工程

二期教学楼位于学校校园东侧，总建筑面积22645平方米。项目于2006年12月29日开工，总投资额3481万元，于2007年11月竣工并投入使用。二期教学楼建设结合教学楼内的楼梯空间、走廊空间、中庭空间、庭院空间布置，在提高教学楼内空间利用率的同时，也方便学生课外学习活动，有利于师生课内外交流。

（二）体育馆建设工程

体育馆位于学校西侧，建筑面积6551.95平方米，总投资1958万元。该馆2006年9月动工建设，2007年9月竣工验收并投入使用。2006年以来，随着素质教育理念的持续深入，学校在强化传统专业教学的同时，不断推进体育场馆建设现代化发展，坚持"以生为本"，强调与体育课程的适应性，不断满足体育教学与学生体育锻炼的多元化需求。

（三）公共实训基地建设工程

公共实训基地位于校园东侧，占地 30 亩，建筑面积 39631 平方米，总投资 3 亿元。其中基本建设投入 1.3 亿元，实训设备投入 1.7 亿元。2007年 6 月 18 日，经杭州市人民政府批准立项，由原市劳动和社会保障局负责项目建设。2008 年 7 月 28 日正式动工兴建，2009 年底竣工验收，2010年 3 月底启动运行。公共实训基地是一个包括实训项目用房、办公用房、办事服务大厅和创业培训项目展示大厅、实训学员宿舍、食堂和地下车库等在内的多功能综合体。基地可提供 48 个职业（工种）的实训，能同时容纳 3000 余人开展实训和鉴定。现有先进制造等 7 大实训中心、90 个实训室，总建筑面积近 4 万平方米。实训基地面向主导产业及企业、院校、社会提供服务平台，面向全市培养技能劳动者特别是高技能人才，满足职业技能培训、技能鉴定和技能竞赛的需要，是职业教育师资培训和职业院校、培训机构及企事业单位技能人才培训基地，也是新技术、新工艺、新职业推广和中高级职业技能鉴定基地。

（四）图书馆建设工程

图书馆位于学校中心区域，2008 年 4 月获杭州市发展和改革委员会批准立项。工程建筑面积 31087.4 平方米，批复投资概算 8499 万元。项目于 2008 年 10 月开工，2010 年 10 月竣工验收并投入使用。

（五）教工食堂建设工程

教工食堂位于学校校园西北侧，总投资 508 万元。其中土建工程投入 396.9 万元，内饰装修投入 111.1 万元。2009 年 8 月竣工验收并投入运行。食堂一层提供自助餐厅服务，二层提供商务餐厅服务。工程建成投入使用后，坚持"品质服务"理念，为教职工提供优质餐饮服务，为提升广大教职工幸福指数多作贡献。

（六）善湖建设工程

善湖位于学校校园中轴线中部，面积达 7600 平方米，总投资 207.6 万元。该工程于 2010 年 7 月开工，同年 9 月竣工验收。湖畔大树成荫、群楼环峙；湖中沙洲点缀、游鱼禽鸟，一派人与自然和谐之美，是校内休闲的理想去处。湖面呈扇形，湖边主路也因而呈扇形，是师生前往各教学楼及生活区的必经之路。"扇""善"同音，故善湖建设工程是学校校园文化核心理念"善"的物化表达，也是学校环境美化的重点项目。

（七）车棚建设工程

为解决日益突出的师生停车问题，2010 年，学校重点突破车棚建设。当年共建停车位 80 个，总造价 78 万元。遮阳车棚建设不仅改善民生，也美化了校园，提升了后勤服务水平。在车棚建设过程中，学校后勤处把好事做好、实事做实，真正实现了知情、解忧、暖心，树立了良好的后勤形象。

（八）学生新宿舍区改扩建工程

学生新宿舍区位于校园东北角，占地约 60 亩。共建有 3 幢新学生宿舍楼和 1 幢新学生食堂，总建面积 87400 平方米。其中地上 72400 平方米，地下 15000 平方米（含半地下室）。总投资约 28909 万元，市财政一次性定额补贴 1.9 亿元，其余由学校自筹解决。项目于 2015 年 10 月由杭州市发展和改革委员会立项，批复投资概算 2.93 亿元。2017 年 3 月开工建设，2019 年 6 月竣工验收，并于 2019 年 9 月投入使用。

2019 年完成新食堂开办项目 12 个、新学生公寓开办项目 20 个、商铺和招待所开办项目 7 个、含晖苑改造提升任务 8 个，共计 47 项任务，完成项目实施金额 3620 万元。9 月初，新学生宿舍区按期入住学生 6200 余名，新学生食堂每日保证 14000 余人次就餐。新学生宿舍区地下商铺按期投入使用，为学生日常生活提供了极大的便利。

（九）卫生间改造工程

在推进学校厕所革命之初，学校成立了专门小组展开摸底、调查、规划、设计，外聘相关专家对厕所面积、厕位设置、技术工艺、功能配备、无障碍设施等进行指导，并分步实施。项目于 2021 年 7 月开工，投资 115 万元，同年 9 月完成竣工验收并投入使用。目前，学校厕所物业实行专人负责制度，做到定人员、定标准、定责任、定奖惩，严格落实保洁制度，为广大师生提供清爽的如厕体验。

（十）田径场升级改造工程

田径场位于学校西北侧，占地 16401 平方米，项目总投资 837 万元，于 2021 年 7 月开工，同年 9 月竣工验收并投入使用。升级改造后的田径场为广大师生运动健身、体育锻炼提供了一个舒适的室外场所，同时也满足了学校举办的迎新毕业典礼、校园招聘等大型活动使用要求。

二、后勤服务保障大事

2003年，学校全年绿化面积扩充4.5万平方米，种植灌木7980丛、乔木1760株。在校内开设了师生服务中心，既方便了师生，又安置了后勤发展总公司富余职工，还取得了一定的经济效益。

2004年，学校全额付清了新校区土地征用费，办理完成了土地使用权证，同时通过了中华人民共和国审计署督察组对下沙高教园区各院校建设工程的督查审计。紧接着又完成了下沙高教东区"云水苑"公寓（小高层）低价商品预售房的选购工作。共有10位教职工购买该单身公寓，另以学校名义购买6套单身公寓。

2005年8月10日，学校完成了总面积为8500平方米的室外篮排球场工程，经专家组验收合格。3号教学楼底层改造工程也于10月16日通过验收，工程质量合格。完成建筑面积为6576平方米的田径场观众席看台工程，工程竣工验收合格。1号教学楼底层改造为阅览室，12月30日正式通过竣工验收。

学校成立绿化委员会，设立绿化专款20万元。2005年12月，学校被评为年度区级卫生先进单位。后又被评为"2006年杭州市教育、市属单位绿化先进单位"。

2006年，学校首次完成自建教工食堂并启用。教工食堂建筑面积2450平方米，为全校教职工提供就餐服务。同时为系（部）教师解决办公用房12间，对部分教室进行调整改造，增加实验、实训场地。新增大小教室16间，将原标准教室50座的课桌椅增加到56座，原100座的调整为118座，并对多媒体教室安装了窗帘。

同年，学校制订了《杭州职业技术学院经济适用房选购办法》和《杭州职业技术学院下沙高教园区教职工经济适用房选购细则》，顺利完成第一批"清雅苑"75套经济适用房的选购工作。

2007年，后勤部门积极调研兄弟院校后勤管理和公司运作模式，分析和总结学校后勤的实际情况和经验，撰写了《高职教育后勤社会化改革的探索研究》，入编2007年杭州蓝皮书。学校药房被杭州市食品药品监督管理局评为"规范药房"。完成二期教学楼和体育馆相关配套设施，完成3500余套新课桌椅、100多套办公桌椅、30多个讲台、7套会议桌椅、

140余块黑板、10000余米窗帘的制作安装以及近200台空调安装调试等工作。顺利完成20套"云水苑"房源的选购工作。校园环境整治到位，完成了行政楼、现教中心和实验、实训楼等5个大厅的装修及4号教学楼前公共休闲亭的设置和绿化调整等工作。投入181万元进行国家级园艺技术实训基地建设、改造，建成水培温室1800平方米。

2008年5月，学校撤并后勤产业处、后勤发展总公司，设立后勤保障处。7月撤销基建处、设备处，并入后勤保障处。后勤保障处职能为基本建设、物资采购、校产管理、交通维修、绿化、保洁、医务、食堂、后勤协调等后勤服务工作。

当年完成了系（院）教学实训楼的改造、搬迁工作，改造面积21610平方米。学校被授予"市级卫生先进单位"。新建多媒体教室79个，机房10个。

2009年，做好甲型H1N1流感防治工作。学校成立防控工作领导小组，制定出预防控制工作应急预案和防控工作实施办法，做好2例确诊病例和37例疑似病例的隔离治疗观察工作。学校全面实施"校园保清"服务外包工作。2009年5月被授予"浙江省卫生先进单位"荣誉称号。

2010年，图书馆工程竣工。图书馆配套道路市政工程，合同造价89万元。校前区广场善湖挖掘、驳岸及绿化景观工程中标价207万元。建停车位80个，造价78万元。建网球场4个，造价58万元。监控室搬迁改造（消控红外线警报系统设备维修等），合同价68.8万元。友嘉机电学院大楼半球形钢网架玻璃屋顶建设，中标价99万元。师生服务中心改建，占地560平方米，合同造价22万元。

2011年，学校荣获"杭州市最清洁单位""杭州市绿化先进单位"称号。完成信电系"专企融合"东忠实训基地改造、信电系电子实训场所改建、金都管理学院电子商务实训中心改造、友嘉机电学院大厅圆盘改造、数控4S店改建、校园房屋暑期修缮等工程项目。工程面积达1万多平方米，造价1千多万元。做好单身青年教师宿舍项目筹建工作。与省教育发展中心签订单身青年教师宿舍项目联建协议，享有住房69套及12个车位，计划2013年6月底完工。建房资金709万元（占50%）划至浙江省财政厅相关账户。

2012年，单身青年教师宿舍项目累计投入资金1277万元。教学实训场所改造工程面积达 2 万多平方米，造价达 1700 多万元。

2013 年，完成友嘉数控 4S 店等 7 项教学实训场所改造及足球场人工草坪改建，工程面积达 1.57 万平方米，合同造价 454 万元。投资 40 万元改建亲子室，并通过竣工验收。新建自行车棚 5 处。2013 年支付工程建设尾款 181 万元，总投入资金 1418 万元，建设单身青年教师宿舍项目。69 套住房及 12 个车位竣工交付，有效解决了教师的住房困难。

2014 年，投入 650 万元对校园道路进行改造。铺设约 2.5 万平方米的沥青道路、5000 平方米的花岗岩人行道板，安置花岗岩侧石 1 万多米。投资 134 万元，更换全校 2400 多间学生宿舍门窗。经市政府、省教育厅同意，浙江传媒学院管理的含晖苑（E 北区）学生生活区整体资产划转给杭州职业技术学院。E 北区 36 间商铺物业由学校全面接管。

"丽泽苑"青年教师宿舍 69 套住房竣工交付。资产公司积极响应国家劳务派遣政策新规，按计划顺利完成 139 名资产公司员工劳动关系的转移工作，与资产公司权属企业杭州融善科技有限公司建立劳动关系。师生服务中心于 11 月 17 日试营业。接待中心狠抓细节管理，注重品质服务，做到"小而精"。教工宿舍完成 49 名教职工入住。

2015 年，取得"含晖苑"房屋产权所有证，这是下沙高教园区第一本学生宿舍区房产证。学校开通大学生医保服务。10 月 30 日，学生宿舍改扩建项目经杭州市发展和改革委员会批准立项，项目代码 140311420006。

2016 年，资产公司进一步完善含晖苑 E 北区学生食宿管理体系，重点完成含晖苑学生宿舍"4 改 6"工程，及学生食堂锅炉房、燃气管道的改造工程。完成含晖苑学生宿舍修缮、实训室改造等工程 15 项，总金额约 400 多万元。12 月 28 日上午，学校学生宿舍区改扩建工程项目正式启动。

2017 年 12 月 15 日，新学生宿舍区块部分主体结构已结顶，食堂区域部分地下室已完成，工程安全事故为零。资产公司做好税务筹划，配合学校财务处做好食堂财务管理。学校首次被杭州市国家税务局评定为纳税信用等级 A 级单位。

2018 年，新学生宿舍改扩建项目经过为期三年的施工，主体结构竣工验收，安装施工仍在进行中，进入后期设备添置阶段。非遗改造项目、特种设备学院改造及行政楼隔断等重要项目完成，总金额 100 多万元。"非遗博物馆""友嘉机床博物馆""校史馆""职业素养展示中心"等标志性项目落地开花。开通少儿医保服务，落实"最多跑一次"便民服务。顺利完成包括含晖苑学生公寓在内的整个学校的雨污改造工程，修复及新铺设 4950 米的雨污管道、520 座雨污水井。

2019 年，暑期完成新食堂开办项目 12 个、新学生公寓开办项目 20 个、商铺和招待所开办项目 7 个、含晖苑改造提升任务 8 个，共计 47 项任务，完成项目实施金额 3620 万元。9 月初，新学生宿舍区按期入住，新学生食堂接纳就餐，宿舍区地下商铺投入使用。含晖苑宿舍 5 号楼、8 号楼"4 改 6"工程共增加床位 982 个。新学生宿舍生活配套设施建设完善，学校对含晖苑 B 区地下商铺进行规划，实施消防设施及喷淋管道的新增工程，工程涉及费用 31.9 万元。先后规划并实施超市、理发、洗衣、快递、烘焙坊、学生服务中心等生活配套服务项目的装修改造、设备采购、团队招募、营业执照业务范围新增等工作。

2020 年，根据上级文件要求，学校结合"双高计划"建设的新任务、新要求和实际工作情况，着力深化后勤体制改革，进一步明晰职能定位，理顺体制机制，激活管理体制和运行体制。后勤服务中心与资产公司实行合署办公，管理层两块牌子、一套班子。后勤服务中心作为学校的职能部门，履行学校后勤管理的行政职能，承担校园后勤保障性、服务性职责。资产公司受学校委托负责管理学校各类经营性资产，承担校园后勤服务工作。

含晖苑学生食堂和新学生食堂分别于 2020 年 1 月和 7 月收回自运营管理，增设风味美食档口 9 个，提升学生食堂就餐品质。持续推进新学生宿舍配套商铺的用途变更，并以此为契机，加大学生宿舍商铺配套商业体的招商工作。新增文印室和星巴克服务，为师生工作学习生活提供方便。

2020 年 9 月，完成新公寓招待所用房改建为学生公寓用房，增加床位数 388 个。8 月完成含晖苑学生公寓 6 号楼"4 改 6"改造工程，增加床位数 664 个。

三、师生幸福生活

学校后勤保障服务坚持与时俱进，坚持把满足师生对美好生活的向往作为工作的出发点和落脚点，围绕物业服务、公寓服务、餐饮服务、商贸服务、民心工程等，统筹做好学校各项后勤保障和改善民生工作，管好"吃、住、行"。

（一）物业服务

校园物业服务保障不间断，校园绿化保洁、环境场所消杀、日常维修管理、水电能源保障、会议服务保障等全面推进。含晖苑主要道路、学校东门入口、达利女装学院东侧道路、学校北门、校前区大门等进行了白改黑施工。改造含晖苑空调下水管，解决了一批历史遗留问题。2020年，收回校园绿化保洁外包服务项目，在节约人力成本的基础上保质保量完成学校各项绿化、保洁、搬迁等任务。2021年，实施产学合作花圃景观提升项目，完成2000平方米的波斯菊播种和4000平方米的柳叶、马鞭草种苗种植，为全校师生提供课后休闲的好去处。

（二）公寓服务

为满足大学生对住宿条件多样化、个性化需求，后勤保障对原有宿舍进行资源整合规划，在满足学生个性化住宿需求的同时，提升后勤保障服务品质。原浙江传媒学院管理的含晖苑（E北区）学生生活区整体资产划转给学校后，学校及时对其进行升级改造。

2018年，为解决学校南非留学生住宿问题，学校规划和整改了校史上第一个留学生公寓区，对公寓的环境进行了综合整改和布置。

2019年，学校新宿舍完成验收后，公寓服务中心在暑假先后完成新学生公寓开办项目20个、含晖苑改造提升任务8个。通过含晖苑宿舍5号楼、8号楼"4改6"工程，床位资源紧张问题得到有效缓解。为缩减新老宿舍的差距，还持续推进宿舍零星修缮工程，如粉刷5、6号楼地下室、楼梯过道、翻修卫生间。

2020年10月，2278名新生顺利入住新学生宿舍区。

2021年，含晖苑7、8号楼8间活动室和2间洗衣房改造为学生寝室，含晖苑青年公寓54间学生寝室改造完成，增加床位数约60个。

（三）餐饮服务

占地约1000平方米的教工餐厅开放后，一楼可容纳就餐人数约280人，二楼可容纳就餐人数约96人（共4个包厢、1个咖啡吧）。全年服务就餐教职工约26万人次，年营业额达224.8万元。

2020年7月，占地约3000平方米的新学生餐厅管理模式由服务外包转为自运营。目前一、二楼均用于学生日常用餐，共可容纳约1900人就餐。现有售餐区15个，美食风味档口6个。全年服务就餐师生约85万人次，年营业额约 1200 万元。

2002 年建成的含晖苑学生餐厅共三层，占地 3200 平方米，总建筑面积 9696 平方米。2015 年 1 月，学校从浙江传媒学院收回餐厅管理权后，由第三方外包单位运营。2020 年 2 月，餐厅管理模式由服务外包转为自运营。餐厅一层为保障性餐厅，二层暂为空置状态，三层为员工临时住宿点。一层可同时容纳 1000 余人就餐，全年服务就餐师生约 45.5 万人次，年营业额约 500 万元。

（四）商贸服务

为更好地服务师生，学校建立商贸服务中心，并尽力满足师生需求。2019 年，统筹规划新学生宿舍地下商铺，完善生活相关配套设施。先后规划并实施超市、理发、洗衣、快递、烘焙坊、学生服务中心等生活配套服务项目的装修改造、设备采购、团队招募、营业执照业务范围新增等工作。新增烘焙房服务、净菜毛菜服务、理发店、星巴克服务等，进一步满足了师生对美好校园生活的需要。

（五）民心工程

2017 年，卫生所首推"针灸理疗服务""最多跑一次"教职工医保报销创新服务、开通教职工医保卡。2018 年，开通了少儿医保服务，让广大教职工享受贴心服务。

自 2017 年起，已连续开展 5 届后勤优质服务月活动，如教工餐厅提供净菜预订服务、学生食堂特价菜活动、免费为学生提供衣服缝补和修鞋服务等。自 2020 年起，积极践行"立德树人"根本使命，营造良好育人氛围，连续组织开展两届"尚善助学"系列活动，助力学生成长成才。

2021 年，完成校园无人超市项目整体施工、设备安装、商品上架等工作。无人超市经营面积约 75 平方米，给全校师生提供"全方位、全覆盖、全天候、一站式"的校园超市配套服务。在体育馆西侧新建校园洗车服务点，洗车服务方便、快捷、实惠。在校内多个点位新建电动自行车和电动汽车充电桩，共安装完成电动自行车车棚建设工程 4 处、自行车充电桩 23 套、电动汽车充电桩 10 套。

（撰写：刘淑芬）

第二节　内控体系建设

提升内部治理能力与水平是学校内涵发展的应有之义。为深化高职教育管理体制改革，建立符合学校实际和适应高职教育要求的现代大学管理制度，加快推进内部治理体系建设，实现不断跃升的可持续发展，学校对内控体系做了艰辛的探索。

在省示范校建设期间，为确保示范性高职院校建设项目顺利进行，学校制订了《杭州职业技术学院省示范建设项目管理办法》。根据该文件，学校实行项目负责人制，建立严格的奖惩制度，目标责任制和过程管理相结合，确保项目建设进度、质量和效益到位。为保障建设项目顺利完成，又制定了《杭州职业技术学院省示范建设项目监督方案》，接受有关部门对项目实施过程和结果的监督、检查和审计。为确保资金使用效益，遵循"总体规划、项目管理、绩效考核"原则，制订《杭州职业技术学院省示范建设项目专项资金管理办法》等管理制度，实行专款专用，保证了示范性高职院校项目规范有效进行。

在骨干校建设期间，学校严格按照骨干校建设"任务书"要求，有计划、按步骤地推进项目建设，严管理、高要求落实建设任务，高质量、高标准实现建设目标，内部治埋体系的优化取得显著成效。

一是自主研发"骨干校项目管理平台"，实时监控骨干校建设进度。依托学校信息工程学院专业教师的技术力量，专门自主研发"骨干校项目管理平台"（http://ggxgl.hzvtc.edu.cn），用于骨干校建设佐证材料的梳理、存档、审核、自查。骨干校建设共有 2034 个验收点。通过骨干校项目管理平台学校可实时监控每个点佐证材料的完成率、佐证材料审核工作的进度。同时，项目负责人、验收办公室还可通过平台监测项目建设的质量。

二是开展多次校内全面自查、建设研讨会，坚决保证骨干校建设质量。骨干校建设期间，学校多次开展骨干校建设中期检查、骨干校建设专题探讨会。通过项目校内自查、校外专家检查、实地考察等方式返观内照，以查促建。对各项目建设中遇到的问题进行深入沟通，确保高质量完成骨干校项目建设任务，并以此为抓手推进学校内涵建设。

在省优质校建设期间，学校严格按照优质校建设"任务书"要求，明确目标，拉高标杆，有计划、按步骤推进项目建设，严管理、高要求落实建设任务，完善学校内部控制体系建设。

一是完善专业设置动态调整机制。优化专业布局，提升产业服务能力，主动对接杭州"十三五"主导产业，建立健全专业群的产教融合发展机制，实施专业动态调整。制订并实施《专业层面诊断与改进实施方案》。通过对专业发展目标、专业建设标准、专业实施过程、专业保障机制等的诊断，从专业"适应发展需求""教学资源保障""质量生成过程""毕业生可持续发展能力"等4个诊断维度的13个诊断要素出发，指导各专业完成专业人才需求调研报告和专业人才培养方案的修订工作。

二是建立并规范有效课堂认证制度。加强职业素养教育、创新创业教育、思想政治教育融入专业教学，推进"以学生发展为中心"的有效教学改革。共开展了四批认证工作，195门课程参与认证，101门课程通过认证，通过率达51.8%。推动线上与线下结合、课内与课外交融的课堂教学质量在线检测和多元诊断，推进教学过程的数据采集与质量透视，及时向教师反馈教学效果，完善"教—学—评—返—改"，构建动态质量保证的八字螺旋小循环。

三是完善校级教学督导制度。制订《教学督导工作条例》《校级兼职教学督导员管理暂行办法》《教学督导员听课评课活动暂行办法》《实践教学督查办法（试行）》等文件。建成质评系统信息平台及移动端数据采集系统，提升教学质量测评的时效性。每年度完成200多人次的校级督导听课、评课及15项左右实践教学专项督查，信息平台累计建档927人次的信息。开展以现场授课形式的"优质课堂公开课"系列活动21次，撰写督导质评简报、分享在线优秀教学案例，编撰在线教学教师和学生调查问卷数据报告。

2019年，学校成功入选全国高职院校优质校，跻身国家"双高计划"建设院校。进入"双高"校建设阶段，学校坚持以完善《杭州职业技术学院章程》为统领，深化政行企校多方联动的办学体制改革，扩大开放办学，加强海外交流，健全管理体制，优化治理结构，提升治理现代化的能力和水平，力争成为现代大学治理改革创新的模范生，为具有国际竞争力的高职院校内部治理提供"杭州样板"。

2021年，学校制发了"十四五"规划，明确提出要牢固树立系统观念、整体思维，深化数字化转型，以数字化改革推动治理体系和治理能力现代化，全面推进教育教学评价改革、职业教育数字化改革与学校管理体制机制改革，实现内部治理从低效到高效、从被动到主动的深刻转变，努力打造"整体智治"的现代学校。

围绕"数智杭职·工匠摇篮"目标，结合学校"双高计划"建设方案，按照"一年攻坚出成果，三年稳步提效能"的思路，学校特别将2021年定为"内部治理年"，整体推进学校内部治理水平提升。为加强对"内部治理年"的组织领导，指导、协调学校内部治理工作有序开展，成立以党委书记、校长为组长的"内部治理年"工作领导小组。

为落实"内部治理年"方案，学校实施了5个方面12大举措，加强内部治理体系建设。第一个方面是健全以《杭州职业技术学院章程》为核心的制度体系，所包含的具体任务有：修订《杭州职业技术学院章程》《专家委员会章程》；制订学校"十四五"事业发展规划；统筹做好规章制度的废改立并。第二个方面是优化数字赋能、民主参与、多跨协同的治理机制，所包含的具体任务有：数字赋能，建设智慧校园公共服务平台；厘清职责，建立多元参与协同共治格局；深化改革，激发二级部门内生动力。第三个方面是完善学校内控管理机制，所包含的具体任务是构建"预算—绩效—内控"管理平台。第四个方面是健全考核奖惩机制，所包含的具体任务有：修订《目标责任制考核实施办法》；修订《二级经费划拨管理办法》；出台《项目资金管理暂行办法》。第五个方面是强化督查检查机制，所包含的具体任务有：加强党风廉政建设；健全督查反馈机制。

通过深化推进"内部治理年"建设，学校内部治理能力和水平获得了全面提升，以《杭州职业技术学院章程》为核心的制度体系更加完善，基层治理与民主管理机制更加健全，组织运行和办事效率全面提升，智慧校园服务全面覆盖，校园整体智治水平全面提高。

（撰写：丁学而）

第三节　信息化建设

　　校园信息化是"理想与才华齐飞"的历程，在技术上保证着学校发展与时代同步。因此，历届学校领导都对此高度重视，努力推进这一进程，并不断提高信息化的层次和水平。广大教职工积极适应、努力配合，使信息技术在教育教学过程中发挥了积极作用。学生也在信息技术的应用中有了更多的方便和获得感。信息化建设成绩卓然。

一、信息化建设历程

（一）现代教育技术建设阶段（2002—2006）

1.校园网从无到有

　　随着下沙新校园一期土建工程逐步推进，2002 年 6 月，学校设立了现代教育技术中心，负责校园网络、公共机房、多媒体语音教室等现代教育技术系统和设施的规划、建设、运维和计算机应用基础培训的教学组织管理工作。

　　2002 年 9 月至 2003 年 4 月，经过调研分析和论证，学校制订了校园网络建设架构和部署方式。校园网骨干采用千兆单模或多模光缆连通教学区各楼宇，包括第一到第五教学楼、一号二号实验楼（主楼和东西附楼）、实训楼 ABC 区、行政楼、现教楼在内的 19 栋单体建筑的 23 个弱电井道。井道通过 AB110 配线设施、压咀跳线，以超五类双绞线接到用户房间墙上的网络信息点，全校信息点达 730 个。校园网核心采用背板带宽为 256G 的思科 6509 企业级核心交换机。汇聚层分别为思科 4506 中型园区交换机、思科 3550 全千兆光纤三层交换机。接入层为上连千兆光口、下连百兆电口思科 2950 交换机，形成骨干 1000Mbps、接入 100Mbps 的交换网络。

　　通过租用中国电信裸光纤二芯，接入中国教育和科研计算机网（CERNET）浙江省主节点——浙江大学玉泉校区图书馆大楼 7 层网络中心，带宽 1M ～ 2Mbps，（IP 地址为 210.33.142.0/24，整个 C 段，注册并启用"hzvtc.edu.cn"域名后缀，以 210.33.142.1 为主 DNS。学校成为我省第一批接入教科网的高职院校。

　　校园网的主出口为杭州网通（HZCNC）城域网 10Mbps 光纤专线（IP

地址为 218.108.81.65/27，名义 32 个）。2005 年，为了提高校园上网速度，将杭州网通出口升级为 100M 光专线（IP 地址增加了 218.108.83.65/27，连同原地址，两段名义地址共 64 个）。随后升级部署了网威防火墙，并通过 IPSEC-VPN 技术，实现了校外访问学校内部资源。

校园网配置了百兆防火墙，配置了 IBM345、DELL2600、DELL2650 服务器，采用新思维认证系统对全校用户上网进行认证。全校上网电脑数 450 台，各个公共机房采用指定账号给学生上网。杭州职业技术学院网站正式上线运行。为区分对内、对外信息，分为内网（nw.hzvtc.edu.cn）和外网（www.hzvtc.edu.cn），两个网站独立分开运行。校园网部署的其他应用服务还有：学校各系和主要职能部门网站、电子邮件（每用户邮箱存储空间 10M）、视频点播 VOD（约 500G，主要是 VCD/DVD 清晰度的影视资料）、DNS（域名服务）。

2. 阶段末校园网出口和负载情况

教科网 2Mbps，主出口为杭州网通（100M）城域网光纤专线，高峰用户终端数 480 台。

（二）信息化设施巩固保障阶段（2007—2011）

1. 网络建设

（1）二期工程

2006 年开始，学校开展了二期工程建设。在改造工程中，除部分墙壁消失、信息减少外，友嘉机电学院等各区域大量调整、重新布局，用户信息化要求也大量提升。到阶段末，校园网络弱电井道设备间增加到 40 个，用户信息点增加到 1800 个。

（2）学生宿舍网络建设

学校学生宿舍嵩阳苑、含晖苑原由耀江集团以社会化方式建设管理，后由浙江传媒学院买下产权并接手管理，但学校所使用的学生宿舍上网一直仍沿用原来方式，没有统一管理。这就产生了运营商各自进场建自己的网、建筑内部没有设置统一的弱电设备间、通信设备随意在大楼底层采用扁墙柜形式进行安装连接、部分运营商为了方便直接临时飞线接入等问题，网络线路管理非常混乱。为解决学生宿舍上网管理混乱问题，经与浙江传媒学院反复沟通，学校从 2006 年开始着手进行校园网接入学生宿舍改造工程。经过一个暑假的网络布线改造，由学校投资租用电信提供的 32 芯裸光纤，当年秋季开学前实现了嵩阳苑、含晖苑共 16 幢学生宿舍接入校园网，同时由学校支付电信 200M 光纤专线（60.191.116.161/27，32 个 IP 地址），实现学生在宿舍有序上网。

（3）校园网核心提升

在学生宿舍接入网络的同时，校园网核心也获得同步升级建设。学生宿舍网络核心为思科 7609（背板带 720G），汇聚设备为思科 3560G（24 口或 48 口上光、下电全千兆交换机），并部署了思科防火墙 ASA5540、安腾认证 2200 等重要核心设备。为保障校园网络安全，又配置了趋势防毒墙，以加强校园网络的安全防护。

（4）第一代校园无线网建设

为了解决学校各报告厅、会议室等大跨度室内空间使用有线网络不方便问题，通过胖 AP 方式实现了无线网的覆盖。作为校园有线网的延伸，解决了学校行政楼、图书馆各报告厅及各会议室和部分院系门厅的上网需求，形成了第一代校园无线网。

本阶段形成了"千兆到楼宇、百兆到桌面"的硬件架构，并存载了教务等系统的多业务校园网络，初步实现了校园网络在教学区的全覆盖。

2. 阶段末校园网出口和负载情况

本阶段校园网出口情况：中国电信 200M、中国教育科研网 1～2M、华数 100M，校园网总出口带宽 302M。校园网高峰在线终端数量首次突破一千。

3. 成就和荣誉

2011 年，校园网络资源设备组荣获浙江省计算机学会、中国教育科研计算机网浙江省主节点省高校网络信息化工作先进集体。

（三）示范数字校园建设阶段（2012—2018）

1. 国家两大平台的基础设施建设

以建设国家两大平台为契机，根据教育部国家平台共建单位的有关需求，学校重点抓好国家平台和非遗资源库的硬件支撑建设，此阶段主要建设的核心系统设备有：

中心机房扩容建设。机柜由原来 10 个增加到 28 个，并增配了 UPS；机房照明和管理电脑也采用 PCM 工频机供电，断电期间可以维持管理；配置了环境监控和七氟丙烷气体灭火系统；升级校园网络核心思科

CISCO6509E，并与旧 6509 实现了核心设备双备；配置了高性能服务器 IBM3850X5（四路核心、256G 内存：11 台，128G 内存 4 台）；建设了 EMCVNX-5300/5500 存储设备（经过多次扩容，容量达到 50T）；配置了虚拟网关，光纤交换机实现了存储设备的双活；通过配置 VMware 软件搭建了虚拟化平台，实现了服务器存储资源的池化管理，提高了服务器存储资源的管理效率。

根据上级网络访问安全的要求，先后配置了千兆级的出口设备：天融信防火墙 5230、瑞威 Radware 负载均衡、城市热点 2133 认证，部署了启明星辰入侵检测系统 IDS、深信服 SSL-VPN、行为管理系统 AC。建设了网站群系统，实现了学校各分院网站和主要职能部门网站的进群统一管理，提升了管理效率和安全性。严格遵照上级规定，2016、2018 年分别对学校基础网络、门户网站、教务管理等重要系统进行信息安全等级保护测评。根据测评结果，为保证数据平台的运行安全，又陆续配置了安恒综合日志审计、网站安全监测平台、堡垒机，配置了绿盟应用防火墙（WAF）。

2. 校园无线网和一卡通建设

经与运营商多次沟通，学校成功获其投建校园无线网。在学校教学区室内共布置支持 IEEE802.11/B/G/N 标准的无线 AP 共 640 多只，校园 SSID 为 hzvtc_tch（教职工）、hzvtc_stu（学生），用户连接速率最高可达 54Mbps，初步实现了教学区室内区域的无线网覆盖。通过运营商投建一卡通系统，由浙江正元智慧负责建设，实现了教工食堂用餐、超市消费、会议考勤等一卡通应用。

3. 省数字校园示范校建设

凭借国家两大平台建设的有利时机，学校先后被列为浙江省数字校园示范校建设单位和教育部国家信息化示范建设单位。2016 年，经省教育厅组织的验收通过。由于教育部委托浙江省在验收省数字校园示范校建设单位时一并进行国验，国家级信息化示范建设单位的验收不再另行组织。

4. 数字校园和 OA 系统建设

根据教育部专家推荐，学校引进"广工"（广州工程技术职业学院）CRP 系统试用，建设了第一代 OA。同时，对接了人事、学工、教务等业务系统的部分数据和查询功能，初步实现了个人档案、工资查询等功能。还部署了校内办公邮箱（无外发功能）。

2017年，通过移动运营商的帮助，学校建设了新OA办公自动化系统，上线学校二十多个主要的流程，初步实现了学校行政办公审批流程自动化。

5. 阶段末校园网出口和负载情况

本阶段校园网出口情况：电信500M+100M（平台）、联通100M+100M（平台）、移动200M、华数100M、教科网10M（16个C段地址），校园网总带宽1110M（其中：校园网出口910M、平台出口200M）。连通教科网的光纤通过波分复用，实现了IPV6接入。校园网高峰在线用户终端数最高时首次突破三千。全校信息点2770个（不含公寓）；上网用户1370个；VPN用户790个；无线AP640台；虚拟服务器总数120台；数据资源20T；维护支撑数字资源192个；各类网站90个；应用系统17个。

6. 成就和荣誉

2012年的信息化办公室和2015、2017年的图书信息中心分别荣获浙江省计算机学会、教科网浙江省主节点浙江省高校网络信息化工作先进集体称号。2015年、2017年共有三人次获浙江省计算机学会、教科网浙江省主节点浙江省高校网络信息化工作先进个人荣誉。2012年、2017年，学校申报的项目荣获浙江省计算机学会、教科网浙江省主节点浙江省高校网络信息化优秀案例。

2015年，浙江高校信息化技术研讨会暨中国教育和科研计算机网浙江省主节点第十五次学术年会、浙江省计算机学会网络技术专业委员会第十次学术研讨会在我校举行。我校成为承办教科网浙江省主节点和全省高校网络技术专委会学术年会的第一所高职院校。

（四）数智杭职建设阶段（2019至今）

1. 完善学校的信息化管理机制

学校正式发文出台《信息化建设管理办法（试行）》（杭职院〔2020〕45号）、《信息化建设项目立项、管理与验收办法（试行）》（杭职院〔2020〕41号）、《校园网络使用管理条例（试行）》（杭职院〔2020〕43号）、《数据及安全管理办法（试行）》（杭职院〔2020〕44号）、《软件正版化工作管理办法》（杭职院〔2020〕46号）等一系列信息化建设与管理的规章制度，更好地理顺学校信息化建设的体制机制，为信息化建设管理奠定了制度基础。

2. 制订学校信息化规划与数智杭职建设目标

参考《浙江省高校智慧校园建设评价指标体系（试行）》，按整体规划、分步实施的原则，完成了学校智慧校园建设方案编制，计划用四年时间构建完整的"一张网"：在硬件方面补齐短板，消除瓶颈，夯实智慧校园硬件环境，保障智慧校园基础支撑；软件方面通过建设校级智慧校园公共服务平台（统一数据中心、统一身份认证、统一信息门户、网上办事大厅及大数据平台），整合OA、教务、人事、学工、科研、质评、财务、一卡通等校内原有业务系统数据，横向打通各业务系统壁垒，以师生用户视角重构业务流程，实现一网通办和大数据分析决策服务。

3. 数智杭职基础保障设施建设

以建设省内一流高职院校和新宿舍建设为契机，通过与移动、电信、联通的深度信息化合作，在拉动运营商和第三方支持学校信息化建设上取得实质性突破。先后组织了校园弱电管道查补、校园无线网覆盖、校园网出口带宽拓展、新学生宿舍统一管理平台和改造网络建设，实施了数据中心机房、网络核心、接入层设备、信息安全体系建设和云平台建设等工作。

（1）弱电管道查补

组织运营商完成了弱电管道查补，新建新学生宿舍到行政楼消控中心、现教楼网络中心的弱电总管。敷设PE110/102管总长8820米，新建弱电地井82个，在弱电管道经过的绿化带和路面上方设置标记桩、牌102个。全校弱电管道成网成环，确保了承载通信、有线电视、广播、消控、安防等弱电相应业务系统的需求，为校园信息化基础设施的推进打下了坚实的基础。

（2）无线网覆盖

在学校和运营商共同努力下，分别实施了教学区无线网覆盖项目的建设。项目共安装新一代AP设备2300多台，分布在教室、实训室、办公室等室内和学校南大门广场、各条道路、体育场等室外区域，整个校园实现了无线网的全覆盖。用户网速最高可达300Mbps，提升了师生上网体验，有力支持了线上课程及信息化教学。

（3）出口带宽升级

实现了校园网出口带宽的全面提升，校园网的总出口带宽达到5810M。其中，移动带宽4000M，电信带宽1000M，联通带宽800M，教科网 IPV4 带宽 10M、IPV6 带宽不限。人均带宽居省内同类院校前列。

（4）学生宿舍统一管理

配置了校园网络核心 BRAS 网关 ME60-X8 和深澜（SRUN）认证系统。在统一的综合布线体系下，实现了新宿舍上网的统一管理，保障了全校无线和新宿舍的上网认证。宿舍用户可方便地访问校园网并自主选择运营商上互联网。

（5）中心机房扩容

对中心机房机柜、供电、环境、消防和所有基础设施进行了扩容升级改造。机柜总数 44 只。封闭冷通道提高了效率、节省了能源。中心机房达到 B 类标准，通过了浙江省绿色数据中心的最高等级——三星评测。

（6）核心网络

通过配置新一代的核心设备 Huawei12712，将校园网核心由千兆接口提升为全新万兆接口。通过配置新一代的防火墙、链路负载均衡、认证网关、上网行为管理设备，将校园网核心出口由三千兆级硬件设备提升为万兆级的设备，使核心网带宽达到 10G 的性能。

（7）接入网络

主要是提升完善有线无线基础设施，万兆到楼，千兆接入，用户有线网速达到千兆。同时对新宿舍楼原招待所改建为宿舍区域的无线覆盖进行了补充。

（8）网络安全工作

一是参加杭州市 2020 网络安全攻防演练，公安部门组织模拟攻击人员对学校进行了 7*24 远程网络实战攻击，学校周密部署并联系关键性厂商防护，组织 7*24 值班。演练共防护各类攻击 500 多次，采取应急手段 40 次，保障校园网络安全，圆满完成了攻防任务，获上级肯定。

二是升级了堡垒机模块等安全设施，定期组织网络安全等级保护测评。根据等保 2.0 要求，配置了入侵防御系统、数据库审计、网页防篡改等重要安全设备，提升了校园信息安全的保障水平。

（9）软件正版化

根据审计要求，搭建了正版化操作系统和办公软件的校园网服务平台，实现了校园操作系统和办公软件的正版化。

（10）数据中心云平台建设

利用第三方单位银行的支持，配置了数据中心存储系统设备（可用存储空间扩容到100T），为智慧校园公共服务平台和各类应用提供必需的存储空间。

（11）配套网络衔接

由运营商为新宿舍投入高性能园区设备QuidwayS9306三台和48口接入交换机151台，实现宿舍区汇聚性能提升和交换机补缺，有效地保证了新宿舍区的上网性能。组织运营商提供交换设备和网络布线等支撑，实现了新宿舍地下层改造商铺、新宿舍招待所改造宿舍、含晖苑青年公寓和老楼洗衣房改造区域校园网开通。

4. 数智杭职校园公共服务平台建设

（1）统一数据中台

构建数据交换中台，打通各业务系统，实现数据共享。通过数据治理，形成数据资产，为全校应用系统集成和智慧校园大数据应用奠定良好基础。

（2）统一身份认证

通过统一身份认证建设，将组织信息、用户信息统一存储，进行分级授权和集中身份认证，实现了各业务系统的单点登录。已实现校内OA、人事、教务、学工等18个业务系统的对接。

（3）统一信息门户

构建融合门户，实现校园网的信息资源、应用系统的管理和整合，为用户提供访问校园网资源的统一入口，实现数据、用户、权限、应用、服务、流程、内容等各方面的集成。支持用户身份角色、服务需求灵活组织内容，实现集成的、无缝的、个性化的资源访问。

（4）一站式网上办事大厅

部署一站式网上办事大厅基础平台和流程引擎，形成多部门业务协同的新局面，实现业务流程再造和"最多跑一次"。已上线流程60条，其中新建线上流程32项，集成OA流程28项。

（5）移动端应用

建设学校专属的独立APP（掌上杭职）、企业微信和钉钉端。已上线15项轻应用，集成一卡通、OA等外部轻应用5个，方便了网办大厅的流程事项。用手机端进行便捷审批和办理，全校师生可自行选择相应的移动服务入口。

5. 信息化对学校各项工作的支撑进一步增强

（1）校园一卡通平台全面升级，实现了宿舍和教育区超市商场刷脸消费、手机扫码支付等智能化服务。

（2）利用信息化手段助力疫情防控工作

搭建手机校园通行码平台。对接省大数据健康码查询接口，实现与省疫情平台健康码连通、对行程卡的识别和对接，支撑疫情排查，为全校一万四千多名师生和常驻学校的企业合作人员提供校园健康打卡和通行码服务，精准助力学校的新冠肺炎疫情防控工作。

6. 校园网出口和负载情况

本阶段校园网出口情况：电信 1000M、移动 4000M、联通 800M、教科网 10M（16 个 C 段 IPV4，IPV6 接入实现网站访问），校园网总出口带宽 5810M。校园网高峰在线终端数突破六千。全校信息点 2772 个（不含公寓）；上网用户 15846 个；VPN 用户 821 个；无线 AP 2300 台；虚拟服务器总数 120 台；数据资源 27T；维护支撑数字资源 192 个；各类网站 92 个；应用系统 19 个。

7. 成就和荣誉

信息化建设与管理中心荣获 2021 年浙江省计算机学会、教科网浙江省主节点浙江省高校网络信息化工作先进单位。一人获 2021 年浙江省计算机学会、教科网浙江省主节点浙江省高校网络信息化工作先进个人荣誉。

（撰写：吴伟）

第四节　图书馆建设

由于下沙新校区基建工程未能一步到位，图书馆在学校正式建校后几易其址。馆藏图书不断丰富，在历次学校办学水平进步中实现同期跟进。纸质图书和电子图书资源持续更新，内部条件不断改进、完善，并实现与杭州图书馆及其下属分馆、社区图书室的连通、漂流。增加网上服务后，很好地满足了广大师生的需求，为学校人才培养提供了有力支持。

一、发展概况

学校图书馆前身是杭州市经委系统所属的杭州机械、化工、纺织、丝绸、轻工、西湖电子等 6 所职工大学的图书馆。2002 年，各校区图书馆资源整合为杭州职业技术学院图书馆。当时初设于现教楼一楼西侧，馆舍面积 1800 平方米。

2003 年，现代教育信息技术部成立，图书馆与网络中心、现教中心合署办公。2005 年，学校在现教楼一楼改建集藏借阅一体的大型新书库，并将 1 号教学楼一楼东部改建为报刊阅览室（兼自修室）。此时馆舍面积合计 4218 平方米，阅览座位 784 个，馆藏数量 20.3 万册。

到 2006 年底，图书馆馆藏图书近 30 万册。2007 年 7 月，为缓解藏书面积和阅览室座位紧张的状况，学校将 4 号教学楼的二到五楼改为图书馆。经过大规模调架和改造，图书馆在布局和服务上做了大范围调整，设 1 个主馆、2 个分馆。主馆设在现教楼一楼，为自然科学书库；一分馆设在 1 号楼东侧底层，为社会科学书库；二分馆设在 4 号楼，为自修室、报刊阅览室、现刊阅览室、电子阅览室（60 个机位）、过刊及合订本期刊阅览室。扩面后的图书馆于 2007 年 9 月以崭新面貌向全校读者开放，馆藏文献资源总量达 52.1 万册，建筑面积 6538.8 平方米，阅览座位 1792 个，办馆条件大有改善。

2008 年 4 月 30 日，学校与杭州图书馆签署合作协议，挂牌成立"杭州图书馆分馆"。根据协议，双方在文献资源和技术服务共建共享服务、合办学术文化活动等方面开展更广泛的交流合作。

2008 年 6 月，现代教育信息技术部撤销。现教中心职能并入各系，图书馆与网络中心合署办公，成立图书信息中心。

2009 年 3 月 12 日，学校与杭州经济技术开发区管理委员会签署协议，挂牌成立"杭州经济技术开发区公共图信中心"。

2009 年 11 月 16 日，校园网络工作职能被划入信息电子系，相关管理人员成建制划归信息电子系管理。

2008 年，图书馆大楼开工建设。2011 年 4 月底，图书馆整体搬迁至新大楼。同年 5 月，图书馆大楼正式向读者开放。新建成的图书馆大楼总建筑面积 19000 平方米。其中地上 6 层、地下 1 层，设计藏书 80 万册。

图书馆实际启用面积约 7000 平方米，设有 7 个书库、2 个期刊阅览室、4 个自修室，阅览座位 1015 席。

2013 年 3 月，图书馆二楼西自修室改建为校史馆。

2014 年 6 月 13 日，信息化办公室职能被划入图书馆，成立图书信息中心。

2014 年 10 月，二楼东电子阅览区改建为现代职业教育研究中心。

2015 年 5 月，三楼西通道改建为职业素养中心。

2018 年 8 月，二楼读者沙龙大厅、二楼西北面的书库二、新书书库二、人文类书库改建为浙乡非遗馆。

2020 年 5 月 18 日，撤销图书信息中心，设立图书馆，与发展研究中心（高职教育研究所）、科研处合署。

截至 2021 年底，图书馆实际使用面积 4800 平方米，设有 2 个书库、1 个期刊阅览室，1 个电子阅览室，阅览座位 900 席。每周开放时间 91 小时，每年接待到馆读者近 2 万人次，合计流通达 30072 册次。

二、馆藏文献

（一）纸质文献

为迎接 2007 年教育部高职高专人才培养工作水平评估，图书馆文献资源大幅增加，2005—2008 年纸质馆藏增加近 20 万册。2019 年，学校投入 250 万元购书经费，纸质馆藏增加 29 万册。

此外，图书馆积极争取社会支持，获得大量捐赠图书。2016 年起，开展"爱心传递·知识传承"图书捐赠活动，陆续收到校内外 377 人、41 个集体捐赠书籍 2 万余册。2017—2018 年，纸质馆藏增加 6.23 万册。

截至 2021 年年底，纸质文献馆藏量已达到 895909 册，期刊合订本 16430 册，中外文报刊资料 21 种（见表 3-8-1）。

表3-8-1 图书馆纸质文献馆藏情况表（2004—2021年）

年份	新增图书 / 册	中文报刊 / 种	购书经费 / 万元
2004 年	17037	851	54.37
2005 年	102778	885	145.8
2006 年	34990	1141	93.66

年份	新增图书 / 册	中文报刊 / 种	购书经费 / 万元
2007 年	33499	1092	90
2008 年	11217	1065	51
2009 年	18388	1121	55
2010 年	20201	1097	65
2011 年	18388	1044	55
2012 年	12851	1176	56
2013 年	13927	1175	56
2014 年	12660	1100	
2015 年	9300	1079	
2016 年	6311	728	
2017 年	43000	397	47
2018 年	19301	397	35
2019 年	290000	254	250
2020 年	36778	239	55
2021 年	22806	231	55

（二）数字资源

2006 年 11 月，图书馆开始引进数字资源。最初引进的数字资源为清华同方知网（北京）技术有限公司的 CNKI 系列数据库，使用 IP 方式，可提供 7000 余种专业期刊的全文检索和 20 万余篇全国优秀硕士、博士优秀论文的全文检索，以及全国重要会议学术论文的全文检索。12 月，参加浙江省高校图工委电子图书集团采购，在增加馆藏文献的同时为学院节约了大量图书经费。

2007 年，本地镜像数据库调试完成并投入使用。2010 年以后，本地镜像数据库逐步过渡为在线服务的网络版。

2008 年 3 月，经过大量的前期调研工作，畅想之星随书光盘开放下载，80% 的随书光盘实现网上浏览。2008 年 10 月，图书馆首次参加浙江省高校数字图书馆联合采购，引进第一个外文数字资源——EBSCO 数据库，填补了我馆外文电子资源方面的空白。此后，随着网络的普及和数字资源的快速增长，图书馆逐年加大数字资源的收藏力度。数字资源逐年增加，学校陆续引进了超星读秀、国研网、万方学位论文数据库、起点自主考试学习系统、KUKE 数字音乐图书馆、维普网、书生之家、龙源期刊、同方世纪期刊、起点视频数据库、职业全能培训数据库和外文数字资源 EBSCO（ASP+BSP）、Springer 期刊、Nowpublishers 等。2008 年一年，共采购北京书生之家电子图书 10 万种。

截至 2021 年底，图书馆拥有数字资源库 12 个，电子图书 45 万册。

三、管理与业务

（一）特色业务

2008 年，先后创办"友嘉"和"新通国际"读书吧，将图书信息中心各项资源与企业文化、专业资料室建设合三为一，为教学和管理一线提供贴近式服务。

同年，与杭州图书馆合作，充分利用"杭州图书馆杭州职业技术学院分馆"这一平台，将杭州图书馆（包括所属 6 个分馆、20 余个社区图书室）的近 200 万册纸质图书、海量数字文献资源及各种文化活动引入共享。

2009 年，与杭州经济技术开发区管委会合作，成立杭州经济技术开发区公共图书信息中心，面向社会读者开放图书信息中心现有的数字、纸质资源。并为杭州经济技术开发区免费办理借阅证。

2016 年，为使图书文献信息资源及服务布局合理，图书信息中心建立了 3 个专业图书资料室：达利时装零售与管理专业图书资料室、友嘉机械设计与制造专业图书资料室、彩虹鱼专业图书资料室。2020 年，建立了马克思主义学院图书资料室。2021 年，建立了生态健康学院图书资料室。

2015 年起，图书馆开始实行资源采购主体转换。工作人员先后赴 8 个教学分院和 5 个行政部门进行宣传动员，发放新的纸质图书采购现场卡711 张，逐渐形成以读者需求为中心的图书采购新机制。

2020 年 10 月，图书馆二楼大厅开始设立"杭职文库"展示台。截至2021 年年底，共收集入库杭职教职工专著 190 册、教材 17 册。

（二）读者服务

2005 年起，图书馆外借书库和阅览室实行全开架服务。2006 年 12 月，图书馆将原来学生每次只能借阅 2 册图书增加到 3 册。2007 年 1 月，开通图书借阅网上预约功能。2008年6月，借书证限借册数又由原来的教师10册、学生5册增加到教师15册、学生8册。

2007年图书馆扩面后，阅览座位大幅增加，提供读者座位1792个，电子阅览室机位60个。2011年，图书馆搬迁至新馆，馆舍环境、基础设施迈上新台阶，可提供读者阅览位1015个，电子阅览机位160个。

2019年，撤销工具书阅览区，新增捐赠文献区和新书阅览区。调整馆内80%的阅览位至独立且朝南的三楼南面，读者学习环境更加宽敞、明亮、安静。搭建废旧闲散书架，增加6.2万册的图书存放空间，节约资金近7万元，大大缓解书架紧张的局面。

2021年，智慧图书馆平台启用。

（三）咨询服务

2007年1月，图书馆与"国家教委科技查新工作站"（设在浙江大学图书馆内）多次协商，将我院图书馆作为科技查新的联络点，为全院教师提供科技查新代理服务。2007年4月，双方正式签订合作协议，图书馆成为杭州高职院校中首家与国家教委科技查新工作站合作的代办机构。

（四）现代化建设

2002年，启动图书馆自动化管理建设项目，部署中心机房，建立图书馆计算机网络。采用大连妙思图书馆管理系统（包括采访、编目、流通、连续出版物、检索、系统维护6个子系统），实现计算机联机编目、流通服务计算机管理，建成总书目库，提供书目联机检索服务。

2006年，购置服务器及存储设备3.3T。

2007年8月，图书馆对原有的7万册历史遗留图书进行了编目、加工，使全馆的藏书都进入了计算机管理，图书日常管理和流通完全现代化。同年10月，自行开发了"图书馆期刊征询系统"，方便全院师生推荐征订期刊及报纸。同时也提高了期刊采购的质量和效率，以及期刊利用率和专业化程度。当年，图书馆服务器存储量达到6.6T。

2012年，开通超星移动图书馆平台，实践移动技术在图书馆服务中应用。2021年11月，自动化管理继承系统由妙思平稳迁移至超星LSP系统，同时采购超星智慧图书馆平台。

四、交流与合作

2006 年 12 月，向浙江省高校图工委申请浙江省高等学校图书馆通用阅览证，实现了全省高校图书馆馆际通阅服务。

2009 年 11 月，加入浙江省高校数字图书馆，成为浙江省高校图书馆成员。与 CASHL（中国高校人文社会科学文献中心）签署馆际合作协议。2010 年开始利用浙江省高等教育数字化图书馆（ZADL）资源、中国高校人文社会科学文献中心（CASHL）、开展文献传递业务。

2011 年加入浙江省高校数字图书馆（ZADL），读者可通过浙江省高校联合目录检索文献，并通过云邮箱、ZADL 文献传递平台获取文献

（撰写：黄鸿裕）

第五节 平安校园建设

平安校园建设事关大局稳定和教育教学的良性运转，杭职院一直高度重视。学校正式建校后，相关队伍和软硬件逐步走上正轨。多年来，学校认真贯彻落实上级有关精神，上下齐心、真抓实干，平安校园建设取得了积极成效。

一、机构设置日臻完善，保卫力量逐年加强

学校建校初期设党委保卫部（保卫处），设保卫部（处）部（处）长 1 名、保卫干事 4 名、校卫队员 30 名。为加强保卫工作，保卫处队伍不断扩大，岗位分配更加合理。学校现有党委保卫部（处）部（处）长 1 名、党委保卫部副部（处）长 1 名、治安科副科长 1 名、消防科科长 1 名、保卫干事 4 名、校卫队员 49 名。

二、社会治安综合治理和校园稳定工作举措及成效

学校在正式建校之初就建立了综治工作机构。校党委以创建"平安校园"为契机，采取有效措施，确保学校的长治久安。学校坚持综治工作"打防结合、预防为主"的原则，注重整合校内资源，严格安全检查制度和值

班工作制度；充分发挥各级党团组织的政治优势，逐步健全和完善基层调解组织；建立健全学生定期对话和座谈会制度，组建了一支由热心治安工作的学生组成的切实可用的治安秘密信息员队伍；高质量完成"人防、物防、技防"工作，与各系部密切配合，强化学生的日常管理和安全法制教育。

2005年，学校完善了社会治安综合治理委员会。校党、政主要领导任主任，其他校领导任副主任，学校主要职能部门负责人参与。综治委下设社会治安综合治理办公室（设在保卫处）。各系（部、院）成立综治工作小组，由党总支书记任组长，系办主任、总辅导员等兼小组成员。同年，学校开展创建"平安校园"活动，提出了以创建"平安校园"带动日常综治工作，以做好日常综治工作来促进创建"平安校园"的指导思想。同时组建学生治安秘密信息员队伍，摸索出一套行之有效的情报信息工作方法。同年，学校荣获杭州市"平安校园"称号，被评为杭州市社会治安综合治理工作先进单位。

2006年初，学校下发《杭州职业技术学院社会治安综合治理目标管理责任书》（杭职院〔2006〕40号），对各系院提出社会治安综合治理目标要求。6月，学校开始实施《杭州职业技术学院社会治安综合治理目标管理考核细则（试行）》，落实安全工作责任制，为学校的教学、科研和各项工作的顺利开展提供安全保障。10月，再次调整充实学校社会治安综合治理委员会成员。学校被评为2006年度杭州市社会治安综合治理先进单位。

2007年9月27日，学校召开反邪教协会成立大会。会议通过了《学院反邪教协会章程》和协会第一届理事会理事候选人建议名单。学校反邪教工作进入崭新阶段。当年，学校被评为杭州市2007年度市属高校"平安示范校园"及"杭州市2007年度社会治安综合治理先进单位"。

2008年，学校被命名为"2008年度市级平安示范校园"（杭综治〔2009〕5号文件）。根据《杭州市教育局关于公布2008年度学校安全工作考核结果的通知》（杭教人〔2009〕6号）文件，学校考核成绩优秀。

2010年1月12日，杭州市教育局公布了2009年度社会治安综合治理工作考核评比结果（杭教人〔2010〕3号），学校被评为社会治安综合治理工作先进单位。2010年2月5日，杭州市教育局公布了2009年度学校安全工作考核结果（杭教人〔2010〕11号），学校被评为安全工作优秀单位。

2012年5月25日，根据《中共杭州市委杭州市人民政府关于表彰

2011 年度社会治安综合治理工作先进单位和先进个人与公布目标管理责任考核结果的通报》（市委发〔2012〕56 号），学校获得杭州市 2011 年度社会治安综合治理工作先进单位荣誉称号。

2012 年、2013 年，学校连续两年被评为杭州市年度维护稳定工作先进单位。2018 年，中共杭州市委创建"平安杭州"领导小组发布《关于命名 2018 年度杭州市"平安示范单位"的决定》（杭平安〔2019〕1 号），学校被命名为 2018 年度杭州市"平安示范单位"。

2019 年，学校获得浙江省等级"平安校园"4A 称号及 2019 年度杭州市消防安全工作先进单位。

三、完善安全保卫规章制度，校园防控体系不断加强

在学校党政的领导下，保卫处不断致力于各项治安保卫工作的规章制度建设。自建校以来，结合"平安校园"评估考核工作，先后制订并修订各项规章制度：《社会治安综合治理目标管理责任书》《社会治安综合治理目标管理考核细则》《学生社会治安综合治理工作条例》《外来流动人员治安管理办法》《处置校园恐怖事件应急预案》《消监控中心管理规定》《"校园 110"指挥中心报警处置工作程序》《校园交通安全管理规定》《处置凶杀暴力事件应急预案》《处置学生群体性突发事件应急预案》《消防灭火和应急疏散预案》《校卫队管理制度》《化学危险物品管理规定》《消防安全管理办法》等。以上规章制度的制订、修订和实施，为"平安校园"建设工作打下了坚实的基础。

四、技防物防设施不断更新，提升"平安校园"品质

2009 年，学校完成校园监控改造项目。监控室面积扩大，原有的监控传输信号由模拟信号升级为数字信号，增加了部分监控摄像头。2016 年，根据消防部门要求建成学校微型消防站。2019 年，完成新学生公寓配套消防项目，配合完成新学生公寓消防验收。完成校园监控项目，完善校园监控点位，校园治安技防水平实现较好提升。完善新学生公寓及周边道路配套交通设施，增加及修补路面标识标记，确保师生出行安全。

五、加强保卫队伍管理，重视师德师风建设

强化部门工作人员责任心，规范规章制度建设，加大监督考核力度。党员带头，扎实推进部门师德师风建设。加强对校卫队的管理，优化对队员的思想教育，树立良好的职业道德和服务师生的工作理念。提高保卫业务水平，注重队员安全保卫培训。全体队员均于2020年通过培训考试获得中级或高级保安员证书，实现持证上岗。

（撰写：钱立）

第九章　杭州职业技术学院大事记
（2002 至 2021）

　　正式建立杭州职业技术学院。2002 年 1 月 24 日，浙江省人民政府以浙政函〔2002〕17 号文，同意建立杭州职业技术学院等 18 所高等职业学校。文件规定"撤销原依托学校的独立建制，其人员（含离退休）、财产、经费基数等分别划入新建立的高等职业技术学校，学校如需继续招收中专学生，可以高职学校中专部名义安排招生，也可以开通五年一贯制"。

　　市政府召开杭州职业技术学院经费问题协调会。2002 年 5 月 29 日，杭州市副市长项勤主持召开关于杭州职业技术学院经费问题的协调会议，市人事局、财政局、教育局、杭州职业技术学院等单位负责人参加会议。会议就杭州职业技术学院经费预算形式及原机械工业学校教职工工资福利待遇问题进行了专题研究。

　　获准实施学校五年发展规划（2002—2006）。2002 年 11 月，学校根据上级文件精神，结合学校实际，经过反复论证，完成五年发展规划（2002—2006），并以杭职院〔2002〕107 号文，呈报杭州市教育局并获批同意实施。

　　启动省人才培养工作水平评估"迎评促建"工作。2003 年 3 月 26 日，学校召开教职工"迎评促建"动员大会。校党委书记王鹏做总结性讲话，副校长吴震方对评估工作做了布置，校长助理张洪宪就省教育厅人才培养工作水平评估做了详细说明。会议由学校党委副书记张小红主持。

　　洪永铿任杭州职业技术学院党委书记。2003 年 4 月 14 日，中共浙江省委教育工作委员会以浙教育工委干〔2003〕23 号文，任命洪永铿为杭州职业技术学院党委书记。

　　詹红军任杭州职业技术学院院长。2003 年 4 月 14 日，中共浙江省委教育工作委员会以浙教育工委干〔2003〕23 号文，任命詹红军为杭州职业技术学院院长。

召开新一届学校党政领导班子任命大会。2003 年 4 月 16 日，学校召开新一届党政领导班子任命大会，学校全体教职工参加。浙江省委教育工委副书记沈敏光、市委组织部副部长贺建强分别宣读了任命文件。市教育局副局长周训亮、市委组织部干部三处处长陈美丽等出席会议。洪永铿同志任学校党委书记，詹红军同志任学校党委副书记、院长，张小红同志任学校党委副书记、纪委书记，韩时林、张洪宪同志任学校党委委员、副院长。

市政府召开杭州职业技术学院土地盘活等专题会。2003 年 5 月 23 日，杭州市副市长项勤主持召开会议，就杭州职业技术学院老校区土地盘活等有关问题进行专题研究。市政府副秘书长陆瑞芬，市教育局、财政局、规划局、国土资源局、土地储备中心、杭州职业技术学院等部门和单位的负责人参加会议。

学校召开一届一次"双代会"。2003 年 7 月 29 日，学院一届一次工会会员代表暨教职工代表大会召开。大会选举产生了新一届工会委员会、经费审查委员会，通过了《杭州职业技术学院校内津贴实施方案》。选举张立平为工会主席。

实施绩效工资分配制度改革。自 2003 年 7 月首次分配制度改革后，学校分别于 2006 年 7 月、2008 年 12 月、2016 年 9 月、2018 年 12 月、2020 年 3 月先后进行 5 次分配制度修订和改革工作，通过分配制度的改革，体现多劳多得、按劳取酬的原则。广大教师承担教学、科研任务的人均工作量饱满，收入也明显增加，极大地调动了广大教师的工作积极性。

与开发区合作开展在职学历教育与培训。2002 年，学校在办学思路上，进一步明确了"将产学研作为高职人才培养基本途径和特色"，同时重视建立多层次、多形式、多方位的终身教育体系。2003 年 8 月 30 日，学校在下沙高校中举办了首期开发区企业职工成人高复班和成人学历高职班。

学校召开首次教学工作会议。2003 年 10 月 29 日，学校首次教学工作会议召开。校党委副书记张小红、各部门主要负责人及各专业、学科带头人参加会议。市教育局高教师范处副处长吴作为到会祝贺。

与开发区合作创办"开发区职工素质教育基地暨蓝领成才项目"。2003 年 9 月 5 日，学校与开发区总工会、团工委共同合作筹建"职工素质再教育基地"。基地的创建可以充分发挥高校服务社会功能，构筑校企资源共享、优势互补、信息互通的终身学习平台。

杭州市委书记王国平一行视察学校。2003 年 11 月 6 日，市委书记王国平、市委副书记叶明、副市长项勤在市委副秘书长胡征宇、市政府副秘书长陆瑞芬、市委办公厅副主任林友保、萧山区区长陈如昉、市委政研室副主任辛薇、余杭区区长刘庆龙、市教育局局长徐一超、副局长周训亮等陪同下视察学校，并召开座谈会。校领导洪永铿、张小红、韩时林、张洪宪，以及相关部门负责人和各系主任参加座谈会。王国平书记听取了学校办学情况汇报，询问了招生、师资队伍建设、资金投入等情况后，对学校的办学思路、工作重点等做了指示。他指出，要解决目前学校存在的各种问题，关键在于做好两个"创"。一是创出特色，二是创新体制。会后，王国平书记为学校题词"打造杭州高等职业教育的航母"。

学校通过省人才培养工作水平评估。2003 年 12 月 16 日至 19 日，浙江省人才培养工作水平评估专家组对我校人才培养工作水平进行考察评估。考察期间，专家组听取了学校党委记洪永铿关于自评情况的汇报，查看了图书馆、教室、运动场、食堂、学生宿舍等教学、生活设施，检查了实验室和校内实训基地，对 255 名学生、22 名教师做了问卷调查，分别访问了 31 名党政管理干部、系主任、教师和学生，随机听课 17 节，查阅了大量资料，对"模具设计与制造"和"服装设计"两个专业进行了重点剖析。2004 年 2 月 2 日，浙教高教〔2004〕14 号文公布了浙江省人才培养工作水平评估专家组对杭州商学院（现浙江工商大学）等 26 所高等学校教学工作的评估结果，杭州职业技术学院为合格院校。

杭州市市长茅临生一行视察学校。2004 年 2 月 26 日，市长茅临生、副市长沈坚在市政府秘书长娄延安、副秘书长许保庆、市政府办公厅副主任郎健华及市计委、经委、劳动和社会保障局、财政局、教育局、人事局、物价局、总工会主要负责人的陪同下来校视察，并与校领导洪永铿、张小红、韩时林、张洪宪及杭州中策职业学校、杭州电子信息职业学校、杭州技工学校主要负责人就如何建立健全杭州职业教育体系、优化杭州经济发展环境、推进人才强市战略等问题进行了座谈。

学校召开首届学生工作会议。2004 年 5 月 29 日，学校首届学生工作会议召开。市教育局党委副书记应建华，校领导洪永铿、张小红、韩时林、张洪宪等出席会议，校全体处级干部、政治辅导员、班主任共 100 多人参加会议。省教育厅、市教育局领导出席会议并做重要讲话。校党委书记张小红做工作报告，会上进行了学生管理与教育论文交流。

杭州市代市长孙忠焕一行视察学校。2004 年 10 月 22 日上午，杭州市代市长孙忠焕在市政府秘书长娄延安、市教育局局长徐一超及市财政局、市府办政研室、市教卫文体处负责人的陪同下来校视察，并就学校今后的发展建设等问题与校领导洪永铿、张小红、韩时林、张洪宪及部分教职工代表进行了座谈。

学校举办首届文化艺术节和首届技能文化节。2004 年 4 月 26 日至 29 日，学校举办首届文化艺术节。2004 年 11 月 17 日至 24 日，学校举办首届技能文化节。此后，学校每年上半年举办一届文化艺术节、下半年举办一届技能文化节。2008 年 12 月，学校申报的"在强技中创新、在创新中育人——杭州职业技术学院技能文化节"，被评为 2008 年浙江省高校校园文化品牌之一。

学校与澳大利亚北墨尔本高等技术学院合办中澳合作办学项目。2004 年 10 月 29 日，学校与澳大利亚北墨尔本高等技术学院合作洽谈会暨签约仪式在学校举行。学校党委书记洪永铿、副校长张洪宪，澳大利亚北墨尔本高等技术学院国际项目部主任 SCOTT、中国项目开发部经理刘军等出席签约仪式。2005 年 9 月 12 日，学校首届中澳合作班开班，共招生 7 个班级，学生 314 人。

学校附属严州中等专业学校揭牌。2005 年 2 月 17 日，浙江省教育厅批复同意严州师范学校调整更名为"杭州职业技术学院附属严州中等专业学校"（浙教计〔2005〕14 号文）。2005 年 6 月 3 日，"杭州职业技术学院附属严州中专"揭牌仪式在建德梅城严州师范学校举行。杭州市教育局副局长周训亮，校党委书记洪永铿、副书记张小红，副校长张洪宪、廖志林及建德市委宣传部、建德市教育局等有关领导出席了仪式。（注：2009 年，杭州职业技术学院附属严州中等专业学校并入杭州科技职业技术学院）。

洪永铿任学校副院长（代院长）。2005 年 6 月 9 日，市委组织部常务副部长贺建强、干部三处处长江冰来学校宣读任命文件，洪永铿同志任学校副院长（代院长）。学校领导班子成员参加任命会议。6 月 10 日，学校召开全体中层干部会议，宣布洪永铿同志任职文件。

学校获评省高校毕业生就业工作优秀单位。2005年11月30日，浙江省教育厅（浙教学〔2005〕268号文）公布了全省普通高校毕业生就业工作评估结果，杭州职业技术学院获浙江省普通高校毕业生就业工作优秀单位。这是省教育厅在对部分高校进行试评估的基础上，根据公平、公正的原则，对全省66所普通高校就业工作进行评估给出的结果，共有27所普通高校获优秀单位。

园艺技术实训基地获中央财政支持立项。2005年12月13日，根据《财政部关于下达2005年中央职业教育实训基地建设支持奖励专项资金的通知》（财教〔2005〕295号）文件，学校园艺技术实训基地被教育部、财政部认定为职业教育实训基地，获得中央财政支持奖励。2006年6月23日，学校中央财政支持项目——杭州职业技术学院园艺技术实训基地挂牌暨校企合作签约仪式举行。杭州市政府副秘书长陆瑞芬、市教育局局长徐一超、副局长周训亮等领导出席了挂牌仪式。

学校与开发区合作创建开发区就业技能培训基地。2005年11月，学校与开发区合作创建"开发区就业技能培训中心"，成为下沙高校中为下沙失地农民提供技能培训的第一批三所高校之一。2006年5月18日，杭州经济开发区管委会以杭经开管发〔2006〕136号文，认定学校为杭州经济技术开发区就业技能定点培训机构。

杭州市职业技能公共实训基地情况汇报会召开。2006年1月18日，杭州市职业技能公共实训基地情况汇报会在市政府1014会议室举行，杭州市副市长项勤、孙景淼，市政府副秘书长陆瑞芬出席汇报会。市教育局、劳动保障局、人事局（编办）、财政局领导，及学校党政领导和相关部门负责人参加汇报会。

学校举办首届科研论坛。2006年3月1日，学校举行首届科研论坛。校党政领导班子成员及2006年度省市级、院级课题负责人等60余人参加了论坛。

学校全面启动创建优秀高职院校工作。2006年3月6日，学校成立"创建优秀高职院校"工作领导小组。同年11月28日，学校对原创优工作领导小组成员进行了调整，同时建立了创优工作联席会议制度和创优办公室。同年12月2日，学校召开创建优秀高职院校研讨会，创优领导小组全体成员参加会议，标志着学校创优工作进入实质性操作阶段。

学校获合法招收留学生单位资格。2006年5月24日，学校《关于要求开展留学生教育的请示》获浙江省教育厅批复，批准并正式备案。2006年5月起，学校具备合法招收留学生单位资格。

学校召开"十一五"规划专家论证会。2006年5月17日，学校召开"十一五"发展规划高校专家论证会。浙江经济职业技术学院常务副院长陈丽能、浙江工业大学原教务处长张达明、浙江工商大学原教务处长吴寅华、中国计量学院原教务处长丁锡康等专家应邀出席论证会。2006年5月26日，学校召开"十一五"规划省市领导专家论证会。浙江省教育厅计划财务处副处长陈煜军，市教育局副局长周训亮以及市教育局高师处、市财政局文化事业处、市编委办综合处、工资福利与退休管理处、市发改委社发处和杭州经济技术开发区党工委相关负责人应邀出席论证会。

学校召开首次师资工作会议。2006年5月27日，学校召开首次师资工作会议。校党委书记、代院长洪永铿在会上做了题为《提高认识、更新观念、健全机制、加快步伐，全面推进师资队伍建设》的主题报告。会议就学校拟出台的关于实施"教授、副教授工程"、试行"岗位模拟工作室"及教师下企业锻炼进修、兼职教师队伍建设管理、中青年骨干教师选拔和培养等方面文件进行了充分研讨。

学校召开二届一次"双代会"。2006年6月10日至11日，学校召开二届一次教职工代表暨工会会员代表大会。校党政领导、教职工代表近百人出席会议，市教育工会主席张群英到会祝贺并致辞。大会表决通过了《学院"十一五"发展规划》《院内岗位津贴方案》，选举产生了学校工会第二届委员会、经费审查委员会和教代会提案工作委员会。张立平当选为第二届校工会委员会主席。

学校实施首次教职工聘用工作。2006年7月，根据国家人事部关于开展事业单位人员聘用制度的文件精神和浙江省人事厅、杭州市人事局有关《事业单位实行人员聘用制度暂行办法》要求，学院制订了《杭州职业技术学院教职工聘用实施方案》。2006年7月6日至7日，学校举行期末教职工学习会暨全员聘用工作动员会。会议由校党委副书记张小红主持，校党委书记、代院长洪永铿，副校长张洪宪分别讲话。

学校举行首届教师教学技能比赛。2006年9月、10月，学校举行首届教师教学技能比赛（初赛）、决赛，获一等奖教师被推荐参加浙江省高等学校第四届青年教师教学技能比赛。2006年11月8日，学校召开首届教师教学技能比赛表彰大会，校领导洪永铿、张小红、韩时林、张洪宪及全体教职工参加表彰会，杭州市教育局高师处副处长蒋锋应邀出席会议。

学校获评杭州市职工教育培训示范基地。根据市教育局等五家单位联合下发《关于认定第二批市职工教育培训示范基地的通知》要求，对自愿申报的相关办学机构进行了考察、评估，2006年12月8日，杭州市教育局（杭教成〔2006〕43号）公布了杭州市第二批职工教育培训示范基地评估结果，认定杭州职业技术学院等20所办学机构为杭州市第二批市职工教育培训示范基地。

学校召开创建优秀高职院校动员和攻坚推进会。2007年1月27日至28日，学校召开期末教职工学习会暨创建优秀高职院校动员会。全国高等学校精品课程评审专家、上海商学院管理学院院长宋文官教授，宁波职业技术学院党委书记、执行院长苏志刚研究员应邀做专题报告，学校党委书记、代院长洪永铿在会上做了创优动员讲话。2007年3月17日，学校召开教职工代表大会（扩大）创优工作专题会议。大会听取并讨论了校党委书记、代院长洪永铿所做的创优工作专题报告，宣读了迎评创优倡议书、通过了教代会创优工作专题会议决议。2007年7月6日，学校召开期末教职工学习会暨迎评创优攻坚推进会。浙江金融职业学院院长周建松教授、金华职业技术学院教务处成军教授应邀做专题报告。

教育部原高教司副司长朱传礼来校指导工作。2007年4月3日，教育部原高教司副司长、教育部高职高专人才培养工作水平评估委员会副主任委员朱传礼来校指导工作。党委书记、代院长洪永铿，副院长张洪宪、廖志林出席接待，并陪同参观化工系、机电系实验室及艺术系园艺实训基地。

杭州市副市长陈小平来校视察。2007年4月8日，杭州市副市长陈小平在市政府副秘书长陆瑞芬、市教育局党委书记、局长徐一超等的陪同下来学校视察工作。校领导洪永铿、张小红、韩时林、张洪宪、廖志林等出席了接待。陈小平一行参观了校园和化工系、机电系、服装设计及园艺实训基地，随后在学校行政楼第一会议室进行了座谈。

学校正式启用校徽并确定校训。2007年4月23日，学校校长办公会议审议通过了校徽方案，校徽正式启用。校徽意为"职潮"，由"H"异形图、"钱塘江的浪潮""滚滚的车轮"等元素组成。5月，学校确定校训为"崇

德 精技 笃实 创新"。

杭州市公共实训基地筹建落户学校。2007 年 6 月，杭州市人民政府办公会议决定筹建杭州市公共实训基地。基地建在杭职院校园内，占地 30 亩，两年内基本建成，年内正式动工。作为 2007 年市政府为民办实事项目，杭州市政府决定将其严格按照国家级公共实训基地建设规模进行建设，并努力争取进入 100 个国家级公共实训基地之一。

学校首次组织澳大利亚游学夏令营活动。2007 年 7 月 8 日至 17 日，学校首次组织"澳大利亚游学夏令营"活动。学校 5 名教师及中澳班 16 名学生组成代表团先后参观学习了悉尼科技大学、北墨尔本职业技术及继续教育学院和拉筹伯大学。

洪永铿书记带团赴英德进行合作办学项目考察。2007 年 7 月 9 日至 20 日，以党委书记、代院长洪永铿为团长的学校英德教育考察团一行 5 人赴英国、德国等进行合作办学项目考察，并对有合作意向的英国吉尔富德学院、德国魏斯马大学进行了实地访问和办学情况考察。

杭州市市长蔡奇来校调研。2007 年 7 月 24 日，杭州市市长蔡奇在市政府有关部门负责人的陪同下视察了下沙高教园区，并专门调研了杭职院。调研座谈会上，蔡市长要求学校坚持高等职业教育不动摇，不断提高高职教育品质。蔡奇市长表示同意由市财政统筹经费予以支持，要求学校尽快启动图书馆工程建设。

学校开展人才培养工作水平预评估。2007 年 8 月 6 日至 7 日，以原浙江农业大学副校长何泳生教授为组长，以浙江交通职业技术学院院长王怡民教授，湖州职业技术学院党委副书记、院长胡世明教授，浙江医学高等专科学校副校长邹立人教授，原杭州大学教务处处长钟华鑫教授为组员，以金华职业技术学院教务处副处长成军教授为秘书的人才培养工作水平预评估专家组进驻学校，对学校进行了为期两天的人才培养工作水平预评估。

叶鉴铭任杭州职业技术学院院长。2007 年 8 月 14 日，浙江省人民政府以浙政干〔2007〕33 号文，任命叶鉴铭为杭州职业技术学院院长。2007 年 8 月 29 日，学校举行全校干部大会，宣布院长任命决定。

学校人才培养工作水平评估以优秀成绩通过。2007 年 9 月 5 日至 8 日，以教育部高职高专评估中心副主任、教育部高等教育司原副司长朱传礼教授为组长，浙江经济职业技术学院院长陈丽能教授为副组长的专家组一行

8人对学校进行了人才培养工作水平评估。专家组在学校考察评估期间，进行了问卷调查，听取了评估自评汇报，实地考察了校园环境和教学条件，观看了学生技能展示及教学成果展，考察了校外实习基地，剖析了模具设计与制造、旅游管理两个专业，组织学生进行技能测试等。9月19日，浙江省教育厅下发浙教高教〔2007〕163号文，确定学校为高职高专人才培养工作水平评估"优秀"学校。

学校启动创建全省示范性高职院校工作。2007年9月29日，学校党政领导班子及创优联席会议全体成员召开创建浙江省示范性高职院校务虚会议。会议就学院如何开展"创建浙江省示范性高等职业院校"工作展开了研讨和部署。10月17日，学校召开创优总结表彰暨创建全省示范性高职院校动员大会。学校党政领导及全体教职员工近500人参加会议。

杭州职业技术学院实训基地暨杭州市公共实训基地奠基。2007年12月28日，杭州职业技术学院实训基地暨杭州市公共实训基地奠基仪式在学校隆重举行。杭州市副市长何关新、浙江省劳动保障厅副厅长王国益、浙江省教育厅副厅长鲍学军、杭州经济技术开发区管委会主任盛成皿、杭州市劳动与社会保障局局长张建华、杭州市教育局局长徐一超、杭州市发改委副主任李琳娜等省市有关领导和学校党政领导及相关部门负责人参加了典礼。

学校教学系部总体布局基本完成。2002年至2007年，学校在机电工程系、化学工程系、艺术系基础上，相继分设出管理工程系、信息电子系，新增设国际教育学院，同时增设数控技术、汽车检测与维修技术、计算机通信等18个专业。至2007年12月，学校已设机电工程、管理工程、艺术、化学工程、信息电子5个系，基础和体育2个部，国际教育和继续教育2个学院，设有专业33个（其中，市场营销、园林技术和计算机应用技术3个专业开展了中澳合作办学）。

与华东师范大学职成教所牵手合作。2008年1月26日，学校校长叶鉴铭、华东师范大学职成教所所长石伟平分别代表杭州职业技术学院、华东师范大学职成教所签署合作协议，协议内容涉及学校发展规划、课程改革、学生职业生涯设计、师资培养等多个方面，同时在学校建立华东师范大学职业教育与成人教育研究所实验基地。

与杭州经济技术开发区开启全方位战略合作。2008年3月20日，杭州经济技术开发区管委会与杭州职业技术学院签订战略合作框架协议，区校共同组建"杭州职业技术学院发展委员会"。开发区管委会主任盛成皿为学校发展委员会主任，开发区党工委副书记俞建国为委员会第一常务副主任，校长叶鉴铭为第二常务副主任。张学宁、叶鉴铭分别代表双方签署协议。

杭州经济技术开发区高职科技创业园（高职学生创业园）开园。2008年3月20日，在区校战略合作签约仪式上，开发区党工委副书记、管委会副主任冯国明为"杭州经济技术开发区高职科技创业园"授牌。开发区管委会领导盛成皿、张学宁和学校领导洪永铿、叶鉴铭、韩时林、张洪宪共同见证。学校辟出3幢教学楼与开发区共建创业园，入驻企业达23家，其中学生创业企业11家，在全国首开学生在校内真实注册公司创业的先河。创业园获开发区建设资金资助70万元，4家企业获杭州市第二批大学生创业项目无偿资助。在积极争取市区优惠政策的同时，学校为创业学生提供个性化教学服务，出资100万元设立"护犊资金"。2011年12月23日，学校申报的"'创业带动学业'杭职模式"荣获杭州大学生就业创业服务"特别贡献奖"。

举办杭州职业技术学院办学和发展讲座。2008年4月2日，学校举办专题讲座，校长叶鉴铭为全校干部、教师做关于杭州职业技术学院的职业教育讲座。讲座围绕"怎么办学"，首次阐述"杭""职""院"的办学属性，提出"立足开发区、服务杭州市""重构课堂、联通岗位、双师共育、校企联动""首岗适应、多岗迁移、可持续发展"的办学定位和思路，讲解了职业教育的"十大问题"。12月10日，校长叶鉴铭为全体教职员工做杭州职业技术学院发展讲座，围绕"办成什么样的学校"，从"提高社会信誉、提高家长学生满意度、提高教职工幸福指数"剖析学校发展现状，进一步明确学校办学定位、教改思路和办学治校理念。

与友嘉实业集团共建友嘉机电学院。2008年4月11日，学校与友嘉实业集团举行共建"杭州职业技术学院友嘉机电学院"签约暨揭牌仪式。友嘉机电学院依托原机电工程系而建。省委教育工委副书记、省教育厅副厅长蒋胜祥，杭州市副市长陈小平，市台办主任陈建伟，市教育局副局长肖锋，杭州经济技术开发区管委会副主任张学宁，萧山区副区长方毅，友嘉实业集团总裁朱志洋，杭州友佳精密机械有限公司董事长陈向荣同校党委书记洪永铿、校长叶鉴铭等为友嘉机电学院揭牌。校企双方成立了友嘉机电学院理事会，朱志洋为理事会理事长，叶鉴铭为理事会副理事长，原机电工程系主任丁学恭任友嘉机电学院院长，陈向荣为友嘉机电学院副院长。从此，全新的"校企共同体"模式扎实开启。

浙江省教育厅厅长刘希平视察学校。2008年5月1日，浙江省委教育工委书记、教育厅厅长刘希平在教育厅办公室主任吴永良、下沙高教办主任舒培东的陪同下视察学校并召开座谈会。学校校长叶鉴铭、党委副书记张小红出席接待。

杭州市市长蔡奇高度关注学校发展。2008年5月5日，杭州市委副书记、市长蔡奇在市人大常委会副主任陈重华、市政协副主席郁嘉玲、市政府秘书长许小富、副秘书长孙振洲、张连水、王平等陪同下，来学校就人才实训工作进行视察调研。9月22日，蔡奇在副市长陈小平、秘书长许小富、副秘书长张连水、王平等陪同下再次莅临学校视察调研。校长叶鉴铭就校企合作、大学生创业等问题向蔡奇市长一行做了专题汇报。9月27日，杭州市政府办公厅以《杭政办通报》形式印发了蔡奇市长在杭州职业技术学院调研时的讲话，题为《建设省内领先国内一流高职院校》。

推进内部管理体制改革。2008年7月5日，学校制订出台《杭州职业技术学院机构改革方案》，提出"精简行政，强化一线，切实推进二级管理"的思路。7月7日，学校召开机构改革动员大会，校领导班子成员及全体教职工参加，开启推进学校院（系）二级管理序幕。2008年暑期，学校实施第一轮行政机构改革，行政管理机构由原来的17个减至13个，行政人员由113人精简为78人。原校级行政管理机构的行政人员中有近三分之一充实到了二级院（系）。

杭州市公共实训基地、新图书馆开工建设和新教工食堂启动修建。2008年7月28日，杭州市政府投资3亿元、占地30亩的杭州职业技术学院实训基地暨杭州市公共实训基地正式开工建设。同年10月，学校新图书馆开工建设。同年12月，学校新教工食堂启动修建。

编制学校三年发展规划（2008—2010学年）。2008年8月28日，学校召开三年（2008—2010学年）发展规划制定暨"十一五"规划修订研讨会，研究确定了规划制定的基本框架。经过多次研讨修改，于12月20日经第二届教职工代表大会改革发展专题会议审议通过《学院三年发展规划

（2008—2010学年）》。规划明确提出"2008校企合作推进年""2009工学结合落实年""2010专业建设总结年"的三年行动计划。

"敲墙运动"重塑职教理念。2008年8月30日，学校敲响了传统教室破墙开新的第一锤，不到半年时间敲掉了六至八号教学楼及两幢实训楼2万多平方米室内砖墙，按照企业真实场景和生产环节，建成一大批摆放各式机器、设备以及各类装配件的实训车间和教学工厂，从此拉开了重构课堂、学做合一的教学改革大幕。这场"敲墙"带来的教育教学改革，被广大师生称为"敲墙运动"，认为"推倒的不仅仅是一堵堵'砖墙'，而是一堵堵'心墙'，树立的是一个个职业教育理念，举起的是校企合作、工学结合、文化育人的大旗"。改革在高职教育界引起广泛关注，先后获《中国教育报》、浙江电视台等多家媒体报道。

学校入选省级示范性高职院校建设单位。2008年8月15日，浙江省示范性高职院校建设遴选评审会在杭举行，学校党委书记洪永铿做示范建设方案汇报。学校通过省教育厅答辩，顺利进入省级示范性高职院校建设行列。

学校与宁波职业技术学院、温州职业技术学院结成"战略联盟"。2008年8月20日，学校与宁职院、温职院签署了校际合作框架协议，三校正式结成"战略联盟"。10月27至29日，宁职院、温职院、杭职院三校院长苏志刚、丁金昌、叶鉴铭及三校部分职能部门、相关院（系）负责人齐聚杭职院，召开三校战略联盟首次会议，共同推进三校高职教育事业的发展，全国产学研合作教育协会会长朱传礼莅会指导并致辞。

与新通国际合作有限公司共建新通国际学院。2008年12月13日，学校与新通国际合作有限公司共建新通国际学院签约暨揭牌仪式在学校举行。新通国际学院系依托学校原国际教育学院而建。校长叶鉴铭和新通国际总裁麻亚炜分别代表双方签署了共建协议。杭州市人民政府副秘书长张连水，浙江省教育厅外事处处长舒培冬，杭州市教育局副局长肖锋，杭州经济技术开发区管委会副主任詹国平，杭州市人民政府外事办对外交流处处长徐璧和，新通国际总裁麻亚炜，校党委书记洪永铿、校长叶鉴铭为新通国际学院剪彩揭牌。12月31日，新通国际学院理事会第一次会议召开，通过《新通国际学院理事会章程》及新通国际学院理事会成员组成名单，麻亚炜为理事会理事长，叶鉴铭为理事会副理事长，原国际教育学院院长茅千里任新通国际学院院长。

学校召开二届教职工代表大会改革发展专题会议。2008 年 12 月 20 日，学校召开第二届教职工代表大会改革发展专题会议，审议通过《学院三年发展规划（2008—2010 学年）》《院系两级管理暂行办法（试行）》《部门年度工作考核暂行办法》，并首次无记名投票表决通过《校内津贴分配暂行办法》，推进了学校民主发展进程。

建立专业设置动态调整机制。2008 年始，学校倡导"专业融入产业发展"，整体推进专业现代化建设，根据经济社会发展及地方产业结构调整，有效整合资源，积极进行专业结构优化，优化专业布局。2008 年至 2013 年，学校陆续撤销了与产业接轨不紧密的计算机控制技术、计算机网络技术、电子信息工程技术、文秘等 10 个专业，增设了汽车装备与制造技术、动画设计等新专业，招生专业数从 36 个调整至 27 个。

推出实施教师企业经历工程。2008 年，学校提出实施"教师企业经历工程"，并制订出台《杭州职业技术学院教师企业经历工程实施与考核办法》，明确规定"专业教师三年内必须有不少于半年到企业一线实践的经历"。2008 年已有 20 多名教师下企业锻炼，同时建立了学院（下沙）企业兼职教师资源库，2008 年聘请企业兼职教师 82 人。2009 年 1 月 15 日，学校正式下发文件，对教师企业经历工程实施考核。

与达利（中国）有限公司共建达利女装学院。2009 年 1 月 14 日，学校与达利（中国）有限公司共建"杭州职业技术学院达利女装学院"签约暨揭牌仪式在校内举行。达利女装学院系依托学校原艺术系而建。中共杭州市委常委、副市长沈坚，浙江省教育厅副厅长鲍学军，杭州经济技术开发区党工委书记、管委会主任盛成皿，香港达利国际集团董事局主席林富华，香港制衣业训练局总干事杨国荣，达利（中国）有限公司执行总裁费建明，校党委书记洪永铿、校长叶鉴铭出席仪式，并为达利女装学院揭牌。当天，达利女装学院理事会第一次会议召开，审议通过了《达利女装学院理事会章程》及理事会组成人员和达利女装学院领导班子成员名单。林富华为达利女装学院理事会理事长，叶鉴铭为理事会副理事长，聘任费建明为达利女装学院院长，原艺术系主任许淑燕任达利女装学院常务副院长。

与金都房产集团共建金都管理学院。2009 年 1 月 22 日，学校与金都房产集团共建"杭州职业技术学院金都管理学院"签约仪式在西子宾馆举行。金都管理学院系依托学校原管理工程系而建。校长叶鉴铭和金都房产集团总裁吴忠泉分别代表双方签署了共建协议。杭州市副市长陈小平，省工商联巡视员郑明治，共青团浙江省委副书记徐旭，杭州市教育局局长徐一超，共青团杭州市委书记黄海峰，杭州市政协原副主席沈者寿、蒋福弟，杭州日报社社长李建国出席签约仪式。3月18日，金都管理学院揭牌仪式在学校举行。

李志海任杭州职业技术学院党委书记。2009年2月10日，中共浙江省委以浙干任〔2009〕5号文，任命李志海为杭州职业技术学院党委书记。3月2日，学校召开干部大会，宣布新任党委书记任命文件。

学校在教育部服务就业、促进就业工作会议上作交流。2009年3月17日至18日，全国高职院校服务就业、促进就业工作会议暨2009年全国高职高专校长年会在北京召开。此次会议由全国高职高专校长联席会议和《中国高教研究》编辑部联合主办，来自全国30个省份的300多所高职高专院校和近60家行业企业共600余人参加了会议。会上，教育部高校学生司有关负责人对国家就业政策进行了全面解读。学校校长叶鉴铭受邀参加并作为浙江高职代表就"围绕任职要求，提升就业能力"议题做谈话交流。

制订学校五年专业发展规划。2009年4月，学校研究制订了《未来五年专业发展规划（2010—2014）》，专业建设迈上从超市量贩走向精品专卖的道路。根据经济社会发展及地方产业结构调整专业设置，到2014年将全校35个专业逐步调整削减至20—25个。

学校举行专家委员会成立大会暨"校企共同体"专家咨询会。2009年5月17日，学校举行专家委员会成立大会暨"校企共同体"专家咨询会。杭州经济技术开发区党工委副书记俞建国到会并致辞，友嘉实业集团总裁朱志洋，校党委书记李志海、校长叶鉴铭，副校长廖志林、贾文胜及友嘉实业集团下属企业高层、学校职能部门、院（系）负责人出席会议。中国高教学会全国产学研合作教育分会会长、教育部高教司原司长朱传礼受聘为学校专家委员会主任委员；全国高职高专校长联席会议主席、上海师范大学校长李进受聘为专家委员会副主任委员；中国职教学会副会长、学术委员会主任，华东师范大学职成教研究所所长石伟平受聘为专家委员会首席专家委员；上海市教育科学研究院职成教研究所所长、高职教育研究中心主任马树超，教育部高职高专人才培养工作水平评估委员会主任委员、华东理工大学石化学院原院长杨应菘，上海第二工业大学高教研究所所长、全国高职高专校长联席会议秘书长陈解放，浙江省教育科学研究院院长方展画，宁波职业技术学院党委书记、执行院长苏志刚，温州职业技术学院院长丁金昌受聘为专家委员会委员。专家委员会专家对"校企共同体"进行了深度评析。

与青年汽车集团共建青年汽车学院。2009年6月20日，学校与青年汽车集团共建杭州职业技术学院青年汽车学院签约暨揭牌仪式在学校举行。青年汽车集团董事局主席、总裁庞青年和校长叶鉴铭代表合作双方签署了合作协议。杭州市副市长陈小平、杭州经济技术开发区党工委副书记俞建国、杭州市教育局副局长肖锋、青年汽车集团总裁庞青年、集团党委书记徐炳清、校长叶鉴铭、副校长韩时林为青年汽车学院揭牌。来自机电一体化技术和机械设计与制造专业的56名学生接受青年汽车学院专门化培养，原属友嘉机电学院的汽车技术服务与营销、汽车检测与维修专业成建制划入青年汽车学院。

学校成立中评委并首次自评中级职称。2009年9月15日，杭州市人事局（杭人专〔2009〕359号）发文同意建立杭州职业技术学院高校教师中级专业技术资格评审委员会及评审专家库。9月27日，学校首次举行中级专业技术职务任职资格评审，33名参评对象中31名获得通过。

校长叶鉴铭率考察团赴港交流访问。2009年9月21日至25日，应香港达利集团邀请，校长叶鉴铭率考察团赴香港进行为期5天的交流访问。此行访港得到了达利（中国）的大力支持，受到了香港理工大学、香港达利集团、香港制衣业训练局高层的热情接待。其间，学校与香港理工大学纺织及制衣学系签订了合作框架协议，搭建了杭职院与香港理工大学的合作交流平台，推进了学校与香港理工大学、达利集团、制衣业训练局交流合作的广度与深度。陪同出访的有达利（中国）执行总裁、达利女装学院院长费建明，副校长贾文胜及有关职能部门、达利女装学院负责人和相关专业负责人等。

学校建立兼职教师资源库。学校面向全市开展大规模兼职专业教师与实训指导教师招聘工作。2009年11月18日，举行了首批名誉教授聘任仪式，聘请名誉教授47名、客座教授125名、客座讲师271名，建立了由445名行业企业专家骨干、能工巧匠组成的兼职教师资源库，为工学结合的深层次推进提供了有力保障。

举办首届学校发展论坛。2009年12月9日，首届学校发展论坛举行，校领导叶鉴铭、陈能华、韩时林、廖志林及全校处以上干部、教师代表参加论坛。

杭州经济技术开发区高技能人才培训中心落户学校。2009年12月24日，杭州经济技术开发区高技能人才培训中心成立仪式在学校举行。开发区党工委副书记俞建国、开发区有关部门负责人虞付月、楼配平、宋惠安等，校领导李志海、叶鉴铭、陈能华、韩时林、张洪宪出席仪式。仪式由张洪宪主持。该中心成为开发区乃至杭州市高技能人才的成长摇篮和服务窗口。

校企共同体之达利女装学院办学现象获行业最高奖项。2010年4月28日，2010杭州美丽行业生活品质点评发布会在杭州中纺中心服装城举行。在专家推荐、市民海选的基础上，达利女装学院被评为四个"2010杭州美丽生活·年度现象"之一。2010年11月19日，全国纺织科学技术大会在北京人民大会堂召开，会上表彰了获得中国纺织工业协会纺织职业教育成果奖的单位，学校申报的"基于校企共同体背景下的服装设计专业现代化建设的实践"成果获得一等奖，达利女装学院常务副院长许淑燕受邀参加会议，并作为唯一的获奖单位代表发言。

与萧山临江工业园区共建临江学院。2010年1月14日，学校与萧山临江工业园区共建杭州职业技术学院临江学院签约暨揭牌仪式在校内举行。临江学院系在学校原化学工程系的基础上合作共建。学院以临江工业园区为依托，有效整合"校—企—园"的优质资源，园区、学校、企业共同参与，资源互融互补共建，成为连接园区企业与下沙高教园区的桥梁。

杭州职业技术学院实训基地暨杭州市公共实训基地正式启动运行。2009年12月29日，杭州职业技术学院实训基地暨杭州市公共实训基地主体工程竣工验收。2010年3月28日，杭州职业技术学院实训基地暨杭州市公共实训基地启动仪式在杭职院隆重举行。杭州市副市长何关新讲话并宣布公共实训基地正式启动运行。中国人力资源和社会保障部职业能力建设司致贺电。杭州市人民政府办公厅副主任赵国钦，省人力资源和社会保障厅副厅长傅玮，省教育工委副书记、省教育厅副厅长李鲁，市劳动和社会保障局局长张建华，杭州经济技术开发区党工委副书记俞建国，校党委书记李志海、校长叶鉴铭，浙江经济职业技术学院院长陈丽能，浙江工业大学之江学院党委副书记王雷等出席仪式。各区、县（市）政府、劳动保障局、市有关部门和单位、下沙高校、在杭高职院校及部分在杭职高、38所高校就业创业指导站、市区技工学校、部分职业培训机构、职业技能鉴定站（所）、下沙部分制造业企业等有关负责人参加了仪式。启动仪式由赵国钦副主任主持。

举办"教职工培训提升计划"首期校本培训班。2010年5月15日，学校"教职工培训提升计划"首期校本培训班正式开班。120余名行政管理人员和教学管理人员齐聚，参加为期一个月的系统提升培训。

校长叶鉴铭随浙江省高等职业教育考察团赴台考察交流。2010年6月9日至16日，以浙江省教育厅厅长刘希平为团长的浙江省高等职业教育考察团一行13人赴台湾考察交流，学校校长叶鉴铭随团出访。考察团一行先后对台湾大学、台北科技大学、铭传大学、台湾科技大学、龙华科技大学、义守大学、高雄餐旅学院等7所高校进行了友好访问。其间，太平洋文化基金会副执行长受聘为杭州职业技术学院顾问。叶鉴铭分别与龙华科技大学校长葛自祥、勤益科技大学陈坤盛代表各方签署了《合作交流备忘录》。友嘉实业集团总裁、友嘉机电学院理事会理事长朱志洋代表学校与大叶大学签署了《合作交流备忘录》。根据备忘录，学校与三校将就联合举办研讨会、学术讲座和交流活动，进行科研合作，互派教师任教、研修，开展学生合作培养、学生互换等交流。

人力资源和社会保障部副部长张小建视察公共实训基地。2010年6月22日，人力资源和社会保障部副部长、党组成员张小建一行视察杭州职业技术学院实训基地暨杭州市公共实训基地。杭州市劳动和社会保障局党委书记、局长张建华，市劳动局副局长陈旦秋，校长叶鉴铭等陪同视察。

杭州市委书记黄坤明、市长蔡奇对学校办学工作做出批示。2010年6月29日，中共浙江省委常委、杭州市委书记黄坤明，省委常委、市长蔡奇分别批示，高度肯定学校在体制机制创新、校企合作、教学改革等方面所做的努力，并明确指出打造全国一流的示范性高职院校。

《中国教育报》头版头条刊登学校校企共同体创新办学模式。2010年7月2日，《中国教育报》在头版头条的显要位置，以《为了所有学生体面就业——杭州职业技术学院建校企共同体创新办学模式》为题，较为全面、详尽地报道了我校校企共同体建设成效及近两年来我校的办学思路与实践。

学校召开专家委员会第三次会议暨国家骨干高职院校建设方案咨询会。2010年7月30日，学校召开专家委员会第三次会议暨国家骨干高职院校建设方案咨询会。咨询会重点围绕学校骨干高职院校建设方案进行评析。专家委员会成员朱传礼、石伟平、杨应崧、陈解放、方展画、苏志刚、丁金昌，校领导叶鉴铭、张洪宪、廖志林、贾文胜，以及学校骨干办、相关部门和二级学院负责人参加。

实施"善湖""融池"景观提升改造工程。2010年7月，学校在校园中轴线景观区域动工挖出面积达7600平方米的湖面，总投资207.6万元，同年9月竣工验收。湖面扇形，"扇""善"同音，故取名"善湖"。湖中人工沙洲上有达利新昌企业赠送的8只黑天鹅安家。善湖畔朴树成荫，群楼环峙，后又有垂柳婆娑。善湖与教学楼之间的扇形主路是师生前往各教学楼及生活区的必经之路。由此，逐渐形成了学校"善"的核心文化价值取向，善湖景观工程也成为学校校园文化核心理念"善"的物化表达。2013年9月，学校在普达海动漫学院前挖出一个面积200余平方米的池塘，命名为"融池"。"融池"与"善湖"呼应，以景观彰显校园文化，让"融""善"文化深入人心。

女装工业工程实训中心获中央财政支持立项。2010年7月30日，财政部、教育部下发了《关于下达2010年职业教育实训基地建设中央专项资金预算的通知》（财教〔2010〕157号）。该文件公布了2010年度中央财政支持建设的职业教育实训基地项目，学校女装工业工程实训中心获"2010年中央财政支持的职业教育实训基地建设项目"立项。

全国高等职业教育改革与发展工作会议代表参观考察学校。2010年9月13日，教育部在杭州召开了全国高等职业教育改革与发展工作会议。教育部党组副书记、副部长陈希出席大会，浙江省副省长郑继伟出席大会并致辞。会议期间，教育部部长助理林蕙青、高教司司长张大良带领与会地市级政府组、省教育厅厅长组和院校代表组参观考察了学校和校企共同体参与企业友嘉实业集团杭州厂区。代表们在校长叶鉴铭、副校长廖志林、贾文胜等的陪同下参观考察了学校实训基地暨杭州市公共实训基地、友嘉机电学院、达利女装学院和高职学生创业园，对学校创新办学体制机制，实行校企共同体全新办学模式，推进专业建设、课程改革、文化育人等给予了高度肯定。

学校获第二届黄炎培职业教育奖"优秀学校奖"。2010年10月11日，中华职业教育社在北京隆重召开温暖工程实施十五周年座谈会暨第二届黄炎培职业教育奖颁奖大会。中共中央政治局委员、国务院副总理回良玉出席座谈会并做重要讲话。学校获第二届黄炎培职业教育奖"优秀学校奖"。

美国蒙东那大学副校长诺兰博士一行来访。2010年10月30日，美国蒙东那大学副校长诺兰博士一行，在新通国际总裁麻亚炜的陪同下前来学校参观访问。校长叶鉴铭和诺兰博士分别代表学校与蒙东那大学签署了《合作意向书》与《交流合作备忘录》。

中国职业技术教育学会学术年会代表一行来校考察指导。2010年11月15日，中国职业技术教育学会2010年学术年会代表近700人来校参观考察。会议期间，教育部国家总督学顾问、教育部原副部长、中国职业技术教育学会会长张天保在中国职教学会常务副会长、教育部职教司原司长刘来泉，中国职教学会副会长、学术委员会主任、华东师范大学职业教育与成人教育研究所所长石伟平的陪同下来学校参观指导。

国务院参事黄尧一行来校调研指导。2010年11月16日上午，国务院参事、教育部原副总督学、职业教育与成人教育司司长、职业技术教育中心研究所所长黄尧，教育部职业技术教育中心研究所所长李一杨，浙江省政府参事室参事业务处副处长郭志刚一行来学校调研指导。校长叶鉴铭详细介绍了学校办学沿革、办学定位、教学改革、校企合作思路与实践、创业教育与社会服务等基本情况。黄尧参事一行在叶鉴铭的陪同下实地参观了达利女装学院、友嘉机电学院、学校实训中心和高职学生创业园。

学校被确定为国家骨干高职院校立项建设单位。2010年11月23日，教育部、财政部发布《关于确定"国家示范性高等职业院校建设计划"骨干高职院校立项建设单位的通知》（教高函〔2010〕27号）。学校被确定为骨干高职院校立项建设单位。项目共投入经费10400万元，分为7个子项目：1个办学体制机制创新项目（校企共同体建设）、3个理事会制度下的重点专业及专业群建设（数控技术专业及专业群、服装设计专业及专业群、精细化学品生产技术专业及专业群）和"双师"型专业教师队伍建设、社会服务及功能拓展平台建设、高职学生创业能力建设等3个其他建设项目。杭州市委、市政府多位领导对学校入围国家骨干的喜讯做出批示。

杭州市政府把"学校成功进入国家骨干高职院校建设行列"明确写入《2010年政府工作报告》，同时在《杭州市国民经济建设与社会发展第十二个五年发展规划纲要》中明确提出支持杭职院国家骨干高职院校建设工作，并提前拨款 2000 万元支持学校启动骨干项目建设。

与台湾中华科技大学签署合作协议。2010 年 12 月 8 日，台湾中华科技大学董事长孙永庆在友嘉实业集团总裁朱志洋的陪同下来访学校，并与学校校长叶鉴铭、友嘉机电学院院长丁学恭分别签署了《合作备忘录》和《校际合作协议》。

"数字校园学习平台"获批国家高职专业教学资源库建设项目。2011年 3 月 8 日至 9 日，校长叶鉴铭、副校长贾文胜一行赴北京参加国家高等职业教育专业教学资源库 2011 年度申报项目答辩。全国有近 100 所高职院校参加，19 所高职院校通过网络评审进入答辩环节。学校从当年 1 月份开始全面启动了专业教学资源库项目申报工作。"数字校园学习平台"项目获批国家高等职业教育专业教学资源库建设项目，获财政部、教育部专项资金 700 万元。学校同时成为全国专业建设与职业发展管理平台项目研制组的牵头单位。2011 年 9 月 24 日，教育部职业教育与成人教育司在北京召开高等职业教育专业建设项目视频会议。作为高职专业建设与职业发展管理平台项目建设牵头单位，副校长贾文胜代表专业建设与职业发展管理平台项目研制组在主会场发言，介绍管理平台设计思路、主要特点、主体功能、建设进度安排及平台支撑与服务，并对平台招生就业 DEMO 版做了现场演示。

校长叶鉴铭参加全国职业教育改革发展座谈会。2011 年 3 月 11 日，教育部副部长鲁昕在北京召开全国职业教育改革发展座谈会。会议由教育部职业教育与成人教育司司长葛道凯主持，全国各省（市）教育厅、各行业协会、教育专家、高职院校领导 36 名代表应邀参加会议。这次会议是全国高职院校整体划归职业教育与成人教育司管理后召开的第一次全国性职业教育工作会议。校长叶鉴铭作为全国 17 所高职院校校长代表参加会议，针对在职教体系框架内促进中高等职业教育科学定位、分类指导、沟通衔接、协调发展等议题发表了意见和建议。

学校召开"十二五"规划与学校发展专家咨询会。2011 年 3 月 26 日，学校召开发展委员会 2010 年度会议暨专家委员会第四次会议，会议主题为"'十二五'规划与学校发展"。杭州市政府、学校发展委员会、专家委员会、校企共同体企业代表齐聚一堂，回顾"十一五"，共话"十二五"。杭州市人民政府副秘书长张连水，学校发展委员会委员俞建国、张学宁、虞付月，学校专家委员会专家李进、马树超、石伟平、杨应崧、方展画、丁金昌，校企共同体企业代表朱志样、陈向荣、费建明、沈琼芳、吴忠泉、郁平、谢国民、李俊杰、楼标兴出席会议。学校领导班子全体成员及有关职能部门、二级学院负责人参加会议。

学校在中国职业教育与开发区创新发展对话会上交流办学经验。2011年3月30日至31日，中国职业教育与开发区创新发展对话暨第二届中国国家级开发区职业教育年会在苏州工业园区召开。教育部副部长鲁昕出席并发表主旨演讲。学校校长叶鉴铭出席会议并发言，交流了学校"立足开发区、依托开发区、服务开发区"的办学经验和成效。

中国工程院院士、香港大学原副校长、香港工程科学院院长李焯芬来校指导交流。2011年4月3日，应达利集团董事局主席林富华先生和达利女装学院的邀请，中国工程院院士、原香港大学副校长、香港工程科学院院长李焯芬院士拨冗来到学校，与达利女装学院教师进行座谈交流。这是杭州职业技术学院迎来的首位院士，标志着学校"发展思想库"又达到了更高的层次。

学校制订出台"十二五"发展规划。2011年4月16日，学校三届二次教职工暨工会会员代表大会在二楼报告厅举行。校领导李志海、叶鉴铭、陈能华、张洪宪、廖志林、贾文胜及全体教职工代表、特邀代表和列席代表出席大会。会议认真听取了校长叶鉴铭所作的题为《谋划"十二五"新开局　迈向一流高职新征程》的院长工作报告等，审议通过了《杭州职业技术学院"十二五"发展规划》。规划明确提出"一目标、二指向、三化、四融、五工程"的"12345"框架，"1"即建设国内一流的高职院校，"2"即学生体面就业、教师幸福生活，"3"即特色化、现代化、国际化，"4"即学校融入区域发展、专业融入产业发展、教师融入学校发展、学生融入专业发展，"5"即体制机制创新工程、教学质量提升工程、队伍整体优化工程、文化品牌建设工程、社会服务拓延工程。

迎接浙江省示范建设中期评价暨人才培养工作评估。2011年5月16日至18日，省教育厅、省财政厅组织了以俞瑞钊教授为组长、来建良教授为副组长的专家组，对学校进行了为期 3 天的省示范建设中期评价暨人才培养工作评估。评估专家组一致认为："政府大力支持，领导班子开拓进取，办学条件显著改善；校企共同体框架基本形成；课程体系改革深化，示范建设专业进步明显；以公共实训基地为平台，社会服务领域得到拓展；区校共建创业园为大学生创新、创业提供了良好的条件。"

学校召开首次人事工作会议。2011 年 5 月 20 日，学校在行政楼二楼大报告厅召开首次人事工作会议。校领导叶鉴铭、陈能华、韩时林、张洪宪、贾文胜及全体教职工参加会议。此次会议旨在统一思想、更新观念、破除"瓶颈"，建立适应高等职业教育发展、充满生机活力的人事工作制度，打造一支高素质的教师和管理队伍。会议重点研讨了《杭州职业技术学院"十二五"师资队伍建设规划》，并对拟出台的《教职工职业生涯规划》《高级人才引进办法》《校企共引共享高级人才管理办法》等文件进行了讨论。

学校参加职业教育改革发展成果展。2011 年 6 月 25 至 26 日，职业教育改革发展成果展暨国家示范高职院校建设四周年成果展示会在天津召开，叶鉴铭校长、贾文胜副校长出席。展示会上，校企共同体之"友嘉模式""达利女装学院"案例入选《国家高等职业教育服务产业发展成果案例汇编》；校企合作典型企业代表、达利集团董事参加其中"合作育人"专题研讨并做经验介绍，在业界引起较大反响。

与东忠集团共建东忠软件学院。2011 年 10 月 10 日，学校依托软件技术专业与东忠集团签约共建"杭州职业技术学院东忠软件学院"，开启"专企融合"的人才培养模式。杭州市外经贸局局长洪庆华，东忠集团董事局主席丁伟儒、总裁王培永，学校党委书记李志海、校长叶鉴铭，杭州市经济与信息化委员会产业发展处处长黄左彦等出席签约仪式并为东忠软件学院揭牌。

高职学生创业园入选省级科技孵化器。2011 年 10 月 18 日，学校高职学生创业园顺利通过省科技厅组织的专家评审，跨入省级科技企业孵化器行列，成为全国高职院校唯一一家获得省级孵化器认定的大学生创业园。

中山大学原校长黄达人专访叶鉴铭校长。2011 年 10 月 25 日，当代教育家、中山大学原校长黄达人来到学校，在学校行政楼五楼会议室对学校校长叶鉴铭进行专题访谈。2012 年 7 月，访谈文稿《叶鉴铭：企业在水里，我们在岸上》编入黄达人编著的《高职的前程》一书。

安蓉泉任杭州职业技术学院党委书记。2011年10月31日，中共浙江省委以浙干任〔2011〕61号文，任命安蓉泉为杭州职业技术学院党委书记。

教育部高等职业教育专业建设与职业发展管理平台第一批测试院校工作会议在学校召开。2011年11月2日至3日，教育部高等职业教育专业建设与职业发展管理平台第一批测试院校工作会议在学校召开。全国中职外语教育研究中心副主任彭保林和北京信息职业技术学院、江苏农林职业技术学院、衢州职业技术学院、黎明职业大学、山西财政税务专科学校、杭州职业技术学院等6所学校相关负责人参加。

学校召开专家委员会第五次会议。2011年12月24日，学校专家委员会第五次会议召开。会议围绕骨干建设方案及任务书修订和校园文化建设两个主题展开。参加本次会议的学校专家委员会专家有朱传礼、杨应崧、石伟平、马树超、陈解放、方展画、苏志刚、丁金昌，校长叶鉴铭、副校长贾文胜、课程建设顾问徐国庆、高职教育研究所所长任君庆以及学校相关部门、院系负责人参加会议。

学校案例编入《2012中国高等职业教育人才培养质量年度报告》。2012年7月12日，由全国高职高专校长联席会议委托第三方研究机构——上海市教育科学研究院和麦可思研究院联合编写的中国高等职业教育人才培养质量年度报告国家版发布。这也是国家首次发布中国高等职业教育人才培养质量报告。学校"创业教育纳入专业教学体系"案例编入报告。同年，学校首次编写并公开发布了人才培养质量报告。

与浙江普达海文化产业有限公司共建普达海动漫艺术学院。2012年4月30日，第八届中国国际动漫节动漫产业项目签约仪式上，学校与浙江普达海文化产业有限公司共建"杭州职业技术学院普达海动漫艺术学院"校企合作项目签约仪式在国际动漫节上举行。学校党委书记安蓉泉在会上致辞，并代表学校与浙江普达海文化产业有限公司董事长郑敏签署协议，副校长廖志林及教务处负责人出席了签约仪式。原属达利女装学院室内装修设计专业成建制划入普达海动漫艺术学院。学校原四号教学楼改造为普达海动漫艺术学院。

浙江省教育厅副厅长韩平一行来学校调研指导工作。2012年9月5日下午，浙江省教育厅副厅长韩平在省教育厅职成教处处长叶向群和杭州市教育局副局长马里松等陪同下，来学校调研新学期开学、寝室卫生管理和文明建设及学校安全稳定工作情况。校长叶鉴铭、副校长张洪宪、党委委员陈加明及党政办相关负责人参与接待。

瑞典议会教育委员会代表团到学校考察。2012 年 9 月 12 日下午,瑞典议会教育委员会代表团一行 24 人来学校参观考察。党委副书记、副校长贾文胜,青年汽车集团有限公司党委书记徐炳清,党政办、友嘉机电学院、青年汽车学院、新通国际学院负责人参与接待。代表团一行先后参观了友嘉机电学院、公共实训基地、达利女装学院等,并在汽车实训中心现场观摩学生实践课、与师生进行交流。

学校参加第五届国家示范性高职院校建设成果展示会。2012 年 11 月 2 日至 3 日,高等职业教育服务青年成长发展暨第五届国家示范性高职院校建设成果展示会在山东潍坊召开。会议以"创意高职"为主题,学校的改革发展成果和专业教学资源库建设项目在展会上展出。教育部高职高专处处长范唯、山东省教育厅厅长齐涛等领导专程参观了学校的两个展厅。学校校长叶鉴铭,党委书记安蓉泉,党委副书记、副校长贾文胜,副校长、党委委员许淑燕,党委委员陈加明带领学校代表团赴山东参会。

学校获批成为教育部第一批教育信息化试点单位。2012 年上半年,学校依托两大国家级高等职业教育信息管理平台,即全国高等职业教育专业教学资源库"数字校园学习平台"和"全国高等职业教育专业建设与职业发展管理平台",提出以"专业教学资源共建共享机制探索"为试点项目进行申报。2012 年 11 月 16 日,《教育部关于公布第一批教育信息化试点单位名单的通知》(教技函〔2012〕70 号)发布,学校正式获得教育部批准,成为第一批教育部教育信息化试点单位。

学校国家骨干高职院校建设方案正式通过教育部财政部审批。2012 年 12 月 10 日,教育部、财政部联合下发《关于同意"国家示范性高等职业院校建设计划"骨干高职 2012 年度立项建设学校启动项目建设工作的通知》(教职成厅函〔2012〕42 号),同意学校启动执行骨干建设学校项目建设方案及建设任务书,这标志着学校国家骨干高职院校建设项目进入正式实施阶段。

杭州统一战线在学校共建"同心林"。2013 年 3 月 19 日,杭州市委统战部组织开展统一战线共建"同心林"活动。"同心林"基地建在学校图书馆东侧。时任浙江省委常委、杭州市委书记黄坤明为"同心林"题词。

杭州市政协副主席、市委统战部部长董建平，市政协副主席、学校校长、民革市委会主委叶鉴铭，校领导贾文胜等参加活动。

浙江省委副秘书长、省委政策研究室主任舒国增一行来校调研指导。2013年4月15日上午，省委副秘书长、省委政策研究室主任舒国增等一行5人来学校调研指导工作。校长叶鉴铭，校党委书记安蓉泉，党委副书记、副校长贾文胜，副校长许淑燕，党委委员陈加明接待来宾。

学校开始推出目标责任制考核。2013年5月8日，学校印发《杭州职业技术学院目标责任制考核办法》，用以深化内涵建设，强化二级管理，增强团队意识，充分调动教职工的积极性和创造性，全面提高办学质量和效益。

浙江省委常委、杭州市委书记、杭州市人大常委会主任黄坤明一行来校调研。2013年5月27日下午，浙江省委常委、杭州市委书记、杭州市人大常委会主任黄坤明一行10余人来学校调研。校长叶鉴铭，校党委副书记、副校长贾文胜，党委副书记、纪委书记陈能华，副校长张洪宪、廖志林、许淑燕、党委委员陈加明陪同接待。

杭州市副市长陈红英一行来学校调研。2013年6月25日下午，杭州市副市长陈红英一行来学校调研学生宿舍情况。校党委书记安蓉泉，校党委副书记、副校长贾文胜，副校长张洪宪等陪同调研。

全国高职"数字校园学习平台"专业教学资源库联盟校工作会议在学校召开。2013年10月16日下午，全国高职"数字校园学习平台"专业教学资源库联盟校工作会议在学校第一会议室召开。上海公安高等专科学校副校长庄禄虔、天津医学高等专科学校医学系主任罗跃娥等参加会议。会议由学校副校长许淑燕主持。

"全国高职专业建设与职业发展管理平台"应用交流研讨会在学校举行。2013年10月16日至18日，"全国高职专业建设与职业发展管理平台"应用交流研讨会在学校行政楼二楼报告厅举行。教育部高职高专教育处干部童卫军，浙江省教育厅高教处副处长陈雷等105位代表参加会议，学校副校长许淑燕出席会议。

学校顺利回购含晖苑学生宿舍区。2013年12月11日，杭州市人民政府下发关于杭职院学生宿舍有关问题的专题会议纪要，明确由市教育局牵头，市财政局、杭州经济开发区管委会等参与，与浙江传媒学院商谈回购由传媒学院代管的含晖苑学生宿舍事宜。最终,市政府以1.4亿元支持回购。

杭州市第五届高职论坛暨"中高职一体化人才培养改变"研讨会在学校召开。2013年12月17日,杭州市第五届高职论坛暨"中高职一体化人才培养改变"研讨会在学校行政楼报告厅举行。杭州市人民政府副秘书长章燕,浙江省教育厅高教处副处长陈雷等省市领导及学校党委书记安蓉泉,校党委副书记、副校长贾文胜,副校长许淑燕等出席。

国务院参事室特约研究员、教育部原副部长王湛一行来校调研。2014年1月6日下午,国务院参事室特约研究员、教育部原副部长、江苏省文联主席王湛,国务院参事、国家教育咨询委员、国家职业教育研究院院长黄尧等一行9人来学校调研指导。学校校长叶鉴铭,党委副书记、副校长贾文胜,党委委员陈加明等参与接待。

贾文胜任杭州职业技术学院院长。2014年4月9日,浙江省人民政府以浙政干〔2014〕16号文,任命贾文胜为杭州职业技术学院院长。

中国共产党杭州职业技术学院第一次代表大会胜利举行。2014年4月17日上午,中国共产党杭州职业技术学院第一次代表大会召开。中共浙江省委教育工委副书记、省教育厅副厅长鲍学军,中共杭州市委常委、组织部部长张仲灿,杭州市政协副主席叶鉴铭,中共浙江省委组织部干部三处调研员、副处长应方彩,中共杭州市委教育工委书记、市教育局局长沈建平应邀出席大会。校长贾文胜主持开幕式,校党委书记安蓉泉致开幕词。

浙江省副省长郑继伟一行来校视察。2014年7月2日上午,浙江省副省长郑继伟率省政府副秘书长李云林、省教育厅厅长刘希平等一行7人,在杭州市副市长陈红英、杭州市教育局副局长肖锋的陪同下,前来学校视察。学校党委书记安蓉泉,校长贾文胜等全体党政班子成员参与接待。

学校首获国家级教学成果奖一等奖。2014年9月4日,《教育部关于批准2014年国家级教学成果奖获奖项目的决定》(教师〔2014〕8号)发布。校长叶鉴铭主持的《基于校企共同体的服装专业人才培养模式创新与实践》荣获职教类2014年国家级教学成果奖一等奖,陈加明等《基于"创业带动学业"的高职院校创业教育体系构建与实践》获二等奖。9月15日,《浙江省教育厅关于公布2014年省级教学成果奖评选表彰高等教育项目的通知》(浙教高教〔2014〕103号)发布,学校获一等奖1项、二等奖3项。

杭州市市长张鸿铭一行来校视察。2014年9月5日上午，杭州市市长张鸿铭、副市长陈红英、秘书长王宏、副秘书长姚坚前来学校视察工作。学校全体党政班子成员参与接待。

市委常委、宣传部部长翁卫军来校视察。2014年11月12日上午，市委常委、宣传部部长翁卫军，市委副秘书长、宣传部副部长、文明办主任董悦，以及多名市委宣传部相关处室负责人，在市委教育工委副书记、教育局副局长金波的陪同下，前来我校视察工作。学校党政班子成员安蓉泉、贾文胜、张洪宪、陈泉森、陈加明、孙爱国、金徐伟参与接待。

学校首次开展"我和党委书记面对面"活动。2014年12月10日下午，学校在学生活动中心215会议室举行了"我和党委书记面对面"活动。校党委书记安蓉泉，宣传部、学工部、人文社科部相关负责人及六十多位学生一同参加活动。这是学校首次开展此项活动。

中共杭州职业技术学院2015年党员代表会议顺利召开。2015年4月9日，中共杭州职业技术学院2015年党员代表会议在行政楼二楼报告厅召开。党委班子成员、全体党代表、非代表党员处级干部参加会议。安蓉泉书记代表党委做工作报告，党委副书记赵一文主持会议，孙爱国委员做提案工作报告。

第四届教职工暨工会会员代表大会第三次会议顺利举行。2015年4月24日，学校第四届教职工暨工会会员代表大会第三次会议在行政楼报告厅举行。学校党政班子成员安蓉泉、贾文胜、赵一文、张洪宪、许淑燕、陈泉森、陈加明、孙爱国、金徐伟出席会议。"双代会"代表、特邀代表、列席代表参加了会议。会议听取并审议了《校长工作报告》《工会工作报告》《提案工作报告》，审议了《工会经费审查工作报告》《杭州职业技术学院章程》，完成了第四届工会委员会委员替补工作。

与浙江省特种设备检验研究院合作共建特种设备学院。2015年5月12日上午，学校与浙江省特种设备检验研究院合作共建特种设备学院签约仪式顺利举行。省质监局副局长赵海滨、特种设备监察处处长李丰庆，省特检院院长钟海见、党委书记王祥岗等班子成员，校长贾文胜、副校长陈加明及双方相关职能部门负责人出席了签约仪式。特种设备学院的成立，是我省特种设备行业转型发展的需要，也是我校践行"融"的办学理念、推进跨界合作办学的又一有力举措。

高职院校招生考试制度改革研讨暨全国高职高专校长联席会议主席团（扩大）会议在学校举行。2015年5月15日至16日，高职院校招生考试制度改革研讨暨全国高职高专校长联席会议主席团（扩大）会议在学校隆重召开。中国教育学会会长钟秉林，杭州市副市长陈红英，教育部职成司高职与高专教育处处长林宇，上海教育科学研究院副院长马树超等出席开幕式。林宇在学校党委书记安蓉泉、校长贾文胜等党政班子成员陪同下视察学校电梯实训基地。会议由全国高职高专校长联席会议主席李进主持。

杭州市市长张鸿铭来校讲形势政策课。2015年6月17日下午，杭州市市长张鸿铭在学校图书馆报告厅为广大师生讲形势政策课。市政府秘书长王宏，市政府研究室主任何利松、市政府办公厅副主任鲍一飞以及市府办综合一处、市政府研究室有关处室负责人等随同。校党政领导班子成员安蓉泉、赵一文、张洪宪、孙爱国、金徐伟出席。全校师生800余人在现场听取报告。报告会由校党委书记安蓉泉主持。

市政府全力支持学校新学生宿舍改扩建工程建设。2015年7月21日，杭州市人民政府以简复单形式答复《关于杭州职业技术学院学生宿舍建设经费有关问题的请示》，按照市发改委对学校学生宿舍改扩建项目立项批复概算，由市财政一次性定额补助1.9亿元，补助资金由学校包干使用，年度间资金安排视财力而定，其余部分由学校自筹解决。

省教育厅刘希平厅长一行到校指导。2015年8月15日上午，省委教育工委书记、省教育厅厅长刘希平一行到学校指导工作。省教育厅校安处处长潘伟川、下沙高教办主任胡惠华等专家，学校党委书记安蓉泉，校长贾文胜，纪委书记陈泉淼，学校党政办、宣传部、专业建设指导处等相关部门负责人参与接待。

国家骨干高职院校建设项目省级验收。2015年9月16日至17日，学校接受了由浙江省教育厅、财政厅组织的国家骨干高职院校建设项目的省级验收。专家组由天津职业大学校长董刚任组长，浙江金融职业学院党委书记周建松任副组长，张慧波、王怡民、胡野、黄春麟、张红、韩礼成、王成方、童卫军、沈艳等专家组成。

启用新校徽、新校训。2015年10月13日，学校正式启用了新校训、新校徽方案。经校内外专家匿名评审、学校党委会审定，在"融""善"文化的基础上，确定学校"融惟职道 善举业德"新校训和以盾牌形为主视图的新校徽。

非物质文化遗产传承教学创业基地正式挂牌成立。2015 年 11 月 11 日，学校非物质文化遗产传承教学创业基地正式挂牌成立。杭州市副市长陈红英，杭州市委宣传部常务副部长、西泠印社党委书记、西泠印社社委会主任杨志毅，浙江省非遗保护中心主任裴国樑等领导，"非遗"传承人刘江、黄小建、闻士善、屠燕治、韩吾民，学校党委书记安蓉泉、校长贾文胜等人出席基地成立仪式。

学校获国家职业院校首批文化素质教育基地立项。2015 年 12 月 19 日，教育部职业院校文化素质教育指导委员会主任、深圳职业技术学院党委书记、校长刘洪一在第五届全国职业院校"文化育人"高端论坛闭幕式上宣布，杭州职业技术学院等 22 所高职院校入选第一批"国家职业院校文化素质教育基地"。

学校与大江东管委会签署战略合作协议。2016 年 1 月 7 日上午，大江东职教小镇建设调研会暨大江东管委会与杭职院战略合作签约仪式在大江东利举行。杭州市副市长陈红英，市发改委、市经信委、市财政局、市教育局、市人力社保局、市规划局、市国土资源局、大江东管委会等部门有关负责人出席。学校党委书记安蓉泉、校长贾文胜、党委副书记赵一文、副校长陈加明携相关部门负责人参加会议。会议由大江东管委会主任杨军主持。

学校召开文化梯度育人工作会议。2016 年 1 月 12 日下午，学校在图书馆第七会议室召开文化梯度育人工作会议。校领导安蓉泉、贾文胜、赵一文、张洪宪、许淑燕、陈加明出席，学校全体中层干部、专业负责人参加会议。会议由副校长张洪宪主持。

学校以优秀成绩通过国家骨干高职院校建设项目验收。2016 年 2 月 1 日，教育部、财政部正式发布《关于公布"国家示范性高等职业院校建设计划"骨干高职院校建设项目 2015 年验收结果的通知》（教职成函〔2016〕1 号）文件，同意学校建设项目通过验收，建设项目结论等级为优秀。在全国本批次验收中优秀院校仅 8 所。骨干建设期间，在省、区、市各级政府、校企合作企业以及社会各界的大力支持下，在全体教职员工的共同努力下，学校高质量完成了 100% 建设任务，实现了预定的目标，建成了社会信誉度高、家长学生满意度高、教职工幸福指数高的国家骨干高职院校。

现代学徒制研究中心成立。2016 年 4 月 7 日至 8 日，现代学徒制研究中心成立大会在杭州召开。会议由中国职教学会教学工作委员会主办，杭州职业技术学院承办。中国职教学会教学工作委员会主任王军伟研究员，华东师范大学职成教所副所长、博士生导师、教育部重大攻关课题"职业教育现代学徒制理论研究与实践探索"首席专家徐国庆教授，烟台职业学院、杭州职业技术学院等19所发起院校领导、相关职能部门负责人共50余人出席会议。

与杭州安恒信息技术有限公司共建安恒信息安全学院。2016年4月25日下午，杭州职业技术学院与杭州安恒信息技术有限公司共建的安恒信息安全学院签约暨揭牌仪式在创业园主楼2楼大厅隆重举行。杭州市委保密委副主任、保密办主任、市保密局局长顾江，杭州市经济和信息化委员会党委副书记楼建忠，杭州安恒信息技术有限公司董事长、总裁范渊，杭州安恒信息技术有限公司副总裁冯旭杭、资深总监孙小平，学校党委书记安蓉泉、副书记赵一文出席了签约仪式。学校相关职能部门负责人、分院负责人以及信息工程学院师生代表30余人参加了仪式。仪式由信息工程学院副院长陈云志主持。

全国职业院校技能大赛服装设计与工艺赛项在学校圆满闭幕。2016年5月23日下午，2016全国职业院校技能大赛高职组服装设计与工艺赛项闭幕式在学校图书馆报告厅举行。大赛执委会主任、中国纺织服装教育学会会长、全国纺织服装职业教育教学指导委员会主任委员倪阳生，教育部政策法规司行政协调处副处长舒刚波等专家，学校党委书记安蓉泉等领导出席闭幕式。闭幕式由副校长许淑燕主持。比赛中，达利女装学院选送的4名学生喜获一等奖2名、二等奖1名、三等奖1名。

中国职业技术教育学会人文素质教育研究会第二届年会暨职业院校人文素质工作交流会在学校举行。2016年6月3日至5日，中国职业技术教育学会人文素质教育研究会第二届年会暨职业院校人文素质工作交流会在学校召开。中国职业技术教育学会副会长李祖平，杭州市副市长陈红英，中国高等职业技术教育研究会会长、中国职业技术教育学会人文素质教育研究会副会长、浙江金融职业学院党委书记周建松，中国职业技术教育学会人文素质教育研究会会长、青岛职业技术学院院长覃川，中国职业技术教育学会人文素质教育研究会副会长、学校党委书记安蓉泉、校长贾文胜等领导出席大会。《光明日报》教育部副主任朱振国、《中国青年报》教育科学部副主任梁国胜、《中国教育报》职教周刊主编翟帆，《浙江教育报》《浙江工人日报》《都市快报》《钱江晚报》、浙江在线、杭州网等媒体嘉宾，以及全国近百家中职、高职院校负责人，学校全体中层干部、专业负责人、思政教师等200多人参加大会。

校歌《杭职之歌》教唱工作启动。2016年10月12日下午，学校党委在行政楼报告厅举行党委理论中心组（扩大）学习会，同时启动校歌《杭职之歌》教唱工作。

学校获"浙江省工人先锋号"荣誉称号。2016年10月13日，杭州市总工会在杭州国际博览中心召开"服务G20先进表彰暨成立90周年纪念大会"，对G20杭州峰会期间付出艰辛努力的工作人员进行表彰。我校志愿者欢迎团喜获"浙江省工人先锋号"荣誉称号。

杭州市市长张鸿铭来校宣讲十八届六中全会精神。2016年11月28日下午，市长张鸿铭来学校宣讲党的十八届六中全会精神。市政府秘书长王宏、市教育局局长沈建平、市政府副秘书长何利松、市政府办公厅副主任鲍一飞等出席宣讲会。我校党政领导班子成员、教师代表、学生千余人共同聆听。宣讲会由校党委书记安蓉泉主持。

传统手工业（非遗）技艺传习传承与创新专业教学资源库获批教育部立项。2016年12月22日，《教育部关于公布2016年度职业教育专业教学资源库项目评审结果的通知》（教职成函〔2016〕17号）发布，学校联合西泠印社申报的传统手工业（非遗）技艺传习传承与创新专业教学资源库，成为立项建设单位。这是学校牵头主持的第三个教学资源库。

新学生宿舍区改扩建工程项目正式启动。2016年12月28日上午，学校学生宿舍区改扩建工程项目正式启动。杭州市人民政府副市长陈红英、杭州市人民政府副秘书长杨建华、杭州市教育局副局长郑利敏、杭州经济技术开发区管委会副主任何铨寿、学校党委书记安蓉泉、校长贾文胜，浙江大华建设集团有限公司副总经理庄小平、杭州市城市建设监理有限公司总经理张金明出席。副校长张洪宪、纪委书记陈泉淼等领导班子成员，学校各职能部门、二级学院负责人、教职工及学生代表近三百人参加。

学校圆满承办"金砖国家技能发展与技术创新大赛——首届3D打印与智能制造技能大赛"。2017年8月26日上午，"金砖国家技能发展与技术创新大赛——首届3D打印与智能制造技能大赛"闭幕式在校图书馆报告厅举行。校党委书记安蓉泉等参加。我校获得智能制造赛项一等奖、3D 打印赛项三等奖。学校同时获本次大赛的"突出贡献奖""文明组织奖"，被组委会授予"优秀竞赛基地"称号。

与康迪电动汽车集团合作共建康迪新能源汽车学院。2017 年 9 月 27 日下午，我校与康迪电动汽车集团合作共建的"康迪新能源汽车学院"暨"康迪新能源汽车协同创新中心"签约暨揭牌仪式在行政楼报告厅举行。康迪集团董事长胡晓明，康迪集团总裁朱峰，学校党委书记安蓉泉，校长贾文胜，副校长陈加明等出席。双方合作共建康迪新能源汽车协同创新中心（康迪新能源汽车学院、康迪新能源汽车研究院、共享汽车研究中心）。

金波任杭州职业技术学院党委书记。2017 年 10 月 30 日，中共浙江省委以浙干任〔2017〕223 号文，任命金波为杭州职业技术学院党委书记。

杭州市市长徐立毅来校宣讲党的十九大精神。2017 年 11 月 3 日，市长徐立毅专程来校宣讲党的十九大精神。他强调，要把学习宣传贯彻党的十九大精神作为当前和今后一个时期的首要政治任务，切实以习近平新时代中国特色社会主义思想武装头脑、指导实践、推动工作，完善职业教育和培训体系，深化产教融合和校企合作，为高水平全面建成小康社会、夺取新时代中国特色社会主义伟大胜利作出新的贡献。

杭州市委书记赵一德来学校视察。2018 年 3 月 26 日下午，浙江省委常委、杭州市委书记赵一德，在市委常委、秘书长许明等陪同下来学校视察指导工作。赵一德听取了校党委书记金波、校长贾文胜关于办学情况的介绍，并对学校的办学特色和办学成果给予了充分肯定。

省普通高校示范性创业学院评选专家组来校实地考察。2018 年 3 月 27 日，省普通高校示范性创业学院评审专家组组长、宁波职业技术学院副校长郑卫东，省教育厅学生管理处调研员徐建农，温州职业技术学院创业学院院长刘海明，浙江经贸职业技术学院招生就业处副处长邱雷鸣一行 4 人来校开展省级示范性创业学院实地考察评审。校党委书记金波，校长贾文胜，副校长陈加明及相关负责人参加了汇报会、反馈会和实地考察。学校获评浙江省示范性创业学院。

杭州市市长徐立毅对《"高职名校"建设三年提升计划（2018—2020）》做出肯定批示。2018 年 4 月 9 日，市长徐立毅在学校上报《"高职名校"建设三年提升计划（2018—2020）》做出批示，由杭州市财政局每年给予 5000 万元资金支持。学校正式拉开了建设"高职名校"，努力跻身全国高职院校第一梯队前列的建设新征程。

学校举行校企合作高峰论坛暨校企共同体成立十周年活动。2018 年 4 月 22 日，学校举办友嘉机电学院校企合作办学十周年纪念活动。学校与友嘉集团重新签署新十年战略合作协议，相约在合作育人、合作培训、合作科研、共建基地等方面继续深度合作。来自高职教育界和主流企业的专家学者对新时代如何深化产教融合、校企合作的话题进行了深入交流和探讨。

温暖工程"星火计划"第一期电梯项目精准帮扶培训班结业。2018 年 7 月 5 日，温暖工程"星火计划"第一期电梯项目精准帮扶培训班结业仪式在我校顺利举行。经过历时两个月的培训，来自云南、四川的 13 名学员完成理论学习和实操实训，并考取了电梯从业人员上岗证。杭州市委统战部副部长俞永明，杭州西奥电梯有限公司人力资源部部长傅美芬，学校党委书记金波、副校长陈加明以及特种设备学院相关负责人，全体学员共同出席结业仪式。

市委巡察组来校巡察。2018 年 9 月 10 日至 11 月 2 日，为落实全面从严治党要求，严肃党内政治生活，净化党内政治生态，加强党内监督，中共杭州市委第五巡察组对我校进行巡察。此次巡察把坚决维护以习近平同志为核心的党中央权威和集中统一领导作为巡察的根本政治任务，聚焦坚持和加强党的全面领导、新时代党的建设总要求、全面从严治党，突出关键少数，查找政治偏差，督促杭州职业技术学院党委强化管党治党政治责任，推进党的建设新的伟大工程在杭州的生动实践为主要内容。

教育部原副部长鲁昕视察学校。2018 年 10 月 20 日下午，教育部原副部长、全国政协委员鲁昕，在省委教育工委书记、省教育厅厅长郭华巍陪同下到校视察指导。教育部职成司综合改革处副处长董振华，省教育厅、市委教育工委等领导陪同考察。学校党委书记金波、校长贾文胜、副校长陈加明，以及相关部门负责人参与接待。鲁昕表示，职业教育要有生命力，就必须坚持深化产教融合，推进校企合作。杭职院服务于区域经济社会发展的办学定位很好，杭职院的办学成果让她"眼前一亮"，办学水平堪称全国高职教育的第一方阵。

学校获评"全国 50 所创新创业典型经验高校"。2018 年 11 月 7 日，

"2018年高校毕业生就业创业研讨会暨2018年度全国创新创业典型经验高校经验交流会"在杭州举行。教育部党组成员、副部长林蕙青出席并做重要讲话。会上，杭职院被授予"全国50所创新创业典型经验高校"。

学校牵头发起成立全国跨境电商综试区职教集团。2018年12月20日，全国跨境电商综合试验区职业教育集团在杭成立，这是全国电商行指委组建的第一个职教集团，也是全国首个专门针对国家区域战略规划的职教集团。杭州职业技术学院被推选为职教集团第一届理事会理事长单位，校长贾文胜任理事长。

再获国家级教学成果奖一等奖。2018年12月21日，《教育部关于批准2018年国家级教学成果奖获奖项目的决定》（教师〔2018〕21号）发布。我校贾文胜校长主持的《公共实训基地"杭州模式"的创新与实践》荣获职业教育国家级教学成果奖一等奖。这是我校连续两次荣膺国家级教学成果奖一等奖。国家教学成果奖4年评审一次，是国家实施科教兴国战略、人才强国战略和落实立德树人根本任务的重要举措，是对学校人才培养工作和教育教学改革成果的检阅和展示。

浙江省委书记车俊来学校调研。2019年3月19日上午，浙江省委书记车俊在省委常委、省委秘书长陈金彪，浙江省副省长成岳冲，杭州市委常委、秘书长许明的陪同下，来学校调研教育工作。车俊书记一行实地考察了友嘉机电学院、电梯实训基地等，对学校开展校企、政校、行校项目合作表示赞赏，希望学校坚持需求导向，进一步深化产教融合、校企合作，为浙江高质量发展培养更多的职业技术人才。

中国共产党杭州职业技术学院第二次代表大会隆重召开。2019年3月27日上午，中国共产党杭州职业技术学院第二次代表大会在行政楼二楼报告厅隆重召开。市委常委、组织部长毛溪浩，市教育局党委书记、局长沈建平，市委组织部副部长、市委人才办常务副主任陈键，市教育局党委委员、市纪委派驻市教育局纪检监察组组长赵清平应邀出席大会。学校离退休领导、各民主党派基层组织主要负责人、人大代表、政协委员、校学生会主席等应邀参加开幕式。校党委书记金波代表党委作题为《勇担使命，砥砺奋进，为建设国内一流、国际上有较大影响力的"高职名校"不懈奋斗》的报告。报告全面回顾了第一次党代会以来取得的成就，提出了下一阶段学校发展"三步走"策略，全面开启了建设国内一流、国际上有较大影响力的"高职名校"征程。

浙乡非遗馆开馆仪式顺利举行。2019年4月24日，浙乡非遗馆开馆仪式在图书馆报告厅举行。上级领导、职教专家、非遗大师、联建院校领导、非遗馆主要参建人员以及学校领导班子成员、师生代表800余人参加活动。校党委书记金波在致辞中介绍了非遗馆的建设情况，并向所有关心和支持非遗馆建设、杭职院发展的朋友们表示衷心感谢。

"共建'一带一路'丝路学院"校企对话会召开。2019年5月9日上午，由省教育厅、省商务厅主办的"共建'一带一路'丝路学院"校企对话会在学校召开。全省40家高校、56家企业的100余名代表参加会议。会上，省教育厅副厅长丁天乐、省商务厅副厅长胡潍康分别讲话，校党委书记金波致辞。校企双方围绕自身特色、资源优势、人才培养等方面进行了深入探讨，达成了多项合作意向。

与杭州安恒信息技术股份有限公司签订战略合作协议。2019年7月3日上午，我校与杭州安恒信息技术股份有限公司签订战略合作协议。签约仪式在杭州安恒信息技术股份有限公司隆重召开。校党委书记金波、产学合作处处长谢川、信息工程学院院长陈云志，杭州安恒信息技术股份有限公司总裁范渊、高级副总裁冯旭杭、副总裁苗春雨、总监彭实及信息安全与管理专业全体教师出席会议。会议由冯旭杭主持。

电子商务专业教学团队入选首批国家级职业教育教师教学创新团队。2019年8月14日，教育部发文公布"首批国家级职业教育教师教学创新团队"遴选结果，我校电子商务专业教学团队成功入选。此次确定的首批国家级职业教育教师教学创新团队立项建设单位共120个，国家级职业教育教师教学创新团队培育建设单位2个。其中浙江省共11所高职院校教学团队入选。全国电子商务专业领域仅有9所高职院校入选。

学校召开"不忘初心，牢记使命"主题教育专题学习会。2019年9月3日至5日，学校在杭州市委党校召开"不忘初心，牢记使命"主题教育专题学习暨暑期中层干部会议，校党委领导班子成员、全体中层干部参加。校党委书记金波做办学回顾、形势分析与任务部署，校长贾文胜深入解读了"双高计划"的精神实质、文件内涵和建设要求。

章瓯雁老师获评"全国优秀教师"。2019年9月8日，教育部印发《教育部关于表彰全国优秀教师和全国优秀教育工作者的决定》（教人

〔2019〕15 号）。我校章瓯雁老师荣获"全国优秀教师"荣誉称号。这是杭州职业技术学院教师首次获此殊荣。

学校与南非职业院校签订共建"丝路学院"合作备忘录。2019 年 9 月 10 日上午，浙江省省长袁家军率浙江代表团访问南非，出席"一带一路"浙商行（非洲站）系列活动之中国（浙江）至南非（东开普）经贸交流论坛。杭州职业技术学院作为本次 45 家代表团成员中唯一的一所高职院校应邀出访，校长贾文胜全程参加。贾文胜代表学校分别同南非东开普中心技术职业教育培训学院校长 Mr.Charl Van Heerden、南非沃特苏鲁大学校长 Mr.JohnRobert Midgley 签订共建"丝路学院"合作备忘录。

学校与中国联通杭州市公司签署战略合作协议。2019 年 9 月 11 日下午，学校与中国联通杭州市公司战略合作签约仪式在学校举行。中国联通杭州市公司党委书记、总经理沈飞波等，校党委书记金波，副校长陈加明、楼晓春等有关负责人出席签约仪式。金波和沈飞波为"杭州职业技术学院 5G+ 产教融合创新实验室""中国联通杭州市公司创新创业实习基地"授牌。

党委书记、校长任期经济责任审计进点会召开。2019 年 9 月 16 日，校党委书记、校长任期经济责任审计进点会在行政楼第三会议室召开。市审计局党组副书记、副局长、巡视员吴志明，省审计厅教科文处处长何世宏，省教育厅审计处四级调研员卢沧波，市审计局科教处处长、审计组组长黄靖及审计组全体成员，学校领导班子全体成员、各职能部门负责人、各二级学院党政负责人等参加会议。会议由黄靖主持。学校党委书记金波、校长贾文胜分别对任期间履行经济责任情况进行了述职。

学校圆满承办第十五届"振兴杯"全国青年职业技能大赛学生组决赛。2019 年 11 月 15 日至 18 日，第十五届"振兴杯"全国青年职业技能大赛学生组决赛在学校举办。全国 30 个省共 270 个精英选手齐聚杭州，上演青年技能界的年度"华山论剑"。我校 7 名代表浙江省参加钳工、电工、计算机程序设计员赛项的选手均获得好成绩。计算机程序设计员赛项包揽前 3 名；钳工赛项获得第 1 名、第 9 名；电工赛项获得第 2 名、第 3 名。7 名参赛选手，全部进入前 10 名。

教育部 1+X 证书试点学校调研专家组一行来学校调研。2019 年 11 月 21 日上午，教育部 1+X 证书试点学校调研专家组一行 5 人来学校开展 1+X 证书试点工作情况现场调研。调研组由天津职业技术师范大学原党委书记孟庆国、国培项目办副主任李新发、山东理工大学教授张峰、浙江省教育厅教师处主任科员王晟、浙江省职教师资培训中心科长孙国良组成。学校副校长楼晓春、专业建设指导处、人事处和汽车学院负责人，以及1+X试点专业相关人员参加了座谈会议。

学校入选"2019亚太职业院校影响力50强"。2019年11月23日至24日，2019亚洲教育论坛年会在成都举办。学校成功入选"2019亚太职业院校影响力50强"。副校长楼晓春受邀主持大会分论坛"亚太职业教育国际合作论坛"，向与会代表分享了学校在国际交流合作方面的理念和做法。

学校成功入选"中国特色高水平高职学校和专业建设计划"建设单位（国家"双高计划"）。2019年12月13日，根据《教育部　财政部关于公布中国特色高水平高职学校和专业建设计划建设单位名单的通知》（教职成函〔2019〕14号），学校成功入选中国特色高水平高职学校建设单位，电梯工程技术、服装设计与工艺专业群入选高水平专业群。入选"双高计划"是学校发展历史上的又一重要发展机遇，开启了学校高质量发展的新征程。

学校召开"不忘初心，牢记使命"主题教育总结大会。2020年1月14日下午，学校召开"不忘初心，牢记使命"主题教育总结大会，对学校主题教育进行全面总结，对下一步巩固深化主题教育成果进行部署安排。省委第十三巡回指导组组长朱伟出席会议并讲话，巡回指导组成员，校党委班子全体成员、全体处以上干部、全体师生党员和各民主党派负责人等参加会议。会议由校长贾文胜主持。

学生刘明杰和陈龙受浙江省省长袁家军接见。2020年1月7日上午，浙江省省长袁家军在杭州看望了第45届世界技能大赛浙江省获奖项目参赛选手和专家教练，第六届全国残疾人技能大赛、第十五届"振兴杯"全国青年职业技能大赛和第九届全国民政行业职业技能大赛获奖选手。省人社厅、省民政厅、团省委、省残联、省机电集团等参加接见。学校友嘉机电学院学生刘明杰和信息工程学院学生陈龙作为第十五届"振兴杯"全国青年职业技能大赛（学生组）的冠军接受了袁省长的亲切接见。

学校荣获"4A等级平安校园"。2020年3月10日，浙江省平安办、教育厅、公安厅联合下发文件（浙教厅函〔2020〕18号），学校荣膺"4A等级平安校园"。

学校深入推进"清廉杭职"建设。2020年4月8日，学校下发《关于深入推进"清廉杭职"建设三年行动计划实施方案（2020—2022）》，着力深化打造"清廉杭职"品牌。

学校成立马克思主义学院。2020年5月18日，校党委发文，将思政教研室从原人文社科部剥离，整体转设为马克思主义学院。文件明确马克思主义学院是在校党委和行政领导下，负责全校马克思主义理论研究、思政课建设和发展的教学研究部门。2021年9月17日，学校任命邹宏秋为马克思主义学院院长，张崇生为马克思主义学院直属党支部书记。

省委常委、省委组织部部长黄建发一行莅临学校指导工作。2020年7月26日，时任浙江省委常委、省委组织部部长黄建发一行莅临学校检查指导工作，市委组织部部长毛溪浩、副部长仰中旻等陪同参加。黄建发一行检查了学校承担的全省公务员考试组织工作情况，充分肯定了学校的办学情况和办学成就。党委书记金波、校长贾文胜等学校领导班子成员陪同参加。

徐时清任杭州职业技术学院院长。2020年8月4日，浙江省人民政府以浙政干〔2020〕21号文，任命徐时清为杭州职业技术学院院长。

学校召开庆祝第36个教师节表彰暨"双高"建设推进会。2020年9月10日下午，学校在图书馆报告厅召开庆祝第36个教师节表彰暨"双高"建设推进会。校长徐时清向12个"双高"建设子项目负责人颁发聘书。学校与华为技术有限公司、友嘉实业集团、杭州西奥电梯有限公司、濮阳惠成电子材料股份有限公司、中纺联纺织人才交流培训中心、许村镇人民政府等政府、行业、企业签署合作协议。

学校召开"十四五"规划编制工作会议。2020年9月17日上午，学校在行政楼528会议室召开"十四五"规划编制工作会议。学校党政领导班子成员和相关职能部门负责人参加会议，会议由副校长楼晓春主持。

学校接受省高职院校重点暨优质校建设成果评估。2020年9月21日，受浙江省教育厅委托，浙江省教育考试院组织专家组对我校开展浙江省优质高职院校建设项目成果评估验收。校长徐时清从任务完成情况、主要建设成效、标志性成果、思考与展望四个部分，汇报学校的优质校建设情况。

学校成功承办第十六届"振兴杯"全国青年职业技能大赛。2020年11月3日，第十六届"振兴杯"全国青年职业技能大赛决赛在学校体育馆开幕。

本次大赛以"技能成才报祖国　青春奋进新时代"为主题，设置计算机网络管理员、机床装调维修工、模具工（冲压）等3个职业（工种），全国30个省份的226名选手参赛。我校4名选手代表浙江省参加比赛，斩获2金2铜佳绩。市委副书记、市长刘忻，副市长陈国妹批示予以充分肯定。

学校荣获中华职教社温暖工程实施二十五周年优秀组织管理奖。2020年11月30日，中华职业教育社温暖工程实施二十五周年总结表彰大会在京举行。全国人大常委会副委员长、中华职业教育社理事长郝明金出席并做重要讲话。我校荣获"温暖工程优秀组织管理奖"，校长徐时清上台领奖。

杭州市市长刘忻来学校宣讲党的十九届五中全会精神。2020年12月11日上午，杭州市委副书记、市长刘忻来学校宣讲党的十九届五中全会精神。市政府秘书长丁狄刚、副秘书长鲍一飞以及市政府办公厅有关处室负责人出席会议。学校党政领导班子成员、全体中层干部、民主党派、统战团体负责人、退休干部和师生党员代表等300余人参加会议。校党委书记金波主持会议。刘忻指出，杭职院是杭州市职业教育的排头兵，肩负着推动职业教育改革创新、助力杭州经济社会高质量发展的重任。希望全校上下牢记使命担当，树立学科自信，加强校企合作，在职业教育水平上争创一流。

学校四本教材入选"十三五"职业教育国家规划教材。2020年12月14日，教育部关于公布"十三五"职业教育国家规划教材书目的通知（教职成厅函〔2020〕20号），学校《服装立体裁剪（第三版）》《立体裁剪数字课程》《跨境电子商务基础》《智能制造单元集成调试与应用》入选。

学校举行首届科技成果拍卖会。2020年12月16日上午，2020浙江科技成果拍卖会杭州职业技术学院专场暨产学研合作签约仪式在校图书馆报告厅举行。拍卖会由杭州职业技术学院、钱塘新区管理委员会共同主办，钱塘新区经发科技局、温岭市科技局、浙江知识产权交易中心以及中国计量大学科技处联合承办，吸引了来自省内外的数十家企业代表共300多人参加。这是浙江首场高职院校科技成果拍卖会，推出17项科技成果并全部成交，其中杭州职业技术学院15项。总起拍价678万元，总成交价958.5万元，溢价率为41.37%。

学校举行首届教学科研大会。2020年12月16日下午，首届教学科研大会在图书馆报告厅隆重召开。大会总结交流学校教学科研工作的主要成效与经验,分析研判教学科研工作面临的新形势和新任务,研究部署今后一个建设时期学校的教学科研和科技成果转化工作。学校党委书记金波、校长徐时清以及全体教职员工参加大会。徐时清做大会主旨报告,金波做总结讲话并提工作要求。

获"纺织之光"教学成果一等奖。2020年12月22日下午,2020年中国纺织大会在山西太原隆重召开。中国纺联理事会成员单位代表、地方政府、企业、中国纺联各部门代表,媒体代表等共计1100余人参加了本次会议。"纺织之光"教学成果奖是纺织行业的最高褒奖,是纺织服装业界对纺织服装一线教师和学校的高度肯定。我校荣获一等奖2项,是浙江省唯一获此殊荣的学校。

华为云计算学院三大中心建设开工仪式顺利举行。2021年1月23日,华为云计算学院三大中心建设开工仪式顺利举行。华为浙江云与计算业务部CTO杜洪亮、华为浙江政企业务部杭州教育行业代表郑维丽、华为浙江校企合作负责人牛凤平,我校校长徐时清,党委委员、党委宣传部部长程利群,以及党政办、专业建设指导处、公管处、后勤服务中心负责人和信息工程学院全体教师参加。开工仪式由信息工程学院院长陈云志主持。徐时清代表学校对华为云计算学院的顺利开工表示热烈的祝贺,并感谢华为对学校"双高计划"建设给予的支持。

学校召开党史学习教育动员大会。2021年3月12日,党史学习教育动员大会在行政楼报告厅召开。党委书记金波出席会议并做动员讲话,党委副书记、校长徐时清主持会议。学校领导班子成员,全体处级干部,全体党支部书记,各二级学院、马克思主义学院、公共基础部的党员师生代表参加会议。金波强调,要深入学习习近平总书记在党史学习教育动员大会上的重要讲话精神,教育引导全校党员学史明理、学史增信、学史崇德、学史力行,学党史、悟思想、办实事、开新局,以优异成绩迎接建党一百周年。

省委授权巡视高职高专第一组巡视我校。根据省委授权,经省委巡视工作统一部署,2021年4月1日上午,省委授权巡视高职高专第一组巡视杭州职业技术学院党委工作动员会议召开。会前,杭州市委巡察工作领导小组组长陈擎苍受省委巡视工作领导小组委托,向杭州职业技术学院党委书记金波传达了省委书记袁家军同志的讲话精神。会上,省委授权巡视高职高专第一组组长江小华就即将开展的巡视做了动员讲话,陈擎苍就配合做好巡视工作提出要求，金波主持会议并做表态发言。

全省百场劳模工匠主题宣讲活动启动仪式在我校举行。为深入实施劳模工匠理论宣讲百千万计划，庆祝中国共产党成立100周年，大力宣传习近平总书记在全国劳动模范和先进工作者表彰大会上的重要讲话精神，2021年5月19日，"我心向党"全省百场劳模工匠主题宣讲活动启动仪式在我校举行。省总工会党组成员、副主席张卫华，市总工会党组成员、副主席王卫安，我校党委书记金波、党委副书记陈泉森、宣传部部长程利群出席活动。省劳模工匠骨干宣讲团成员、各地市总工会宣教部长及部分省属产业工会负责人、杭州市劳模工匠宣讲团成员代表、杭州各区县（市）总工会及产业工会分管领导等400余人参加活动。

学校召开庆祝中国共产党成立100周年暨表彰大会。2021年6月30日下午，学校在图书馆报告厅隆重召开庆祝中国共产党成立100周年暨表彰大会，回顾党的光辉历程，讴歌党的丰功伟绩，表彰优秀先进典型。学校领导班子成员、全体在职教工党员、离退休党员代表、新发展党员代表出席大会。大会由党委副书记、校长徐时清主持。校党委书记金波代表党委以"百年征程，再续华章，聚焦'数智杭职·工匠摇篮'，以党建引领学校高质量发展"为题做讲话。

党史学习教育第一阶段总结会暨期末工作会议。2021年7月6日下午，学校在行政楼121会议室召开了党史学习教育第一阶段总结会暨期末工作会议，党委书记金波、校长徐时清、党委副书记陈泉森、副校长金徐伟、副校长楼晓春，以及全体处级干部参加会议。会议由陈泉森主持。会上，徐时清总结回顾了2021年上半年行政工作，并对暑期重点工作进行了安排部署。金波充分肯定了上半年各全体师生员工的辛勤工作和取得发展成绩，对学校党史学习教育第一阶段的开展情况进行了总结。

机电一体化专业教师教学团队入选国家级教师教学创新团队。2021年8月2日，教育部教师工作司确定第二批国家级职业教育教师教学创新团队立项建设单位240个，我校特种设备学院机电一体化专业教师教学创新团队成功入选。这是学校电子商务教师教学团队自2019年入选之后再次获批。

党委书记金波在全省高校党建工作座谈会上做典型发言。2021年9月10日上午，省委书记袁家军主持召开高校党建工作座谈会，学校党委书记金波以"培养德技并修的新时代工匠苗子"为题，作为省内高职院校唯一代表发言。

学校成功主办新时代工匠精神高峰论坛。2021年9月24日上午，由杭州职业技术学院牵头主办的"浙江文化研究工程'浙江工匠精神研究'重大项目启动会暨新时代工匠精神高峰论坛"在杭举行。论坛特邀省市总工会、省市社科联领导，浙江大学、省委党校、浙商研究院、浙江龙泉龙渊古剑研究所、中国高教学会职业技术教育分会等单位的专家学者共议工匠精神研究。杭州市人大常委会党组副书记、副主任，市总工会主席郑荣胜出席会议并做重要讲话。

《汽车空调维修技术（第二版）》荣获首届全国教材建设奖二等奖。2021年9月26日，《国家教材委员会关于首届全国教材建设奖奖励的决定》（国教材〔2021〕6号）发布，副校长楼晓春教授主编的《汽车空调维修技术（第二版）》获得全国优秀教材（职业教育与继续教育类）二等奖。

学校举行"高质量发展高峰论坛暨建校20周年、办学62周年"系列活动一周年倒计时启动仪式。2021年10月15日下午，杭州职业技术学院"高质量发展高峰论坛暨建校20周年、办学62周年"系列活动一周年倒计时启动仪式在学生活动中心一楼大厅隆重举行。学校党政领导班子成员，全体处级干部、离退休教职工代表、师生代表、校友代表参加。

杭州市人大常委会党组副书记、副主任郑荣胜一行来校调研。2021年10月15日上午，杭州市人大常委会党组副书记、副主任，市总工会主席郑荣胜等一行来校调研。校党委书记金波对杭职院近年的发展概况以及工匠精神培育、工匠人才培养方面的情况做了汇报。郑荣胜表示，市总工会将与杭职院通过课程共研、基地共享、人员共融、教材共用、活动共搞、精神共育、制度共订，共同推进工匠文化、工匠精神在杭职校园落地生根、发扬光大。

学校成功举办第二届科技成果拍卖会。2021年11月12日上午，2021浙江科技成果竞价（拍卖）会杭州职业技术学院专场暨高职院校科技成果转移转化服务平台签约仪式在学校图书馆报告厅举行。拍卖会由学校与杭州市科技局、钱塘区经信科技局联合主办，浙江知识产权交易中心、杭州市知识产权交易服务中心承办，杭州钱塘科学城管理办公室、联想新视界（浙江）工业互联网研究院有限公司、杭州联合银行下沙支行协办。拍卖共推出 36 项科技成果，其中我校 35 项，涵盖智能制造、健康医疗、教育、新材料、农林畜牧等技术领域。最终，总起拍价为 1263.5 万元的 36 项科技成果全部成交，成交总价为 1771 万元，溢价率达 40.17%。

（撰写：邵素云　张杰）

附　录

>>>>>>>>>>>>>>>>>>>>

附录 1　杭州职业技术学院历届领导班子成员
（2002—2021 年）

职务	姓名	任职时间
党委书记	洪永铿	2003 年 04 月—2009 年 02 月
	李志海	2009 年 02 月—2011 年 10 月
	安蓉泉	2011 年 10 月—2017 年 10 月
	金　波	2017 年 10 月—至今
校长	詹红军	2003 年 04 月—2004 年 06 月
	洪永铿（代）	2005 年 06 月—2007 年 08 月
	叶鉴铭	2007 年 08 月—2014 年 04 月
	贾文胜	2014 年 04 月—2020 年 08 月
	徐时清	2020 年 08 月—至今
党委副书记	张小红	2003 年 04 月—2008 年 11 月
	陈能华	2009 年 06 月—2013 年 05 月
	贾文胜	2012 年 07 月—2014 年 04 月
	赵一文	2014 年 12 月—2016 年 11 月
	陈泉森	2018 年 10 月—至今
纪委书记	张小红	2003 年 04 月—2008 年 11 月
	陈能华	2009 年 06 月—2013 年 05 月
	陈泉森	2013 年 08 月—2018 年 10 月
	沈　威	2018 年 10 月—2021 年 03 月
副校长	韩时林	2003 年 04 月—2012 年 07 月
	张洪宪	2003 年 04 月—2018 年 11 月
	廖志林	2004 年 12 月—2013 年 08 月
	贾文胜	2009 年 04 月—2014 年 04 月

续表

职务	姓名	任职时间
副校长	许淑燕	2012 年 07 月—2017 年 11 月
	陈加明	2014 年 04 月—2021 年 02 月
	金徐伟	2018 年 11 月—至今
	楼晓春	2018 年 11 月—至今
	程利群	2021 年 07 月—至今
党委委员	孙爱国	2013 年 12 月—2015 年 10 月
	麻朝晖	2017 年 01 月—至今

附录 2-1：杭州职业技术学院历年教学成果奖获奖情况汇总

成果名称	级别	奖项	主要完成人	获奖时间
基于校企共同体的服装专业人才培养模式创新与实践	国家级	一等奖	叶鉴铭、贾文胜、许淑燕、章瓯雁、郑小飞、梁宁森、林平	2014
基于"创业带动学业"的高职院校创业教育体系构建与实践	国家级	二等奖	陈加明、张赵根、徐高峰、郭伟刚、王玲	2014
公共实训基地"杭州模式"创新与实践	国家级	一等奖	贾文胜、陈加明、梁宁森、童国通、张赵根、郑永进、姜发利	2018
高职院校创业教育体系的构建与实践	省级	一等奖	陈加明、张赵根、徐高峰、郭伟刚、王玲	2014
基于校企共同体的实践教学模式创新与实践	省级	二等奖	叶鉴铭、贾文胜、梁宁森、周小海、陈加明	2014
以岗位综合职业能力培养为核心的服装设计专业人才培养模式创新与实践	省级	二等奖	郑小飞、徐剑、袁飞、王颖、郑路	2014
产业集群发展背景下汽车类高技能人才培养的创新与实践	省级	二等奖	楼晓春、龙艳、邱英杰、单红艳、王淑丹	2014
公共实训基地"杭州模式"创新与实践	省级	一等奖	贾文胜、梁宁森、童国通、张赵根、卢红华	2016
高职数字校园学习平台专业教学资源库建设与实践	省级	一等奖	徐高峰、童国通、徐江城、涂金德、姚瑶	2016
职业素养融入专业课程教学的研究实践	省级	二等奖	安蓉泉、许淑燕、江平、徐高峰、童国通	2016

续表

成果名称	级别	奖项	主要完成人	获奖时间
基于企业典型产品开发的工作室制人才培养模式创新与实践	省级	二等奖	施丽娜、黄璐、王玉珏、王启宾、张王哲	2016
一体两院、同生共长：电梯类技术技能人才培养生态构建与实践	省级	特等奖	楼晓春、徐时清、潘建峰、郑永进、虞雪芬、金新锋、孙红艳	2021
小工坊大秀场：服装设计与工艺专业群个性化人才培养模式改革与创新	省级	特等奖	章瓯雁、龙艳、徐高峰、郑小飞、王慧、刘桠楠	2021
立足一个龙头企业、面向整个行业：数字经济安全卫士实战育人模式探索与实践	省级	一等奖	陈云志、郑永进、宣乐飞、林海平、姚瑶、张杰、吴鸣旦	2021
以产教融合体为突破口的高技能电商人才培养创新与实践	省级	一等奖	袁江军、张赵根、石佳文、白秀艳、潘承恩、王红	2021
服务"一带一路"：高职院校国际化产教融合协同育人创新实践	省级	二等奖	陆颖、黄璐、龙艳、施丽娜、王雨帆、陶启付	2021
四融八步·四析三点：高职专业群课程思政模式创新与实践	省级	二等奖	张崇生、程利群、史蓉、王玲、安蓉泉、章瓯雁	2021
"一体二元三维四互"：校企共同体下"三教改革"创新与实践	省级	二等奖	梁宁森、何兴国、李晓阳、郭城轶、姚瑶、白志刚	2021

附录2-2：杭州职业技术学院省级教育教学改革项目（2004—2021）

编号	项目名称	类别	项目负责人	年份
1	适应高教园区教育资源共享的开放式教学模式探索与实践	浙江省新世纪高等教育教学改革项目（招标项目）	丁东澜	2004
2	构建高职实践教学质量监控体系	浙江省新世纪高等教育教学改革项目	谢萍华	2005
3	高职教育学分制模式的探索研究	浙江省新世纪高等教育教学改革项目	张洪宪	2006
4	"真实情境"教学模式质量监控体系的研究和实践	浙江省新世纪高等教育教学改革项目	杨强	2007
5	模具专业工学结合的课程体系改革与实践	浙江省新世纪高等教育教学改革项目	罗晓晔	2007
6	基于大企业校企合作机制创新的实效性探索与实践	浙江省新世纪高等教育教学改革项目	丁学恭	2008
7	基予岗位需求的数控专业学生能力培养	浙江省新世纪高等教育教学改革项目（一类）	吴晓苏	2009
8	基于杭州女装生产技术人才培养的"达利模式"研究与实践	浙江省新世纪高等教育教学改革项目（二类）	许淑燕	2009
9	"校企共同体"背景下高职教学改革实践研究	浙江省新世纪高等教育教学改革项目（二类）	叶鉴铭	2010
10	基于校企共同体的数控机床维修与升级改造课程改革与实践	浙江省教育教学改革	张中明	2013
11	浙江省高职学生课余时间管理研究与改革实践	浙江省教育教学改革	高永梅	2013

续表

编号	项目名称	类别	项目负责人	年份
12	以学生职业素质培育为导向的思想政治教育教学改革探索与实践	浙江省教育教学改革	陈燕萍	2013
13	高职教育工作室制教学模式研究	浙江省教育教学改革	章瓯雁	2013
14	校企共同体背景下兼职教师队伍建设实践研究	浙江省教育教学改革	叶青青	2013
15	学期项目课程视角下高职课堂教学改革与实践	浙江省课堂教学改革	魏宏玲	2013
16	基于真实项目"园林树木栽培与养护"课程课堂教学改革的实践与探索	浙江省课堂教学改革	龚仲幸	2013
17	基于校内生产性实训基地的课堂教学改革研究——以"汽车市场营销实务"为例	浙江省课堂教学改革	龙艳	2013
18	"产品改良设计"课程课堂教学改革与实践	浙江省课堂教学改革	周楠	2013
19	基于情景教学的课程教学改革实践与探索——以"路由与交换"课程为例	浙江省课堂教学改革	富众杰	2013
20	"营销策划实务"课堂教学改革与实践	浙江省课堂教学改革	叶峥	2013
21	基于达利典型工作任务的课堂教学改革与实践——以"服装店铺管理"课程为例	浙江省课堂教学改革	杨龙女	2013
22	基于产教结合模式的"故事漫画创作"课堂改革与实践	浙江省课堂教学改革	王启宾	2013
23	基于SIOP的高职英语课堂教学改革研究与实践	浙江省课堂教学改革	陆燕萍	2013
24	RPG课堂教学方法实践与探索——以"公共关系实务"课程为例	浙江省课堂教学改革	张理剑	2013

编号	项目名称	类别	项目负责人	年份
25	"互联网+"旅游人才跨界培养体系构建及实践	浙江省教育教学改革	杨强	2015
26	基于现代学徒制的航空装备制造业创新型人才培养模式的研究与实践	浙江省教育教学改革	刘瑛	2015
27	面向应用型人才培养的高职软件专业实践教学体系的研究和实践	浙江省教育教学改革	赵文明	2015
28	基于校企共同体的针织专业产教融合教学模式改革	浙江省教育教学改革	刘桠楠	2015
29	基于小班化教学的动漫设计专业工作室制人才培养模式改革实践	浙江省教育教学改革	施丽娜	2015
30	基于微课的翻转课堂模式在模具CAD/CAM教学中的应用与实践	浙江省课堂教学改革	周水琴	2015
31	基于分段式教学组织模式的"FLASH动画"课堂改革与实践	浙江省课堂教学改革	陆丽芳	2015
32	工学交替的导师制课堂教学改革——以"典型精细化学品小试技术"为例	浙江省课堂教学改革	吕路平	2015
33	航空类复杂零件编程加工课堂教学改革与实践	浙江省课堂教学改革	周智敏	2015
34	实训课程课堂创新实践——以提花面料花型设计课程为例	浙江省课堂教学改革	徐颖	2015
35	高职专业课课堂拓展形式研究——以"汽车性能评价与选购"课程为例	浙江省课堂教学改革	徐亚丹	2015
36	基于教考分离的"应用英语"课堂教学评价体系改革	浙江省课堂教学改革	朱尧平	2015
37	基于"情境"教学模式的高职网络安全课程教学改革与实践	浙江省课堂教学改革	吴培飞	2015
38	基于项目的沉浸式"网络运营与推广"课堂教学	浙江省课堂教学改革	王红	2015

续表

编号	项目名称	类别	项目负责人	年份
39	基于"文化梯度育人"理念下的"思想道德修养与法律基础"课教学改革实践研究	浙江省课堂教学改革	王玲	2015
40	基于现代学徒制的模具加工课程的改革与实践	浙江省教育教学改革	郭伟刚	2016
41	基于COMET职业能力测评技术在高职汽车维修专业学生培养中的应用研究	浙江省教育教学改革	邱英杰	2016
42	园艺技术专业突出创新创业能力培养的课程改革与实践	浙江省教育教学改革	龚仲幸	2016
43	电梯工程技术专业现代学徒制的研究与实践	浙江省教育教学改革	魏宏玲	2016
44	教学工作诊断与改进之专业建设质量保证体系构建与实践	浙江省教育教学改革	童国通	2016
45	工学交替的导师制课堂教学改革——以"精细化工仪器分析技术"为例	浙江省课堂教学改革	李巍巍	2016
46	高职学生教、学、做一体化教学过程中职业素养培养实践与研究	浙江省课堂教学改革	支明玉	2016
47	"传感器技术应用"微课的课堂教学改革与实践	浙江省课堂教学改革	葛海江	2016
48	基于O2O思维的翻转课堂教学模式构建——以"汽车底盘构造与维修"课程为例	浙江省课堂教学改革	孙斌	2016
49	信息化背景下"看板"法在学做一体化课堂中的应用研究——以"汽车综合故障诊断"课程为例	浙江省课堂教学改革	郑明锋	2016
50	基于工作室制的分层教学模式改革的探索与实践——以"动画后期制作"课程为例	浙江省课堂教学改革	赖新芽	2016

编号	项目名称	类别	项目负责人	年份
51	基于现代学徒制的高职"花艺环境设计"课程课堂教学改革的实践与探索	浙江省课堂教学改革	张明丽	2016
52	叙事教学法在职业素养融入"成人护理学"课程教学中的应用研究	浙江省课堂教学改革	高凤	2016
53	基于家国情怀教育的"毛泽东思想和中国特色社会主义理论体系概论"教学改革研究	浙江省课堂教学改革	杨云	2016
54	基于"隐性职业素养"培育的"思想道德修养与法律基础"课程"交融"教改实践研究	浙江省课堂教学改革	段彩屏	2016
55	基于STEM理念的高技能人才培养研究与实践——以高职工业机器人方向为例	浙江省"十三五"第一批教学改革研究项目	张伟	2018
56	基于"创造力培养"的工业设计课程教学改革研究——以"产品首版制作"为例	浙江省"十三五"第一批教学改革研究项目	葛庆	2018
57	基于"专创融合"的高职院校创新创业人才培养模式改革与实践	浙江省"十三五"第一批教学改革研究项目	张赵根	2018
58	绩效视角下的职业教育专业教学资源库建设与应用研究	浙江省"十三五"第一批教学改革研究项目	徐高峰	2018
59	基于"学期项目"的高职服装设计与工艺专业课堂教学改革与实践	浙江省"十三五"第一批教学改革研究项目	郭雪松	2018
60	基于"专企融合"的高职信息安全类人才培养模式改革实践研究	浙江省"十三五"第一批教学改革研究项目	宣乐飞	2018
61	校企协同育人模式下新能源汽车专业人才培养创新与实践	浙江省"十三五"第一批教学改革研究项目	邵立东	2018
62	国际化复合型动漫设计人才培养模式研究	浙江省"十三五"第一批教学改革研究项目	施丽娜	2018

续表

编号	项目名称	类别	项目负责人	年份
63	基于企业培训中心的现代学徒制实证研究：驱动机制、发展路径及实施策略	浙江省"十三五"第一批教学改革研究项目	潘建峰	2018
64	SPOC 背景下"学期项目课程"教学模式的融合创新改革实践	浙江省"十三五"第一批教学改革研究项目	陈进熹	2018
65	基于德国"双元制"职业教育模式的本土化改革与实践——以智能制造专业群为例	浙江省"十三五"第二批教学改革研究项目	陈军统	2019
66	基于校企命运共同体的物业管理专业现代学徒制培养改革再深化研究	浙江省"十三五"第二批教学改革研究项目	戴凤微	2019
67	"三教"改革背景下课程改革与教学能力比赛结合点探索及教师教学能力提升策略研究	浙江省"十三五"第二批教学改革研究项目	何艺	2019
68	基于医药工业智能制造的高职药品类跨界融合复合型人才培养的路径研究	浙江省"十三五"第二批教学改革研究项目	朱海东	2019
69	基于"3211模式"的高职大数据技术与应用专业人才培养研究	浙江省"十三五"第二批教学改革研究项目	高永梅	2019
70	基于"1+X"书证融通的高职电子信息类人才培养模式研究	浙江省"十三五"第二批教学改革研究项目	葛海江	2019
71	"双高"背景下新能源汽车技术专业群"1+X"证书制度实施的路径研究	浙江省"十三五"第二批教学改革研究项目	龙艳	2019
72	基于创客中心的创新创业教学改革实践研究——以数字媒体艺术设计专业为例	浙江省"十三五"第二批教学改革研究项目	王启宾	2019
73	双高与数字经济背景下多元协同高职跨境电商人才培养改革研究与实践	浙江省"十三五"第二批教学改革研究项目	谢川	2019

编号	项目名称	类别	项目负责人	年份
74	技能大赛引领下高职院校创新型人才培养模式与路径研究	浙江省"十三五"第二批教学改革研究项目	王飞	2019
75	职业教育产教融合体系与运行机制研究	浙江省"十三五"第二批教学改革研究项目	郑永进	2019
76	化工类专业课程思政核心要素开发和共性内涵研究——以精细化工技术专业为例	省级课程思政教学研究项目	吴健	2021
77	基于OBE理论的高职英语课程思政建设实践与探索	省级课程思政教学研究项目	顾林刚	2021
78	服饰文化自信视阈下"服装立体裁剪"课程思政教学改革与实践	省级课程思政教学研究项目	王慧	2021
79	课证融通模式下"急危重症护理""课程思政"的教学改革探究	省级课程思政教学研究项目	刘悦	2021
80	面向"道业"融通的专业课与思政育人协同创新与运行机制研究	省级课程思政教学研究项目	徐亚丹	2021
81	高端装备制造类专业核心课的课程思政实施方法和举措研究	省级课程思政教学研究项目	孙红艳	2021

附录2-3：杭州职业技术学院省级及以上课程项目（2004—2021）

编号	项目名称	类别	项目负责人	年份
1	路由与交换	国家级精品课程	沈海娟	2008
2	路由与交换	国家级精品资源共享课	沈海娟	2013
3	电梯检测技术	国家级课程思政示范课程	楼晓春	2021
4	服装立体裁剪	国家级课程思政示范课程	章瓯雁	2021
5	无机及分析化学	浙江省普通高校精品课程	程建国	2006
6	路由与交换	浙江省普通高校精品课程	沈海娟	2007
7	化工单元与操作实训	浙江省普通高校精品课程	谢萍华	2008
8	花卉园艺学	浙江省普通高校精品课程	吕伟德	2008
9	日用化学品生产技术	浙江省普通高校精品课程	谢建武	2009
10	小型局域网组建与维护	浙江省普通高校精品课程	郝阜平	2009
11	下装结构设计与工艺	浙江省普通高校精品课程	袁飞	2011
12	电器控制与PLC	浙江省普通高校精品课程	楼晓春	2011
13	数控编程与机床操作	浙江省普通高校精品课程	吴晓苏	2011
14	日化产品质量控制分析检测	浙江省普通高校精品课程	周小锋	2011
15	针织服装结构设计与工艺	浙江省普通高校精品课程	刘桠楠	2011
16	礼服立体裁剪	省级精品在线开放课程	章瓯雁	2016
17	日化产品质量控制分析检测	省级精品在线开放课程	周小锋	2016
18	产品设计工学基础	第二批省级精品在线开放课程	王丽霞	2018
19	创新创业基础	第二批省级精品在线开放课程	张理剑	2018

编号	项目名称	类别	项目负责人	年份
20	服装产品表达	第二批省级精品在线开放课程	竺近珠	2018
21	客户服务与管理	第二批省级精品在线开放课程	陈晓红	2018
22	图形界面设计软件	第二批省级精品在线开放课程	陆丽芳	2018
23	制药设备实务	第二批省级精品在线开放课程	于文博	2018
24	仪器分析测试技术	第二批省级精品在线开放课程	何连军	2018
25	流行款女装制版与工艺	第三批省级精品在线开放课程	郭雪松	2019
26	树木栽培与养护	第三批省级精品在线开放课程	龚仲幸	2019
27	化工生产工艺与DCS控制	第三批省级精品在线开放课程	刘松晖	2019
28	实用有机技术	第三批省级精品在线开放课程	李晓敏	2019
29	电动汽车结构原理与检修	第三批省级精品在线开放课程	韩天龙	2019
30	网络安全与防护	第三批省级精品在线开放课程	吴培飞	2019
31	印花面料花型设计与工	第三批省级精品在线开放课程	白志刚	2019
32	无机及分析测试技术	第三批省级精品在线开放课程	李巍巍	2019
33	化工安全与标准化学	第三批省级精品在线开放课程	吴健	2019
34	Web安全与应用	第三批省级精品在线开放课程	宣乐飞	2019

续表

编号	项目名称	类别	项目负责人	年份
35	Linux 网络配置与安全管理	第三批省级精品在线开放课程	郝阜平	2019
36	H3C 组网技术专业	第三批省级精品在线开放课程	富众杰	2019
37	Python 编程基础	第三批省级精品在线开放课程	杨森	2019
38	针织服装设计	省级课程思政示范课程	刘桠楠	2021
39	汽车构造	省级课程思政示范课程	吕琳	2021
40	电梯检测技术	省级课程思政示范课程	金新锋	2021
41	新媒体数据分析	省级课程思政示范课程	孙萍萍	2021
42	食品安全快速检测技术	省级课程思政示范课程	支明玉	2021
43	二手车评估与交易	省级课程思政示范课程	刘冬梅	2021
44	服装立体裁剪	省级课程思政示范课程	章瓯雁	2021
45	企业会计核算	省级课程思政示范课程	杨娟	2021
46	冲压模具设计	省级课程思政示范课程	胡美君	2021
47	电梯检测技术	省级课程思政示范课程	楼晓春	2021

附录2-4：杭州职业技术学院省级及以上教学能力类大赛获奖汇总表

编号	项目名称	奖项／名称	获奖人员	年份
1	全国微课教学比赛	一等奖	章瓯雁	2015
2	全国职业院校信息化教学大赛	高职组信息化教学设计比赛二等奖	章瓯雁、梅笑雪、来洋	2017
3	全国高职院校教学能力比赛	课堂教学赛项二等奖	何艺、干雅平、何连军	2018
4	全国高职院校教学能力比赛	二等奖	金新锋、王洁、翁海明、贾中楠	2021
5	全国高职院校教学能力比赛	三等奖	史蓉、张崇生、杨云、段彩屏	2021
6	浙江省首届高校微课教学比赛	二等奖	张中明	2013
7	浙江省首届高校微课教学比赛	二等奖	石锦芸	2013
8	浙江省首届高校微课教学比赛	三等奖	王启宾	2013
9	浙江省第二届高校（高职高专）微课教学比赛	一等奖	章瓯雁	2014
10	浙江省第二届高校（高职高专）微课教学比赛	二等奖	李晓敏	2014
11	浙江省第二届高校（高职高专）微课教学比赛	二等奖	楼晓春	2014
12	浙江省高校微课教学比赛	一等奖	张衍	2016
13	浙江省高校微课教学比赛	二等奖	周楠	2016
14	浙江省高校微课教学比赛	三等奖	竺近珠	2016

续表

编号	项目名称	奖项/名称	获奖人员	年份
15	浙江省高校微课教学比赛	三等奖	李游	2016
16	浙江省高校微课教学比赛	三等奖	马旖旎	2016
17	浙江省高校微课教学比赛	高职组视频类三等奖	马旖旎	2017
18	浙江省高校微课教学比赛	外语组视频类二等奖	郑秋云	2017
19	浙江省高校微课教学比赛	外语组视频类三等奖	沈佳	2017
20	浙江省高校微课教学比赛	外语组视频类三等奖	魏岚	2017
21	浙江省信息化教学比赛	信息化教学设计比赛一等奖	章瓯雁、来洋、梅笑雪	2017
22	浙江省信息化教学比赛	信息化课堂教学比赛一等奖	丁媛媛、张素颖、方映	2017
23	浙江省信息化教学比赛	信息化教学设计比赛二等奖	刘英、童国通、于文博	2017
24	浙江省信息化教学比赛	信息化实训教学比赛三等奖	郑慧俊、龚仲幸	2017
25	浙江省高校微课教学比赛	高职组二等奖	陈晓	2018
26	浙江省高校微课教学比赛	高职组二等奖	张虹	2018
27	浙江省高校微课教学比赛	高职组三等奖	朱军	2018
28	浙江省高校微课教学比赛	高职组三等奖	魏国芳	2018
29	浙江省高校微课教学比赛	高职组三等奖	孙菲	2018
30	浙江省高校微课教学比赛	外语组三等奖	叶宇	2018
31	浙江省高校微课教学比赛	外语组三等奖	詹丹辉	2018
32	浙江省高职院校教学能力比赛	课堂教学赛项一等奖	何艺、干雅平、何连军	2018
33	浙江省高职院校教学能力比赛	教学设计赛项二等奖	宣乐飞、吴培飞、富众杰	2018
34	浙江省高职院校教学能力比赛	教学设计赛项三等奖	王红	2018
35	浙江省高职院校教学能力比赛	教学设计赛项三等奖	张明丽	2018

编号	项目名称	奖项／名称	获奖人员	年份
36	浙江省高职院校教学能力比赛	课堂教学赛项三等奖	刘富海、王正伟、翁海明	2018
37	浙江省高职院校教学能力比赛	课堂教学赛项三等奖	张永昭、刘松晖	2018
38	浙江省高职院校教学能力比赛	二等奖	王慧、陈诺、杨龙女、陈玉发	2019
39	浙江省高职院校教学能力比赛	三等奖	龚仲幸、荣先林、邹春晶	2019
40	浙江省高职院校教学能力比赛	三等奖	郑秋云、毛琦峥、刘佳真、陆鲸	2019
41	浙江省高职院校教学能力比赛	三等奖	吴敏、刘英、何达	2019
42	浙江省高校青年教师教学竞赛	工科组二等奖	吴敏	2019
43	浙江省高职院校教学能力比赛	二等奖	王慧、陈诺、杨龙女、陈玉发	2020
44	浙江省高职院校教学能力比赛	二等奖	刘冬梅、龙艳、张羽林、张鹏飞	2020
45	浙江省高职院校教学能力比赛	二等奖	王正伟、翁海明、贾中楠、黎峰	2020
46	浙江省高职院校教学能力比赛	三等奖	张伟国、杨强、张华	2020
47	浙江省高职院校教学能力比赛	三等奖	刘英、吴敏、何艺	2020
48	浙江省高职院校教学能力比赛	三等奖	郑秋云、朱尧平、陆鲸、陆燕萍	2020
49	浙江省高职院校教学能力比赛	一等奖	史蓉、杨云、周梦圆、楼韵佳	2021
50	浙江省高职院校教学能力比赛	一等奖	金新锋、王洁、潘国庆、缪小锋	2021

续表

编号	项目名称	奖项／名称	获奖人员	年份
51	浙江省高职院校教学能力比赛	一等奖	龚仲幸、沈佳、黄璐滢、郑慧俊	2021
52	浙江省高职院校教学能力比赛	二等奖	蒋立先、干雅平、何艺、朱振亚	2021
53	浙江省高职院校教学能力比赛	二等奖	刘桠楠、卢华山、朱琪、曹爱娟	2021
54	浙江省高职院校教学能力比赛	三等奖	葛海江、贾宁、彭斐、林海平	2021
55	浙江省高职院校教学能力比赛	三等奖	林辉、吕琳、闫亚林、余旭康	2021
56	浙江省高校青年教师教学竞赛	文科组一等奖	范昕俏	2021
57	浙江省高校青年教师教学竞赛	工科组二等奖	丁媛媛	2021

附录 2-5：杭州职业技术学院学生国家级及省部级（一等奖）以上获奖情况汇总表

编号	大赛名称	获奖等级	参赛学生	级别	年份
1	全国石油和化工院校化学检验工（高职高专组）	3 项全能一等奖	杨华萍、刘高斌	国家级	2008
2	全国石油和化工院校化学检验工（高职高专组	3 项全能三等奖	郑美丽	国家级	2008
3	全国石油化工职业院校化工总控工（高职组）	专业知识一等奖	周林刚	国家级	2008
4	全国石油化工职业院校化工总控工（高职组）	个人全能二等奖	吴芳云、周林刚、曹锦	国家级	2008
5	首届全国高校秘书职业技能大赛	一等奖	吕琳	国家级	2008
6	全国高职高专艺术设计专业优秀毕业设计作品展	服装服饰类银奖	夏志品、林双	国家级	2008
7	全国高职高专艺术设计专业优秀毕业设计作品展	服装服饰类铜奖	张晓萍、齐娜咪	国家级	2008
8	全国职业院校技能大赛（高职组）"英特尔"杯芯片级检测维修与信息服务赛项技能比赛	一等奖	王凯鹏、金烨栋	国家级	2011
9	全国职业院校技能大赛（高职组）信息安全技术应用技能比赛	二等奖	洪金剑、傅周耀、张梦梦	国家级	2011
10	国际 2011 年红点奖	红点奖	叶皓宇	国家级	2011
11	2012 年全国职业院校技能大赛"高职组农产品质量安全检测"比赛	一等奖	李苗苗	国家级	2012

续表

编号	大赛名称	获奖等级	参赛学生	级别	年份
12	2012 年全国职业院校技能大赛高职组"达利丝绸杯"服装设计赛项（集体）比赛	团体一等奖	王小清、杜小静	国家级	2012
13	2012 年全国职业院校技能大赛高职组"渤化杯"工业分析检验赛	团体二等奖	丁超凡、王哗	国家级	2012
14	2012 年全国职业院校技能大赛高职组"神州数码杯"信息安全管理与评估比赛	团体一等奖	傅周耀、林霞、蔡永健	国家级	2012
15	2012 年全国职业院校技能大赛高职组"思科·企想杯"计算机网络应用比赛	团体三等奖	林炜炜、潘剑峰、孟祥永	国家级	2012
16	2013 年全国职业院校技能大赛高职组"达利·联发杯"服装设计与工艺比赛	团体一等奖	吴文韬、潘红亚	国家级	2013
17	2013 年全国职业院校技能大赛高职组"达利·联发杯"服装设计与工艺比赛	个人一等奖	金燕	国家级	2013
18	2013 年全国职业院校技能大赛高职组"达利·联发杯"服装设计与工艺比赛	个人一等奖	鄢凌丽	国家级	2013
19	2013 年全国职业院校技能大赛"农产品质量安全检测（茶叶中重金属含量检测）"比赛	个人二等奖	郑莹莹	国家级	2013
20	全国职业院校技能大赛高职组"神州数码杯"信息安全技术应用比赛	团体二等奖	周允权、李凯庭、王巧玲	国家级	2013
21	全国职业院校技能大赛高职组"华三·企想杯"计算机网络应用比赛	团体二等奖	邱杰、陈正新、宋知武	国家级	2013

编号	大赛名称	获奖等级	参赛学生	级别	年份
22	2014 年全国职业院校技能大赛"水环境监测与治理技术"比赛	团体二等奖	蒋校栋、姚斌	国家级	2014
23	2014 年"挑战杯"全国高职学校创新创效创业大赛	一等奖	洪佳磊、薛越、邱殿武、杨瑞活、吴寅峰、杨鹤、南良赞	国家级	2014
24	杭州向扬科技有限公司荣获 2014 年"挑战杯·彩虹人生"全国职业学校创新创效创业大赛	一等奖	董雪瑞、陈建龙、陈丹丹、俞希煊、许佳阳、沈阳、宋涛、张婷莹、徐雨蕾、潘松盛	国家级	2014
25	基于物联网的现代农业产业链技术服务与经营荣获 2014 年"创青春"全国大学生创业大赛——移动互联网创业专项赛	铜奖	陈丹丹、陈建龙、俞希煊、董雪瑞、沈阳、边天煜	国家级	2014
26	2015 年全国职业院校技能大赛高职组"达利丝绸杯"服装设计与工艺赛项（服装设计项目）	一等奖	陈亚琴	国家级	2015
27	2015 年全国职业院校技能大赛高职组"达利丝绸杯"服装设计与工艺赛项（服装设计项目）	一等奖	朱翡	国家级	2015
28	2015 年全国职业院校技能大赛高职组"达利丝绸杯"服装设计与工艺赛项（服装制板与工艺）	一等奖	陶水萍	国家级	2015
29	2015 年全国职业院校技能大赛高职组"达利丝绸杯"服装设计与工艺赛项（服装制板与工艺）	一等奖	徐凯丽	国家级	2015

续表

编号	大赛名称	获奖等级	参赛学生	级别	年份
30	2015 年全国职业院校技能大赛化工生产技术赛项（高职组）比赛	一等奖	闵燕飞、沈涛、王闯洪	国家级	2015
31	2015 年全国职业院校技能大赛大气环境监测与治理技术赛项（高职组）比赛	三等奖	王金、陈泽涛	国家级	2015
32	第六届全国高职高专英语写作大赛决赛公共英语组	二等奖	章星星	国家级	2015
33	第六届全国高职高专英语写作大赛决赛公共英语组	三等奖	严晟辰	国家级	2015
34	2016 年全国职业院校技能大赛高职组服装设计与工艺赛项（服装设计项目）	一等奖	李瑞凤	国家级	2016
35	2016 年全国职业院校技能大赛高职组服装设计与工艺赛项（服装制板与工艺）	一等奖	张霞	国家级	2016
36	2016 年全国职业院校技能大赛高职组服装设计与工艺赛项（服装设计项目）	二等奖	骆彬	国家级	2016
37	2016 年全国职业院校技能大赛高职组服装设计与工艺赛项（服装制板与工艺）	三等奖	余海程	国家级	2016
38	2016 年全国职业院校技能大赛高职组工业分析检验赛项	二等奖	纪晓婷、李纯雪	国家级	2016
39	2016 年全国职业院校技能大赛高职组化工生产技术赛项	三等奖	陈佳怡、俞王东、秦颖	国家级	2016
40	2017 年全国高职院校技能大赛"水环境监测与治理技术"赛项	一等奖	蔡克颖、胡国港	国家级	2017

编号	大赛名称	获奖等级	参赛学生	级别	年份
41	2017 年全国高职院校技能大赛"化工生产技术"赛项	三等奖	陈武杰、何春锋、贵成林	国家级	2017
42	2017 年全国高职院校技能大赛"信息安全管理与评估"赛项	三等奖	胡林康、孙畅、王斯诺	国家级	2017
43	2017 年全国高职院校技能大赛"服装设计与工艺"赛项	二等奖	应丹洁	国家级	2017
44	2017 年全国高职院校技能大赛"服装设计与工艺"赛项	二等奖	吴敏燕	国家级	2017
45	第十七届全国大学游泳锦标赛 100 米自由泳	第三名	吴江南	国家级	2017
46	2017—1018 年全国啦啦操联赛（上海闵行站）公开青年丁组双人街舞自选动作	第一名	戴超凡、朱页颖	国家级	2017
47	2017 年全国啦啦操联赛 集体混合技巧 4 级	第一名	陈尔植等	国家级	2017
48	2018 年全国高职院校技能大赛"大气环境监测与治理技术"竞赛	二等奖	王建翔、顾振锋	国家级	2018
49	2018 年全国高职院校技能大赛"化工生产技术"竞赛	三等奖	余修斌、吴舒悦、宋若鸿	国家级	2018
50	2018 年全国高职院校技能大赛"信息安全管理与评估"赛项	三等奖	王瑞峰、王佳晖、陆森波	国家级	2018
51	2018 年全国高职院校技能大赛"服装设计与工艺"赛项	一等奖	岳艳、王佳凤	国家级	2018
52	2018 年全国高职院校技能大赛"智能电梯装调与维护"赛项	三等奖	张定俊、吴浩伟	国家级	2018

续表

编号	大赛名称	获奖等级	参赛学生	级别	年份
53	2018年全国高职院校技能大赛"制造单元智能化改造与集成技术"竞赛	三等奖	唐秧波、胡斌、刘欢	国家级	2018
54	2018年中国大学生阳光体育游泳比赛女子100米自由泳	第一名	吴江南	国家级	2018
55	2018年中国大学生阳光体育游泳比赛女子200米个人混合泳	第一名	王静纯	国家级	2018
56	2018年中国大学生阳光体育游泳比赛女子4*100米混合泳接力	第一名	范宇晨等	国家级	2018
57	2018年中国大学生阳光体育游泳比赛女子4*100米自由泳接力	第一名	李颖儿等	国家级	2018
58	2018年中国大学生阳光体育游泳比赛女子4*50米自由泳接力	第二名	王静纯等	国家级	2018
59	2018年中国大学生阳光体育游泳比赛女子50米蝶泳	第一名	王静纯	国家级	2018
60	2018年中国大学生阳光体育游泳比赛女子50米自由泳	第一名	吴江南	国家级	2018
61	2018年中国大学生阳光体育游泳比赛女子团体总分	第一名	吴江南等	国家级	2018
62	2017—2018年全国啦啦操联赛（杭州·浙江大学站）公开青年丁组双人街舞自选动作	第三名	叶霜、戴超凡	国家级	2018
63	2018年全国啦啦操联赛 混合五人技巧	第二名	邓若云等	国家级	2018

编号	大赛名称	获奖等级	参赛学生	级别	年份
64	2018 年全国啦啦操联赛 混合五人技巧	第一名	江民杰等	国家级	2018
65	2018 年全国啦啦操联赛 集体混合技巧五级	第一名	陈尔植等	国家级	2018
66	2019 年全国职业院校技能大赛"高职组水环境监测与治理技术"竞赛	二等奖	夏豪、张小余	国家级	2019
67	2019 年全国职业院校技能大赛"高职组化工生产技术"竞赛	二等奖	凌思豪、郑浩、张华	国家级	2019
68	2019 年全国职业院校技能大赛"高职组智能电梯装调与维护"竞赛	二等奖	许铭康、严乐乐	国家级	2019
69	2019 年全国职业院校技能大赛"高职组艺术插花"竞赛	三等奖	过梦琦	国家级	2019
70	2019 年全国高职院校技能大赛"信息安全管理与评估"竞赛	三等奖	王瑞峰、陆淼波、王佳晖	国家级	2019
71	2019 年全国职业院校技能大赛"高职组服装设计与工艺"竞赛	二等奖	周娴、向滢滢	国家级	2019
72	2019 年第十五届"振兴杯"全国青年职业技能大赛（学生组计算机程序设计员）	一等奖	陈龙	国家级	2019
73	2019 年第十五届"振兴杯"全国青年职业技能大赛（学生组计算机程序设计员）	一等奖	戴盛	国家级	2019
74	2019 年第十五届"振兴杯"全国青年职业技能大赛（学生组计算机程序设计员）	一等奖	王伟豪	国家级	2019

续表

编号	大赛名称	获奖等级	参赛学生	级别	年份
75	2019年第十五届"振兴杯"全国青年职业技能大赛（学生组电工）	一等奖	林秀维	国家级	2019
76	2019年第十五届"振兴杯"全国青年职业技能大赛（学生组电工）	一等奖	薛城	国家级	2019
77	2019年第十五届"振兴杯"全国青年职业技能大赛（学生组钳工）	一等奖	刘明杰	国家级	2019
78	2019年第十五届"振兴杯"全国青年职业技能大赛（学生组钳工）	二等奖	吴涛	国家级	2019
79	2019年中国大学生阳光体育游泳比赛男子200米自由泳	第三名	傅征浩	国家级	2019
80	2019年中国大学生阳光体育游泳比赛女子100米自由泳	第二名	吴江南	国家级	2019
81	2019年中国大学生阳光体育游泳比赛女子4*100米混合泳接力	第二名	吴江南、王静纯、尤佳恋、王蜜	国家级	2019
82	2019年中国大学生阳光体育游泳比赛女子4*100米自由泳接力	第一名	吴江南、王静纯、尤佳恋、王蜜	国家级	2019
83	2019年中国大学生阳光体育游泳比赛女子4*50米自由泳接力	第一名	吴江南、王静纯、尤佳恋、王蜜	国家级	2019
84	2019年中国大学生阳光体育游泳比赛女子50米蝶泳	第一名	王静纯	国家级	2019
85	2019年中国大学生阳光体育游泳比赛女子50米仰泳	第一名	王静纯	国家级	2019

编号	大赛名称	获奖等级	参赛学生	级别	年份
86	2019年中国大学生阳光体育游泳比赛女子50米自由泳	第一名	吴江南	国家级	2019
87	2019年中国大学生阳光体育游泳比赛女子团体总分	第一名	吴江南、王静纯、尤佳恋、王蜜	国家级	2019
88	2019年中国大学生阳光体育游泳比赛团体总分	第三名	吴江南、王静纯、尤佳恋、王蜜、傅征浩	国家级	2019
89	2018年全国啦啦操联赛 集体混合技巧	第一名	易鑫、陈勇、杨炀、陈龙、侯越、陈力、王冕、黄熠、程杨媚	国家级	2019
90	2018年全国啦啦操联赛 总决赛双人花球	第一名	余鹭婷、张郭庭南、陈尔植	国家级	2019
91	2018年全国啦啦操联赛总决赛 混合五人技巧	第一名	余鹭婷、张郭庭南、陈尔植、江民杰、俞益淼、易鑫	国家级	2019
92	2018年全国啦啦操联赛总决赛双人街舞	第二名	李嘉琪、俞益淼	国家级	2019
93	2018全国啦啦操联赛 公开青年丁组混合双人技巧	第一名	江民杰、颜巧苹	国家级	2019
94	2018全国啦啦操联赛 公开青年丁组混合五人技巧	第一名	易鑫、陈尔植、周文杰、余鹭婷、张郭庭南	国家级	2019
95	2018全国啦啦操联赛 公开青年丁组双人街舞	第二名	李嘉琪、李惠娟	国家级	2019
96	2018全国啦啦操联赛 公开青年丁组双人爵士	第二名	李嘉琪、李惠娟	国家级	2019
97	2020年全国职业院校技能大赛"高职组水处理技术"竞赛	二等奖	杨钒	国家级	2020

续表

编号	大赛名称	获奖等级	参赛学生	级别	年份
98	2020年全国职业院校技能大赛"高职组花艺"竞赛	二等奖	牛旭帅	国家级	2020
99	2020年全国行业职业技能竞赛第十六届"振兴杯"全国青年职业技能大赛学生组"模具工（冲压）"竞赛	一等奖	胡友阳	国家级	2020
100	2020年全国行业职业技能竞赛第十六届"振兴杯"全国青年职业技能大赛学生组"计算机网络管理员"竞赛	一等奖	戴新军	国家级	2020
101	2020年全国行业职业技能竞赛第十六届"振兴杯"全国青年职业技能大赛学生组"计算机网络管理员"竞赛	三等奖	洪邦科	国家级	2020
102	2020年全国行业职业技能竞赛第十六届"振兴杯"全国青年职业技能大赛学生组"计算机网络管理员"竞赛	三等奖	范俊涛	国家级	2020
103	第九届全国大学生机械创新设计大赛	一等奖	王吕杰、郭浩东、余王君、钱灵熠	国家级	2020
104	2021年全国职业院校技能大赛"服装设计与工艺"赛项	一等奖	朱敏敏、沈亚丽	国家级	2021
105	2021年全国职业院校技能大赛高职组"智能电梯装调与维护"赛项	二等奖	陈言、曹益平	国家级	2021
106	2021年全国职业院校技能大赛"花艺"赛项	三等奖	牛旭帅	国家级	2021
107	2021年全国职业院校技能大赛"信息安全管理与评估"赛项	三等奖	刘顺宇、蒋永波、杨武义	国家级	2021

编号	大赛名称	获奖等级	参赛学生	级别	年份
108	2008年浙江省高等学校学生职业技能大赛技术文件化学检验工竞赛	一等奖	郑智彪	省部级	2008
109	2008年浙江省高等学校学生职业技能大赛室内装饰设计	一等奖	吴圣雷	省部级	2008
110	2008年浙江省高等学校学生职业技能大赛室内装饰设计	一等奖	徐倩倩	省部级	2008
111	2008年浙江省大学生科技竞赛电子设计	一等奖	唐坚强、陈鹤中、姚建慧	省部级	2008
112	全国数控大赛浙江省选拔赛（中职组数控铣工）	一等奖	虞伟峰	省部级	2008
113	第八届浙江省多媒体设计大赛	一等奖（平面组）	刘丽燕	省部级	2009
114	第八届浙江省多媒体设计大赛	一等奖（动画组）	董玉林、刘丽燕、郑敏	省部级	2009
115	省第九届大学生多媒体作品设计竞赛	一等奖（高职组平面）	何键龙、何元、李丹	省部级	2010
116	浙江省游泳锦标赛个人100M	第一名	王竹	省部级	2010
117	（省大学生职业技能大赛暨全国职业院校技能大赛）选拔赛"神州数码网络杯"信息安全技术应用项目技能大赛	一等奖	洪金剑、傅周耀、张梦梦	省部级	2011
118	浙江省第十届大学生多媒体作品设计竞赛	一等奖（高职组平面）	陈小婷、戴雯璐、沈慧娟	省部级	2011
119	2011年全国大学生电子设计竞赛浙江赛区（TI杯）	一等奖	陈亦伦、金烨栋、吴鑫范	省部级	2011

续表

编号	大赛名称	获奖等级	参赛学生	级别	年份
120	2011年"康大杯"浙江省第三届大学生工业设计竞赛	一等奖	朱海月、王雅静、叶皓宇	省部级	2011
121	第三届浙江省高职高专"挑战杯"创新创业竞赛	一等奖	蔡海燕、朱君冶、吕江龙、章桂飞、夏波、林棣文、沈佳娜、林同乐、孙燕、叶仁西	省部级	2011
122	第三届浙江省高职高专"挑战杯"创新创业竞赛	特等奖	陈豪、章斌、朱霞颖、周洁琳、郑静	省部级	2011
123	第三届浙江省高职高专"挑战杯"创新创业竞赛	一等奖	蒋芳芳、叶德、谢永生、吴初乔	省部级	2011
124	第三届浙江省高职高专"挑战杯"创新创业竞赛	特等奖	王佳、谢伊君、庞乐言、张文俊、张霞	省部级	2011
125	第三届浙江省高职高专"挑战杯"创新创业竞赛	特等奖，最佳表现奖	章斌、陈豪、郑静、徐燕丽、杨马兴腾、朱弘、周洁琳、林棣文、朱霞颖	省部级	2011
126	浙江省第三届高职高专院校挑战杯创新创业竞赛	一等奖	张海波、魏松木、庞子健	省部级	2011
127	浙江省第三届高职高专院校挑战杯创新创业竞赛	一等奖	张海波、魏松木、庞子健	省部级	2011
128	浙江省第三届高职高专院校"挑战杯"创新创业竞赛	一等奖	斯列铖、黄伟浩、黄士鹏	省部级	2011
129	浙江省第三届高职高专院校"挑战杯"创新创业竞赛	一等奖	斯列铖、黄伟浩、黄士鹏	省部级	2011
130	2012年浙江省高职高专院校技能大赛"兴合杯"农产品质量安全检测技能竞赛	一等奖	李苗苗	省部级	2012
131	2012年浙江省高职高专院校技能大赛"计算机网络应用"技能竞赛	一等奖	林炜炜、潘剑峰、孟祥永	省部级	2012

编号	大赛名称	获奖等级	参赛学生	级别	年份
132	2012 年浙江省高职高专院校技能大赛暨全国职业院校技能大赛选拔赛"信息安全管理与评估"竞赛	一等奖	傅周耀、林霞、蔡永健	省部级	2012
133	2012 年浙江省高职高专院校技能大赛暨全国职业院校技能大赛选拔赛"数控机床调试、维修与升级改造"项目竞赛	一等奖	张海波、沈涛、宣少杰	省部级	2012
134	2012 年浙江省高职高专院校技能大赛暨全国职业院校技能大赛选拔赛"会计技能"竞赛	一等奖	张婷婷	省部级	2012
135	2012 年浙江省高职高专院校技能大赛暨全国职业院校技能大赛选拔赛"服装设计"竞赛	一等奖	杜小静、王小清	省部级	2012
136	2013 浙江省高职高专院校服装制作与工艺技术大赛	个人一等奖	鄢凌丽	省部级	2013
137	2013 浙江省高职高专院校服装设计技术大赛	团体一等奖	吴文韬、潘红亚	省部级	2013
138	2013 年浙江省高职高专院校技能大赛"兴合杯"农产品质量安全检测技能竞赛——茶叶中重金属含量检测赛项	个人一等奖	郑莹莹	省部级	2013
139	2013 年浙江省大学生投资理财技能大赛	一等奖	方娜	省部级	2013
140	浙江省第十一届大学生多媒体作品设计竞赛	个人平面类一等奖	倪萍萍、盛炜、俞杉杉	省部级	2013
141	浙江省第四届大学生工业设计大赛	个人一等奖	朱奇芬、龚飞艳、李莹	省部级	2013

续表

编号	大赛名称	获奖等级	参赛学生	级别	年份
142	浙江省第十一届大学生多媒体作品设计竞赛网站类	团体一等奖	沈军、陈家骥、朱三章	省部级	2013
143	浙江省第四届高职高专院校"挑战杯"创新创业竞赛	特等奖、最佳创意奖	洪佳磊、薛越	省部级	2013
144	浙江省第四届高职高专院校"挑战杯"工商银行创新创业竞赛	特等奖	董雪瑞、朱智能、许佳阳、陈建龙、兰秋丽、章斌、张若和、方美佳、沈明杰、吴娟	省部级	2013
145	2014年浙江省高职高专院校技能大赛暨全国大赛选拔赛"计算机网络应用"竞赛	团体一等奖	张仁杨、季胜强、许志林	省部级	2014
146	2014年浙江省高职高专院校技能大赛"信息安全技术应用"赛项	团体一等奖	胡佳君、刘恒初、丁水涯	省部级	2014
147	2014年浙江省高职高专院校技能大赛"服装设计"赛项	个人一等奖	朱翡	省部级	2014
148	浙商证券杯——浙江省大学生投资理财技能大赛	一等奖	黎亚梅	省部级	2014
149	浙江省第十二届大学生多媒体作品设计竞赛	个人标志类一等奖	陈德钻、钱玲、李顺欣	省部级	2014
150	浙江省第十二届大学生多媒体作品设计竞赛	个人平面类一等奖	范春霞、徐佳雨、叶维豪	省部级	2014
151	浙江省第五届大学生工业设计大赛	个人一等奖	严淑淑、张陈琳、黄卿卿	省部级	2014
152	浙江省第十一届大学生程序设计竞赛	一等奖	孙正兆、庞科慧、周甲闯	省部级	2014
153	浙江省第十一届大学生程序设计竞赛	一等奖	戴小明、陈建龙、林志浩	省部级	2014

编号	大赛名称	获奖等级	参赛学生	级别	年份
154	2015年浙江省高职高专院校"服装设计与工艺"赛项暨全国职业院校技能大赛选拔赛（服装设计项目）	一等奖	朱翡	省部级	2015
155	2015年浙江省高职高专院校"服装设计与工艺"赛项暨全国职业院校技能大赛选拔赛（服装设计项目）	一等奖	陈亚琴	省部级	2015
156	2015年浙江省高职高专院校"服装设计与工艺"赛项暨全国职业院校技能大赛选拔赛（服装制板与工艺项目）	一等奖	徐凯丽	省部级	2015
157	2015年浙江省高职高专院校职业技能大赛"信息安全管理与评估"竞赛	一等奖	周金磊、陈中杰、魏炎斌	省部级	2015
158	2015年浙江省高职高专院校职业技能大赛"移动互联网应用软件开发"竞赛	等奖	朱超、傅博、戴益飞	省部级	2015
159	2015年浙江省高职高专院校技能大赛暨全国职业院校技能大赛选拔赛"市场营销技能"竞赛	一等奖	曹家防、倪鹏飞、徐云斌、周文超	省部级	2015
160	2015年浙江省高职高专院校"化工生产技术"技能大赛项暨全国职业院校技能大赛选拔赛	一等奖	闵燕飞、沈涛、王闯洪	省部级	2015
161	"中信杯"2015年浙江省大学生投资理财技能大赛股指期货模拟交易（个人）	特等奖	胡蔼予	省部级	2015
162	"中信杯"2015年浙江省大学生投资理财技能大赛股指期货模拟交易（个人）	一等奖	周晓燕	省部级	2015

续表

编号	大赛名称	获奖等级	参赛学生	级别	年份
163	"中信杯"2015年浙江省大学生投资理财技能大赛股指期货模拟交易（个人）	一等奖	吕宁	省部级	2015
164	第十三届浙江省大学生多媒体作品设计竞赛	一等奖	周远凡、姜敏杰、林志浩	省部级	2015
165	第十二届大学生程序设计竞赛	一等奖	林志浩、周远凡、周晨航	省部级	2015
166	第十二届大学生程序设计竞赛	一等奖	朱超、徐建武、薛圣旦	省部级	2015
167	浙江省第六届大学生工业设计竞赛	一等奖	王高雷、姜威	省部级	2015
168	2015浙江省第七届大学生工业设计竞赛	一等奖	黄敏	省部级	2015
169	浙江省第五届职业院校"挑战杯"创新创业竞赛	一等奖	留家盛、张威、励泽鹏、杨鸿彪、张航迪、岑凯凯	省部级	2015
170	浙江省第五届职业院校"挑战杯"创新创业竞赛	一等奖	刘绍勇、陈圣华、黄钦泽、丁宗株、张勇	省部级	2015
171	浙江省第十四届大学生运动会游泳比赛	第一名	万奕阳	省部级	2015
172	浙江省第十四届大学生运动会游泳比赛	第一名	徐英	省部级	2015
173	浙江省第六届高职高专英语写作大赛公共英语组	特等奖	严晟辰	省部级	2015
174	浙江省第六届高职高专英语写作大赛公共英语组	特等奖	章星星	省部级	2015
175	2016年浙江省高职高专院校技能大赛"服装设计与工艺"赛项（服装设计）	一等奖	李瑞凤	省部级	2016

编号	大赛名称	获奖等级	参赛学生	级别	年份
176	2016 年浙江省高职高专院校职业技能大赛"电子商务"赛项	一等奖	黄嘉敏、李杭、陈楚强 黄星	省部级	2016
177	2016 年浙江省高职高专院校校技能大赛"市场营销技能"赛项	一等奖	曹家防、倪鹏飞、徐云斌、周文超	省部级	2016
178	2016 年浙江省高职高专院校校技能大赛工业分析检验赛项	一等奖	纪晓婷、李纯雪	省部级	2016
179	2016 年浙江省第二届大学生证券投资竞赛	一等奖	赵丹	省部级	2016
180	2016 年浙江省第二届大学生证券投资竞赛	一等奖	鲁通	省部级	2016
181	2016 年浙江省第二届大学生证券投资竞赛	一等奖	庄鑫琪	省部级	2016
182	2016 年浙江省第二届大学生证券投资竞赛	一等奖	林斌	省部级	2016
183	2016 浙江省第八届大学生工业设计竞赛	一等奖	王俊蓉、郏文来、余波	省部级	2016
184	2016 年浙江省第三届大学生工程训练综合能力竞赛	一等奖	陈钢、章将锐、周振辉	省部级	2016
185	2016 年浙江省第三届大学生工程训练综合能力竞赛	一等奖	张定俊、胡昊、盛苏飞	省部级	2016
186	2017 年浙江省高职院校技能大赛"服装设计与工艺"赛项	一等奖	应丹洁	省部级	2017
187	2017 年浙江省高职院校技能大赛"服装设计与工艺"赛项	一等奖	吴敏燕	省部级	2017
188	2017 年浙江省高职院校技能大赛"服装设计与工艺"赛项	一等奖	杨琴	省部级	2017

续表

编号	大赛名称	获奖等级	参赛学生	级别	年份
189	2017 年浙江省高职院校技能大赛"服装设计与工艺"赛项	一等奖	戴海燕	省部级	2017
190	2017 年浙江省高职院校技能大赛"信息安全管理与评估"赛项	一等奖	胡林康、孙畅、王斯诺	省部级	2017
191	2017 年浙江省高职院校技能大赛"工业分析检验"赛项	一等奖	王春健、邓丽娜	省部级	2017
192	2017 年浙江省高职院校技能大赛"工业分析检验"赛项	一等奖	余日旭、许健	省部级	2017
193	2017 年浙江省高职院校技能大赛"工业分析检验"赛项	个人理论一等奖	余日旭	省部级	2017
194	2017 年浙江省高职院校技能大赛"工业分析检验"赛项	个人理论一等奖	王春健	省部级	2017
195	2017 年浙江省高职院校技能大赛"工业分析检验"赛项	个人理论一等奖	许健	省部级	2017
196	2017 年浙江省高职院校技能大赛"工业分析检验"赛项	个人理论一等奖	邓丽娜	省部级	2017
197	2017 年浙江省高职院校技能大赛"工业分析检验"赛项	个人实操一等奖	邓丽娜	省部级	2017
198	2017 年浙江省高职院校技能大赛"智能电梯装调与维护"赛项	一等奖	刘飞、侯海强	省部级	2017

编号	大赛名称	获奖等级	参赛学生	级别	年份
199	2017年浙江省高职院校技能大赛"农产品质量安全检测"竞赛	一等奖	李嘉琦	省部级	2017
200	2017浙江省"南江乐博杯"第二届大学生机器人竞赛	一等奖	余恩康、朱旭晟、邵坤	省部级	2017
201	2017浙江省"南江乐博杯"第二届大学生机器人竞赛	一等奖	周俊俊、刘岩劫、韩光正	省部级	2017
202	2017年浙江省第三届大学生证券投资竞赛	一等奖	盛雪敏、蒋晓东、连超	省部级	2017
203	2017年浙江省大学生游泳比赛女子200米蝶泳	第一名	吴羚芳	省部级	2017
204	2017年浙江省大学生游泳比赛女子200米蛙泳	第一名	姚珊娜	省部级	2017
205	2017年浙江省大学生游泳比赛女子团体总分	第一名	洪何婷、孙士乐、吴羚芳、邵玲玲、王温洋、姚珊娜、范宇晨	省部级	2017
206	2017年浙江省大学生羽毛球锦标赛混双	第一名	汪靖彦等	省部级	2017
207	2018年浙江省高职院校技能大赛"服装设计与工艺"赛项	一等奖	王佳凤、岳艳	省部级	2018
208	2018年浙江省高职院校技能大赛"服装设计与工艺"赛项	一等奖	欧涛、周娴	省部级	2018
209	2018年浙江省高职院校技能大赛"信息安全管理与评估"赛项	一等奖	王瑞峰、王佳晖、陆淼波	省部级	2018
210	2018年浙江省高职院校技能大赛"市场营销技能"赛项	一等奖	杨勇杰、王秋爽、胡蔚晨、吴咏泽	省部级	2018

续表

编号	大赛名称	获奖等级	参赛学生	级别	年份
211	2018年浙江省高职院校技能大赛"制造单元智能化改造与集成技术"竞赛	一等奖	唐秧波、胡斌、毛夏颖	省部级	2018
212	2018浙江省大学生投资理财技能大赛	一等奖	吴娟姿	省部级	2018
213	2018浙江省大学生投资理财技能大赛	一等奖	王海涛	省部级	2018
214	2018年浙江省第十届大学生工业设计竞赛	一等奖	王晓毫、褚狄辉、黄畅飞	省部级	2018
215	2018年浙江省第四届大学生证券投资竞赛	一等奖	方雅菲、陈烟青、汤凯	省部级	2018
216	2018年浙江省第四届大学生证券投资竞赛	一等奖	叶梦倩、李嘉怡、赵欣曼	省部级	2018
217	2018年"TI杯"浙江省第七届大学生电子设计竞赛	一等奖	徐旻旸、刘迦淇、徐立	省部级	2018
218	2018年第五届浙江省大学生工程训练综合能力竞赛	一等奖	孙继标、李时雨、郑凯鑫	省部级	2018
219	2018年浙江省大学生游泳锦标赛暨救生比赛50米自由泳	第一名	吴江南	省部级	2018
220	2018年浙江省大学生游泳锦标赛暨救生比赛女子100米自由泳	第一名	吴江南	省部级	2018
221	2018年浙江省大学生游泳锦标赛暨救生比赛女子100米自由泳障碍	第一名	王静纯	省部级	2018
222	2018年浙江省大学生游泳锦标赛暨救生比赛女子200米仰泳	第一名	陈小钰	省部级	2018
223	2018年浙江省大学生游泳锦标赛暨救生比赛女子4*50米混合泳接力	第一名	吴江南等	省部级	2018

编号	大赛名称	获奖等级	参赛学生	级别	年份
224	2018 年浙江省大学生游泳锦标赛暨救生比赛女子 50 米蝶泳	第一名	王静纯	省部级	2018
225	2018 年浙江省大学生游泳锦标赛暨救生比赛女子 50 仰泳	第一名	王静纯	省部级	2018
226	2018 年浙江省大学生游泳锦标赛暨救生比赛女子团体总分	第一名	吴江南等	省部级	2018
227	2019 年浙江省高职院校技能大赛"信息安全管理与评估"赛项	一等奖	王瑞峰、陆森波、王佳晖	省部级	2019
228	2019 年浙江省高职院校技能大赛"电商短视频制作"竞赛	一等奖	舒逸祺、马浩辰、徐仪儒	省部级	2019
229	2019 年浙江省高职院校技能大赛"电商短视频制作"竞赛	一等奖	俞文阳、连伊雯、谢姣	省部级	2019
230	2019 年浙江省高职院校技能大赛"艺术插花"赛项	一等奖	过梦琦	省部级	2019
231	2019 年浙江省青年职业技能竞赛（学生组比赛计算机程序设计员）	一等奖	陈龙	省部级	2019
232	2019 年浙江省青年职业技能竞赛（学生组比赛计算机程序设计员）	一等奖	王伟豪	省部级	2019
233	2019 年浙江省青年职业技能竞赛（学生组比赛计算机程序设计员）	一等奖	戴盛	省部级	2019
234	2019 年浙江省青年职业技能竞赛（学生组比赛计算机程序设计员）	一等奖	梁利军	省部级	2019

续表

编号	大赛名称	获奖等级	参赛学生	级别	年份
235	2019年浙江省青年职业技能竞赛（学生组比赛维修电工）	一等奖	薛城	省部级	2019
236	2019年浙江省青年职业技能竞赛（学生组比赛维修电工）	一等奖	林秀维	省部级	2019
237	2019年浙江省青年职业技能竞赛（学生组比赛维修电工）	一等奖	金梁杰	省部级	2019
238	2019年浙江省青年职业技能竞赛（学生组比赛工具钳工）	一等奖	刘明杰	省部级	2019
239	2019年浙江省青年职业技能竞赛（学生组比赛工具钳工）	一等奖	吴涛	省部级	2019
240	2019浙江省第四届大学生机器人竞赛	一等奖	焦波超、焦雨娟、周洁勇	省部级	2019
241	2019年浙江省第十六届"正源杯"大学生机械设计竞赛	一等奖	宋杰、张许、陆一凡、祝俊凯、王云琦	省部级	2019
242	2019年浙江省第十八届大学生多媒体作品设计竞赛	一等奖	陈浩杰、陈文杰、江瑶	省部级	2019
243	2019年浙江省第十八届大学生多媒体作品设计竞赛	一等奖	崔文婷、陈扬威、孙之娜	省部级	2019
244	2019年"TI杯"全国大学生电子设计竞赛浙江赛区	一等奖	郑士建、田泽奇、纪海琛	省部级	2019
245	2019年浙江省第五届大学生证券投资竞赛	一等奖	杨敏、独倩玉、徐鹏	省部级	2019
246	2019年"德邦证券同花顺杯"浙江省大学生投资理财技能大赛股票赛项	一等奖	毛启凯	省部级	2019

编号	大赛名称	获奖等级	参赛学生	级别	年份
247	2019年"德邦证券同花顺杯"浙江省大学生投资理财技能大赛股指期货赛项	一等奖	苗莎莎	省部级	2019
248	2019年"德邦证券同花顺杯"浙江省大学生投资理财技能大赛股指期货赛项	一等奖	钱辉	省部级	2019
249	2019年"德邦证券同花顺杯"浙江省大学生投资理财技能大赛股指期货赛项	一等奖	李佳燕	省部级	2019
250	2019年"德邦证券同花顺杯"浙江省大学生投资理财技能大赛投资团队赛	一等奖	张勤楼俭、吴晟伟、常亚波	省部级	2019
251	2019年浙江省第十六届"挑战杯"大学生课外学术科技作品竞赛	一等奖	王佳炎、杨帆、王思佳、叶灵杰	省部级	2019
252	第十五届大学生运动会游泳比赛女子乙组100米自由泳	第一名	吴江南	省部级	2019
253	第十五届大学生运动会游泳比赛女子乙组4*100米自由泳	第一名	吴江南、王静纯、王密、尤佳恋	省部级	2019
254	第十五届大学生运动会游泳比赛女子乙组4*50米混合泳	第一名	王静纯、吴江南、李颖儿、王密	省部级	2019
255	第十五届大学生运动会游泳比赛女子乙组50米自由泳	第一名	吴江南	省部级	2019
256	第十五届大学生运动会游泳比赛女子乙组团体总分	第一名	吴江南、王静纯、王蜜、尤佳恋、刘近遥、李颖儿	省部级	2019
257	浙江省第15届大学生运动会游泳比赛男子乙组200米自由泳	第一名	傅征昊	省部级	2019

续表

编号	大赛名称	获奖等级	参赛学生	级别	年份
258	浙江省第十五届大学生运动会阳光项目 30 秒单摇跳	一等奖	张宇轩	省部级	2019
259	浙江省第十五届大学生运动会游泳比赛（女子乙组）100 米仰泳	第一名	王静纯	省部级	2019
260	浙江省第十五届大学生运动会游泳比赛（女子乙组）50 米仰泳	第一名	王静纯	省部级	2019
261	2019 年浙江省大学生乒乓球锦标赛女子双打	第一名	姚佳盛、裘玉洁	省部级	2019
262	2020 年浙江省青年职业技能大赛学生组"计算机网络管理员"竞赛	一等奖	洪邦科	省部级	2020
263	2020 年浙江省青年职业技能大赛学生组"计算机网络管理员"竞赛	一等奖	戴新军	省部级	2020
264	2020 年浙江省青年职业技能大赛学生组"计算机网络管理员"竞赛	一等奖	范俊涛	省部级	2020
265	2020 年浙江省青年职业技能大赛学生组"模具工（冲压）"竞赛	一等奖	胡友阳	省部级	2020
266	2020 年第六届浙江省大学生证券投资竞赛	一等奖	王莹莹、葛革、吴娟姿	省部级	2020
267	浙江省第十七届大学生机械设计竞赛暨第九届全国大学生机械创新设计大赛选拔赛	一等奖	于振坤、严乐乐、张习舟、李云海、陈言	省部级	2020
268	浙江省第八届大学生中华经典诵读竞赛	一等奖	欧阳方于	省部级	2020
269	浙江省第四届"瑞美杯"大学生服装服饰创意设计大赛	一等奖	赵璐	省部级	2020

编号	大赛名称	获奖等级	参赛学生	级别	年份
270	浙江省第四届"瑞美杯"大学生服装服饰创意设计大赛	一等奖	吴宇聪、朱珊珊	省部级	2020
271	浙江省第十七届大学生机械设计竞赛	一等奖	于振坤、严乐乐等	省部级	2020
272	浙江省第十九届大学生多媒体作品设计竞赛	一等奖	项嘉颖、谢曦、吴交妮、卢沁云	省部级	2020
273	浙江省第十二届"挑战杯·宁波江北"——大学生创业计划竞赛	一等奖	潘瑶瑶、周依婷、郑海霞、赵佳狄、乔慧敏、王一帆、江元银	省部级	2020
274	浙江省第十二届"挑战杯·宁波江北"——大学生创业计划竞赛	一等奖	王一帆、周依婷、潘瑶瑶、赵佳狄、郑海霞、江元银、乔慧敏	省部级	2020
275	2021年浙江省职业院校技能大赛高职组"服装设计与工艺"赛项	一等奖	沈亚丽、朱敏敏	省部级	2021
276	2021年浙江省职业院校技能大赛高职组"智能电梯装调与维护"赛项	一等奖	曹益平、陈言	省部级	2021
277	2021年浙江省职业院校技能大赛高职组"花艺"赛项	一等奖	牛旭帅	省部级	2021
278	2021年浙江省职业院校技能大赛高职组"会计技能"赛项	一等奖	闫佳鑫、祝子怡、陈学博、徐蕾	省部级	2021
279	2021年浙江省职业院校技能大赛高职组"信息安全管理与评估"赛项	一等奖	刘顺宇、蒋永波、杨武义	省部级	2021
280	2021年浙江省职业院校技能大赛高职组"信息安全管理与评估"赛项	一等奖	章淇淋、吕雨涛、吕嘉隆	省部级	2021

续表

编号	大赛名称	获奖等级	参赛学生	级别	年份
281	2021年浙江省第二十届大学生多媒体作品设计竞赛	一等奖	顾芯楠、童丹妮、张晓玉	省部级	2021

附录 3-1：杭州职业技术学院 2008 年以来省部级以上科研项目情况汇总表

序号	立项时间	项目名称	主持人	项目编号	项目来源
1	2004-6-28	基于资源观的制造业集群竞争力的研究	郑健壮	04Z44	浙江省社科联科研课题
2	2006 年	基于资源节约的浙江产业集群可持续发展的战略研究	郑健壮	Y606705	浙江省自然科学基金
3	2006 年	海宁查氏家族文化研究	洪永铿	06CGLS03YB	浙江省社科规划课题
4	2006 年	人类有声语言的最早形态及发展研究	廖志林	06CGYY25YBM	浙江省社科规划课题
5	2006 年	基于资源观的产业集群政策研究	郑健壮	06CGYJ09YB	浙江省社科规划课题
6	2007 年	依托实训基地的工业设计专业岗位群高技能人才的培养模式	王丽霞		浙江省科技厅技能人才培养和技术创新活动资助项目
7	2007 年	热解析－色谱分析检测流动微环境中痕量污染物BTEX	姚韶英	2007F0072	浙江省科技厅分析测试项目
8	2007 年	查慎行家族的家学家风研究	洪永铿	07CGWH010YB	浙江省社科规划课题
9	2007 年	网络语言的音译倾向与汉字的表音化趋势研究	廖志林	07CGZY007YBM	浙江省社科规划课题

续表

序号	立项时间	项目名称	主持人	项目编号	项目来源
10	2007年	知识集成在学校管理中的应用研究	徐建华	07CGJY017YB	浙江省社科规划课题
11	2007年	元末明初吴、越诗派比较研究	贾文胜	07CGZW019YBM	浙江省社科规划课题
12	2008-6-8	依托杭州市服装技术创新服务中心探索人才培养模式	许淑燕	2008R30029	浙江省科技厅高技能人才培养和技术创新活动资助项目
13	2008-8-21	高职院校职业发展与就业指导服务体系的制度创新研究	卢京昌	08CGYD018YB	浙江省社科规划课题
14	2008-8-21	义乌商人的实践性知识及对学校教育的启示研究	徐建华	08CGYD019YB	浙江省社科规划课题
15	2008-8-21	浙江历代状元研究	梁宁森	08WHZT025Z	浙江省社科规划课题
16	2008-8-21	提升浙江产业集群自主创新能力的研究	郑健壮	08CGYD031YB	浙江省社科规划课题
17	2008-8-29	大学生思想政治教育实效性的困境与对策研究	林茹	08MLZB021YB	浙江省社科规划课题
18	2009-8-14	校企深度融合、学研合一的现代农业高技能人才培养模式研究与实践	吕伟德	2009R30015	浙江省科技厅
19	2009-8-14	基于校企一体化的电气高技能人才培养模式的研究与实践	楼小春	2009R30005	浙江省科技厅人才培养基金资助项目
20	2009-8-27	后奥运时代浙江省体校的生存状态及其影响因素的调查研究	程利群	09CGSH008YBM	杭州市社科规划课题
21	2009-10-27	基于DSP的交流文车驱动控制系统研究	洪伟明	Y1090186	浙江省自然科学基金

续表

序号	立项时间	项目名称	主持人	项目编号	项目来源
22	2009-11-9	离子液体萃取－液相色谱用测定食品中痕量有机污染物	姚超英	2009F70009	浙江省科技厅
23	2009 年	校企一体化动力机制构建的理论与实践研究	叶鉴铭	CJA094014	全国教育科学规划课题
24	2009 年	在线中空纤维膜萃取－离子色谱联用技术的研究及其应用	姚超英	Y4090078	浙江省自然科学基金
25	2010-7-2	浙江高职教育校企合作创新研究	叶鉴铭	10CGJY19YBM	浙江省社科规划课题
26	2010-7-2	产业升级背景下高职教育服务区域经济的研究——以杭州为例	王晓华	10CGJY20YBM	浙江省社科规划课题
27	2010 年	基于无线传感器网络的多智能体自组织行为研究	楼晓春	Y1101351	浙江省自然科学基金
28	2010 年	基于ITIL的医院IT运维服务管理模型及应用技术研究	陈晓红	2010C33148	浙江省科技厅
29	2010 年	基于校企共同体的汽车制造类高技能人才培养模式的研究与实践	贾文胜	2010R30029	浙江省科技厅高技能人才培养与技术创新活动项目
30	2010 年	杭州职业技术学院服装设计专业校企办作培养"双师型"职教师资运行机制研究	许淑燕	CJA090116	国家社科基金子课题
31	2011-4-1	离子色谱－蒸发光散射\电喷雾检测双膦类药物技术研究	陈郁	Y2110945	浙江省自然科学基金
32	2011-4-1	以超临界CO2一步法合成DMC为途径的CO2资源化利用	徐明仙	Y5110158	浙江省自然科学基金

续表

序号	立项时间	项目名称	主持人	项目编号	项目来源
33	2011-5-1	基于校企共同体的模具高技能人才培养研究	杨安	2011R30043	浙江省科技厅
34	2011-5-1	对日软件外包高技能人才CD10工程能力培养实践与研究	陈云志	2011R30057	浙江省科技厅
35	2011-7-1	儿茶素与锌离子对高糖环境中视网膜的保护作用研究	张惠燕	2011C33029	浙江省科技厅
36	2011-7-1	阿仑膦酸钠的离子色谱－蒸发光散射\电喷雾分析测试方法研究	陈郁	2011C37065	浙江省科技厅
37	2011-7-1	基于经济转型期的中高职衔接及其发展创新研究——以杭州市为例	芦京昌	11JCJY16YB	浙江省社科规划课题
38	2011-7-1	浙江破解新生代农民工难题 加快发展方式途径研究	刘建筑	11YD06YBM	浙江省社科规划课题
39	2011-11-1	胡翰与浙东文学研究	贾文胜	11ZJQN013YB	浙江省社会科学规划课题"之江青年课题"
40	2012-5-17	面向动漫数字水印版权保护技术研究	周昕	LY12F02008	浙江省自然科学基金
41	2012-6-12	新一代物联网管控平台的研究与设计	吴飞敏	2012C21024	浙江省科技厅
42	2012-6-12	四旋翼巡防勘察飞行机器人关键技术的研究	楼晓春	2012C21082	浙江省科技厅
43	2012-6-12	基于无线传感器网络的太阳能热水工程监测与控制系统	陈岁生	2012C31014	浙江省科技厅
44	2012-6-12	有机溶剂纯度检测新方法的研究	姚超英	2012C37007	浙江省科技厅

续表

序号	立项时间	项目名称	主持人	项目编号	项目来源
45	2012-6-12	田间害虫分布式检测及远程诊断系统设计	郭小华	2012C22042	浙江省科技厅
46	2012-6-28	基于纺织服装产业转型升级的高技能人才培养研究	白志刚	12YD21YBM	杭州市社科规划课题
47	2012-8-1	高职专业建设与高技能人才需求匹配度实证研究：浙江案例	梁宁森	2012R30033	浙江省科技厅
48	2012-8-1	集群企业创业行为影响机制及其政策研究	叶峥	2012C35003	浙江省科技厅
49	2013-5-1	高职院校兼职教师激励机制实证研究	贾文胜	13YJA880031	教育部人文社会科学研究项目
50	2013-5-1	高效离子色谱法测定药用植物多糖类化合物的分析方法研究	吕伟德	Y13B020005	浙江省自然科学基金
51	2013-5-1	糖尿病视网膜病变中活性脂肪酸的检测及作用研究	张惠燕	Y13B020006	浙江省自然科学基金
52	2013-5-1	实时三维指纹采集系统	许沪敏	Y13F020028	浙江省自然科学基金
53	2013-5-1	LED前照灯模具优化及其强化延寿技术研究	郭伟刚	Q13E050004	浙江省自然科学基金
54	2013-7-1	西红花球茎蛋白多糖的提取与离子色谱检测方法研究	饶君凤	2013F83SA100022	浙江省科技厅
55	2013-7-1	校企共建开放共享型实训基地，培养创新型生物制药高技能人才的研究与实践	谢洋华	2013R30SA100004	浙江省科技厅

续表

序号	立项时间	项目名称	主持人	项目编号	项目来源
56	2014-5-1	基于物联网的芦笋害虫远程监测预警信息系统设计与开发	蒋国松	2014C32019	浙江省科技厅
57	2014-5-1	基于SFE-GC/MS、SFE-HPLC对环境内分泌干扰素烷基酚（NP、OP）分析方法研究	周小锋	2014C37046	浙江省科技厅
58	2014-5-1	肉与肉制品中新型兽药残留快速检测技术研究	支明玉	2014C37076	浙江省科技厅
59	2014-6-1	科技型小微企业自主创新的风险投资支持研究	杨娟	14NDJC04YBM	浙江省社科规划课题
60	2015-4-1	科研资助经费结算支付的网络化监管平台建设研究	骆国城	15NDJC262YBM	浙江省社科规划课题
61	2015-4-1	不完全劳务契约的剩余分配传导机理研究	赵洪山	15NDJC263YBM	浙江省社科规划课题
62	2015-5-1	胃部CT图像淋巴结检测系统（平台）研究与开发	姚瑶	2015C31167	浙江省科技厅
63	2015-5-1	名贵中药材西红花连作障碍修复关键技术研究与复合微生物制剂开发	饶君凤	2015C32104	浙江省科技厅
64	2015-5-1	基于物联网的客运车安全带制监管技术的研究与应用	陆叶强	2015C33241	浙江省科技厅
65	2015-5-1	顺序注射前处理系统－高效液相色谱用技术检测PM2.5中多环芳烃的研究	何艺	2015C37002	浙江省科技厅
66	2015-5-1	HPLC-ELSD与HPAEC同时测定多花黄精中活性多糖的研究	何连军	2015C37020	浙江省科技厅

续表

序号	立项时间	项目名称	主持人	项目编号	项目来源
67	2015-6-1	新媒介时代青年学生网络集群行为生成机制及其协同调控研究	叶莲	2015LX135	共青团中央
68	2015-7-1	高职院校公共实训基地建设模式与运行机制研究	梁宁森	15YJA880036	教育部人文社会科学研究项目
69	2015-9-1	"八八战略"对"红船精神"的传承与实践	安蓉泉	15LLXC02YB	浙江省社科规划课题
70	2015-12-1	基于物联网的铁皮石斛优质高产栽培解决方案	吕伟德	2015GA700052	国家星火计划
71	2015-12-1	西红花标准化培育关键技术示范与推广	饶君凤	2015GA700053	国家星火计划
72	2016-1-1	基于微信公众平台的混合式教学实践研究——以仪器分析测试技术课程学习为例	何连军	166233287	全国教育信息技术研究课题
73	2016-1-1	全图形示教系统的焊锡机器人关键技术研发	陈云志	2016C31SA100005	浙江省自然科学基金技术应用研究项目
74	2016-1-1	多传感器信息融合的铁皮石斛害虫监测预警物联网系统设计与开发	张明丽	2016C32SA100006	浙江省基础公益研究项目农业项目
75	2016-1-1	基于变曲沟槽高精度球高效高一致性加工关键技术与装备研发	郭伟刚	2017C31113	浙江省基础公益研究项目
76	2016-1-1	混合驱动型花卉自动盆栽装置研究及样机研发	徐亚丹	2017C32100	浙江省基础公益研究项目
77	2016-5-20	律师参与信访工作的引导与规制理论研究	叶莲	2016AG0203	国家信访局信访理论研究课题

续表

序号	立项时间	项目名称	主持人	项目编号	项目来源
78	2016-9-11	现代学徒制视阈下高职院校职业素养教育策略研究	张崇生	17NDJC31YBM	浙江省社科规划课题
79	2017-9-12	职院校现代学徒制的育人机制与模式构建研究	贾文胜	18NDJC069YB	浙江省社科规划课题
80	2017-11-1	基于微课的高职课程服装顾客心理"翻转课堂"教学研究	陈诺	176140008	全国教育信息技术研究课题
81	2018-1-1	基于可再生能源的家庭热电联网微供能网技术研究	迟晓妮	LGG18E070001	浙江省基础公益研究项目
82	2018-1-1	基于数据手套的虚拟人手运动建模与软件系统开发	葛海江	LGG18F020005	浙江省基础公益研究项目
83	2018-1-1	鳕鱼皮胶原小肽螯合物在胃肠道中的稳定性及其在模式细胞中的吸收机制研究	支明玉	LY18C200001	浙江省自然科学基金
84	2018-6-1	全球化战略下中国跨国企业治理有效性研究：网络结构与制度距离视角	袁江军	18YJC630233	教育部人文社会科学研究项目
85	2018-6-1	基于"化工类智慧型实训基地"平台的数字资源建设与应用研究	李晓敏	186130051	中央电化教育馆教育信息技术研究课题
86	2018-6-1	基于"创客""混合式教学"的高职"混合式教学"的研究与实践	杨秋合	186130041	中央电化教育馆教育信息技术研究课题
87	2018-6-1	信息技术环境下高职服装营销职场化教学与信息化融合的实践研究	张虹	186130052	中央电化教育馆教育信息技术研究课题

续表

序号	立项时间	项目名称	主持人	项目编号	项目来源
88	2018-6-1	项目化课程 SPOC 教学模式探索与实践	陈进熹	186140039	中央电化教育馆教育信息技术研究课题
89	2018-7-1	现代学徒制运行机制的国际比较和中国路径优化研究	贾文胜	BJA180096	全国教育科学规划课题
90	2018-7-1	高职院校现代学徒制运行机制研究	贾文胜	2018GH025	浙江省高校重大人文社科攻关计划项目
91	2018-7-1	高职高专学生病态网络使用形成机制及干预对策研究——网络应用的影响	陆茜	19NDJC069YB	浙江省社科规划课题
92	2018-7-1	面向现代高技能人才培养的非遗传承旗袍技艺工匠精神挖掘研究及实践	梅笑雪	19NDJC070YB	浙江省社科规划课题
93	2019-1-1	复合乳酸菌发酵菌特性及品质控制关键技术研究与应用	唐平	LGN19C200014	浙江省基础公益研究项目
94	2019-1-1	低成本高通量植物表型平台构建与信息提取技术研究	周水琴	LGN19C020003	浙江省基础公益研究项目
95	2019-1-1	抗肿瘤药厄洛替尼产业化新工艺研究	于文博	LGF19B060002	浙江省基础公益研究项目
96	2019-1-1	基于顺序注射技术的自动样品前处理系统的研制及其在环境有机物污染检测中的应用	何艺	LY19B050002	浙江省基础公益研究项目
97	2019-3-15	《之江新语》与习近平总书记关于职业教育的重要论述研究	梁宁森	19YJA880031	教育部人文社会科学研究项目

续表

序号	立项时间	项目名称	主持人	项目编号	项目来源
98	2019-3-15	新制度主义理论视域下的职业院校工作过程导向课程实施研究	何兴国	19YJC880031	教育部人文社会科学研究项目
99	2019-7-15	海岱地区史前纺织手工业的起源与发展亚久	陶园	19CKG002	国家社科基金
100	2019-8-19	大数据推进高校"三全育人"的难点及破解途径研究	沈音乐	19GXSZ54YB	浙江省社科规划课题
101	2020-6-30	人工智能、就业结构和劳动份额变动研究	赵洪山	21NDJC310YBM	浙江省社科规划课题
102	2020-7-8	基于电商合的电子商务专业"双元育人"模式创新研究	楼晓春	YB2020110101	教育部国家职业教育师教学创新团队课题研究项目
103	2020-11-26	防眩晕VR运动平台关键技术及研制	杨安	LGC21E050005	浙江省公益技术应用研究资助项目
104	2020-11-26	融合结构约束的轮系机构数字化综合及应用研究	徐亚丹	LGN21E050001	浙江省公益技术应用研究资助项目
105	2020-11-26	面向大数据环境的城市物流监管与决策系统研究	袁江军	LGF21G010001	浙江省公益技术应用研究资助项目
106	2020-11-26	基于超临界流体色谱法对海洋环境中内分泌干扰物残留及生态风险的研究	干雅平	LGC21B070001	浙江省公益技术应用研究资助项目
107	2020-12-9	人工智能对浙江就业结构的影响及"十四五"时期应对政策研究	赵洪山	2021C35008	浙江省软科学研究计划

续表

序号	立项时间	项目名称	主持人	项目编号	项目来源
108	2021-2-8	浙江省职业教育提质培优理论研究与实践探索	徐时清	2021GH045	浙江省高校重大人文社科攻关计划
109	2021-2-8	中美对抗背景下中外网络舆情共振引发的危机传播应急机制及对策研究	袁江军	2021QN087	浙江省高校重大人文社科攻关计划
110	2021-4-30	新时代工匠精神融入高职院校学生思政教育的路径与实现机制研究	王志强	21GXSZ051YB	浙江省社科规划课题
111	2021-7-18	基于校企共同体的高职院校"三教改革"创新的内在机理及实践路径研究	梁宁森	BJA210103	全国教育科学规划课题
112	2021-9-10	中国特色学徒制的理论内涵与实践路径研究——以浙江为例	郑永进	22NDJC187YB	浙江省社科规划课题
113	2021-9-10	中美竞争背景下社交网络舆情极化的防范化解机制研究	袁江军	22NDJC188YB	浙江省社科规划课题
114	2021-9-10	高质量发展视域下"双高计划"建设成效评价研究	吕路平	22NDJC323YBM	浙江省社科规划课题
115	2021-9-10	高职院校教师数字能力模型构建及应用研究	程君青	22NDJC324YBM	浙江省社科规划课题
116	2021-10-12	浙江工匠与工匠精神研究	徐时清	21WH70077ZD	浙江文化工程课题
117	2021-10-12	浙江工匠精神与工匠文化研究	郑永进	21WH70077-1Z	浙江文化工程课题
118	2021-10-12	浙江青瓷工匠与工匠精神研究	张崇生	21WH70077-2Z	浙江文化工程课题
119	2021-10-12	浙江纺织工匠与工匠精神研究	章瓯雁	21WH70077-3Z	浙江文化工程课题

续表

序号	立项时间	项目名称	主持人	项目编号	项目来源
120	2021-11-25	大气关键污染物监测装备与智能综合管控技术研发及示范	徐时清	2022C03098	2022年度"尖兵""领雁"研发攻关计划
121	2021-12-3	基于八连杆机构的水稻深沟施肥关键技术研究及应用	林乐鹏	LGN22E050002	浙江省基础公益研究项目
122	2021-12-3	可编程智能动环控单元接入存储关键技术研发及应用	吴红聘	LLG22F020020	浙江省基础公益研究项目
123	2021-12-16	校企共建"双师"素质教师团队方法与路径研究	郑永进	GG20210601	第二批国家级职教团队课题研究项目
124	2021-12-16	基于校企融合的机电专业人才培养方案研究	郭伟刚	ZI20210203O2	第二批国家级职教团队课题研究项目
125	2021-12-31	浙江省新材料科创高地发展指数评价体系构建及对策研究	吕路平	2022C35027	浙江省软科学研究项目
126	2021-12-31	科技创新驱动我省生态系统构建的思路与对策研究——基于创新礁视角	王雨帆	2022C35106	浙江省软科学研究项目

附录 3-2：杭州职业技术学院科研获奖一览表

序号	姓名	科研成果名称	奖项等级	获奖时间
1	吴晓苏	基于 PLC 的上针管工位控制系统的改进与提高	浙江省自然科学优秀论文三等奖	2005 年
2	周小锋	蔬菜中农药残留测定	浙江省高等学校科研成果奖三等奖	2007 年
3	罗晓晔	Influence of phase dispersant on the co-cross-linking of polyvinyl chloride With Low density polyethylene	浙江省自然科学优秀论文二等奖	2007 年
4	罗晓晔	精密滚子多工位级进模具设计	浙江省自然科学优秀论文二等奖	2007 年
5	罗晓晔	铝茶壶嘴成型工艺与自动拉伸模设计	浙江省自然科学优秀论文三等奖	2007 年
6	叶鉴铭	创造选择空间凸显自主发展——杭州市中等职业学校实施学分制的实践与探索	浙江省第三届职业教育教学成果奖一等奖	2008 年
7	周小锋	中国与欧盟农药残留状况标准比较研究	浙江省自然科学优秀论文奖三等奖	2008 年
8	田晖	西安市城市灰尘微量元素环境异常研究	浙江省自然科学优秀论文奖三等奖	2008 年
9	郑永进	现代学徒制试点实施路径审思	国家教育科学优秀成果奖二等奖	2021 年
10	郑永进	现代学徒制试点实施路径审思	浙江省第二十一届哲学社会科学优秀成果奖二等奖	2021 年

附录 3-3：杭州职业技术学院专利情况一览表

序号	专利号	发明名称	发明人	授权日期	专利类型
1	ZL200810120440.5	粪便污水的真空收集与真空处理工艺及其设备	蔡海涛；周向阳	2009-2-4	发明专利
2	ZL200810061878.0	一种除草剂丙草胺中间体氯醚的制备方法	童国通；谢建武；毛伟春	2011-8-17	发明专利
3	ZL201110152117.8	3-己炔-2,5-二醇的合成方法	张炜；赵亮；张超；陈新志；钱超；周少东	2011-12-21	发明专利
4	ZL201110171221.1	一种猪粪及养殖污水处理系统及其处理方法	蔡海涛；丁学恭	2013-3-13	发明专利
5	ZL201110299189.5	一种环保循环式吸油烟机	刘瑛；沈剑初；王洁；斯列敏	2014-7-9	发明专利
6	ZL201210274579.1	剪刀	王丽霞；吴佳树	2014-12-1	发明专利
7	ZL201310134758.X	一种基于多CPU的网络化机器人控制系统	楼晓春；何丽莉；陈华凌	2016-1-20	发明专利
8	ZL201510855238.7	一种测量主轴径向跳动的装置	吴晓苏；张中明；陈佳炳；邵铮杨；徐华通；崔海洋	2016-1-20	发明专利
9	ZL201610140321.0	用于检测和维修圆盘式刀库的工作台	张中明；吴晓苏；王康；徐皖宁；费嘉敏	2016-7-27	发明专利

续表

序号	专利号	发明名称	发明人	授权日期	专利类型
10	ZL201610833032.9	二自由度轮系水稻钵苗宽窄行移栽机构	徐亚丹；孙良；毛世民；武传宇；张国凤；张委	2017-2-22	发明专利
11	ZL201510143839.5	数控铝合金割管机	吴晓苏	2017-5-24	发明专利
12	ZL201710137610.X	一种生活污水处理工艺	马占青；温淑瑶；谢萍华；吕伟德；何艺；俞卫阳；干雅平；戴阿玲	2017-6-20	发明专利
13	ZL201510986275.1	座椅安全带系检机构	陆叶强；单红艳；陈红岩	2017-10-20	发明专利
14	ZL201610048013.5	基于多深度信念网络的磁共振前列腺3D图像分割方法	姚瑶；付文；缑水平	2018-4-17	发明专利
15	ZL201510631362.5	一种多角度可调汽车灯具夹具	郭伟刚；陈加明；周水琴；李慧敏；赵丛容	2019-1-25	发明专利
16	ZL201610048977.X	千兆电子计算机断层扫描的前列腺三维图像分割方法	姚瑶；杨光；缑水平	2019-2-22	发明专利
17	ZL201710321631.7	一种开放式传感器技术应用的综合实训平台	葛海江；陈云志；宁凡；徐迅成	2019-2-26	发明专利
18	ZL201610918711.6	一种用于PM2.5中多环芳烃样品的自动前处理装置	何艺；冯涛	2019-3-1	发明专利
19	ZL201710365423.7	一种电梯系平衡系数的无载荷测量装置及方法	王正伟；金新锋；魏宏玲；刘富海；翁海明	2019-9-10	发明专利

498 奋进六十载 匠心铸未来：杭州职业技术学院校史

续表

序号	专利号	发明名称	发明人	授权日期	专利类型
20	ZL201810512587.2	一种模具生产加工用冲孔装置	杨安	2019-9-20	发明专利
21	ZL201710137569.6	一种含汞污水处理方法	马占青	2019-11-5	发明专利
22	2019101389	Multi-directional adjustable automobile lamp clamp	郭伟刚	2019-11-13	海外发明专利（澳大利亚）
23	ZL201811367530.4	一种电梯轿厢的底部减震装置	洪蔚蔚；吴昊；陈进熹	2019-12-24	发明专利
24	ZL201811376783.8	一种自动清洁梯级的扶梯	刘富海；张定俊；周谥；缪小锋；刘凤林；曹宁超；徐诚聪	2020-3-20	发明专利
25	ZL201810793467.4	一种多功能雨伞收纳箱	周楠	2020-3-21	发明专利
26	ZL201811554795.5	一种变速安全踏板	葛庆	2020-3-31	发明专利
27	ZL201710110389.9	混合驱动五杆花卉盘栽机构的参数优化方法	徐亚丹；程君青；闫亚林；卢其玲；沈锦	2020-4-21	发明专利
28	ZL201910519954.6	一种起球面料表面清洁处理装置	曹桢；徐湘丽；顾丰	2020-5-5	发明专利
29	ZL201910516824.7	一种遥免EMP强光损伤人眼的人防密闭窗	潘承恩	2020-5-19	发明专利
30	ZL201811365372.9	一种用于雨刮器盖板的清理器	黄琴宝；韩天龙；郑明锋；张羽林；闫亚林；张鹏飞；邱英杰	2020-6-9	发明专利

续表

序号	专利号	发明名称	发明人	授权日期	专利类型
31	ZL201910498533.X	一种自动扶梯卡簧状态实时检测系统	刘富海；谢桔；许铭康；缪小锋；李益；严乐乐；吴昊侯	2020-6-12	发明专利
32	ZL201811571699.1	一种基于龙芯 CPU 的智能安防门锁及安防方法	陈军统；裴旭东；陈岁生；陈栋；汪林俊；张伟	2020-8-11	发明专利
33	ZL201910574655.2	一种高刚性嘧啶类染料敏化剂及在制备方法和应用	吕路平；童国通；苏芮	2020-9-25	发明专利
34	ZL201812297820.6	基于力学感应的精密螺纹检测设备	林海平	2020-9-29	发明专利
35	ZL201911312339.4	一种微波药材真空干燥设备及其干燥方法	陶勇；邱英杰	2020-11-3	发明专利
36	ZL201910519955.0	一种服装制版多功能操作平台	曹桢；顾丰；徐湘丽	2020-11-6	发明专利
37	ZL201810737759.6	智能大棚监测控制系统及方法	吕伟德	2020-11-6	发明专利
38	ZL201910958848.8	一种应用于电风扇的无级变角度摇头装置	雷阳；李国明；苗蓬勃；王洁；胡迪锋	2020-12-25	发明专利
39	ZL201811545287.0	一种光伏太阳能硅板印刷机的行走装置	程琼；何剑	2020-12-29	发明专利
40	ZL201810788758.4	一种电路板维修工作台	沈姝君；周海丹	2021-1-5	发明专利
41	ZL201910642290.2	一种苯脎类荧光探针及其制备和应用	吕路平；唐平	2021-1-15	发明专利
42	ZL201910981757.6	一种空间利用优化型医用电梯轿厢系统	贾中楠；李思源；金新锋；魏宏玲；王正伟；郭振烨	2021-2-9	发明专利
43	ZL201811516368.8	一种带有烟气净化功能的工业锅炉	程琼；何剑	2021-3-2	发明专利

续表

序号	专利号	发明名称	发明人	授权日期	专利类型
44	ZL202010600414.3	水上垃圾清理装置	吕琳；邵立东；林辉	2021-3-9	发明专利
45	ZL201811181629.5	一种模具的旋转脱模机构	杨安	2021-3-16	发明专利
46	ZL201811311073.7	一种可小角度饮水的音箱水杯	葛庆；周楠；李杨青	2021-3-19	发明专利
47	ZL201510822572.2	一种焊接夹具及方法	周向阳；刘瑛；林湓	2021-3-26	发明专利
48	ZL202010259625.5	一种服装绘图用多功能装置	章瓯雁；曹梁；梅笑雪；程锦珊	2021-3-30	发明专利
49	ZL202010429830.1	一种汽车正面撞击的汽车座椅紧急防护装置	黄琴宝；韩天龙；吕林；闫亚林；余旭康；郑明锋；张羽林	2021-4-6	发明专利
50	2021100804	Auxiliary device for acupoint seif-help massage	费伟强	2021-4-7	海外发明专利（澳大利亚）
51	2021100862	Turnout fault detection device	林乐鹏	2021-4-7	海外发明专利（澳大利亚）
52	ZL202010593336.9	一种计算机硬件加工用辅助装置	潘承恩	2021-4-30	发明专利
53	ZL201810706566.4	一种藏红花、西红花的智能培育系统及其方法	吕伟德	2021-5-7	发明专利
54	ZL202110195021.3	一种单电机二自由度追光式太阳能热收集器及其集热方法	迟晓妮；吴秋轩	2021-6-1	发明专利

续表

序号	专利号	发明名称	发明人	授权日期	专利类型
55	ZL201910214521.X	一种用于物联网设备可拓展的轻量级证明方法	袁江军；王杰；车菊燕；邵耆智	2021-6-1	发明专利
56	2021102387	A High-throughput Plant Phenotyping Platform and Information Processing Technology	周水琴，林乐鹏，潘文彬	2021-6-9	海外发明专利（澳大利亚）
57	ZL202011066494.5	一种自常注入润滑油的数控机床	丁媛媛；金黄德；吴世东	2021-6-18	发明专利
58	ZL202011066503.0	一种机床排屑装置	丁媛媛；金黄德；李金辉	2021-6-22	发明专利
59	ZL202010733376.9	一种工业防盗门的多锁舌同步外驱伸缩结构	孟伟；张润杰	2021-6-22	发明专利
60	ZL202010595921.2	一种便于切割的计算机零部件加工设备	潘承恩，孙丽	2021-6-22	发明专利
61	ZL202010687249.X	一种焊接抛光机的三联动一自动传动结构	潘建峰；张润杰	2021-6-22	发明专利
62	ZL202010642335.9	一种电梯导轨跑上下料装置	洪赜蔚；夏洪伟；吴昊	2021-6-29	发明专利
63	ZL202010265064.X	一种可调式健身跑步机辅助装置	李杨青；何俊杰；戎珵璐	2021-6-29	发明专利
64	ZL201410445283.0	一种利用HPLC同时测定茶叶中17种特征成分的方法	刘英（临江）；许亚新；吴丹；吴广红；尹州	2015-02-04	发明专利
65	ZL201510143836.1	一种数控自动化铝合金割管机	吴晓苏	2015-06-24	发明专利
66	ZL201110160449.0	基于反应-分离耦合生产1,3-二氧六环的方法	张炜；葛新；张超；陈新志；钱超；周少东	2011-12-7	发明专利
67	ZL201110159348.1	基于反应-分离耦合生产1,3-二氧戊环的方法	张炜；周少东；张超；陈新志；钱超	2011-12-7	发明专利

续表

序号	专利号	发明名称	发明人	授权日期	专利类型
68	ZL201510986273.2	座椅安全带三维系检机构	陆叶强；同亚林；楼晓春；陈红岩	2017-10-20	发明专利
69	ZL201610617334.2	一种具有按摩功能的智能压迫无缝运动紧身裤	阎玉秀；吴佳虹；卢华山；许淑燕；金子敏；陶建伟	2017-12-22	发明专利
70	ZL201610020964.1	一种木耳段子扎孔机	钱慧娜；张鑫军；郑好；黄敏	2019-3-29	发明专利
71	ZL201811516369.2	一种防盗用阀门	程琼；何剑	2019-4-5	发明专利
72	ZL201710777278.3	一种水稻插秧机的秧爪结构	周楠；楼佳伟；潘皓威；周泽安	2019-8-30	发明专利
73	ZL202010040942.8	一种服装表面去皱熨平装置	徐高峰；曹栋；袁飞；施展；竺近珠；程锦珊	2021-7-23	发明专利
74	ZL202010274870.3	一种服装面料加工用高效打孔器	戎琵璐；李杨青；施展；徐高峰	2021-7-23	发明专利
75	ZL202010761174.5	一种物流包贴码设备	潘建峰；张润杰	2021-8-3	发明专利
76	ZL202010686824.4	一种三联动一自动式四工位焊接抛光机	潘建峰；张润杰	2021-8-3	发明专利
77	ZL202010733374.X	一种工业防盗门的多锁舌同步内驱伸缩结构	孟伟；张润杰	2021-8-3	发明专利
78	ZL202011044689.X	一种变频电源用稳定密封防护结构	程琼；姚昭	2021-8-10	发明专利
79	ZL202010568695.9	一种计算机硬件加工用喷涂设备	潘承恩	2021-8-13	发明专利
80	ZL202011166019.5	一种汽车座椅用的腰部支撑结构	杨立峰；程琼	2021-8-31	发明专利

附 录 **503**

续表

序号	专利号	发明名称	发明人	授权日期	专利类型
81	ZL202011076667.1	一种电阻负载箱专用的清灰装置	杨立峰；程琼	2021-8-31	发明专利
82	ZL202010874400.0	一种汽车充电枪	何俊杰；郑明锋；李嗣筹；迟晓妮；胡思远；彭苏杭；李文江；何宇帅；李文豪	2021-9-7	发明专利
83	ZL202010265072.4	一种具备可升降式餐具架的自动清洗机	李杨青；戎珵璐；何俊杰	2021-10-8	发明专利
84	ZL202011118480.3	碳组装硫化锌空心纳米多面体框架材料及其制备和应用	杨秋合；袁永锋	2021-10-8	发明专利
85	ZL202011053949.X	碳组装硫化铜空心纳米立方体蜂窝材料及其制备和应用	杨秋合；袁永锋	2021-10-8	发明专利
86	ZL202011118471.4	碳组装硫化锌空心纳米多面体蜂窝材料及其制备和应用	杨秋合；袁永锋	2021-10-8	发明专利
87	ZL202011594864.2	碳包覆硫化锌空心异形空心纳米多面体材料及其制备和应用	杨秋合；袁永锋	2021-10-15	发明专利
88	ZL202010593034.1	一种通讯设备安装座	孙丽；潘承恩	2021-10-19	发明专利

附录 3-4：杭州职业技术学院专著一览表

序号	著作名称	ISBN 编号	作者	出版社	出版时间
1	基于资源整合理论的制造业集群竞争力研究	756292242X	郑健壮	武汉理工大学出版社	2005 年 1 月
2	机器人控制研究	7308048780	丁学恭	浙江大学出版社	2006 年 9 月
3	海宁查氏家族文化研究	7308049655	洪永铿	浙江大学出版社	2006 年 9 月
4	学校竞争力——学校走向卓越的力量源泉	7542622994	徐建华	上海三联书店	2006 年
5	古今中医妇科病辨治精要	9787509107041	徐丙兰	人民军医出版社	2007 年 3 月
6	基于资源观的产业集群政策研究	9787542625694	郑健壮，叶峥	上海三联书店	2007 年 6 月
7	魏国研究	9787215062559	梁宁森	河南人民出版社	2007 年 6 月
8	CimatronE7.1 产品设计与数控编程应用基础	9787302154600	罗晓晔	清华大学出版社	2007 年 6 月
9	优势集成学校管理的真谛	9787542626424	徐建华	上海三联书店	2007 年 9 月
10	老词心解	9787542626394	廖志林	上海三联书店	2007 年 9 月
11	浙江省大学语文研究论文集（2007）——行远集	9787894904348	洪永铿	浙江大学出版社	2007 年 12 月
12	电路基础实践教程	9787308061476	张洪宪，张礼宽，张雪娟	浙江大学出版社	2008 年 8 月

续表

序号	著作名称	ISBN 编号	作者	出版社	出版时间
13	花草艺饰	9787503385520	江德胜，龚仲幸	中国林业出版社	2010 年 1 月
14	淘宝网新手开店入门	9787894991065	王俊	北京希望电子出版社	2010 年 11 月
15	淘宝网开店与推广必读	9787030291332	王俊	科学出版社	2010 年 11 月
16	住房保障	9787213044366	蒋海霞	浙江人民出版社	2010 年 12 月
17	浙江历代状元研究	9787104036951	梁宁森	中国戏剧出版社	2012 年 4 月
18	大学生礼仪手册	9787106034795	沈黎嫣，张理剑	中国电影出版社	2012 年 5 月
19	高职学生自主创业指南	9787040356427	陈加明	高等教育出版社	2012 年 6 月
20	校企共赢　我们在路上——校企共同体实践研究	9787511225337	叶鉴铭	光明日报出版社	2012 年 7 月
21	计算机应用基础	9787534148040	高永海	浙江科技出版社	2012 年 8 月
22	21 世纪中国美术家	9787531454601	白志刚	辽宁美术出版社	2013 年 5 月
23	化学检验（高级工）实训指导	9787516712856	李巍巍	中国劳动社会保障部出版社	2014 年 6 月
24	Android 移动应用开发项目教程	9787115359957	李新辉	人民邮电出版社	2014 年 9 月
25	杭州城市问题研究	9787807581673	安蓉泉	杭州出版社	2014 年 12 月
26	融文化视域下职业教育发展范式研究	9787313238191	贾文胜，梁宁森	光明日报出版社	2014 年 12 月
27	典型精细化学品生产与管理	9787030421111	谢建武	科学出版社	2014 年 10 月
28	友嘉模式——校企共同体办学实践与探索	9787511276582	邵立东	光明日报出版社	2014 年 12 月

续表

序号	著作名称	ISBN 编号	作者	出版社	出版时间
29	高职教育难题探索	9787556502226	安蓉泉	杭州出版社	2015 年 1 月
30	高职形态研究	9787511282583	梁宁森，程君青	光明日报出版社	2015 年 4 月
31	融在高职教育中	9787556502752	汪吾金	杭州出版社	2015 年 4 月
32	FANUC 数控机床 PMC 梯形图设计方法研究	9787534167164	张中明，吴晓苏	浙江科学技术出版社	2015 年 6 月
33	现实与理想	9787511286444	许淑燕	光明日报出版社	2015 年 6 月
34	友嘉精益制造	9787307165595	陈加明	武汉大学出版社	2015 年 9 月
35	以德齐家—浙江家风家训研究	9787517813491	陈寿灿，杨云	浙江工商大学出版社	2015 年 11 月
36	积极心理学理念下的大学生心理健康	9787567753334	郭芳	吉林大学出版社	2016 年 2 月
37	新时期企业电子商务运营管理研究	9787116096882	孙丽	地质出版社	2016 年 3 月
38	我和党委书记面对面	9775513579773	安蓉泉	外语教学与研究出版社	2016 年 8 月
39	创新的技术	9787308160261	王丽霞	浙江大学出版社	2016 年 10 月
40	产品首版制作	9787308165372	葛庆，王丽霞	浙江大学出版社	2017 年 2 月
41	应用型创新人才关键能力培养的教学研究	9787503490231	钱卫星	中国文史出版社	2017 年 4 月
42	提升高职专业服务区域产业发展能力的策略	9787503490231	龙艳，刘冬梅，李游，闫亚林，楼晓春，邱英杰	中国文史出版社	2017 年 4 月
43	高职院校专任教师职业能力提升：理论与实践	9787503490231	孙红艳	中国文史出版社	2017 年 4 月

续表

序号	著作名称	ISBN 编号	作者	出版社	出版时间
44	化工生产与安全技术	9787308167994	吴健、丁晓民	浙江大学出版社	2017年4月
45	高职院校专业布局与区域产业结构互动关系研究	9787569203448	戴凤徽	吉林大学出版社	2017年5月
46	智能电梯工程控制系统技术与应用	9787564745134	刘富海	电子科技大学出版社	2017年5月
47	数控原理与系统	9787111576631	吴晓苏	机械工业出版社	2017年8月
48	冲压模具的结构设计方法解析	9787561090138	杨秋合	辽宁大学出版社	2017年12月
49	让孩子导演自己的人生	9787313191571	施丽娜、陈静凡	上海交通大学出版社	2018年1月
50	织物组织结构与纹织CAD	9787566913357	余晓红	东华大学	2018年2月
51	机电一体化技术与系统	9787111591894	吴晓苏	机械工业出版社	2018年2月
52	学赴项目日化课程视角下的学生产品设计制造能力研究	9787563961801	魏宏玲、顾林刚著	北京工业大学出版社	2018年3月
53	PS抠图与修饰技巧研究	9787507842517	陆丽芳	中国国际广播出版社	2018年3月
54	药材中红色黄金——西红花	9787569222692	饶君凤	吉林大学出版社	2018年3月
55	工业产品艺术设计与表现技法研究	9787518050437	周楠	中国纺织出版社	2018年3月
56	公共实训基地"杭州模式"创新与实践	9787560649054	贾文胜、梁宁森、童国通	西安电子科技大学出版社	2018年4月

续表

序号	著作名称	ISBN 编号	作者	出版社	出版时间
57	大学生生涯规划与自我管理	9787510662645	韩亮、王飞、张理剑、杨乐克、楼黎璟、孙菲、陈文洁、杨晓光、柳霆钧	现代教育出版社	2018 年 5 月
58	超精密加工技术及其应用研究	9787563963928	郭伟刚、裘旭东、吴世东	北京工业大学出版社	2018 年 6 月
59	机电设备电气自动化控制系统分析	9787308183451	沈姝君、孟伟	浙江大学出版社	2018 年 6 月
60	无机及分析测试技术	9787122326041	李巍巍、何连军、林忠华、王利、何达	化学工业出版社	2018 年 8 月
61	浙里传家——浙江优秀家风家训故事	9787213088377	杨云	浙江人民出版社	2018 年 9 月
62	倾听高职的声音——"国家示范性高等职业院校建设计划"实施成效研究报告	9787305208454	郑永进、黄海燕、许普乐、徐军、王伟	南京大学出版社	2018 年 9 月
63	职业教育专业教学资源库的建设与实践	9787564753993	徐高峰	电子科技大学出版社	2018 年 12 月
64	改革与发展——互联网 + 时代高职英语教学	9787561096253	朱芫平	辽宁大学出版社	2019 年 5 月
65	互联网 + 时代高职院校发展对策研究	9787568159098	龙艳、张园园、闫亚林	东北师范大学出版社	2019 年 6 月

续表

序号	著作名称	ISBN 编号	作者	出版社	出版时间
66	基于培养创新科技人才的科技创新研究	9787519605544	孙菲	经济日报出版社	2019 年 6 月
67	浙江名人家风研究：传承，创新与弘扬	9787517832614	杨云	浙江工商大学出版社	2019 年 6 月
68	构建教育体系——提高大学生创新创业能力	9787568872539	张理剑	延边大学出版社	2019 年 6 月
69	高职院校学生创新创业教育与评价体系研究	9787568874243	王飞	延边大学出版社	2019 年 7 月
70	职业教育校企合作机制及政策保障研究	9787510330940	贾文胜，何兴国，梁宁森	中国商务出版社	2019 年 8 月
71	实用急危重症护理程序与技术分析研究	9787560384689	刘悦	哈尔滨工业大学出版社	2019 年 8 月
72	用户体验在页面设计中的应用研究	9787557855923	陆丽芳	吉林科学技术出版社	2019 年 8 月
73	服装创意与设计	9787559356192	梅笑雪，阮诺男	黑龙江美术出版社	2019 年 8 月
74	跨境电商交易与语言表达方法研究	9787568880336	戚建华	延边大学出版社	2019 年 9 月
75	特色小镇 4.0——浙江经济新引擎	9787517834861	王明华	浙江工商大学出版社	2019 年 9 月
76	新能源汽车结构与原理	9787122339331	闫亚林	北京理工大学出版社	2019 年 9 月
77	合成药物机械创新设计及其能力提升探索与实践	9787557860035	童国通	吉林大学出版社	2019 年 10 月
78	大学生机械创新设计及其能力提升探索与实践	9787557859978	周水琴	吉林科学技术出版社	2019 年 10 月
79	电子技术与电路分析研究	9787557855093	吴红梅，纪春明	吉林科学技术出版社	2019 年 10 月
80	城市轨道交通客运服务	9787516027790	潘文彬	中国建材工业出版社	2019 年 12 月

续表

序号	著作名称	ISBN 编号	作者	出版社	出版时间
81	大型赛会志愿服务机制研究	9787010205236	沈威，盛晓晶，林毅	人民出版社	2019 年 12 月
82	数字化工厂：中国智造大趋势	9787561099018	徐健丰	辽宁大学出版社	2019 年 12 月
83	插画设计艺术与应用研究	9787557551339	张玉哲	吉林美术出版社	2019 年 12 月
84	高等职业教育服务区域产业集群发展实证研究——杭州汽车产业为例	9787571702601	楼晓春	河北科学技术出版社	2019 年 12 月
85	基于校企共同体多元发展模式创新与实践	9787313238191	贾文胜，李海涛，梁宁森	上海交通大学出版社	2020 年 4 月
86	服装搭配实务	9787518058853	张虹	中国纺织出版社	2020 年 5 月
87	美术教学与艺术思维	9787561099926	王启宾	辽宁大学出版社	2020 年 5 月
88	我国劳动者报酬份额变动趋势的研究	9787517839071	赵洪山	浙江工商大学出版社	2020 年 6 月
89	康复护理实践与探究	9787560891118	沈泽群	同济大学出版社	2020 年 6 月
90	数据库系统设计与技术进展	9787560389288	姚瑶	哈尔滨工业大学出版社	2020 年 7 月
91	新媒体动画基础与设计创新	9787555555498	赖新芽	吉林美术出版社	2020 年 7 月
92	互联网 + 新经济背景下的市场营销研究	9787548484809	王雨帆	哈尔滨出版社	2020 年 8 月
93	信息时代下档案管理工作的创新研究	9787569270280	张杰	吉林大学出版社	2020 年 8 月
94	新时期下高等职业教育及教学管理研究	9787557874636	陶启付	吉林科学技术出版社	2020 年 8 月
95	计算机仿真技术应用研究	9787557874599	潘承恩	吉林科学技术出版社	2020 年 8 月

续表

序号	著作名称	ISBN 编号	作者	出版社	出版时间
96	产品创新设计与创造性思维研究	9787569270839	钱巍娜	吉林大学出版社	2020 年 9 月
97	供应链管理视域下的跨境电商物流一体化研究	9787520813143	潘丽云	中国商业出版社	2020 年 10 月
98	服装流行与品牌视觉营销研究	9787230002103	陈玉发	延边大学出版社	2020 年 11 月
99	计算机网络信息安全技术与创新研究	9787568176224	夏俊	东北师范大学出版社	2020 年 12 月
100	新媒体服装品牌营销与策划	9787230006651	杨龙女	延边大学出版社	2020 年 12 月
101	美丽乡村建设视角下的乡村旅游规划与发展研究	9787563977512	张洁	北京工业大学出版社	2020 年 12 月
102	企业经济统计数据分析与预测研究	9787557876463	孙晓波	吉林科学技术出版社	2020 年 12 月
103	互联网＋背景下英语教师专业发展研究	9787548457558	叶宇	哈尔滨出版社	2020 年 12 月
104	信息化下英语教学方法与学习研究	9787547276976	戚建华	吉林文史出版社	2021 年 4 月
105	医学临床康复与护理	9787570613717	魏国芳	湖北科学技术出版社	2021 年 4 月
106	3D 打印技术基础及实践研究	9787531744894	张瑞	北方文艺出版社	2021 年 4 月
107	传承突破：现代学徒制创新发展研究	9787502079734	魏宏玲	应急管理出版社	2021 年 4 月
108	产教融合视阈下高职教学管理理论与实践研究	9787557881740	王培松	吉林科学出版社	2021 年 5 月
109	跨境电子商务理论前沿与应用实践研究	9787522113425	郑颖	中国原子能出版社	2021 年 5 月
110	毛衫工艺设计与成型制版	9787557692483	卢华山	天津科学技术出版社	2021 年 5 月

续表

序号	著作名称	ISBN 编号	作者	出版社	出版时间
111	智能电梯控制技术与创新设计研究	9787522113418	崔富义	中国原子能出版社	2021年5月
112	主题产品设计——设计思维方法应用与实践	9787308212434	李杨菁	浙江大学出版社	2021年5月
113	互联网时代市场营销策划基本理论与案例分析	9787560394541	龙艳	哈尔滨工业大学出版社	2021年5月
114	产教融合视角下的高职电商创新人才培养机制研究	9787531743781	潘承恩	北方文艺出版社	2021年5月
115	高校学生工作创新及学生教育创新研究	9787547277812	张园园	吉林文史出版社	2021年6月
116	针织服装设计基础与实践研究	9787557581368	朱琪	吉林科学技术出版社	2021年6月
117	健康管理下的社区体育研究	9787517845270	全志刚	浙江工商大学出版社	2021年6月
118	儿童环境设计	9787534088537	施丽娜	浙江人民美术出版社	2021年6月
119	计算机技术与物联网研究	9787557581498	刘杰	吉林科学技术出版社	2021年6月
120	数字经济背景下集群企业网络化战略行为模式及其对创新的影响机制	9787517845300	朱楚芝	浙江工商大学出版社	2021年6月
121	互联网时代的营销新策略——场景式营销	9787563070121	龙艳	河海大学出版社	2021年6月
122	职业院校工作过程导向课程实施研究	9787302575108	何兴国	清华大学出版社	2021年9月

附录 4：省部级以上各类荣誉、人才项目汇总

国家级荣誉

荣誉名称	获奖人姓名	荣誉获得时间
全国技术能手	孟伟	2006 年 9 月
全国教育系统先进集体	达利女装学院	2014 年
高校定点扶贫典型案例	杭州职业技术学院	2015 年
国务院政府特殊津贴	贾文胜	2019 年 1 月
首批国家级职业教育教学创新团队	电子商务团队	2019 年 8 月
全国优秀教师	章瓯雁	2019 年 9 月
国务院政府特殊津贴	徐时清	2020 年 12 月
全国职业院校决胜脱贫攻坚"先进集体"称号	杭州职业技术学院	2020 年
全国五·一劳动奖章	陈楚	2021 年 4 月
首批国家级课程思政教学名师和教学团队	楼晓春，金新锋，王正伟，潘建峰，崔富义，贾中楠	2021 年 5 月
首批国家级课程思政教学名师和教学团队	章瓯雁，龙艳，王慧，杨龙女，曹桢	2021 年 5 月
全国技术能手	刘明杰	2021 年 7 月
第二批国家级职业教育教师教学创新团队	机电一体化技术团队	2021 年 8 月
国家高层次人才特殊支持计划——科技创新领军人才	徐时清	2021 年 12 月
国家高层次人才特殊支持计划——教学名师	章瓯雁	2021 年 12 月
全国党建工作样板支部培育创建单位	友嘉智能制造学院党总支第三党支部	2021 年

省部级荣誉

荣誉名称	获奖人姓名	荣誉获得时间
浙江省技术能手	郑小飞	2005 年 11 月
高等学校省级教学团队	服装结构设计	2008 年
浙江省高校优辅导员	张 杰	2010 年 6 月
浙江省高校优秀共产党员	吴晓苏	2010 年
浙江省高校优秀辅导员	张 星	2012 年 9 月
浙江省高校实验室工作先进个人	陈岁生	2012 年
第三届全国黄炎培职业教育杰出教师奖	吴晓苏	2012 年
浙江省高校优秀教师	吴晓苏	2012 年
浙江省优秀科技特派员	李 林	2012 年
浙江省技术能手	张 伟	2014 年 6 月
浙江省高校优秀教师	郑小飞	2014 年 9 月
浙江省优秀辅导员暨优秀教师	杨乐克	2014 年 10 月
浙江省高校先进基层党组织	友嘉机电学院第五支部	2014 年
浙江省高校优秀共产党员	陈 郁	2016 年 6 月
浙江省优秀辅导员暨优秀教师	胡 严	2016 年 9 月
浙江省高校优秀教师	黄 璐	2016 年 9 月
浙江省高等职业院校信息化教学大赛	丁媛媛，张素颖，方映	2017 年
浙江金蓝领	王 赟	2017 年
浙江省五一劳动奖章	王 赟	2017 年
浙江省优秀辅导员暨优秀教师	张园园	2018 年 9 月
浙江省优秀教师	章瓯雁	2018 年 9 月
新时代浙江省"千名好支书"	郑小飞	2018 年 11 月
新时代浙江省"万名好党员"	张中明	2018 年 11 月
黄炎培杰出教师奖	施丽娜	2019 年
浙江省高校系统优秀教师	支明玉	2019 年
2018 年度浙江省五四红旗团委	杭州职业技术学院团委	2019 年 3 月
浙江省有突出贡献中青年专家	陈加明	2019 年 12 月
浙江省担当作为好支书	陈岁生	2019 年 12 月

荣誉名称	获奖人姓名	荣誉获得时间
浙江省高校系统最美志愿者	支明玉	2020 年
浙江省高校辅导员年度人物入围奖	楼黎瑾	2020 年 7 月
浙江省劳动模范	陈　楚	2021 年 4 月
浙江省农业科技先进工作者	饶君凤	2021 年 7 月
浙江省"151"人才工程第三层次	沈海娟，龚仲幸，郑健壮，罗晓晔	2005 年
浙江省高校教坛新秀	杨　强	2007 年
浙江省高职高专专业带头人	沈海娟，罗晓晔，吕伟德，谢萍华，郑健壮，白志刚	2007 年
浙江省首届高等学校教坛新秀	杨　强	2007 年
浙江省第二届高等学校教坛新秀	楼晓春	2008 年
首届高等学校省级教学团队	网络技术教学团队（负责人沈海娟）	2008 年
浙江省高校教学名师	罗晓晔	2009 年
浙江省高校教坛新秀	郑小飞	2009 年
浙江省高校教学名师	丁学恭	2010 年
浙江省高校教坛新秀	刘桠楠	2010 年
浙江省优秀科技特派员	梁凯，徐乐蔚	2012 年
浙江省高职高专专业带头人	陈加明，童国通，刘瑛，陈岁生，郝阜平，刘桠楠，郑小飞，龚仲幸，陈郁	2013 年
浙江省优秀科技特派员	全志刚	2013 年
全省高校优秀共产党员	龚仲幸	2013 年度
全省高校先进基层党组织	友嘉机电学院第五党支部	2013 年度
浙江省"151"人才工程第二层次	贾文胜	2016 年
浙江省高层次人才特殊支持计划——教学名师	章瓯雁	2017 年
浙江省高职高专专业带头人	郭伟刚，金新锋，施丽娜，魏国芳，吴健，邢剑飞，章瓯雁，支明玉	2017 年

续表

荣誉名称	获奖人姓名	荣誉获得时间
浙江省"151"人才工程第一层次	贾文胜	2018 年
"党建助力精准扶贫，学生实现体面就业"入选首批全省高校党建特色品牌	特种直属党支部	2019 年
浙江省标杆院系建设单位	友嘉智能制造学院党总支	2020 年
浙江省高层次人才特殊支持计划－教学名师	袁江军	2020 年
浙江教育工会"三育人"先进集体单位	特种设备学院	2020 年
浙江省高层次人才特殊支持计划——教学名师	林海平	2021 年
浙江工匠	孟 伟	2021 年
浙江青年工匠	刘明杰，钱仁寅	2021 年
第二批浙江省党建示范标杆院系	特种设备学院	2021 年
浙江省黄炎培职业教育杰出教师	楼晓春	2021 年
浙江省高校优秀共产党员	孟 伟	2021 年 6 月
浙江省党建样板支部建设单位	友嘉智能制造学院党总支第三党支部	2021 年
省级课程思政示范基层教学组织	绿色化工课程思政教学工作坊	2021 年
首批浙江省职业教育教师教学创新团队	服装设计与工艺（负责人：章瓯雁）	2022 年 3 月
首批浙江省职业教育教师教学创新团队	信息安全技术应用（负责人：陈云志）	2022 年 3 月

省部级以上赛事获奖（学工类）

荣誉名称	获奖人姓名	荣誉获得时间
第四届浙江省大学生职业生涯规划大赛优秀指导教师	杨乐克	2012 年 10 月
第七届浙江省大学生职业生涯规划大赛优秀指导教师	张 星	2015 年 10 月
《湘湖故事》全国征文创作大赛三等奖	汪吾金	2016 年 4 月
全国大中专学生志愿者暑期三下乡社会实践活动优秀个人	王璐瑜	2016 年 10 月
首届浙江省高校辅导员优秀博文大赛三等奖	张园园	2017 年 3 月
第二届全国高等职业院校体育教师教学技能大赛及《教学设计与实践说课与微课》比赛中荣获二等奖	黄美玲	2017 年 11 月
首届浙江省高校辅导员优秀博文评选二等奖	楼黎瑾	2017 年 12 月
第二届浙江省高校辅导员工作案例大赛二等奖	张园园	2018 年 5 月
第七届浙江省高校辅导员素质能力大赛三等奖	楼黎瑾	2018 年 5 月
第七届浙江省高校辅导员素质能力大赛三等奖	魏笑筠	2018 年 5 月 11 日
2018 年度浙江省五四红旗团委	共青团杭州职业技术学院委员会	2019 年 3 月
2018 年度浙江省五四红旗团支部	数控 1662 团支部	2019 年 3 月
第五届全省高校微型党课大赛三等奖	楼黎瑾	2019 年 5 月
第三届浙江省高校辅导员工作案例大赛三等奖	孙菲	2020 年 4 月
第十二届浙江省大学生职业生涯规划大赛优秀指导教师	庄熊	2020 年 11 月
第十二届浙江省大学生职业生涯规划大赛优秀指导教师	杨乐克	2020 年 11 月
第十二届浙江省大学生职业生涯规划大赛优秀指导教师	魏笑筠	2020 年 11 月 13 日
第八届浙江省高校辅导员素质能力大赛二等奖	孙丽丽	2020 年 12 月 3 日

续表

荣誉名称	获奖人姓名	荣誉获得时间
第十三届浙江省大学生职业生涯规划大赛优秀指导教师	杨乐克	2021 年 11 月
第四届浙江省高校辅导员工作案例大赛一等奖	孙菲	2021 年 12 月

后 记

在《奋进六十载 匠心铸未来：杭州职业技术学院校史》编撰工作即将画上句号之际，我们的心情既喜又忧。喜的是，经过一代又一代杭职人接续努力，写作跨度为16年，多次重启、几易其人、数易其稿，本书终于要付梓了；忧的是，因能力、阅历和史料不足所限，本书能否让各级领导、广大师生、历届校友和职教同行所认可，我们诚惶诚恐。

由于历史原因，杭州职业技术学院几十年的办学历程一直没来得及全面梳理，更没有成书。2006年，迁址下沙大学城后的学校进入良性发展轨道，校党政联席会议研究决定启动校史编撰工作。以孙爱国、程建国、杨旭、余行农、姜萌、邵立东、谢萍华、沈海娟、刘苏闽、邵素云等同志为核心的工作组拉开了校史撰写的序幕。2009年6月2日，学校再次启动校史编撰工作。2010年1月21日、5月6日，学校先后两次召开校史编写会议，对前期编写情况进行交流探讨，张崇生、梁宁森、张理剑、刘霞羽、刘苏闽等同志为核心成员参会。

2012年10月18日，学校召开校史、校友、校庆工作会议，专门召集各二级学院和职能部门负责人，进一步完善校史文本。2015年10月28日，学校又召开校史、校史馆工作推进会，要求宣传部牵头完成《口述杭职》（原定名）编辑出版工作。2019年，学校入选国家"双高"计划后，要求宣传部等牵头梳理校史，全面反映学校建设发展历程，系统总结办学经验，为学校后续发展提供可资借鉴的史料，加快完成编撰出版，献礼杭州职业技术学院正式建校20周年庆典活动。

2021年，校党委将校史编撰出版工作列入当年重点任务之一，具体由校领导陈泉森、张洪宪同志总体指导，党委宣传部统筹，各二级学院、职能部门抽调人员组成校史编写专班，集中精力撰写。宣传部于当年 7 月起草了校史编写工作实施方案，8 月制订了编撰提纲及工作方案。

9 月 13 日，党委书记金波主持召开校史编撰工作专题会议。会议召集各二级学院、职能部门负责人与会，并特邀了梁宁森、杨旭、姜萌、谢萍华、孙钧、邵素云等同志参会，要求编写组成员主动联系离退休老同志、广泛收集消化史料、专人前往档案馆查询核对，本着"实事求是、尊重历史、严谨细致"的工作态度，提高校史编撰效率和质量。张杰同志解读了校史编撰工作，并明确了部门分工、人员分组和撰写要求。

12 月 13 日，陈泉森同志主持召开校史编撰工作推进会议。会议总结了三个月以来校史编撰工作的进展情况，研究解决了存在的问题，并对下一步工作做出安排。根据总体安排，《奋进六十载　匠心铸未来：杭州职业技术学院校史》由序言、目录、正文、附录和后记组成。正文以 1996 年和 2002 年为界，分"行业办学　争奇斗艳""资源重组　易地办学"和"深化改革　创新发展"三个篇章，每篇分设章、节。第一篇主要介绍杭州市机械、轻工、化工、丝绸、纺织、电子等六大行业企业办学的发展历程和成就；第二篇主要介绍杭州职工大学面对不断变化的外部环境时，如何生存，如何抓住时机申办杭州职业技术学院的过程；第三篇主要展示杭州职业技术学院正式建立以来 20 年的发展过程及办学成就。校史正文约 40 万字，以文字记述为主，辅以表格、图片。

《奋进六十载　匠心铸未来：杭州职业技术学院校史》编撰工作具体分工如下：

第一篇章负责人为袁月秋和刘航，参与编写人员有周利华、刘霞羽、俞卫阳、余晓红、杨龙女、刘杰、朱琳佳。第二篇章负责人为杨旭和芦京昌，参与编写人员有孙丽丽、雷阳。第三篇章负责人为张杰、郑永进和姜萌，参与编写人员有陶启付、王新辰、贝锐、崔畅丹、周曦、倪再、姚瑶、钱卫星、王雨帆、于潇、杨晓光、刘薇、俞坚、张燕、张崇生、陈积慧、汪吾金、李海涛、吴伟、崔畅丹、丁学而、刘淑芬、钱立。最后，由袁月秋和刘航进行统稿。

2022 年 2 月 21 日，学校召开校史编撰工作阶段总结会。会议总结了过去 7 个月以来校史编撰工作的总体情况、存在的问题及下一步考虑。校领导陈泉森、张洪宪，部门负责人郑永进、张杰，特邀代表孙钧、姜萌、杨旭，编写组成员陶启付、邵素云、王新辰、贝锐、崔畅丹、周曦、袁月秋、刘航、倪再、寿海、何兴国、曾巧灵、钱卫星、丁学而、于潇、王雨帆、刘薇、俞坚、张燕、陈积慧、汪吾金、徐夏欣、李海涛、刘淑芬、钱立、刘霞羽、朱琳佳、余晓红、俞卫阳、刘杰、杨龙女、周利华、孙丽丽、雷阳参会。3 月 20 日，袁月秋、汪吾金、张杰三人汇总统稿后形成了"杭州职业技术学院校史"（征求意见稿）。

2022 年 3 月 27 日，我们通过电话、登门、邮寄等方式，分别向王鹏、吴震方、洪永铿、叶鉴铭、安蓉泉、贾文胜、韩时林、陈加明等历届领导班子成员，向丁学恭、谢萍华、刘苏闽、何钧、姜萌、孙均、陈志民等退休老同志、老教师，向学校现任领导班子成员广泛征求意见和建议。大家对此高度重视、大力支持，提供了宝贵意见和史料。在充分吸收意见、进一步展开史料考证、内部论证和校对完善后，4 月 23 日，我们再次向部分校领导征求意见，并根据意见予以修改完善。29 日递交学校党委会研究审议通过。

在编撰过程中，我们面临的最大困难是缺乏专业功底、无法专职写作和难以专班运作，所有编写人员都是兼职工作，这对校史编撰的进度及质量都是巨大的挑战。幸运的是，我们得到了校党委的高度重视。校党委多次召开推进会，听取校史编撰工作进展情况的汇报，研究指导校史编撰的具体事宜，解决校史编撰中遇到的问题和困难。幸运的是，我们得到了校内所有职能部门和二级学院的大力支持，大家集思广益，出人、出力、出资料，为校史编撰任务的顺利完成提供了有力的保障。幸运的是，我们所有编撰组成员，都在完成自己繁重本职工作的同时，本着对学校历史认真负责的态度，放弃休息时间，花费大量精力不遗余力搜集资料、不辞辛劳调查核实、不厌其烦修改完善，做了大量"去伪存真、去粗取精"的整理工作。幸运的是，我们还得到了浙江省档案馆、杭州市档案馆、钱塘区档案馆，许多离退休老同志和浙江省收藏家协会会员王海洋先生的真心协助。在此，一并表示诚挚的感谢！

可以说，杭职院的发展历程是中国高等职业教育艰辛探索、不断前行的缩影，也是杭州职业教育改革发展和历史变迁的明证。杭职院的办学成绩就是历代杭职人艰苦奋斗、砥砺前行的心血凝结，也是历代杭职人抢抓机遇、勇攀新高的精神奖杯，更是历代杭职人不忘初心、牢记使命的价值精华。作为记录者，我们向所有创造了杭职历史的前辈致敬！

　　在杭职院建校 20 年、办学 60 余载的悠久历史中，曾经有许多可歌可泣的人和影响深远的事，惜因时间有限、史料有限、编写水平有限，本书可能还存在着遗漏、欠妥甚至错误的地方，敬请广大读者批评指正，并及时联系我们。

杭州职业技术学院校史编写组

2022 年 5 月 1 日